투자의 미래

투자의 미래

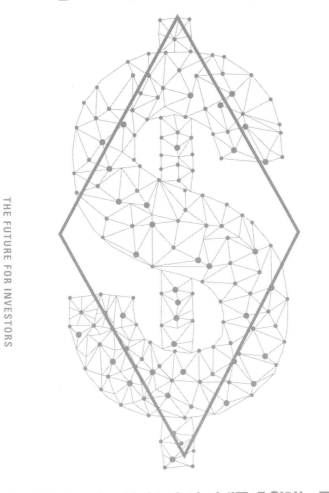

THE FUTURE FOR INVESTORS

제러미 시겔 지음 | 이은주 옮김

와튼 스쿨 제러미 시겔 교수의 시대를 초월하는 통찰

이레미디어

머리말

    미국 주식 시장이 역사상 가장 강력하고 가장 긴 강세장을 경험하고 있던 1994년, 내 첫 번째 책 《주식에 장기 투자하라 Stocks for the Long Run》가 출간됐다. 내 연구에 따르면 장기적으로 볼 때 주식의 수익률이 고정 수입 자산fixed-income asset(정해진 기간에 투자금 회수가 가능하고 약정한 비율로 일정 기간 주기적으로 수익금을 받을 수 있는 상품으로서 채권이 대표적-역주)의 수익률을 압도하는 것으로 나타났다. 게다가 물가 상승률을 고려할 때 주식의 수익 쪽이 위험 수준이 더 낮았는데도 고정 수입 자산의 수익을 넘어섰다. 이런 결과는 장기 투자자가 포트폴리오를 구성할 때 항상 주식을 기본 자산으로 삼아야 함을 의미한다.

    첫 번째 책이 인기를 얻으면서 개인투자자와 기관 투자가를 대상으로 강연을 할 기회가 많아졌다. 강연 현장에서 내 생각을 열심히 설명하고 나면 두 가지 질문이 어김없이 등장한다. 첫째, 어떤 종목을 장기 보유해야 하는가? 둘째, 베이비붐 세대(미국은 종전 후 1946~1964년에 태어난 세대, 한국은 한국 전쟁 후 1955~1963년에 태어난 세대를 주로 일컬음-역주)가 은퇴해서 그들의 투자 포트폴리오를 청산하기 시작하면 그것이 내 포트폴리오에는 어떤 영향을 미치게 될까?

나는 이 두 가지 질문에 답하고자 이 책을 썼다.

1990년대의 대강세장

지난 책에서는 S&P500 지수나 윌셔5000 ^{Wilshire 5000} 같은 포괄적 주가지수와 연동해 포트폴리오의 주식 비율을 정하라고 조언했다. 개인적으로, 지수를 기반으로 하는 단순하고 체계적인 접근법이야말로 최상의 투자 전략이라고 생각한다. 그런데 등락을 거듭하는 시장 주기에 매몰돼 상승 혹은 하락의 '시점'을 포착하는 일에 지나치게 몰두하는 투자자를 많이 봤다. 지난 책에서도 이와 같은 지수 연동 포트폴리오의 수익률을 높이는 기법 몇 가지를 다루기는 했으나 그것이 그 책의 중심 주제는 아니었다.

1990년대 투자자에게는 이 지수 연동 기법이 매우 효과적인 전략이기는 했으나 1990년대 말쯤 되니 수많은 종목에 대한 '가치 평가 ^{valuation}(현재 기업의 가치를 바탕으로 적정 주가를 산정하는 일종의 기업 가치 평가-역주)' 부분에 개인적으로 의문 부호가 찍히는 일이 점점 많아졌다. 대학원 시절의 은사이자 미국인 최초로 노벨 경제학상을 수상한 폴 새뮤얼슨 ^{Paul Samuelson}이 내 책 《주식에 장기 투자하라》에 써줬던 추천사가 가끔 생각났다.

제러미 시겔은 장기보유 전략의 이점을 매우 설득력 있게 설명하고 있다. 이 책을 읽어라. 그리고 교훈을 얻어라. 짧게 휘몰아치는 폭풍에 배가 기우뚱할 때는 자신이 신중하게 판단해 행한 일에 확신을 가지고 일단 폭풍이 지나갈 때까지 느긋하게 기다려라. 그리고 여러분이 나처럼 경제학을 공부한 전문가라면 시겔의 독자 전부가 이 '신중론'을 자명한 투자 원칙으로 받아들이게 될 그날이 언제일지 한번 생각해 보라. 그때가 되면 누구나 아는 원칙이 돼버려 그 원칙을 따랐을 때의 실익이 없어지면서 신중론 자체가 '자멸'할 때가 오겠지만 말이다.

새뮤얼슨이 이 글을 썼던 1993년에는 주식의 가치 평가 수준이 역대 평균에 근접했고 시장이 '자멸'할 위험성도 거의 없었다. 그러나 다우지수가 10,000을 돌파하고 나스닥이 5,000에 근접하자 이익이나 배당 수익에 비해 주가가 그 어느 때보다 높아졌다. 개인적으로 주가가 천장을 찍으면서 저조한 수익을 내는 상황이 되지 않을까 우려됐다. 그래서 투자자에게 보유 주식을 일단 팔고 나서 주가가 충분히 하락하기를 기다렸다가 다시 매수하든 하라고 권하고 싶었다.

그러나 심층적 시장 조사 결과 오로지 한 부문, 즉 기술주만 고평가됐고 나머지 종목은 이익 대비 주가 평가가 적정선에서 이뤄지고 있었다. 그래서 나는 1999년 4월에 〈월스트리트저널 Wall Street Journal〉에

게재한 '인터넷주가 고평가됐는가?'라는 제목의 논평을 통해 인터넷 관련 종목의 시장 평가 수준에 우려를 표명했다. 이는 주식의 시장 평가에 대해 처음으로 낸 공개적 경고였다.

이 글을 발표하기 직전에 나는 와튼 동문 모임 Wharton community 에 워런 버핏 Warren Buffett 을 연사로 초빙했다. 버핏은 1949년 와튼 학부 과정을 마치고 난 후 처음으로 이곳을 찾았다. 이 강연회에는 천여 명이 넘는 학생이 모여들었고 대다수가 주식과 경제 그리고 기타 등등에 관한 버핏의 생각과 의견을 듣겠다며 몇 시간이고 기다린 사람들이었다.

나는 버핏을 청중에게 소개했고 그동안 거둔 놀라운 투자 성과를 상세히 설명했다. 그가 인터넷주에 관한 질문을 받고는 구체적인 대답 대신에 학생들에게 며칠 전에 발표한 내 논평 기사를 읽어보라고 권했을 때는 개인적으로 정말 영광스러웠다.

그리고 버핏의 격려를 받은 나는 전례 없는 가격으로 거래되는 기술 종목을 심층적으로 연구하게 되었다. 당시 기술 관련주가 인기몰이 중이었다. 기술 부문의 시장 가치가 S&P500 전체 시장 가치의 3분의 1을 차지할 정도였을 뿐 아니라 나스닥 거래량이 사상 처음으로 뉴욕증권거래소 거래량을 능가하는 수준에까지 이르렀다. 2000년 3월에 나는 〈월스트리트저널〉에 '대형 기술주는 서커 베트 Sucker's Be(승률이 매우 낮은 베팅-역주)다.'라는 글을 또 하나 발표했다. 이 글에서 시스코 Cisco, 아메리카온라인 America Online: AOL, 썬마이크로시스템즈 Sun Microsystems, 제이디에스 유니페이스 JDS Uniphase, 노텔 Nortel Networks Corporation 등의 종목은 높은 가격 수준을 유지할 수 없고 결국은 가격이 큰 폭으로 하락할 것이라고 주장했다.

가격 거품이 심한 시기에 투자자가 용케 기술주를 피했다면 약세장이 와도 그 투자자의 포트폴리오는 그 상황을 잘 버텨낼 것이다. 실제로 S&P500 지수에서 기술주를 제외한 나머지 422개 종목의 누적 수익이 2000년 시장 고점일 때의 누적 수익을 능가한다.

개별 종목의 장기 수익

친한 친구의 경험 때문에 나는 장기적 관점에서의 개별 주식 종목 수익률에 관심이 생겼다. 이 친구의 아버지는 50년 전에 AT&T 주식을 샀고 여기서 나온 배당금 재투자를 통해 마벨 Ma Bell(AT&T의 애칭-역주)에서 분할된 모든 기업의 주식을 보유하고 있었다고 한다. 처음에는 미미한 수준이었던 초기 투자금이 어마어마한 수익금이 돼 돌아왔다.

이와 비슷한 맥락에서 워런 버핏이 투자에 성공한 비결은 우량주를 사서 장기 보유한 데서 비롯된 측면이 컸다. 버핏 자신도 단타 매매보다는 매수 후 영구적으로 보유하는 쪽을 선호한다고 말하기도 했다. 그래서 나는 대형주를 사서 수십 년 동안 보유하는 전략을 쓰는 투자 포트폴리오가 어떤 실적을 낼지가 궁금했다.

장기 수익, 즉 '매수 후 영구적으로 보유하는' 종목의 수익을 산출하는 일은 언뜻 보기에 별로 어려운 작업 같지 않았다. 그러나 현실은 달랐다. 학자와 투자 전문가가 주로 이용하는 개별 종목의 수익에 관한 자료는, 무상 주식과 분할 주식 전부를 즉시 '매도'하고 그 수익금 전액을 모기업에 재투자한다고 가정한다. 그러나 이런 추정은 1950년경에 AT&T 주식을 사서 장기 보유했던 친구 아버지 같은 투자자의 수익을 계산하기에는 적합하지 않았다.

그래서 나는 반세기 전으로 돌아가 배당금 재투자를 통해 무상주 전부를 보유한다는 가정 하에 뉴욕증권거래소에서 거래되는 대형주 20개 종목의 장기 수익을 조사해봤다. 이처럼 만기 보유 종목의 수익을 재현하는 작업은 시간이 많이 걸리지만, 궁극적으로 엄청난 보상이 따르므로 그만한 가치는 있다. 그 결과 놀랍게도 내가 '20대 종목'이라 칭한 이 상위 20개 종목의 수익 실적이, 신규 시장 진입 기업 및 신규 업종 전부는 물론이고 전체 시장 지수에 연동한 포트폴리오의 실적까지도 능가했다.

나는 예비 조사를 마치고 1957년 당시 S&P500 지수에 편입된 500개 기업 전부의 수익을 조사해보기로 했다. 그리고 이 작업에서도 놀라운 결론이 나왔다. 즉, S&P500 지수에 처음으로 편입됐던 이른바 'S&P500 원조 기업'의 수익이 이후에 편입된 신규 기업의 수익을 앞질렀다.

평소에 나는 대다수 투자자가 첨단 기술 부문에 속한 신규 종목의 가치를 높게 평가하는 반면, 기술주보다는 덜하지만 투자자에게 꽤 괜찮은 수익을 안겨주는 종목은 무시하는 경향이 있다고 생각했는데 이런 결과를 보고 내 생각에 확신이 생겼다. 대다수 투자자는 기술 혁신을 주도하고 경제 성장을 이끄는 기업이 더 나은 수익을 안긴다고 믿지만, 나는 이런 보편적 믿음에 의문을 품는다. 그래서 이 잘못된 믿음을 '성장 함정 growth trap'이라 칭하고자 한다.

주식 수익에 관한 조사를 거듭할수록 이 '성장 함정'이 개별 종목뿐 아니라 전체 시장, 더 나아가 국가 경제 전체에도 영향을 미쳤다는 생각이 더욱 확실해졌다. 성장이 곧바로 수익으로 이어지는 것이 아니었다. 조사 결과 급속도로 성장하는 신규 기업과 신규 업종, 고속 성장 중인 국가가 최악의 수익을 내기도 했다. 과도하게 낙관적인 투자자가 전망하는, 역시 과도하게 높은 수익 추정치(기대치)를 넘어서는 수준의 성장이라야 고수익이 보장된다. 이런 내용을 골자로 수익의 기본 원칙을 새로 수립했다. 성장 함정은 투자자와 투자 성공 사이에 가로 놓인 가장 중요한 장벽 가운데 하나임이 분명했다.

다가오는 고령화 파동

지난 반세기 동안 어떤 종목이 좋은 실적을 냈는지를 조사한 일이 앞서 언급했던 두 가지 질문 가운데 첫 번째 문제에 대한 답을 찾는데 도움이 됐다. 그리고 두 번째 질문에 답하려면 고령화가 경제에 미치는 영향에 초점을 맞춰야 한다. 나는 1945년생이고 나 자신이 베이비붐 세대의 정점에 선 입장이라는 점을 일찌감치 인지하고 있었다. 내 나잇대 사람들을 필두로 베이비붐 세대가 머지않아 은퇴자 시장에 쏟아져 나올 것이다.

1993년에 나온 베스트셀러《불황기 투자 대예측 The Great Boom Ahead》에서 주식 동향에 대한 새로운 해석을 내놓았던 저자 해리 덴트 Harry Dent 때문에 수많은 투자자가 인구 추세가 주가에 미치는 영향에 관심을 보이기 시작했다. 덴트는 지난 20세기 동안의 주가 동향은 소비 지출이 최고조에 달했던 45~50세에 해당하는 연령대 인구와 밀접한 상관이 있다고 봤다. 그리고 덴트는 인구 추계에 기초해 대강세장이 2010년까지 이어지다가 베이비붐 세대가 은퇴할 시점에 이르면 시장이 약세로 돌아서리라 예측했다.

사실 해리 덴트와 나는 활동 기반이 같지는 않았으나 학회 혹은 회의에 같이 초빙되는 경우가 많았다. 나는 가장 믿을만한 미래 수익 추정치로서 역대 수익 자료를 사용했지 인구 추세를 사용해본 적은 없었다.

그러나 인구통계학적 조사를 거듭할수록 인구 추세가 경제와 투자자 모두에게 영향을 미치는 매우 중요한 요소라는 믿음이 더욱 강해졌다. 미국과 유럽, 일본은 고령화가 급속히 진행되는데 반해 다른 대다수 국가는 훨씬 젊고, 또 이렇게 젊은 경제국이 마침내 그 존재감을 확실히 드러내고 있다는 느낌이다. 이 작업을 진행할 때 기술적으로 탁월한 와튼 스쿨 학생들의 능력 덕분에 국제 인구통계학 및 생산성 추세에 관한 자료를 통합해 세계 경제의 미래를 예측하는 모형을 수립할 수 있었다.

이 작업의 결과는 덴트의 예측과는 큰 차이가 있었다. 현 성장 속도가 유지된다는 가정 하에 개발 도상국의 급속한 경제 성장은 고령화 경제에 긍정적 영향을 미치면서 고령화의 부정적 효과를 상당 부분을 경감시키리라는 예측이 가능했다.

성장의 근원을 파헤칠수록 전 세계 수십 억 인구에게 방대한 지식에 접근할 기회를 제공해준 오늘날의 '통신 혁명' 덕분에 이런 성장이 계속 유지되리라는 믿음이 굳어졌다. 인터넷을 통한 광역 연결성 덕분에 과거에는 세계적인 몇몇 연구소만 이용할 수 있던 정보를 이제는 모든 사람이 이용할 수 있게 됐다.

이처럼 정보에 대한 접근성이 확장되면서 여러 측면에 엄청난 변화가 일어났다. 일단 학계의 한 사람으로서 미국 외의 국가에서 우수한 학생의 수가 크게 증가했음을 실감했다. 실제로 요즘은 미국 대학원에서 박사 과정을 밟는 학생 중 외국인 유학생의 수가 미국 학생 수보다 많다. 서구 사회가 지식과 연구를 독점하는 시대는 머지않아 끝이 나리라는 사실은 분명했다. 이와 같은 정보의 대확산이 전 세계 투자자에게 중요한 의미가 있었으며 새로운 길을 보여줬다.

투자에 대한 새로운 접근법

이 모든 연구 및 조사가 내 투자 접근법에 중대한 영향을 미쳤다. 지난 몇 년간 주식 시장에 나타났던 거품과 뒤이은 거품 붕괴로 주식에 대한 내 관점에 변화가 생기지 않았느냐는 질문을 자주 받는다. 이 질문에는 '그렇다'라고 답할 수 있다. 그러나 좀 더 정확하게 말하자면 투자자의 미래에 대해 낙관적인 쪽으로 생각에 변화가 생겼다고 하겠다.

비이성적 수준의 시장 변동은 위험 신호라기보다는 기회라는 측면에서 바라봐야 한다. 즉, 이런 변동 상황은 지수 연동 상품을 장기 보유했을 때보다 더 나은 실적을 낼 기회를 투자자에게 제공한다. 그리고 세계 경제의 성장은 전 세계를 무대로 하는 다국적(글로벌) 기업에 유례가 없을 정도로 엄청난 기회와 새로운 시장을 열어줄 것이다.

투자자가 이런 변화를 충분히 활용하려면 투자 포트폴리오의 범위를 더 확장하는 동시에 공통적 함정을 반드시 피해서, 시장 평균을 밑도는 저조한 수익의 근원을 제거해야 한다. 이 책을 통해 이 일을 가능케 하는 방법을 제시하고자 한다.

차례

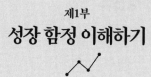

제1부
성장 함정 이해하기

제1장 ▪ 성장 함정의 위험

제2장 ▪ 창조적 파괴인가 아니면 창조의 파괴인가

제3장 ▪ 검증된 기업: 기업계의 엘도라도를 찾아서

제2부
신규 기업에 대한 고평가 함정

제3부
주주 가치의 근원

제4부

고령화 위기와 세계 경제 중심의 변화

일러두기

- 괄호 안에 '–역주'라 표시된 내용은 글의 이해를 돕기 위해 옮긴이가 설명을 덧붙인 것입니다.
- 기업명은 국립국어원 외래어 표기법에 따라 적되 국내에서 활동하는 글로벌기업의 경우 사명(社名)을 그대로 따랐습니다. 예를 들어 'and(앤드)'를 '앤드' 또는 '앤'으로 쓰거나 '3M(스리엠)'을 '쓰리엠'으로 표현한 경우를 말합니다. 이는 편집상 오류가 아님을 알려드립니다.
- 기업명은 띄어쓰기 없이 모두 붙였습니다.

제1부

성장 함정 이해하기

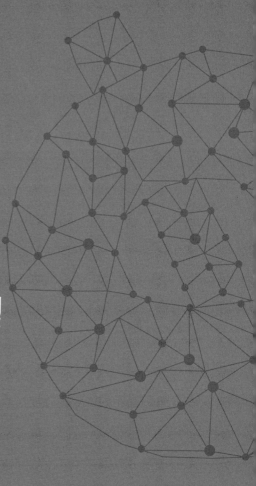

제 1 장

성장 함정의 위험

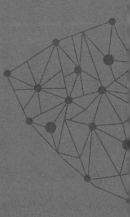

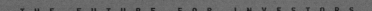

투기적 성향은 대중의 어쩔 수 없는 속성이다.
가격 상승의 '조짐'이 조금이라도 있으면 어떤 가격에든
또 어떤 종목이든 무턱대고 사들인다.
'프랜차이징', 컴퓨터, 전자, 과학, 기술 등과
연결점이 있다 싶으면 그저 깜빡 넘어간다.
물론 분별력 있는 투자자인 우리 독자들은 이렇게
어리석지 않으리라 믿는다.

| 벤저민 그레이엄 Benjamin Graham,
《현명한 투자자 The Intelligent Investor》, 1973년 |

우리가 사는 이 세상은 지금 유례가 없는 폭발적인 경제 성장과 더 획기적인 발견과 발명의 시기를 눈앞에 두고 있다. 베이비붐 세대의 은퇴 시기와 맞물려 사회보장제도가 붕괴하고, 사적 연금 제도도 무너지고, 금융 시장 또한 침몰하리라는 비관론자들의 예측은 틀렸다. 인구통계학적 및 경제적 측면의 동력으로 인해 세계 경제의 중심이 아시아로 빠르게 이동하고 있다. 머지않아 미국과 유럽, 일본이 세계 경제의 중심에서 밀려날 것이다. 금세기 중반쯤이면 중국과 인도의 경제 규모가 전체 선진국의 경제 규모를 능가할 것이다.

앞으로 세계 시장에서 전개될 극적인 변화와 기회를 제대로 활용하려면 투자 포트폴리오를 어떻게 구성해야 할까?

급속히 변화하는 환경에서 투자에 성공하려면 이른바 '성장 함정'이라는, 매우 중요하면서도 반(反)직관적인 성장의 측면을 확실히 이해해야 한다. 투자자는 성장 함정 때문에 혁신을 주도하고 경제 성장을 선도하는 기업이나 업종을 과대평가하는 우를 범한다. 활황주 매수, 주목받는 신기술 추종, 고성장 국가에 대한 투자 등의 방식을 통해 성장에만 매달리는 투자자는 저조한 실적을 낼 수밖에 없다. 실제로 지난 역사를 돌이켜보면 높은 실적을 내는 투자 종목 대부분이 성장 산업이 아니라 사양 업종과 저속 성장 국가에서 나왔다.

얄궂게도 세상이 더 빠르게 변화할수록 과거가 주는 교훈에 더 관심을 기울여야 한다. 성장 함정을 경계하는 한편 이 책에서 제시한 성공 투자 원칙을 진지하게 받아들이는 투자자라면 세계 경제 전체를 뒤바꾸는 전대미문의 변화 속에서도 번영을 구가할 수 있다. 투자자의 미래는 밝다.

기술이 낳은 결과물

기술의 중요성을 부인할 사람은 아무도 없다. 세계 역사상 단일 동력으로는 가장 크고 또 가장 강력한 힘이 바로 기술 발전이었다. 인류 역사 초기에는 농업과 야금술 그리고 교통수단의 발달이 인구 증가와 제국 형성의 원동력이었다. 역사적으로 볼 때 강철, 전함, 화약, 공군력 그리고 최근에 등장한 핵무기에 이르기까지 기술적 우위를 점한 쪽이 결정적 전투에서 승리를 거머쥐면서 넓은 영토를 지배하거나 아니면 적국의 지배 야욕을 저지할 수 있었다.

그러다가 지금에 와서는 군사적 영역을 넘어 수많은 분야에까지 기술의 영향력이 광범위하게 미치게 됐다. 경제 분야에서도 기술 덕분에 더 적은 비용으로 더 많이 생산하는 길이 열렸다. 더 적은 수의 방직공이 더 많은 직물을 만들고, 더 적은 기계로 더 많은 주물을 제조하고, 더 작은 토지에서 더 많은 농작물을 생산할 수 있게 됐다. 기술이야말로 산업혁명의 핵심이었다. 기술 덕분에 지속적인 생산성 증가의 길로 들어서게 됐다.

오늘날은 성장의 증거를 어디서든 확인할 수 있다. 선진국에서는 최소한의 노동력을 투입해 생필품을 생산한다. 또 생산성이 증가한 덕분에 건강 수준이 향상됐고, 은퇴 시기가 앞당겨졌고, 수명이 길어졌고, 여가 활동도 더 여유롭게 즐길 수 있다. 지난 세기 동안 이뤄진 기술적 진보 덕택에 가난한 국가에서도 기아에 직면한 인구와 극빈층 비율이 감소했다.

실제로 토머스 에디슨 **Thomas Edison** 부터 빌 게이츠 **Bill Gates** 에 이르기까지 수많은 발명가와 기업인이 신기술 발명을 통해 주식회사를 설립해 막대한 부를 거머쥐었다. 1세기의 시차를 두고 에디슨과 게이츠가 각각 설립한 제너럴일렉트릭 **General Electric, GE** 과 마이크로소프트코퍼레이션 **Microsoft Corp.** 은 현재 시장 가치 기준으로 세계 1~2위를 차지하고 있으며 두 기업의 시가 총액을 합치면 5,000억 달러가 넘는다.

투자자들은 빌 게이츠처럼 기술 부문에서 혁신을 이룬 사람이 큰 부를 축적하는 모습을 봤기 때문에 혁신적인 새로운 기업을 찾아야 한다고 생각한다. 같은 맥락에서 신기술이 등장하면 자연스레 뒤처지게 될 기존 기업은 되도록 투자 대상으로 고려하지 않는다. 자동차와 라디오, TV 그리고 컴퓨터와 휴대폰 시장을 개척한 기업 대다수가 경제 성장에 기여했을 뿐 아니라 막대한 수익까지 창출했다. 그래서 우리는 획기적 신기술로 기존 기술을 대체한 신규 기업에 집중하는 방향으로 투자 전략을 수립한다. 그리고 이렇게 '대단한' 기업이 엄청난 수익을 내는 만큼 투자 수익도 엄청나리라 기대한다.

성장의 함정

그러나 이런 투자 전략의 바탕이 된 가정은 전부 틀린 것으로 판명됐다. 실제로 내가 조사한 바로는 그 가정과는 정반대 결과가 나타났다. 즉, 신규 기업 및 업종은 투자자에게 큰 수익을 안기지 못했을 뿐만 아니라 해당 기업이나 업종 자체의 수익 또한 설립된 지 수십 년된 기존 기업의 수익에 못 미쳤다.

성장에만 초점을 맞추면 차세대 우량주로 기대되는 종목에 자산을 몰아넣는 함정에 빠지게 된다. 그러나 가장 혁신적인 기업이 최적의 투자처인 경우는 매우 드물었다. '시장 평균을 웃도는^{beat the market}' 전략을 추구하는 사람들은 거의 맹목적으로 기술 혁신에 목을 맨다. 그러나 기술 혁신이 경제 성장을 촉진하기도 하지만 한편으로는 저조한 실적으로 계속해서 투자자에게 큰 실망을 안기는 일종의 '양날의 검'이라는 사실이 드러났다.

수익을 내는 자와 손실을 보는 자

왜 이런 일이 일어날까? 신기술을 적용해서 얻어냈던 상당 수준의 경제적 이득이 어떻게 해서 막대한 손실로 바뀌는 것일까? 여기에는 매우 단순한 이유가 있다. 새로운 것을 수용하려는 열의가 지나치면 투자자는 작은 변동 하나하나에 너무 높은 가치를 부여한다. 성장 개념에 지나치게 매몰되다 보니 급속한 변화와 극렬한 경쟁을 특징으로 하는 업종의 주식 가치를 과대평가하는 것이다. 그러나 이런 업종에서 몇 안 되는 극소수 이익주로는 수많은 손실주가 낸 막대한 손실을 보전(補塡)하기에는 역부족이다.

그렇다고 해서 첨단 기술처럼 무언가를 창조하는 과정에서는 이익이 창출되지 않는다는 의미는 아니다. 실제로 새로운 것을 창조해서 엄청난 부를 축적하는 사람도 상당히 많다. 창조 활동에서 정말로 이익을 얻지 못한다면 기업인은 혁신 기술을 개발할 동기가 생기지 않고 또 투자자는 그 기업에 투자할 이유가 없다.

그럼에도 지금 말한 원론적 이야기와는 별개로 성장의 모든 혜택은 개인투자자에게 돌아가기보다는 혁신가와 창업가, 창업 프로젝트에 자금을 대는 벤처 투자자, 해당 기업의 주식을 판매하는 투자은행 그리고 궁극적으로는 더 낮은 가격에 더 좋은 제품을 사는 소비자에게 돌아간다. 이런 구도에서는 세계 경제를 견인하는 성장주에 목을 매는 개인투자자 군단은 필연적으로 손실을 보게 돼 있다.

역대 최고의 장기 투자 종목

성장 함정이 무엇인지 설명해보겠다. 우리가 시간 여행을 할 수 있어서 결과를 미리 아는 상태에서 투자 결정을 할 수 있다고 상상해보자. 일단 1950년으로 돌아가서 두 기업 중 한 곳의 주식을 골라 산 다음에 현재까지 보유한다고 하자. 구경제를 대표하는 뉴저지 스탠더드오일Standard Oil of New Jersey(현 엑손모빌)과 신경제의 대표 기업인 아이비엠(이하 'IBM') 가운데 하나를 선택한다.

주식을 산 다음에 배당 수익은 전부 재투자로 처리하라고 해당 기업에 알리고 그 투자 포지션을 계속 유지하는 전략을 취한다. 젊을 때 이런 선택을 한 뒤 아주 먼 훗날, 그러니까 손자에게 학비를 대주거나 마음에 드는 자선단체에 기부를 하거나 노후 자금으로 쓸 요량으로 한 50년 후에나 그 주식을 팔려고 한다.

둘 중 어느 기업을 선택해야 할까? 그 선택의 이유는 무엇인가?

20세기 중반의 경제

1950년으로 되돌아간다면 그 시점에서 가장 먼저 던질 질문은 20세기 후반 동안 기술과 에너지 중 어느 부문이 더 빨리 성장하는가일 것이다. 다행히 우리는 과거를 되짚고 있는 입장이므로 쉽게 답이 나온다. 급속한 성장을 이룬 쪽은 기술 부문이었다.

1950년은 엄청난 변화를 앞둔 시기였다. 기술 부문의 주도 하에 미국 제조업의 중심이 군수품에서 소비재 제조로 전환됐다. 1948년 당시 미국 가정이 보유한 TV는 14만 8,000대였다. 1950년에는 440만 대로 늘었고 2년 후에는 5,000만 대에 이르렀다. TV라는 새로운 매체의 보급 속도는 1980년대의 개인용 컴퓨터와 1990년대의 인터넷 보급 속도를 훨씬 능가하는 수준이었다.

혁신이 사회를 변화시키고 있었던 1950년은 그야말로 발명의 해라 해도 과언이 아니었다. 문구 제조사 페이퍼메이트 **Papermate**는 잉크가 새지 않는 볼펜을 개발해 대량 생산에 들어갔고 할로이드 **Haloid**(이후 '제록스'로 사명 변경)는 복사기를 최초로 개발했다. 이미 기술의 주 사용자였던 금융계는 1950년에 다이너스클럽 **Diner's Club**이 세계 최초로 신용카드를 도입하면서 큰 도약의 계기를 마련했다. 세계 최대 기업이자 미국 최고의 통신회사 아메리칸텔레폰앤텔레그래프 **American Telephone&Telegraph: AT&T**의 자회사인 벨텔레폰래버러토리즈 **Bell Telephone Laboratories**는 트랜지스터 개발을 막 완료했으며 이는 컴퓨터 혁명을 이끈 결정적 사건이었다.

1990년대 기술 호황기에 자주 입에 오르내리던 '신경제 **new economy**'라는 용어가 그보다 50여 년 앞선 시대의 경제를 묘사하는 데 사용될 정도로 미래는 매우 밝아보였다. 1955년에 〈포천 **Fortune**〉지는 창립 25주년을 기념해 '신경제'와 미국이 대공황 이후 이룬 눈부신 생산성 및 소득 향상에 관한 특별 기획 기사를 내보냈을 정도였다.

IBM과 뉴저지 스탠더드오일

둘 중 어느 기업을 선택할지 결정하는 데 도움이 될 만한 또 다른 정보를 몇 가지 제공하겠다. 이 두 기업의 성장 수준에 관한 주요 통계치를 비교한 [표 1-1]을 살펴보라. 표에서 보듯 매출, 이익, 배당금, 부문별 성장 등 월가가 종목을 선택할 때 사용하는 모든 성장 지표에서 IBM이 스탠더드오일을 큰 폭으로 앞섰다. 주당순이익earning per share은 월가가 종목을 선택할 때 즐겨 사용하는 지표인데 이후 50년 동안 IBM의 주당순이익이 석유 재벌 스탠더드오일보다 연간 3%가량 높았다. 정보기술이 발달하고 경제에서 컴퓨터의 중요성이 더욱 커짐에 따라 기술 부문이 전체 시장에서 차지하는 비중이 3%에서 18%에 육박하는 수준으로 높아졌다.

반대로 이 시기 동안 석유 산업의 시장점유율은 급격히 감소했다. 1950년 당시 미국 전체 주식에서 석유 주식의 비율이 약 20% 정도였는데 2000년에는 5%에도 미치지 못했다. 이 부문 지지자들의 기대나 예상과 달리 원자력이 시장을 장악하지 못했고 여전히 전 세계가

[표 1-1] 연간 성장률(1950~2003년)

성장 지표	IBM	뉴저지 스탠더드오일	우위 기업
주당 매출	12.19%	8.04%	IBM
주당 배당	9.19%	7.11%	IBM
주당 순이익	10.94%	7.47%	IBM
부문 성장률*	14.65%	-14.22%	IBM

* 기술과 에너지 부문의 시장점유율(1957~2003년)

화석 연료를 계속 사용하는 상황인데도 석유 부문의 시장 비율이 그 정도로 감소했다.

1950년에 마법의 요정이 여러분에게 이 사실을 알려줬다면 여러분은 IBM과 스탠더드오일 가운데 어디에 투자했을까?

만약 IBM이라고 대답한다면 여러분은 영락없이 성장 함정에 빠진 것이다.

둘 다 좋은 실적을 내기는 했으나 특히 스탠더드오일의 투자자는 1950년부터 2003년까지 연평균 14.42%의 수익을 올렸다. 이는 IBM의 13.83%를 0.5% 포인트 이상 앞선 수치다. 언뜻 작은 차이로 보이지만, 53년 후를 계산하면 이야기가 달라진다. 스탠더드오일에 1,000달러를 투자했다고 하면 53년 후에는 그 돈이 126만 달러 이상으로 불어난 반면에 IBM에 투자한 1,000달러는 이보다 24%가 적은 96만 1,000달러가 돼 있을 것이기 때문이다.

스탠더드오일이 IBM을 이기는 이유: 가치 평가 대 성장

'모든' 성장 지표에서 IBM에 밀리는 스탠더드오일이 어떻게 IBM보다 나은 수익을 올렸을까? 이유는 간단하다. **가치 평가액, 즉 투자로 얻는 '이익'과 배당금 대비 주식 '가격'에 그 답이 있다.** 주식 매수 가격과 비교할 때 어느 정도의 수익과 배당금을 얻는지가 관건인 셈이다.

한 마디로, 애초에 투자자가 IBM 주식을 너무 비싼 가격에 샀다. 비록 IBM이 성장 면에서는 스탠더드오일을 앞섰으나 가치 평가 면에서는 스탠더드오일이 승자였으며 투자자의 수익은 이 가치 평가에서 결정이 난다.

주가수익률price to earning ratio: PER은 월가가 가치 평가의 기준으로 삼는 척도인데 [표 1-2]에서 보듯이 스탠더드오일의 평균 주가수익률은 IBM 주가수익률의 절반을 밑돌았으나 평균 배당수익률dividend yield은 IBM보다 3%포인트가 높았다.

가치 평가가 그토록 중요한 이유는 배당금의 재투자에서 찾을 수 있다. 배당금은 투자자의 수익을 좌우하는 매우 중요한 요소다. 스탠더드오일은 주가는 낮고 배당수익률은 매우 높았기 때문에 이 주식을 사서 배당금을 재투자한 사람은 주식 수가 처음에 샀던 수량보다 약 15배로 늘어난 반면, IBM 주식을 사서 재투자한 사람은 주식 수가 겨우 3배 늘어나는 데 그쳤다.

스탠더드오일의 주식 가격은 IBM 주가보다 연간 약 3%포인트 낮은 수준으로 상승했는데도 배당수익률이 높았기 때문에 투자 수익 측면에서는 스탠더드오일 투자자가 더 큰 수익을 올렸다. [표 1-3]을

[표 1-2] 평균 가치 평가 지표(1950~2003년)

가치 평가 지표	IBM	뉴저지 스탠더드오일	우위 기업
평균 주가수익률	26.76	12.97	뉴저지 스탠더드오일
평균 배당수익률	2.18%	5.19%	뉴저지 스탠더드오일

[표 1-3] IBM과 뉴저지 스탠더드오일의 수익 근원(1950~2003년)

수익 지표	IBM	뉴저지 스탠더드오일	우위 기업
가격 상승	11.41%	8.77%	IBM
배당 수익	2.18%	5.19%	뉴저지 스탠더드오일
총수익	13.83%	14.42%	뉴저지 스탠더드오일

보면 IBM 투자자와 뉴저지 스탠더드오일 투자자가 올린 수익의 근원이 어디인지를 알 수 있다.

제3장에서 설명할 투자자 수익의 기본 원칙은, 주식의 장기 수익은 실제 이익 증가율이 아니라 기대 이익 초과율에 달렸다는 사실에 바탕을 둔다. 다시 말해 **주식의 장기 수익은 이익이 실제로 얼마나 증가했느냐가 아니라 투자자가 애초에 기대한 이익과 실제 이익을 비교한 값에 좌우된다.** IBM은 좋은 성과를 냈으나 투자자 또한 그러한 결과를 기대했기 때문에 주가는 계속해서 높은 수준을 유지했다. 반면에 스탠더드오일 투자자는 이익 증가에 대한 기대 수준이 매우 낮았고 덕분에 주가도 계속 낮은 수준을 유지했다. 결과적으로 투자자는 배당금의 재투자를 통해 더 많은 주식을 보유하게 됐다. 이 같은 주식 수의 차이가 스탠더드오일 투자자에게 더 높은 수익을 안겨준 셈이다.

주식과 장기 수익

구경제 기업 중에서 장기 투자 시 수익의 우위를 보이는 종목이 뉴저지 스탠더드오일만은 아니다.

[표 1-4]는 1950년 당시 거래 종목 중 시장 가치 기준 50대 기업의 목록이다. 미국 시장의 전체 주식 총 가치 중 절반 이상을 이 50대 종목이 차지했다. 이 중에서 가장 괜찮은 종목 4개를 택해 향후 50년 동안 묻어둬야 한다면 어느 종목을 사야 할까? 전술한 바대로 배당금은

[표 1-4] 1950년 주식 시장 가치 기준 미국 50대 기업

순위	기업명	순위	기업명
1	AT&T	26	웨스팅하우스일렉트릭
2	제너럴모터스	27	필립스페트롤리엄
3	듀폰	28	인터내셔널페이퍼
4	뉴저지 스탠더드오일	29	유니언퍼시픽레일로드
5	유니언카바이드	30	베슬리헴스틸
6	제너럴일렉트릭	31	콘티넨털오일
7	캘리포니아 스탠더드오일	32	에프더블유울워스
8	시어스로벅	33	몽고메리워드
9	텍사스 컴퍼니	34	싱클레어오일
10	유나이티드스테이츠스틸	35	인터내셔널하베스터
11	걸프오일	36	선오일
12	인디애나 스탠더드오일	37	코먼웰스에디슨
13	에스에이치 크레스	38	내셔널스틸
14	케네콧코퍼	39	애치슨토페카앤드샌타페이
15	소코니베큠오일	40	콘솔리데이티드에디슨
16	이스트먼코닥	41	아나콘다코퍼
17	프록터앤드갬블	42	몬산토케미컬
18	크라이슬러	43	피츠버그플레이트글라스
19	IBM	44	아메리칸토바코
20	제이씨페니	45	R.J.레이놀즈토바코
21	얼라이드케미컬앤다이	46	펠프스다지
22	유나이티드프루트	47	퍼시픽가스앤드일렉트릭
23	다우케미컬	48	텍사스걸프설퍼
24	퍼시픽텔레폰	49	내셔널데어리프로덕츠
25	코카콜라	50	미네소타마이닝앤드매뉴팩처링

전부 재투자하고 분할된 기업의 주식과 기타 무상 분배주 전부를 보유하면서 단 한 주도 매각하지 않는다고 가정하자. 그대로 묻어뒀다가 50년 후의 수익 극대화를 노리는 전략이다.

우리에게는 20세기 후반의 정보가 있어서 당시 어떤 일이 발생했는지 알고 있는데도 투자자에게 최고 수익을 안겨줄 기업을 알아내기는 여전히 쉽지 않다. 이 목록에 있는 종목 대다수가 구경제로 분류되는 기업으로서 폐업의 운명을 맞거나 아니면 사양 업종에 속해 있었다. 1950년에는 제조업이 '상위 50개 기업(50대 기업)' 시장 가치의 약 50%를 차지했는데 지금은 그 비율이 10%도 안 된다.

스탠더드오일이나 IBM이 이 4대 기업 안에 들 수 있을까? 아니면 처음부터 다우존스산업지수에 편입됐고 지금까지 계속 그 지위를 유지하는 유일한 기업인 제너럴일렉트릭 GE을 선택하는 편이 나을까? GE는 제조업 부문에 안주하지 않고 금융 강자 GE 캐피털 GE Capital과 거대 언론 NBC를 설립하는 등 사업 다각화를 통해 변화하는 경제 환경에 발맞춰나갔다.

AT&T에서 분할된 15개 기업도 전부 소유한다는 가정 하에 AT&T를 선택할 수도 있겠다. 1950년으로 돌아가 보면, 마벨 Ma Bell이라는 애칭으로 불리던 AT&T는 당시 세계에서 시장 가치가 가장 큰 기업이었다. 놀랍게도 오늘날 모든 자회사와 분할 기업을 포함한 AT&T의 시가총액은 여전히 세계 최고 수준이다. 여기에는 각 지역 벨 운영 회사Regional Bell Operating Company: RBOC와 무선 광대역 전신 회사가 전부 포함된다.

그러나 지금은 AT&T와 GE, IBM 모두 4위 안에 들지 못한다. [표 1-5]에서 보듯이 1950년부터 2003년까지 최고의 투자 수익을 올린 4개 기업 중 1위는 내셔널데어리프로덕츠National Dairy Products(이후 크래프트푸즈 Kraft Foods로 사명 변경)였고 그다음은 알제이레이놀즈타바코R.J. Reynolds Tobacco, 뉴저지 스탠더드오일, 코카콜라Coca-Cola 순이었다.

53년 동안 묻어뒀던 주식을 2003년 12월에 확인해 보면 이 4개 주식에 각각 1,000달러를 투자한 사람은 약 630만 달러를 손에 쥐게 된다. 이는 시장 지수 연동 종목에 4,000달러를 투자했을 때 받게 될 110만 달러의 약 6배에 해당한다.

상위 4위 안에 드는 이 고실적주 가운데 성장 부문에 속한 종목 혹은 첨단 기술 혁신에 기반을 둔 종목은 하나도 없다. 이 4개 업체가 생산하는 제품은 반세기 전이나 지금이나 별 차이가 없다. 이들 기업의 제품은 식품(크래프트 Kraft, 나비스코 Nabisco, 포스트 Post, 맥스웰하우스 Maxwell House), 담배(캐멀 Camel, 살렘 Salem, 윈스턴 Winston), 석유(엑손 Exxon), 청량음료(코카콜라 Coca-Cola) 등이다. 실제로 코카콜라는 지금까지도 100년도 더 된 제조 비법 그대로 대표 상품을 생산한다는 점을 자랑으로 내세운다. 1985년 4월에 비법과는 다른 방식으로 만든 '새로운 콜라'를 표방하며 내놓았던 야심찬 시도는 완전한 실패였음을 인정하기도 했다.

이들 기업은 각기 잘하는 부분에 초점을 맞추고 더 나은 제품을 새로운 시장에 선보이는 데 역량을 집중하는 전략을 구사했다. 그리고

[표 1-5] 고실적주(1950~2003년)

수익률 순위	1950년 당시 기업명(현재 기업명)	연간 수익률	최초 투자액 $1,000의 현재 가치
1	내셔널데어리프로덕츠(크래프트푸드)	15.47%	2,042,605
2	R.J.레이놀즈토바코	15.16%	1,774,384
3	뉴저지 스탠더드오일(엑손모빌)	14.42%	1,263,065
4	코카콜라	14.33%	1,211,456
	상위 4개 기업에 $4000 투자	14.90%	6,291,510
	지수 연동 상품에 $4000 투자	11.44%	1,118,936

이들 기업 모두 세계 시장을 활동 무대로 삼았다. 덕분에 국외 매출이 국내 매출을 능가하게 됐다.

투자자의 미래

많은 자료를 분석할수록 내가 도출한 결론이 결코 편협하고 단선적인 관찰의 결과물이 아니며 오랜 기간에 걸쳐 훨씬 광범위한 종목을 관통하는 중요한 의미가 내포돼 있다는 사실이 점점 더 확실해졌다.

이 책을 준비하면서 나는 심층 조사 계획에 따라 스탠더드앤드푸어스Standard&Poor's가 개발한 S&P500 지수의 역사를 분석했다. 이 지수에는 미국에 본사를 둔 500대 기업이 포함되며 이들 기업이 미국 전체 주식 시장 가치의 80% 이상을 차지한다. S&P500은 전 세계 투자자들이 가장 주목하는 지수이며 이 지수와 연동되는 펀드들에 1조 달러가 넘게 투자된 상태다.

분석 결과 알아낸 사실은 투자자가 종목을 선택할 때 통상적으로 적용하던 통념과는 완전히 배치되는 내용이었다.

◆ S&P500 지수가 탄생한 1957년 이후에 새로 추가된 900여 개 기업의 평균 실적이 최초에 편입된 500대 기업보다 저조했다. 상대적으로 성장 속도가 더딘 기존 기업을 지수에서 제외하고 고속 성장하는 신규 기업을 대신 그 자리에 계속 채워 넣었는데, 안타깝게도 이 S&P500 지수에 연동하는 전략을 구사한 투자자의 수익이 낮아지는 결과가 나타났다.

◆ 장기 투자자가 1957년에 S&P500 지수에 편입된 이른바 'S&P500 원조 기업'의 주식을 산 다음에 그 이후 지수에 추가된 종목은 **매수하지 않는** 전략을 구사했다면 더 나은 실적을 올렸을 것이다. 이렇게 '매수 후 장기 보유'하는 전략을 취한 투자자는 지난 50년 동안 거의 모든 뮤추얼펀드와 펀드 매니저보다 나은 실적을 올렸다.

◆ 배당금의 역할이 매우 중요했다. 장기 보유 전략에서 이익을 내는 데 결정적인 요소는 바로 배당금의 재투자였다. 회의론자들은 배당수익률이 높은 기업은 '성장 기회'가 부족하다고 주장하지만, 현실은 이와 정반대다. 배당수익률이 높은 주식에 투자한 포트폴리오는 S&P500 지수보다 3% 높은 연 수익률을 기록했고 배당수익률이 낮은 주식 포트폴리오는 시장 지수보다 거의 2%를 밑도는 수익률을 나타냈다.

◆ 주식의 수익은 이익성장률에 달린 것이 아니라 이 이익성장률이 투자자의 기대 수준을 초과하느냐 아니냐에 달렸으며 이런 이익성장률 기대치는 주가수익률로 구체화된다. 주가수익률이 낮은 종목으로 구성된 투자 포트폴리오는 S&P500 지수보다 연간 3% 높은 수익률을 기록한 반면에 주가수익률이 높은 종목으로 구성된 투자 포트폴리오는 이 지수를 연 2% 정도 밑도는 실적을 냈다. 이는 배당수익률을 기준으로 했을 때와 거의 같은 결과였다.

◆ 운 좋게 공모가에 주식을 산다 해도 이 최초 공모주(initial public offering: IPO)의 장기 실적은 저조했다. 1968년부터 2001년까지, 이 시기에 최초 공모가에 매수한 IPO로 구성된 포트폴리오의 장기 수익이 소형주 지수를 앞질렀던 때는 단 4년뿐이었다. 최초 공모주를 산다 해도 이 주식이 일단 거래되기 시작하면 수익 실적은 더욱 나빠진다.

◆ 성장 함정은 개별 기업뿐 아니라 산업 부문(업종)에도 적용이 된다. 고성장 부문

인 금융업이 S&P500 지수를 밑돌았고 1957년 이래 약 80%가 축소된 에너지 부문은 지수를 넘어서는 성과를 냈다. 철도 산업 부문은 지난 반세기 동안 시장 비중이 21%에서 5% 미만으로 줄어들었는데도 S&P500 지수를 능가하는 수익을 냈다.

◆ 성장 함정 개념은 개별 기업과 전체 업종을 넘어 국가 단위에도 적용됐다. 지난 10년 동안 고속 성장을 이룬 국가는 투자자에게 저조한 수익이라는 의외의 결과물을 안겼다. 1990년대의 경제 강국 중국은 애초에 너무 비싸게 매겨진 주가와 이후의 주가 하락 때문에 투자자들은 아주 쓴맛을 봤다.

다가오는 인구통계학적 위기

앞서 정리한 사항들이 앞으로 50년 동안에도 똑같이 적용될까?

아마도 그렇지는 않을 것이다. 그러나 오늘날 미국과 유럽, 일본이 직면한 고령화 파동이 우리의 미래에 암울한 그림자를 드리운다면 또 어찌 될지 모를 일이다. 그리고 실제로 고령화 파동이 미래를 암울하게 하리라 생각하는 사람이 많다. 베이비붐 세대에 속하는 8,000만 명이 주식과 채권을 수조 달러어치나 보유하고 있는데, 이 사람들이 앞으로 수십 년에 걸쳐 주식과 채권을 팔아 노후 생활 자금을 조달하려 할 것이다. 심지어 유럽과 일본은 미국보다 훨씬 빠른 속도로 인구 고령화가 진행 중이다.

이렇게 매도자의 수가 너무 많은 이른바 '매도자 과잉' 상태가 되면 금융 자산을 현금화해 제품과 서비스를 구매하려는 은퇴자와 투자자가 큰 낭패를 볼 수 있다. 게다가 베이비붐 세대가 은퇴하기 시작하면 미국 산업 현장에 노동력 부족 현상이 생기고 이에 따라 베이비붐 세대가 안락한 노후 생활을 영위하는 데 필요한 제품의 공급에 차질이 생길 위험이 있다.

《파산 위기 Running on Empty》의 저자 피터 피터슨 Peter Peterson 이나 보스턴 대학 경제학 교수이자 《다가오는 세대 간 전쟁 The Coming Generational Wars》의 저자 래리 코틀리코프 Larry Kotlikoff 같은 권위자들이 암울한 미래 경제를 예고했다. 피터슨과 코틀리코프를 비롯한 여러 사람이 인구 고령화와 불충분한 저축률, 노동력 부족 등이 경제 붕괴를 야기하면서 미국의 수백 만 은퇴자를 곤경에 빠뜨릴 것이라고 경고한다.

나 역시 우리의 미래가 인구통계학적 요소에 좌우될 것이라 생각한다. 그러나 나 나름대로 인구통계학적 현실에 관한 연구를 진행한 후에는 피터슨이나 코틀리코프 등이 내놓은 비관적 결론에 동의하기 어려웠다. 내가 수립한 인구통계학적 및 생산성 추세에 관한 모형에 따르면 재앙이 임박했다기보다는 오히려 전 세계 경제 성장이 가속화하는 단계에 들어가리라는 확신이 들었다.

정보와 통신 혁명 덕분에 중국과 인도 같은 개발 도상국이 급속한 경제 성장을 이룩하게 됐고, 선진국의 노령 인구가 사용하고도 남을 정도로 충분한 제품과 서비스를 생산한다는 목표에 거의 도달하고 있다. 나는 21세기 중반쯤이면 중국과 인도의 생산량 총합이 미국과 유럽, 일본의 생산량을 모두 합한 것보다 많으리라 예측한다.

선진국이 당면한 가장 중요한 두 가지 질문은 바로 이것이다. 우리에게 필요한 제품을 누가 생산해줄 것인가? 우리가 파는 자산을 누가 사줄 것인가? 나는 이 두 가지 질문에 대한 답을 찾았다. 개발 도상국이 답이었다. 즉, 필요한 제품은 개발 도상국 근로자가 생산하고 우리가 파는 자산은 개발 도상국 투자자가 사줄 것이다. 나는 이를 '국제적(글로벌 혹은 범세계적) 해법'이라 칭한다.

국제적 해법

국제적 해법은 투자자에게 아주 큰 의미가 있다. 세계 경제의 중심이 동쪽으로 이동할 것이다. 수십조 달러에 이르는 자산이 미국과 유럽, 일본의 은퇴자에게서 신흥 경제국의 생산자와 예금자의 손으로 흘러들어감에 따라 중국과 인도, 기타 신흥 경제국의 투자자가 결국은 세계 자산 대부분을 보유하게 될 것이다. 국제적 해법은 다른 말로 하면, 개발 도상국과의 무역에서 선진국이 막대한 적자를 기록하는 데다 그 규모가 점점 커지는 상황에 몰리게 된다는 의미이기도 하다. 인구통계학적 요인이 주도하는 미래 환경에서는 우리가 가진 자산을 팔아 외국산 제품을 들여오는 상황이 불가피하다.

그리고 세계 시장의 성장 기제를 이해하고 이를 이용하는 기업이 가장 큰 성공을 거둘 것이다. 앞으로 주식 시장의 세계화가 가속화될수록 투자자의 포트폴리오에서 다국적 기업의 중요성이 점점 더 커질 것이다.

그럼에도 투자자는 성장 함정에 더욱 유의해야 한다. 고속 성장하는 산업 부문과 마찬가지로 고속 성장하는 국가가 반드시 고수익을 보장해주지는 않는다. 투자자가 국제적 기업의 성장 전망에 과도하게 몰입해 너무 비싼 가격에 주식을 사들이면 결국 저조한 실적에 실망할 수밖에 없을 것이다. 세계에서 경제 성장 속도가 가장 빠른 국가인 중국에 투자했다가 낭패를 본 투자자를 보면 성장 함정이 투자 수익을 낮추는 데 얼마나 대단한 위력을 발휘하는지가 증명이 되고도 남는다.

투자에 대한 새로운 접근법

이 책 안에 담은 내용은 이전에 출간한 《주식에 장기 투자하라》의 확장판쯤으로 이해하면 될 듯하다. 당시 연구 결과로는 주식의 장기 투자 수익은 고정 수입 자산의 실적을 능가하고, 게다가 물가 상승률을 감안하면 위험 수준까지 낮은 것으로 나타났다.

이번 책에서는 장기적으로 어떤 종목이 더 나은 실적을 내는지 알아보는 한편 주식 종목에 대해 '다국적' 기업과 '국내' 기업, '가치' 종목과 '성장' 종목 등으로 구분하는 식의 전통적 방식은 시대착오적인 접근법임을 보여줄 생각이다. 세계화 추세가 본격화함에 따라 기업의 본사가 어디에 있느냐는 별로 중요하지 않게 됐다. 한 기업이 여러 국가에 본사를 두기도 하고 심지어 다른 국가에서 생산한 제품을 전 세계에 팔기도 한다.

최고의 장기 주식은 '가치' 종목이라거나 '성장' 종목이라거나 하는 식으로 명확히 구분되지 않으며 오히려 그 경계가 불분명하다. 고성장주가 최고의 실적을 낼 수도 있으나 실적을 판단하는 기준으로는 성장보다는 가치 평가가 더 합리적이라고 본다. 빠르게 성장하는 기업보다는 특정 국가에 국한하지 않고 전 세계 시장을 무대로 고품질 제품을 판매하며 국제적으로 명성과 신뢰를 얻는 경영 전략을 구사하는 기업이어야 높은 실적을 올릴 수 있을 것이다.

이 책의 내용과 구성

이 책은 총 5개 부(部)로 구성된다. 제1부와 제2부에서는 성장 함정에 관해 설명하고, 투자자가 추구해야 할 바람직한 투자 특성, 주식을 살 때 피해야 할 사항을 설명한다. 제3부에서는 투자자로서 성공하는 데 배당금이 왜 중요한지 설명한다. 제4부에서는 경제와 금융 시장에 대한 내 나름의 미래 비전을 제시하고, 제5부에서는 앞으로 맞이할 변화에 대비해 포트폴리오를 구성하는 방법을 설명한다.

이 책은 급격한 변화를 맞이하게 될 상황에서 세계 시장을 이해하는 기본 틀을 정립하고 장기적으로 투자자의 자본을 보호하고 늘리는 전략을 제시한다.

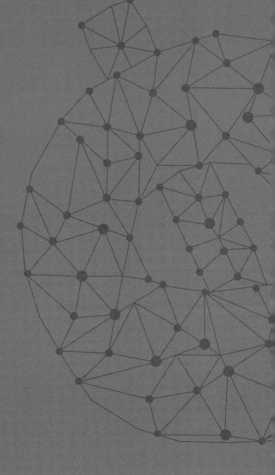

제 2 장

창조적 파괴인가
아니면
창조의 파괴인가

자본주의의 엔진을 장착하고 유지하는 핵심 동력은
자본주의 기업이 창조하는 새로운 소비 제품, 새로운 생산 및 유통 방식,
새로운 시장, 새로운 산업 조직 형태에서 나온다. (중략)
이와 같은 창조적 파괴 과정이야말로 자본주의의 핵심이다.
이 창조적 과정은 자본주의의 기본 토대이자
자본주의에 관한 모든 쟁점이 발현되는 근원이다.

| 조지프 슘페터 Joseph Schumpeter,
《자본주의 사회주의 민주주의Capitalism, Socialism, and Democracy》, 1942년 |

어떤 주식을 사서 장기 보유해야 하는가?

이 책을 쓰기 전 진행한 연구에서는 많은 투자자가 주식 투자 수익에 관한 잘못된 가정에 근거해 투자 결정을 내린다는 결론에 도달했다. 그런데 어느 투자자 집단을 상대로 내 연구 결과에 관한 설명회를 진행한 후 받았던 질문을 계기로 내 생각이 바뀌기 시작했다.

청중 속에서 한 사람이 손을 번쩍 들며 이런 질문을 한 것이다.

"교수님은 이전에 쓴 책《주식에 장기 투자하라》에서 설득력 있는 사례를 제시하면서 주식을 장기 투자했을 때 좋은 실적을 낸다고 하셨습니다. 책 표지에도 이 문구를 사용할 정도로 교수님은 '매수 후 장기 보유'를 주장하셨지요. 그러나 저는 아직도 무엇을 어떻게 해야 할지 잘 모르겠어요. **구체적으로 어떤 주식을 사서 보유해야 하는지요?** 예를 들어 시가총액 20대 기업의 주식을 사서 무조건 장기 보유하면 되나요?"

전에도 이런 질문을 숱하게 들어왔던 터라 나는 이렇게 답했다. "그건 아닙니다. 그 책에서 말하는 '수익'은 학자와 투자 전문가가 사용하는 수익 개념과 동일하고, 또 S&P500 지수나 윌셔 5000 같은 포괄적 주가지수에서 비롯된 개념입니다. 이런 지수에는 새로운 기업이 계속해서 추가되고 있고 또 지금은 투자자가 이 포괄적 시장 지표를 지수 연동형 뮤추얼펀드와 상장지수펀드에 연계시키기도 쉽습니다. 투자 수익을 내는 데는 이 신규 기업이 중요합니다. 우리 경제는 매우 역동적입니다. 새로운 기업과 업종이 계속 등장하고 기존 기업은 사라지거나 다른 기업에 흡수되기도 합니다. 이 창조적 파괴 과정이야말로 자본주의를 설명하는 핵심적 사실입니다.

예를 하나 들지요. 오늘날 S&P500에서 가장 큰 산업은 현재 금융 부문입니다. 그러나 S&P500 지수를 처음 만든 1957년에만 해도 뉴욕증권거래소에서 거래되는 상업은행이나 증권사, 투자은행은 단한 곳도 없었어요. 금융 부문에 이어 두 번째로 큰 보건의료 부문도 1957년에는 시장 비중이 겨우 1%에 불과했습니다. 당시에는 기술 부문의 비중도 그렇게 크지 않았고요. 1957년에는 존재하지도 않았던 금융, 의료, 기술 이 세 부문의 시가총액이 지금은 S&P500 시가총액의 절반을 넘습니다. 질문하신 분이 중간에 종목에 변화를 주지 않고 처음의 주식 포트폴리오를 그대로 유지했다면 한물 간 업종, 그러니까 사양 업종으로 치부되는 공업, 광업, 철도업 종목으로 포트폴리오가 채워져 있을 겁니다."

대다수 청중은 내 말에 수긍하는 듯 고개를 끄덕였고, 질문을 던졌던 그 사람도 내 대답에 꽤 만족하는 듯했다. 나는 오랜 기간 주식 시장 수익의 역사를 연구한 학자들과 금융 자문가라면 대다수가 이 답변에 동의하리라 확신했다.

이 책에 소개한 연구를 진행하기 전에 나는 부를 축적하는 가장 좋은 방법으로 단순 지수 연동 전략을 권했었다. 완벽하게 지수와 연동해 포트폴리오를 구성하면 신규 기업이 시장에 등장할 때 지수에 편입되기 때문에 투자자로서는 잘 나가는 신생 기업의 탁월한 성과를 오롯이 얻을 수 있다.

그러나 지난 2년간 광범위한 연구를 수행하면서 이 부분에 대한 생각에 변화가 생겼다. 이번 장 그리고 이 책의 나머지 부분에서 설명할 이 연구 조사를 통해, **지수 연동 전략도 수익 면에서 괜찮은 성과를 내지만 부를 축적하는 데 이보다 더 좋은 방법도 있다는 사실을 깨달은 것이다.**

주식 시장에서의 창조적 파괴

'창조적 파괴'는 오스트리아 출신 미국의 경제학자 조지프 슘페터 Joseph Schumpeter가 새로운 기업이 어떻게 기존 기업 중심의 시장 질서를 '파괴'하면서 경제 발전을 주도해나가는지를 설명할 때 사용한 용어다. 슘페터는 혁신적 기술이 신규 기업과 새로운 조직 구조의 탄생을 촉발했고, 이들 신세력의 부가 증가하면서 기존 세력 중심의 구질서가 쇠퇴하는 추세가 나타난다고 주장했다. 실제로 제조업 부문이 쇠퇴하는 와중에 기술, 금융, 의료 부문이 확대된 것이 경제 성장에 큰 몫을 차지했다. 그러나 슘페터가 말하는 창조적 파괴 개념이 과연 금융 시장의 수익에도 적용이 될까?

맥킨지앤드컴퍼니 Mckinsey&Co.의 두 파트너 리처드 포스터 Richard Poster와 새라 캐플런 Sarah Kaplan은 적용이 된다고 봤다. 두 사람은 2001년에 출간한 베스트셀러 《창조적 파괴 Creative Destruction》에 다음과 같이 썼다. "지금의 S&P500이 1957년 당시 처음 편입된 기업으로만 구성돼 있다면 S&P500의 전반적 실적은 실제(지금 수준)보다 연간 20% 정도 낮았을 것이다."[1]

두 사람의 조사가 정확하다면 시장에서 좋은 실적을 내기 위해선 포트폴리오에 새 기업을 보충해 넣는 일이 매우 중요했다. 실제로 그들은 신규 기업을 계속해서 '수혈'한 포트폴리오와 그렇지 않은 포트폴리오 간의 수익 격차가 매우 컸다고 보고했다. 복리의 마법을 고려했을 때 S&P500 원조 기업에만 1,000달러를 투자한 경우는 신규 기업을 추가한 S&P500 지수 총수익의 40%에도 못 미치는 실적을 냈을 것이라고 주장했다.

그러나 포스터와 캐플런의 조사 결과 중 몇 가지 때문에 나는 좀 혼란스러웠다. 최초 S&P500 지수를 구성했던 '구' 기업의 실적이 전체 지수를 한참 밑돌 정도로 실적이 저조했다면 새로 추가한 신규 기업은 훨씬 많은 수익을 올렸다는 의미다. 포스터와 캐플런이 주장하는 만큼 신규 기업과 구 기업 간의 수익 격차가 컸다면, 다들 신규 기업 주식만 사고 구 기업 주식을 모조리 내다 팔아 S&P500 지수를 훨씬 능가하는 실적을 올렸을 텐데 왜 그렇게 하지 않았을까? 이는 대다수 투자 전문가를 포함한 투자자 대부분이 기준 지수를 능가할 수 없었음을 보여주는 매우 강력한 증거다.

과거에서 해답 찾기

나는 창조적 파괴 개념이 주식 시장 수익에도 적용되는지를 알아보는 가장 좋은 방법은 처음으로 S&P500 지수를 구성했던 각 종목의 실적을 추적 조사해보는 일이라고 생각했다. 이는 광범위한 조사 프로젝트였다. 말하자면 내가 《주식에 장기 투자하라》를 위해 처음으로 금융 자산 수익에 관한 자료를 수집한 이래로 방대한 자료가 투입된 이른바 가장 '자료 집약적인' 조사 작업이었다. 초창기 S&P500 지수 종목의 수익 산출 부분뿐만 아니라 이들 기업에 합병되거나 분할된 수백 개 기업 전부의 복잡하기 이를 데 없는 기업사까지 추적 분석했다. 이런 방대한 조사가 결국 주식 시장을 구성하는 신규 기업과 기존 기업의 수익에 관한 결정적 증거를 제공해주었다.[2]

최고의 투자 전략에 관한 내 생각을 바꿔놓은 이 광범위한 조사에 관해 본격적으로 논하기 전에 먼저 세계에서 가장 유명한 기준 지수라 할 S&P500 지수의 역사부터 간략히 살펴보기로 한다.

S&P500 지수의 역사

국제 신용평가기관인 스탠더드앤드푸어스[S&P]가 1923년에 처음으로 전 산업 부문을 망라한 주가지수를 개발했고 이로부터 3년 후에 90개 종목으로 구성된 종합주가지수를 만들었다.[3] 경제 규모가 커짐에 따라 90개 종목으로는 전체 시장을 대표하기에 충분치 않다고 판단하여 1957년 3월 1일, 이 종합지수 산정 종목의 수를 500개로 늘리고 'S&P500 지수'라 명명했다.[4]

처음에 이 지수는 산업재 부문 425개, 철도 부문 25개, 공익사업 부문 50개 기업으로 구성됐다. 그러다 1988년에 '주요 산업 부문을 대표하는 선도적 기업' 500개를 포함해 주가지수의 대표성을 유지한다는 목표에 따라 산업 부문별로 일정 수의 기업을 탈락시켰다.[5] S&P500 지수는 시장 가치, 수익, 유동성 등 스탠더드앤드푸어스가 세운 평가 기준을 충족시킨 기업을 새로 추가하고 이 기준에 미달한 기업을 탈락시키는 방식으로 지수를 계속 업데이트했다.

지수를 처음으로 만든 1957년부터 2003년까지 S&P500 지수에 추가된 신규 기업의 수는 총 917개였으며 연평균 20개 기업이 새로 추가된 셈이었다. 신규 기업이 가장 많이 추가된 해는 1976년이었다. 당시 S&P는 60개 기업을 추가했는데 이 중 15개가 은행이었고 10개는 보험사였다. 1957년 당시 지수에서 금융주는 소비자 금융 회사 주식뿐이었다. 다른 금융주는 대부분 장외시장에서 거래된다는 이유로 지수 산정에서 제외됐다. 장외거래 종목에 대해서는 1971년에 장외 주식 시장인 나스닥이 개설되고 나서야 비로소 주가 자료를 이용할 수 있었다.

기술주 거품이 절정에 달했던 2000년에 49개 신규 기업이 지수에 포함됐으며 이는 사상 두 번째로 많은 수치였다. 이후 이어진 약세장으로 지수가 바닥에 근접했던 2003년에는 추가된 기업이 단 8개로서 역대 최저치에 해당한다.[6]

이처럼 수많은 기업이 편입과 탈락을 거듭하면서 S&P500 지수의 구성이 크게 달라졌다. [표 2-1]은 현재 그리고 지수가 처음 작성됐던 1957년 당시 시가총액 기준으로 S&P500 지수의 상위 20대 기업을 나타낸 것이다. 오늘날의 상위 20개 기업 중 마이크로소프트, 월마트, 인텔, 시스코, 델 등 5개는 1957년에는 아예 존재하지도 않았던 기업이다. 1957년에는 상위 20위에 들었던 기업 중 9개가 석유회사였는

데 지금은 20대 기업에 든 석유회사가 단 2개뿐이다. 지금은 20대 기업 중 기술, 금융, 의료 부문에 속한 종목이 12개인데 1957년 당시 20대 기업 중 이 부문에 속한 종목은 IBM 하나뿐이었다.

[표 2-1] S&P500 지수 상위 20대 기업(1957년 3월 1일 기준)

시가총액 순위	기업명	시가총액 (단위: 10억 달러)	부문
1	AT&T	11.2	전기통신
2	뉴저지 스탠더드오일	10.9	에너지
3	제너럴모터스	10.8	재량 소비재
4	듀폰	8.0	소재
5	제너럴일렉트릭	4.8	산업재
6	걸프오일	3.5	에너지
7	유니언카바이드앤드카본	3.2	소재
8	텍사코	3.2	에너지
9	유나이티드스테이츠스틸	3.2	소재
10	캘리포니아 스탠더드오일	2.8	에너지
11	IBM	2.7	정보기술
12	로열더치페트롤리엄	2.7	에너지
13	소코니모빌오일	2.5	에너지
14	쉘오일	2.4	에너지
15	시어스로벅	2.0	재량 소비재
16	인디애나 스탠더드오일	1.9	에너지
17	알루미늄컴퍼니오브아메리카	1.8	소재
18	베슬리헴스틸	1.7	소재
19	이스트먼코닥	1.6	재량 소비재
20	필립스페트롤리엄	1.6	에너지

[표 2-1] S&P500 지수 상위 20대 기업(2003년 12월 31일 기준)

시가총액 순위	기업명	시가총액 (단위: 10억 달러)	부문	지수 편입 연도
1	제너럴일렉트릭	311.1	산업	원년
2	마이크로소프트	297.8	정보기술	1994
3	엑손모빌	271.0	에너지	원년
4	화이자	269.6	의료	원년
5	시티그룹	250.4	금융	1988
6	월마트	229.6	필수 소비재	1982
7	인텔	210.3	정보기술	1976
8	아메리칸인터내셔널그룹 AIG	172.9	금융	1980
9	시스코시스템즈	167.7	정보기술	1993
10	IBM	159.4	정보기술	원년
11	존슨앤드존슨	153.3	의료	1973
12	프록터앤드갬블	129.5	필수 소비재	원년
13	코카콜라	124.4	필수 소비재	원년
14	뱅크오브아메리카	119.5	금융	1976
15	알트리아그룹	110.5	필수 소비재	원년
16	머크	102.8	의료	원년
17	웰스파고	99.6	금융	1987
18	버라이즌커뮤니케이션즈	96.9	전기통신	원년
19	쉐브론텍사코	92.3	에너지	원년
20	델	87.0	정보기술	1996

S&P500 원조 기업 포트폴리오 3개

S&P500 원조 기업의 실적을 계산하고자 포트폴리오 3개를 만들었다. 모두 시장 가치 기준 500대 기업으로 구성한 '표준 가치 가중 포트폴리오'로 동일하게 출발한다. 그러나 시간이 지나면서 일부 원조 기업의 합병이나 분할이 이뤄질 때 투자자가 어떻게 대응하는지에 대한 가정에 따라 포트폴리오 간에 차이가 생기기 시작한다.

첫 번째 포트폴리오는 일명 '생존자 포트폴리오 Survivor portfolio'다. 원

[그림 2-1] 1957년 3월 1일부터 2003년 12월 31일까지 S&P500 원조 기업의 최종 포트폴리오

종합 포트폴리오 – 341개 기업

직계열 포트폴리오
– 228개 기업

생존자 포트폴리오
– 125개 기업

추가: 합병 기업 92개 +
재상장 기업 11개

추가: 분할 기업 113개

조 기업이 합병되거나 비상장기업으로 전환될 때 해당 주식을 매각하고, 그 수익금으로 아직 지수에 남아있는 다른 원조 기업에 재투자한다고 가정했다. 이 포트폴리오는 125개 기업으로 구성됐으며 여기에는 필립 모리스 Philip Morris, 화이자 Pfizer, 코카콜라, 제너럴일렉트릭 등과 같은 이익주와 베슬리헴스틸 Bethlehem Steel, 유나이티드항공 United Airlines, 케이마트 Kmart 등과 같은 손실주가 포함됐다.

두 번째 포트폴리오는 '직계열 포트폴리오 Direct Descendant portfolio'로서 여기에는 합병 기업이 전부 포함된다. 그러나 생존자 포트폴리오와 마찬가지로 분할 기업에 대해서는 즉시 주식을 매각하고 그 수익금은 모회사에 재투자한다고 가정했다.[7]

세 번째는 '종합 포트폴리오 Total Descendant portfolio'로서 투자자가 분할된 기업까지도 전부 보유한다고 가정했다. 이 포트폴리오에서는 어떤 종목도 매각하지 않는다. 따라서 궁극적으로 '매수 후 보유' 포트폴리오의 형태를 취하게 된다. 2003년 말이 되자 이 포트폴리오는 총 341개 기업이 되었다. [그림 2-1]은 포트폴리오에 따른 기업의 구성도이다.

장기 수익

S&P500 원조 종목으로 구성된 포트폴리오의 실적을 어떻게 정의하든 간에 모두 다 놀라운 결과를 낸다는 사실을 보여주려고 이 세 가지 포트폴리오를 구성했다. 그 결과란 다음과 같다.

S&P500 원조 기업의 수익이 업데이트를 계속한 표준 S&P500 지수를 앞섰으며 게다가 위험 수준까지 더 낮은 상태에서 그러한 실적을 올렸다.

1957년 3월 1일부터 2003년 12월 31일까지 S&P500 원조 기업 포트폴리오에 투자한 경우 표준 S&P 지수 펀드에 투자할 때보다 투자 원금이 21%에서 26% 더 증가했다. 이 결과는 [표 2-2]에 정리했다.

이 세 포트폴리오가 거둔 수익은 투자자가 1957년에 S&P500 원조 기업의 주식을 산 다음에 2003년까지 보유한 결과라는 점을 강조할 필요가 있다. 지수를 능가하는 수익을 올리려 할 때 굳이 생존한 종목과 탈락한 종목이 무엇인지까지는 알 필요가 없었다.

이 결과를 달리 표현하자면 이렇다.

평균적으로 볼 때 S&P500 원조 기업의 주식은 이후 반세기 동안 이 지수에 신규 추가된 1,000여 개 기업의 실적을 앞질렀다.

S&P500 지수에 추가된 신규 기업이 창조적 파괴 과정을 주도하면서 경제 성장을 촉발했다는 점을 부인하지는 않는다. 그러나 대체로 이 신규 기업이 투자자에게 큰 수익을 안기지는 못했다. S&P500 원조 기업의 주식을 사서 하나도 팔지 않고 그대로 보유한 투자자는 세계에서 가장 유명한 기준 주가지수(S&P500 지수)뿐 아니라 대다수 자

[표 2-2] 원조 S&P500 지수 포트폴리오와 표준 지수의 수익

포트폴리오	투자 원금 1,000달러의 증가액	연수익률	위험률
생존자 포트폴리오	151,261	11.31%	15.72%
직계열 포트폴리오	153,799	11.35%	15.93%
종합 포트폴리오	157,029	11.40%	16.08%
S&P500	124,522	10.85%	17.02%

산 관리자 및 공격적으로 운용하는 주식 펀드의 실적까지 뛰어넘는 수익을 올렸다.

S&P500 지수의 실적이 저조한 이유

왜 이런 결과가 나타났을까? 우리 경제의 성장을 이끌었고 미국을 세계 최고의 경제국으로 우뚝 세우는 데 큰 몫을 한 신규 기업이 어떻게 기존 기업들보다 낮은 실적을 기록했을까?

이유는 단순하다. 신규 기업의 수익, 매출, 심지어 시장 가치마저 기존 기업보다 빠르게 성장했더라도 애초에 주식 매수가가 너무 높았기 때문에 만족할 만큼의 큰 수익을 올리지 못한 것이다. 주가가 너무 높으면 배당수익률이 낮다는 의미다. 따라서 배당금의 재투자를 통해 주식 수를 늘리는 것에도 한계가 있다.

제1장에서 뉴저지 스탠더드오일과 IBM을 분석한 바 있다. IBM은 지난 20세기 시장에서 가장 혁신적이며 가장 빠르게 성장한 종목 중 하나이며 거의 모든 성장 지표에서 스탠더드오일을 능가했다. 그러나 IBM은 투자 수익 면에서는 스탠더드오일에 미치지 못했다. IBM의 주가가 계속해서 너무 높게 형성됐기 때문에 스탠더드오일의 배당금 재투자를 통한 수익률을 앞설 수가 없었다. 지난 반세기 동안 S&P500 지수에 추가된 917개 신규 기업도 대체로 이와 비슷한 처지였다.

지수에 신규 편입된 기업의 주가가 너무 높게 형성되고 이것이 저조한 실적으로 이어진 부분은 스탠더드앤드푸어스 혹은 지수 산정 종목을 선택하는 역할을 맡은 S&P 지수위원회 Index Committee 위원들의 잘못은 아니다. 실제로 S&P는 현명하게도 1990년대 말 당시 일부 기술주의 시장 가치가 S&P500 지수 편입에 필요한 최저 기준을 넘겼는데도 인터넷과 기술주를 지수에 너무 많이 포함하는 것에 반대했다.

이 책 전반에 걸쳐 수시로 언급할 내용인데, 전체 시장에서 이처럼 신규 종목의 가격이 높게 형성되는 일이 일반적이며 이것이 바로 성장 함정의 본질이다. 1990년대 말의 기술 종목이나 20년 전의 석유 및 가스 개발 회사처럼 특정 시장 부문에서 과도한 유포리아 euphoria(과도한 기대 심리로 지나친 안도와 만족감 혹은 희열감에 도취된 시장 분위기. '도취감'이라고도 함-역주)가 나타나면, S&P로서는 이 부문에 속한 몇몇 종목을 지수에 편입하지 않고 버티기는 사실상 불가능하다. S&P500 지수나 기타 지수가 주가지수로서의 대표성을 유지하려면 특정 부문이나 종목에 대해 가격이 고평가됐다는 생각이 들더라도 이런 기업을 지수에 편입하지 않을 수 없다.

야후!

S&P500 지수에 추가된 신규 기업의 수익이 저조한 또 하나의 이유는 아이러니하게도 이 지수가 너무 성공한 데서 찾을 수 있다. 1조 달러가 넘는 투자자의 자본이 S&P500 지수와 연동한 펀드들에 투입되고 있다. 이는 S&P가 자사 지수에 한 기업을 추가하면 그 종목에 대한 수요가 엄청나게 증가하고 이렇게 증가한 수요가 주가를 밀어 올리면 결과적으로 이 지수에 연동한 투자자의 수익이 낮아진다는 의미다.[8]

애초에 고평가된 데다가 이런 추세가 점입가경 수준에 이르게 된 종목의 가장 완벽한 사례가 바로 선도적 인터넷 포털 기업 야후Yahoo! 였다. 인터넷 호황세가 최고조에 달했던 1999년 11월 30일, 스탠더드 앤드푸어스는 12월 8일에 야후를 S&P500 지수에 포함하겠다고 발표했다. 이때까지 S&P500 지수에 포함된 인터넷 종목은 1999년 1월에 편입된 아메리카온라인America Online: AOL이 유일했다.

다음날 아침, 지수 펀드들이 조만간 이 종목을 대량 매수하리라는 사실을 감지하고는 개장과 동시에 매수 주문이 쇄도하면서 가격이 거의 9달러나 치솟았다. 주가는 계속 상승했고 12월 7일에는 결국 주당 174달러에 장이 마감됐다. 단 5거래일 만에 가격이 68달러나 치솟았으며 이는 S&P가 야후를 지수에 편입하겠다고 발표하기 이전의 가격에서 64%나 상승한 수치다. 지수 펀드들이 야후를 매수해야 하는 마지막 날, 즉 야후 매수 최종 기한인 12월 7일에는 거래량이 1억 3,200만 주에 달했으며 이는 가격으로 치면 220억 달러어치에 해당한다.

나는 스탠더드앤드푸어스가 야후를 지수에 포함하겠다고 발표하기 전 주당 106달러에 거래될 때도 가격이 과도하게 높다고 생각했다. 제5장에서 다루겠지만, 나는 2000년 3월에 〈월스트리트저널〉에 발표한 글에서 가장 고평가된 대형주 9개에 야후도 포함시켰다. 당시 야후의 시장 가치는 900억 달러 이상이었고 수익의 약 500배가 넘는 가격에 판매되고 있었다. 이는 S&P500 지수의 평균 주가수익률 20배를 훨씬 능가하는 수준이었다.

당시 S&P500 지수 펀드에 상당한 포지션을 유지하고 있던 나는 야후 주가가 너무 오르는 상황이 심히 불안했다. 야후가 향후 S&P500 지수의 수익을 떨어뜨리리라는 점이 내 눈에는 훤히 보였고 이런 일이 앞으로도 계속 일어나리라고 봤기 때문이다.

그리고 이후 벌어진 일들이 내 불안한 예감이 틀리지 않았음을 증명해줬다. 야후에서 벌어진 일이 S&P500 지수에 추가된 다른 기업에도 똑같이 일어났다. 2000년에 킹파마슈티컬 King Pharmaceuticals 은 S&P500 지수 편입이 발표된 이후로 주가가 21% 상승했고, 시아이티 그룹 CIT Group 은 22%, 제이디에스 유니페이스는 27%, 메디뮨 Medimmune 은 31%, 파워원 Power One 은 35% 이상 상승했고 브로드비전 Broadvision 은 무려 50%나 상승했다.

이렇게 같은 입장에 있는 종목의 주가가 전부 상승하면 지수 연동 상품의 수익이 장기적으로 하락 편향될 가능성이 있다. 스탠더드앤드푸어스는 이 점을 충분히 인식하고 있었기에 2004년 3월에 지수에 편입 혹은 탈락하는 종목의 가격 충격을 감소시키는 조치를 마련했다.[9] 그럼에도 S&P500 지수의 인기가 계속되는 한 이지수에 속한 종목에 가격 프리미엄이 형성될 가능성은 항상 존재할 것이다.[10]

시장 가치와 투자 수익 개념의 혼동

포스터와 캐플런이 S&P500의 수익을 견인한 것이 신규 기업이라는 잘못된 결론에 이른 이유는 무엇일까? 나는 시장 가치와 투자 수익을 혼동한 데서 비롯된 결과라고 생각한다.

시가총액이라고도 하는 시장 가치는 기업의 유통 주식 수와 주당 가격으로 결정된다. 예를 들어 2004년에 마이크로소프트의 유통 주식 수는 약 110억 주였다. 당시 주가가 주당 27달러라고 봤을 때 마이크로소프트의 시가총액은 약 3,000억 달러였다. 마이크로소프트의 주가에 변화가 있거나 주식 수가 달라지면 자연히 시가총액에도 변화가 생긴다.

투자 수익은 완전히 다른 개념이다. 투자 수익은 주당 가격과 배당금(배당금이 있을 경우)을 합한 값의 변화로 정의된다. 마이크로소프트의 주식 가격이 달라지거나 배당금이 달라지면 마이크로소프트의 수익에도 변화가 생긴다. 두 정의의 유일한 공통 요소는 주식 가격이다. 배당금과 유통 주식 수의 변화는 투자 수익에 각기 다른 영향을 미친다.

대다수 투자자는 물론 전문가마저 투자 수익과 시가총액을 혼동하는 실수를 저지른다. 사실 단기적으로는 시장 가치와 수익은 상당히 밀접하게 연관돼 있다. 일 단위 혹은 주 단위로 보자면 이 두 개념 간에는 거의 완벽한 상관성이 존재한다. 그러나 기간이 길어질수록 이 상관관계도 약해진다. 장기 투자자에게는 배당금이 투자 수익의 주요 원천이 된다.

배당금 재투자의 중요성

IBM의 주가 상승률이 스탠더드오일보다 거의 3% 포인트가 높은 연간 11% 수준이었는데도 스탠더드오일의 투자 수익이 IBM을 앞질렀음을 상기하자. 스탠더드오일의 높은 배당수익률이 투자수익률을 끌어올리는 데 한몫했다. 스탠더드오일의 주가는 1950년부터 2003 년까지 약 120배 상승한 반면 IBM의 주가는 거의 300배 상승했다. 그러나 1950년에 스탠더드오일(현 엑손모빌)을 사서 그 배당금을 재투자한 주주는 보유 주식의 수가 15배 넘게 불어나는 반면에 IBM에 투자한 주주는 주식 수가 3배밖에 늘지 않았다.

수많은 투자자와 투자 자문가가 배당금 재투자가 장기 수익에 얼마나 큰 영향을 미치는지 아직도 깨닫지 못하고 있다. 투자자가 장기 수익이 아닌 단기적인 주가 상승에 과도하게 집중하기 때문에 이런 현상이 나타난다. 이 또한 성장 함정의 또 다른 모습이다. 투자자는 인내심이 있어야 하고 배당금 재투자를 통한 주식 추가 확보로 고수익을 낼 수 있다는 사실을 알아야 한다. 제3부에서 강조해 설명하겠지만, 장기 투자자가 반드시 알아야 할 교훈은 배당금의 재투자가 중요하다는 사실이다. 그것도 그럭저럭 중요한 정도가 아니라 매우 중요하다.

시장 가치 하락과 투자 수익 증가

시장 가치와 투자 수익이 구분되는 또 다른 이유가 있다. 1957년에 S&P500 지수가 처음 작성됐을 당시 세계에서 가장 시장 가치가 높았던 AT&T를 예로 들어 보자. 1983년 말이 되자 AT&T의 시가총액은 거의 600억 달러에 육박하는 수준으로 증가했다. 미 법무부가 AT&T에 '베이비 벨'**Baby Bell**(모회사 격인 '마벨'의 자회사라는 의미의 애칭으로서 '각 지역 벨 운영 회사'를 일컬음)을 전부 매각하라는 명령을 내렸을 때

AT&T 주주들은 분할된 이 7개 자회사의 증자주(增資株)를 받았다.**11**

이런 형태의 구조 조정으로 기업 분할이 마무리된 1984년 말에 AT&T의 시가총액은 600억 달러에서 200억 달러로 곤두박질쳤다. 그럼에도 이 기업 분할 상황은 AT&T의 투자 수익에는 긍정적인 효과를 주었다. 시가총액이 66% 감소했으나 분할된 기업의 주식을 보유한 투자자는 당해 투자 수익이 30% 증가하는 행운을 누렸다.

시장 가치 상승과 투자 수익 감소

그러나 이와 정반대 현상도 가능하다. 즉, 시장 가치가 상승하고 수익은 감소할 수도 있다. 기업이 새로운 사업을 추진하는 데 필요한 자금 조달을 위해 주식을 발행하거나 다른 기업과 합병을 추진할 때 이런 현상이 나타난다.

기술주 호황이 절정에 이르렀던 2000년에 AOL이 타임워너 Time Warner 와 합병하면서 사상 최대 규모의 지분 합병이 이뤄졌다. AOL은 타임워너 주주에게 타임워너 주식 1주당 AOL 주식 1.5주를 발행해 주면서 세계 최대 미디어 기업으로 거듭났다. 이런 형태로 신주 발행이 이뤄지면서 전체 파이에서 AOL 각 주주의 지분 크기는 줄어들었으나 두 기업이 하나가 됐기 때문에 전체 파이는 커졌다.

합병이 완료되자 AOL의 시가총액은 1,090억 달러에서 1,920억 달러로 증가했다. 이로써 AOL은 세계 최대 기업의 반열에 올랐다. 그러나 타임워너 주주 입장에서는 불행하게도 시장 고점에서 AOL 주식을 받았고 이후 저조한 실적으로 낭패를 봐야 했다. 2003년 AOL 타임워너 AOL Time Warner 는 실망만 남긴 합병 거래의 괴로운 기억을 지워내려는 듯 결국 사명에서 'AOL' 부분을 떼어냈다.

S&P500 원조 기업과 이후 추가된 기업은 수익과 시장 가치 간에도 엄청난 차이가 존재한다. S&P500 지수의 시장 가치는 1957년에 1,720억 달러에서 2003년 12월 31일에 10조 3,000억 달러로 늘어나며 연평균 9.13%의 증가율을 기록했다. 이와는 대조적으로 S&P500 원조 기업의 시장 가치는 2003년 말까지 3조 2,000억 달러로 증가하면서 연평균 6.44%의 증가율을 기록하는 데 그쳤다.

여기서 주목해야 할 부분은 따로 있다. 즉, 지수 산정 기업으로서 살아남은 원조 기업이자 터줏대감격인 '생존자' 기업군의 시장 가치 증가율은 S&P500 지수의 증가율을 훨씬 밑돌았으나 이 생존자 포트폴리오의 수익은 S&P500 지수 수익을 능가했다는 점이다. 지수에 계속 추가 편입된 신규 기업들의 시장 가치가 증가함에 따라 S&P500의 시장 가치는 증가했지만, 신규 기업 추가가 포트폴리오의 수익 증가로 이어지지는 않았다. 포스터와 캐플런의 조사에서 실수한 부분이 바로 이 지점이고, 성장 지향 투자 전략이 잘못됐다는 이유도 바로 여기에 있다.

분할 기업의 주식, 매도할까 보유할까?

S&P500 지수에 대한 역사적 고찰을 통해 기업 분할주와 기타 무상 주식을 보유해야 하는지, 아니면 매각하고 그 대금을 다른 곳에

투자해야 하는지에 대한 해답의 실마리를 찾을 수 있다. 종합 포트폴리오와 직계열 포트폴리오의 수익을 조사해보면 분할 기업의 주식을 보유했을 때와 매각했을 때의 차이를 알 수 있다([표 2-2]참고).

오로지 수익과 위험이라는 기준에서만 보자면 어느 쪽을 선택하든 실익이 그다지 크지 않다. 분할된 기업이 모기업보다 더 나은 수익을 낼 때도 있고 그렇지 못할 때도 있다. 예를 들어 AT&T의 분할 기업이라 할 '베이비 벨'을 보유한 투자자는 베이비 벨의 수익이 모기업 AT&T의 수익을 연간 3% 포인트가량 앞서면서 막대한 수익을 올렸을 것이다. 마찬가지로 모건스탠리 Morgan Stanley 와 올스테이트 Allstate 가 모기업인 시어스로벅 Sears, Roebuck 보다 더 나은 실적을 올렸다. 반면에 천연가스 생산업체 프렉스에어 Praxair 는 모기업인 유니언카바이드 Union Carbide 의 실적에 미치지 못했다. 그러나 세금과 거래 비용을 생각하면 분할 기업 주식을 보유하는 쪽이 훨씬 유리할 것이다. 왜 그럴까? '종합 포트폴리오'를 보유하면 해당 주식이 공개 시장에서 팔린 적이 없고 배당금 수령과 기타 현금 분배를 통해서만 주식 매수가 이뤄지기 때문에 거래 비용이 최소화된다.[12] 더욱이 이전에 시장에서 주식이 팔린 적이 없기 때문에 이 포트폴리오에서는 자본 이득이 실현되지 않는다.[13]

투자자는 이런 형태의 비용 절감 부분을 가벼이 여겨서는 안 된다. 투자 수익을 가장 심하게 갉아먹는 요인 중 하나가 잦은 거래에서 발생하는 거래 비용과 세금이다. 내가 고안한 가상 포트폴리오의 수익에서 이런 비용을 고려하지 않더라도 '종합 포트폴리오'는 S&P500 뮤추얼펀드 혹은 상장지수펀드 exchange-traded fund: ETF 보다 비용 부담이 적었다. 이 비용 절감 요소 하나만으로도 배당 받은 모든 분할 기업주를 보유하는 쪽이 훨씬 유리하다.

투자자가 새겨야 할 교훈

슘페터의 '창조적 파괴' 개념은 자본주의 경제가 어떻게 작동하는지를 설명하는 데는 매우 적절하다. 신규 기업이 변화를 주도하고, 성장을 이끌고, 현상 유지 기조를 뒤집으면서 기존 기업을 밀어낸다. 그러나 창조적 파괴 과정이 자본 시장에서는 사뭇 다르게 전개된다. 이른바 '창조적' 기업에 투자하는 사람은 너무 비싼 가격에 주식을 사기 때문에 수익 면에서 낭패를 본다.

이런 결과가 투자자에게 시사하는 바는 무엇인가? S&P500 기업과 같은 종목으로 구성된 포트폴리오를 사서 계속 보유해야 하는가? 짧게 답하자면 '아니다'. 이후 장들에서 살펴보겠지만, 투자자는 여기서 설명했던 S&P500 원조 기업 포트폴리오보다 더 나은 수익을 올릴 기회가 있다.

그러나 이번 장에서 소개한 조사 결과는, '고수익'을 내려면 신규 기업을 계속 추가하는 포트폴리오 업데이트가 '필수적'이라는 잘못된 믿음을 흔들어 놓았다. S&P500처럼 대중적 인기를 누리는 지수에 신규 편입된 기업은 주가가 너무 높게 형성되는 경향이 있어서 향후 투자 실적에 악재로 작용할 수 있다. 게다가 '매수 후 장기 보유'하는 포트폴리오는 세금 측면에서 매우 유리하고 거래 비용도 낮다는 특성 덕분에 장기적 관점에서 고수익을 올리는 데 상당히 매력적인 전략이다.

다음 장에서는 S&P500 원조 기업 포트폴리오가 시장 평균을 앞서는 데 큰 몫을 한 기업들이 어디인지 살펴볼 것이다.

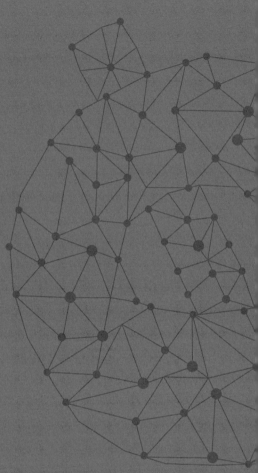

제 3 장

검증된 기업:
기업계의 엘도라도를 찾아서

'매력적인' 종목인지 아닌지를 결정하는 기준이 무엇인지 궁금할 것이다.
대다수 분석가는 서로 반대되는 개념이라고 생각하는
'가치'와 '성장' 가운데 한쪽을 선택해야 한다고 느낀다. (중략)
그러나 우리는 이 두 개를 양립된 개념으로 보는 시각은
그다지 바람직하지 않다고 본다. (중략)
성장은 가치에 포함되는 개념이고,
또 '가치 투자'라는 말 자체가 불필요한 동어반복일 뿐이다.

| 워런 버핏Warren Buffett,
〈버크서해서웨이 연차 보고서Berkshire Hathaway annual report〉, 1992년 |

앞 장에서는 S&P500 원조 기업 포트폴리오의 장기 수익률에 관해 간략히 살펴봤다. S&P500 원조 기업을 대상으로 한 '종합 포트폴리오'에서 고실적주 20개 그리고 1957년 지수가 처음 작성됐을 당시 이 지수 전체 시장 가치의 거의 절반을 차지하는 20대 기업의 실적에 관한 상세 정보를 포함해 S&P500 원조 기업의 변화 과정과 수익에 관한 부분을 [부록]에 수록했다.

높은 실적을 올린 생존 기업에 관해 이번 장에서 설명할 내용과 더불어 부록의 목록을 보면, 지난 50년 동안 미국 기업 환경에 실로 엄청난 변화가 있었음을 알 수 있다. 그리고 아래와 같은 중요한 질문에 대한 답을 얻으려면 아직도 갈 길이 멀다는 사실을 실감하게 된다. 어떤 기업이 투자자에게 최고 수익을 안기는가? 어떤 산업 부문에 속한 기업이 고수익을 내는가? 그리고 가장 중요한 질문은 이것이다. 성공적인 장기 투자로 이끄는 특성은 무엇인가?

엘도라도 기업: 최고 실적주

리처드 포스터와 새라 캐플런은 《창조적 파괴》에서 이렇게 말했다. "장기적 관점에서 미국 기업의 탄생과 생존 그리고 사멸 과정을 연구한 결과를 보면 계속해서 시장 평균을 웃도는 실적을 내는 엘도라도(이상향) 기업은 존재한 적이 없다. 그러한 이상적 기업이 존재하리라는 생각 자체가 잘못된 믿음일 뿐이다."[1]

그러나 내 조사 결과는 이와는 정반대다. 엘도라도에 속하는 기업

은 존재한다. 심지어 한둘 정도가 아니라 아주 많다. 이런 기업을 찾
아내면 투자 실적을 높이는 데 도움이 된다.

이전 장에서 1957년 2월 28일에 S&P500 지수 펀드에 1,000달러
를 투자한 다음에 장기 보유하면서 배당금 재투자를 계속하면 2003
년 12월 31일에는 투자 원금이 약 12만 5,000달러로 불어난다고 했
다. 그러나 S&P500 원조 기업 중 최고 실적주에 투자하면 1,000달러
가 무려 460만 달러로 불어난다. 지난 반세기 동안 시장 평균을 연간
9%나 앞서며 1위 실적을 보인 이 '엘도라도' 기업은 어디였을까?

바로 2003년에 알트리아 그룹^{Altria Group}으로 사명을 변경한 필립 모
리스다.**2** 필립 모리스는 S&P500 지수가 만들어지기 2년 전에 세계에
서 가장 유명한 담배 상표 '말보로 맨^{Marlboro Man}'을 세상에 내놓았다.
이후 말보로는 세계에서 가장 잘 팔리는 담배가 됐고 필립 모리스의
주가는 치솟았다.

그런데 필립 모리스가 대단한 실적을 낸 시점은 20세기 중반부터
가 아니었다. 개별 종목의 포괄 수익을 산출하기 시작했던 1925년 이
후로 필립 모리스는 계속해서 고수익을 올리는 기업이었다. 필립 모
리스는 1925년 말부터 2003년 말까지 연간 복리 수익률이 17%에 달
했으며 이는 시장 지수보다 7.3% 높은 수치였다. 1925년에 필립 모
리스에 1,000달러를 투자하고 배당금을 재투자하며 버텼다면 지금
은 그 가치가 무려 2억 5,000만 달러 이상으로 불어났을 것이다!

필립 모리스의 이 놀라운 실적의 혜택을 자사 주주만 누린 것은 아
니었다. [부록]에 상세히 설명했지만, 필립 모리스는 원조 S&P500대
기업 중 9개 기업을 인수했다. 대처 글래스^{Thatcher Glass}처럼 잘 알려지

지 않은 기업에 투자한 사람도 보유 주식을 필립 모리스와 그 전신 기업 등 성공한 기업의 주식과 교환하면서 엄청난 수익을 올렸다. 필립 모리스 같은 초우량주의 등에 올라타는 일은 투자자에게 간혹 일어나는 뜻밖의 행운이다.

기업의 악재가 어떻게 투자자에게는 호재가 되는가?

극심한 정부 규제와 수백 억 달러에 달하는 막대한 소송비용 때문에 파산 위험에 몰릴 정도로 기업이 위태로운 상황이었음에도 필립 모리스가 투자자에게 최고 실적을 안겨준 주식이라는 사실이 언뜻 이해가 가지 않는 사람도 있으리라 생각한다.

그러나 자본 시장에서는 기업의 악재가 투자자에게는 희소식이 될 때가 종종 있다. 담배처럼 위험한 제품을 생산하는 데 따른 법적 책임이 결국 기업을 무너뜨리는 악재로 작용할까 두려워 해당 기업 주식을 피하는 투자자가 많다. 필립 모리스처럼 투자자가 위험 종목으로 판단해 투자를 기피하면서 주가가 하락하는 상황임에도 이를 무릅쓰고 해당 종목을 계속 보유한 투자자는 수익이 증가하는 현상이 나타난다. 바로 배당금의 존재 때문이다.

기업이 끝까지 살아남아 계속해서 고수익을 내고 배당금의 형태로 이익의 상당 부분을 투자자에게 안겨주는 한 투자자는 계속 높은 수익을 얻는다. 필립 모리스는 주가가 낮고 수익률이 높아서 시장에서 배당수익률이 가장 높은 종목 가운데 하나다. 필립 모리스 주식을 계속 보유한 투자자는 배당금의 재투자를 통해 막대한 수익을 올린다. 필립 모리스의 높은 배당수익률이 고수익을 견인하는 원리에 관해서는 제10장에서 더 상세히 다룬다.

필립 모리스 같은 기업에서 고수익이 발생한다는 사실은 매우 중요한 투자 원칙을 시사한다. 즉, 기업의 이익성장률 자체가 중요한 것이 아니라 시장 기대 수준에 비해 이익성장률이 높으냐가 중요하다. 필립 모리스에 대한 성장 기대감이 낮았던 이유 가운데 하나가 잠재적인 법적 책임 부분이었다. 그러나 이런 우려와는 상관없이 가파른 성장세가 이어졌다. **성장에 대한 기대 수준은 낮고 배당수익률이 높은 상황이야말로 고수익을 올리는 데 최적의 환경 조건이다.**

이번 장의 후반부에서 이익주를 찾는 데 도움이 되는 투자 수익의 기본 원칙을 설명할 것이다. 그 전에 우선 S&P500 원조 기업부터 살펴보고 투자자에게 고수익을 안겨줄 종목을 찾아보도록 하자. 이와 같은 고실적주의 특성을 분석하다 보면 기업계의 진정한 엘도라도를 찾아낼 수 있다.

원조 기업 중 높은 실적을 낸 20대 생존 기업

[표 3-1]은 1957년에 S&P500 지수를 작성할 때 들어갔던 원조 기업 가운데 높은 실적을 내며 살아남은 20대 기업의 목록이다. 이들 기업은 1957년 이후로 다른 기업에 흡수·합병된 적이 없기 때문에 기업 구조도 온전히 유지됐다. S&P500 지수가 탄생한 1957년 이후로

이 20대 기업 전부의 주주 수익이 지수 수익보다 최소 연 2.75% 포인트 앞섰고 이보다 훨씬 더 크게 지수를 능가한 종목도 있었다. 이는 S&P500 지수에 투자했을 때보다 이 20대 기업에 투자했을 때 원금 가치가 최소 3배에서 최고 37배나 더 증가한다는 의미다.

20대 기업 중에서도 유명 소비재 기업과 제약업체의 수익률이 두드러진다. 이 업종에 속한 기업은 높은 인지도와 소비자 신뢰도를 구

[표 3-1] 높은 실적을 내며 생존한 20대 기업(1957~2003년)

순위	2003년 기업명	투자 원금 1,000달러 증가액	연수익률
1	필립 모리스	4,626,402	19.75%
2	애보트랩	1,281,335	16.51%
3	브리스톨마이어스스큅	1,209,445	16.36%
4	투시롤인더스트리스	1,090,955	16.11%
5	화이자	1,054,823	16.03%
6	코카콜라	1,051,646	16.02%
7	머크	1,003,410	15.90%
8	펩시코	866,068	15.54%
9	콜게이트팜올리브	761,163	15.22%
10	크레인	736,796	15.14%
11	에이치제이 하인즈	635,988	14.78%
12	리글리	603,877	14.65%
13	포천브랜드	580,025	14.55%
14	크로거	546,793	14.41%
15	셰링플라우	537,050	14.36%
16	프록터앤드갬블	513,752	14.26%
17	허쉬푸드	507,001	14.22%
18	와이어스	461,186	13.99%
19	로열더치페트롤리엄	398,837	13.64%
20	제너럴밀스	388,425	13.58%
	S&P500	124,486	10.85%

축했다. 이들 기업은 정치적·경제적 환경이 급변하는 속에서 번창하며 끝까지 살아남았고 세계 시장 진출에 적극적으로 나섰다. 이런 기업의 성공을 나는 '검증된 기업의 승리'라 칭한다.

유명 상표의 힘

필립 모리스는 강력한 상표명의 힘, 즉 이른바 강력한 '브랜드 파워'로 최고 실적주의 반열에 오른 기업 가운데 하나다. 사실 20대 고실적주 가운데 11개가 유명 상표를 앞세운 소비재 기업이다.

필립 모리스(R. J. 레이놀즈 같은 또 다른 거대 담배 제조사도 마찬가지)는 흡연에 대한 의료계와 대중 그리고 법적 측면의 공격이 거세지자 유명 식품 브랜드를 겨냥한 사업 다각화를 꾀했다. 필립 모리스는 1985년에 제너럴푸즈 General Foods 를 인수했고 1988년에는 135억 달러에 크래프트푸즈를 인수했다. 그리고 2001년에 나비스코홀딩스 Nabisco Holdings 를 끝으로 유명 식품 브랜드의 인수를 완료했다. 현재 필립 모리스는 매출의 40% 이상 그리고 수익의 30%를 식품 부문에서 얻는다.

담배 제조업체는 위험을 무릅쓰고 담배 제조와 판매라는 고유한 전문 영역 이외의 부문에 진출해 장기적으로 성공을 거둔 몇 안 되는 기업군에 속한다. 필립 모리스의 기업 발달사를 살펴보면 이 기업이 S&P500 원조 기업 포트폴리오 중에서 S&P500 지수보다 나은 실적을 올린 10개의 기업에 속해 있음을 알 수 있다. 그러나 우선은 고실적주 목록에 오른 다른 몇몇 소비재 상표 기업부터 살펴보자.

목록에서 4위에 오른 기업은 스위츠컴퍼니오브아메리카 Sweets Company of America 라는 소규모 제조업체로서 어떻게 이런 기업이 이 목록에 그것도 상위에 이름을 올렸을까 싶을 정도로 고실적 종목과는 가장 거리가 멀어 보이는 곳이다. 이 기업은 S&P500 지수가 생긴 이후로 시장 평균을 연 5%씩이나 앞서는 실적을 냈다. 오스트리아 이민자 출신인 창업자는 다섯 살 난 딸아이의 애칭 '투시'를 따서 제품 이름을 지었다. 그리고 1966년에 사명 스위츠컴퍼니오브아메리카를 아예 투시롤인더스트리스 Tootsie Roll Industries 로 변경했다. **3**

2002년은 투시가 뉴욕증권거래소에 상장한지 100주년이 되는 해였다. 투시는 하루에 투시롤(초콜릿맛 사탕)을 6,000만 개 이상, 막대 사탕을 2,000만 개씩 생산하며 세계 최대의 막대 사탕 제조사가 됐다. 투시는 자사 웹사이트에 지난 107년 동안 주력 상품(개별 포장된 투시롤)의 가격을 한 푼도 올리지 않고 그대로 유지하고 있다는 점을 자랑삼아 적어 놓았다(물론 나는 가격이 그대로인 대신에 상품의 크기가 작아졌다고 생각하지만).

고수익 생존 기업 중 6위에 오른 기업은 투시롤처럼 지금도 100여 년 전의 제조 방식 그대로 제품을 생산한다. 제1장에서 1950년 이후 고수익을 올린 500대 기업 목록에서 4위에 오른 기업으로 소개한 바 있다. 지난 반세기 동안 거래된 종목 중 코카콜라가 최상위권에 속한다는 사실은 이제 누구나 다 아는 사실이 됐다.

역시 S&P500 원조 기업이었던 코카콜라의 영원한 경쟁자 펩시 Pepsi 는 어떨까? 펩시도 주주에게 막대한 수익을 안겨줬고 시장 평균을 연간 4% 이상 웃도는 실적을 내며 8위에 이름을 올렸다.

20대 고실적주 가운데 또 다른 두 기업 역시 100년 넘게 동일한 제품을 생산하고 있다. 한 곳은 윌리엄리글리주니어컴퍼니 William Wrigley

Jr. Company이고 또 한 곳은 허쉬푸드 Hershey Foods다. 리글리는 12위로서 연간 시장 평균을 약 4% 능가했고 허쉬는 17위로서 시장을 연 3% 정도 앞섰다.

리글리는 세계 최대 껌 제조사로서 세계 시장점유율이 50%에 육박하며 약 100개국에 제품을 판매하고 있다. 허쉬는 현재 미국에 본사를 둔 상장 제과업체로서는 1위 기업이다(전체 제과업체 중 1위는 비상장 기업인 마스 Mars이고 스위스에 본사를 둔 네슬레 Nestlé가 그 뒤를 잇는다).

1905년에 밀턴 허쉬 Milton Hershey가 창업한 허쉬푸드는 품질이 좋으면 저절로 홍보가 된다는 소신을 지키며 1970년까지 제품 광고를 하지 않았다. 허쉬푸드가 오랫동안 성공 가도를 달렸다는 사실은 유명 상표는 입소문을 통해서도 판매가 된다는 점을 시사해준다.

사실상 케첩과 동의어로 인식될 정도로 잘 알려진 하인즈 Heinz 역시 유명 상표의 힘을 느끼게 하는 또 다른 사례다. 하인즈는 케첩을 연간 6억 5,000만 병이나 판매하고 케첩과 샐러드드레싱을 묶은 꾸러미를 110억 개나 만든다. 이는 지구상의 사람 한 명당 약 2개에 해당하는 규모다. 그러나 하인즈는 단순한 케첩 제조사가 아니며 활동 무대가 미국에 국한되지도 않는다. 인도네시아에서는 에이비시 ABC 간장(세계에서 두 번째로 많이 팔리는 간장 제품)을, 네덜란드에서 가장 많이 팔리는 호니그 Honig 건조 스프 같은 제품을 포함해 전 세계 50여 개국에서 각기 1, 2위를 다투는 유명 상표를 보유하고 있다.[4]

콜게이트팜올리브 Colgate-Palmolive도 이 목록에 9위로 이름을 올렸다. 콜게이트 제품으로는 콜게이트 Colgate 치약, 스피드스틱 Speed Stick 탈취제, 아이리시스프링 Irish Spring 비누, 소프트솝 Softsoap 항균 물비누 그리고 팜올리브 Palmolive 와 에이젝스 Ajax 같은 가정용 세척제 등이 있다.

콜게이트의 경쟁사 프록터앤드갬블 Proctor&Gamble 도 당연히 이 목록 16위에 올라 있다. 프록터앤드갬블은 1837년에 오하이오주 신시내티에서 비누와 양초를 만드는 소규모 가족 기업으로 출발했다. 그런데 지금은 크레스트 Crest, 미스터크린 Mr. Clean, 타이드 Tide, 탬팩스 Tampax 를 포함해 300종에 달하는 제품을 전 세계 140개국의 50억 명이 넘는 소비자에게 판매하고 있다.

포천브랜드 Fortune Brands 는 담배 제조업계의 거물 기업 아메리칸토바코 American Tobacco 로 출발했다. 그런데 전체 담배업계를 거의 장악하고 나서 1911년에 반독점법에 따른 법정 소송으로 기업이 해체되고 말았다. 이 과정에서 파생된 주요 기업이 아메리칸토바코, R. J. 레이놀즈, 리게트앤마이어스 Liggett&Myers, 로릴라드 Lorillard, 브리티시아메리칸토바코 British American Tobacco 등이다.

아메리칸토바코의 가장 유명한 상표는 럭키스트라이크 Lucky Strike 와 펠맬 Pall Mall 이었다. 1990년대에 아메리칸토바코는 거대 담배 상품들을 브리티시아메리칸토바코에 매각하고 이전에 인수했던 또 다른 영국의 담배 제조사 갤러허그룹 Gallaher Group 의 지분을 매각하면서 담배 제품을 전부 처분했다. 1997년에 포천브랜드로 사명이 변경된 아메리칸브랜드 American Brands (1969년에 지주회사로서 설립됨-역주)는 타이틀리스트 Titleist 골프공과 짐빔 Jim Beam 위스키 같은 유명 상표 제품을 판매하고 있다.

이 목록 20위에 이름을 올린 제너럴밀스 General Mills 역시 1921년에 출시한 베티크로커 Betty Crocker, 위티스 Wheaties (일명 '챔피언의 아침 Breakfast of Champions'), 치리오스 **Cheerios**, 럭키참 **Lucky Charms**, 시나몬 **Cinnamon**, 토스트 크런치 **Toast Crunch**, 햄버거헬퍼 **Hamburger Helper**, 요플레 **Yoplait** 등을 포함한 막강한 유명 상표를 보유한 기업이다.

여기 소개한 기업들은 미국뿐 아니라 전 세계를 대상으로 강력한 상표를 개발해 성공을 거머쥐었다. 인지도가 높은 유명 상표가 있으면 기업은 경쟁사 제품보다 더 높은 가격을 매길 수 있으며 결과적으로 투자자에게 큰 수익을 안겨줄 힘이 생긴다.

제약회사

유명 상표를 보유한 소비재 기업 외에도 고실적 기업 목록에서 두드러지는 또 하나의 업종이 제약업이다. S&P500 원조 기업에서 애초의 기업 형태 그대로 지금까지 살아남은 기업 가운데 보건의료 업종에 속한 기업은 단 6개에 불과하다는 점에 주목할 필요가 있다. 그런데 이들 6개 기업 전부가 처방약만 판매한 것이 아니다. 앞서 살펴봤던 유명 상표를 가진 필수 소비재 기업처럼 유명 상표의 일반의약품(소비자가 처방전 없이 구매 가능)을 판매해 큰 성공을 거뒀다.

투자자에게 최고 수익을 안겨준 제약회사는 시장 평균을 연 5.5% 포인트 이상 웃돌며 고실적주 목록에서 전체 2위를 기록한 애보트래버러토리 **Abbott Laboratories** 였다. 1957년에 애보트에 1,000달러를 투자했으면 2003년 말에는 120만 달러로 불어났을 것이다. 애보트는 1929년에 상장했으며 간질, 고(高)콜레스테롤, 관절염 등 치료 분야와, 후천성면역결핍증후군 **HIV/AIDS** 치료에 사용하는 항바이러스 약품 분야를 선도하는 기업이다. 또 소비재 사업 부문에서는 최고 판매량을 기록 중인 역류성 위산 질환 치료제 프레바시드 Prevacid 를 비롯해 시밀락 Similac 과 인슈어 Ensure 같은 건강보조식품 판매로 성공을 거뒀다.

다음으로 브리스톨마이어스스큅 Bristol-Myers Squibb, 화이자, 머크 Merck 등이 이 고수익 생존 기업 목록의 3위, 5위, 7위에 각각 이름을 올렸다. 이 세 기업 모두 1,000달러를 투자했다면 2003년 말에는 100만 달러를 손에 쥐게 된다.

브리스톨마이어스는 100년도 더 전에 설립됐고, 1850년대 중반에 생긴 뉴욕의 의약품 회사 스큅을 1989년에 인수했다. 브리스톨마이어스스큅은 자회사 미드존슨 Mead Johnson 을 통해 아동용 영양제를 생산하고, 엑세드린 Excedrin 과 버퍼린 Bufferin 처럼 사람들에게 널리 알려진 일반의약품 상표를 보유하고 있다. 브리스톨마이어스가 보유한 처방약 분야의 대성공작으로는 콜레스테롤 조절제 프라바콜 pravachol 과 혈소판 응집 억제제 플라빅스 Plavix 등이 있다.

1900년에 설립된 화이자는 항생제 테라마이신 Terramycin 같은 대성공작을 개발했고 1950년대에서는 소크 Salk 와 세이빈 Sabin 같은 소아마비 백신을 생산했으며 비아그라 Viagra 같은 발기 부전 치료제의 선두주자이고 가장 많이 팔리는 콜레스테롤 합성 억제제 리피토 Lipitor 로도 해당 부문의 세계 시장을 선도하고 있다. 소비재 사업 부문에 속한 유명 제품으로는 구강 청결제 리스테린 Listerine, 알러지 치료제 베나드릴 Benadryl, 제산제 롤레이즈 Rolaids, 통증완화제 벤게이 Ben-Gay 외에 수많은 제품이 있다.

20대 고실적주 목록에 오른 나머지 두 제약사는 각각 15위와 18위에 오른 셰링 Schering (이후 셰링플라우 Schering-Plough 로 변경)과 아메리칸홈프로덕츠 **American Home Products** (2002년에 와이어스 **Wyeth** 로 사명 변경)다. 셰링은 독일 기업이었는데 제2차 세계대전 때 미국이 몰수했고 이후 1952년 민영화가 이뤄졌다. 셰링은 코리시딘 **Coricidin** 같은 항히스타민제의 선두 주자였고 1971년에 플라우와 합병하면서 디젤 **Di-Gel**과 티낙틴 **Tinactin**, 아프린 **Afrin**, 코퍼톤 **Coppertone** 등의 제품으로 성공을 거뒀다.

아메리칸홈프로덕츠는 1930년대에 치질 연고 프레파레션 에이치 **Preparation H**를 개발했고 아낙신 **Anacin**을 인수했으며 애드빌 **Advil**, 센트룸 **Centrum**, 로비투신 **Robitussin** 같은 일반의약품을 생산한다. 제약 사업 부문에서는 항우울제 이펙사 **Effexor**와 수면제 소나타 **Sonata**로 수익을 올렸다.

셰링플라우의 클라리틴 **Claritin** 등 주요 의약품 몇몇의 특허권이 소멸되면서 2003년 말 브리스톨마이어스스큅과 셰링플라우의 주가는 3~4년 전의 최고점에서 거의 75%나 하락했다. 이들 기업이 자사 시장 가치를 유지했더라면 필립 모리스 바로 다음인 2, 3위에 등극했을 것이다.

앞서 소개한 유명 상표 소비재 기업 11개에 이 6개 제약사를 더하면 S&P500 원조 기업 중 20대 고실적주 목록에 든 기업 17개가 유명 상표 소비재 기업인 셈이고 이는 20개 고실적주 가운데 85%에 해당하는 비중이다. [5]

담배 소비가 감소함에 따라 식품 부문으로의 공격적 사업 확장에 몰두했던 담배 제조사를 제외하면 각 기업들은 거의 예외 없이 가장 잘 아는 제품에 집중해 품질 수준을 유지하면서 세계로 시장을 확대한다는 경영 원칙에 따라 기업을 운영했다.

엘도라도 기업 찾기: 투자 수익의 기본 원칙

이렇게 괜찮은 기업을 어떻게 찾아야 하나? 그 첫 단계는 '투자 수익의 기본 원칙 Basic Principle of Investor: BPIR'이라는 개념을 이해하는 일이다. 본격적으로 이 원칙을 정의해보겠지만, 그전에 우선 아래 질문부터 생각해보자. 아래와 같은 상황을 가정해보겠다. A 기업은 앞으로 10년간의 이익성장률이 10%이고 B 기업은 3%다. 둘 중 어느 기업의 주식을 사겠는가?

이익성장률이 더 높은 A 기업을 선택하는 사람이 많으리라 생각한다. 그러나 두 기업의 이익성장률에 대한 '투자자의 기대치'를 모르는 상태로 섣불리 이 질문에 답하면 곤란하다.

투자자가 앞으로 10년 동안 A 기업의 이익성장률은 연 15%이고 B 기업은 고작 1%로 기대한다면 A가 아니라 B를 택해야 한다. 성장 기대치가 높은 기업은 가격이 높게 형성돼서 투자 수익이 적어지는 반면에 성장 기대치가 낮은 기업은 가격이 워낙 낮게 형성돼서 성장률이 높지 않더라도 충분히 괜찮은 투자 수익을 올릴 수 있기 때문이다.

따라서 투자 수익의 기본 원칙은 이렇게 정의할 수 있다.

주식의 장기 수익은 해당 종목의 실제 이익성장률이 아니라 실제 이익성장률과 투자자가 기대한 성장률 간의 차이에 좌우된다.

이익성장률이 높고 낮음에 관계없이 이익성장률이 투자자가 기대했던 수준보다 더 높을 때에만 투자자가 고수익을 얻을 수 있다.

제1장에서 설명했던 IBM과 스탠더드오일의 예를 떠올려보자. IBM의 이익성장률이 높기는 했으나 투자자의 성장 기대치 역시 높았다. 반면에 스탠더드오일의 이익성장률은 IBM만큼 높지는 않았으나 투자자의 성장률 기대치는 이보다도 훨씬 낮았다. 덕분에 스탠더드오일이 IBM보다 투자자에게 더 많은 수익을 안겼다.

엘도라도 기업을 찾아내 고수익을 올리려면 실제 성장률이 투자자의 기대치보다 높은 종목을 찾는 것을 궁극적 목적으로 삼아야 한다. 기대치가 어느 정도인지를 확인하는 가장 좋은 방법은 주식의 주가수익률을 살펴보는 것이다. 주가수익률이 높으면 평균 이익성장률보다 투자자의 기대 수준이 높고, 주가수익률이 낮으면 기대 수준이 평균 성장률보다 낮다는 의미다.

가치 평가는 언제나 중요하다

기대치는 매우 중요한 평가 잣대다. 기업의 이익이 얼마나 빨리 성장하는지에 대한 정보가 없는 상태에서도, 즉 기업의 실제 이익성장 수준을 모르는 상태에서도 투자자는 고성장 기업에 대해서는 너무 낙관적으로, 저성장 기업에 대해서는 너무 비관적으로 보는 경향이 있다. 이는 성장 함정의 존재를 다시 한 번 확인할 수 있는 대목이다.

주가수익률이라는 지표는 주가에 이미 포함된 성장 기대치를 측정하는 가장 좋은 방법이다. 그래서 나는 매년 12월 31일에 12개월 동안의 이익을 연말의 주가로 나눠서 S&P500 지수에 편입된 500개 기업 전부의 주가수익률을 산출했다. 그런 다음에 주가수익률을 기준으로 500대 기업을 5개 집단(5분위 수)으로 분류하고 이후 12개월 동안 각 집단의 수익률을 계산했다.**6**

[그림 3-1]은 이 조사 결과를 나타낸 것이다. 주가수익률이 높은 주식은 대체로 그 가치가 고평가돼 있어서 투자수익률이 낮아지는 결과를 낳는다. 1957년에 가격이 고평가된 주식으로 구성한 포트폴리오에 1,000달러를 투자하면 나중에 이 원금은 겨우 5만 6,661달러로 증가하고 연수익률은 9.17%에 그치게 된다. 이는 연간 수익률 11.18%를 기록한 기준 지수 S&P500의 원금 증가액 13만 768달러의 절반에도 못 미치는 수준이다.

이와는 대조적으로, 가격이 낮았던 주식에 투자한 1,000달러의 원금은 시장 평균 수준보다 3.5배 더 증가하면서 연수익률 14.07%를 기록했으며 더구나 위험 수준은 S&P500 지수보다 낮은 상태에서 이런 성과를 냈다.

이 결과는 투자자가 매수 종목을 선택할 때는 항상 이익 대비 가격을 고려해야 한다는 사실을 시사한다. 성장 전망만 고려해 투자하면 저조한 수익이라는 함정에 빠지고 만다.

주요 통계 지표

흥미롭게도 몇몇 기업을 빼고는 [표 3-1]에 정리한 엘도라도 기업 대다수가 주가수익률이 최저인 집단에 속하지 않는다. [표 3-2]는 1957년부터 2003년까지 지수에서 살아남은 20대 기업의 수익, 주당 순이익성장률, 평균 주가수익률, 배당수익률을 나타낸다.

고수익을 낸 이 20대 기업의 이익성장률이 S&P500 지수의 이익성

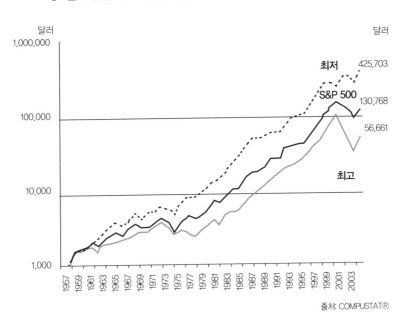

[그림 3-1] 주가수익률을 기준으로 한 S&P500 대비 누적 수익률

출처: COMPUSTAT®

장률을 훨씬 웃돌았다는 사실에는 의심의 여지가 없었다. 그러나 주가수익률로 측정하는 이들 기업의 평균 가치 평가 수준은 이 지수의 평균을 약간 웃도는 정도였다. 이는 이들 기업의 이익성장률에 대한 투자자의 기대치가 S&P500 지수의 성장률보다 약간 높았음을 보여준다. 다시 말해 20대 기업의 이익성장률이 S&P500 지수를 구성하는 500대 기업의 평균 이익성장률보다는 약간 높으리라 기대했다는 의미다. 지난 반세기에 걸쳐 이 20대 기업의 평균 수익이 S&P500 지수의 평균을 4% 포인트가량 높았다는 사실은 확실히 고수익을 낸 기업임에는 틀림이 없음을 보여준다.

[표 3-2]를 보면 필립 모리스가 다른 경쟁사를 제치고 1위에 오른

이유를 알 수 있다. 20대 기업 중 필립 모리스는 주가수익률 최저 집단에 속한다. 필립 모리스의 실제 이익성장률은 최고 수준인데 이익성장률에 대한 투자자의 기대치는 낮다는 의미다. 실제 이익성장률과 기대 이익성장률 간의 격차가 가장 컸고 그 덕분에 필립 모리스가 최고 수익률을 기록할 수 있었다.

[표 3-2] 20대 생존 기업의 주요 통계치

수익 순위	2003년 기업명	연 수익률	주당 순이익성장률	평균 주가 수익률	배당 수익률
1	필립 모리스	19.75%	14.75%	13.13	4.07%
2	애보트랩	16.51%	12.38%	21.37	2.25%
3	브리스톨마이어스스큅	16.36%	11.59%	23.52	2.87%
4	투시롤인더스트리스	16.11%	10.44%	16.80	2.44%
5	화이자	16.03%	12.16%	26.19	2.45%
6	코카콜라	16.02%	11.22%	27.42	2.81%
7	머크	15.90%	13.15%	25.32	2.37%
8	펩시코	15.54%	11.23%	20.42	2.53%
9	콜게이트팜올리브	15.22%	9.03%	21.60	3.39%
10	크레인	15.14%	8.22%	13.38	3.62%
11	에이치제이 하인즈	14.78%	8.94%	15.40	3.27%
12	리글리	14.65%	8.69%	18.34	4.02%
13	포천브랜드	14.55%	6.20%	12.88	5.31%
14	크로거	14.41%	6.21%	14.95	5.89%
15	셰링플라우	14.36%	7.27%	21.30	2.57%
16	프록터앤드갬블	14.26%	9.82%	24.28	2.75%
17	허쉬푸드	14.22%	8.23%	15.87	3.67%
18	와이어스	13.99%	8.88%	21.12	3.32%
19	로열더치페트롤리엄	13.64%	6.67%	12.56	5.24%
20	제너럴밀스	13.58%	8.89%	17.53	3.20%
	20대 기업 평균	15.26%	9.70%	19.17	3.40%
	S&P500	10.85%	6.08%	17.45	3.27%

배당금이 효과를 극대화한다

지금까지는 기업이 지급하는 배당금 부분은 고려하지 않았으나 실제로 배당금은 매우 중요한 요소다.

투자 수익의 기본 원칙, 즉 'BPIR'의 힘은 주식이 배당금을 지급할 때 극대화된다.

이렇게 생각해보라. 만약 이익이 기대 수준을 넘어선다면 이는 주가가 과소평가됐다는 의미다. 따라서 배당금 재투자를 통해 주식을 더 많이 매수하면 투자 수익이 훨씬 더 증가할 것이다.[7] [표 3-2]에 소개된 모든 기업의 주가가 저평가됐으므로 따라서 배당금을 재투자하면 수익을 더욱 증가시킬 수 있었다.

이제 우리는 필립 모리스가 시장에서 최고 수익을 내는 주식이 된 두 번째 이유를 알게 됐다. 필립 모리스는 이 20개 고수익 종목 가운데 실제 이익성장률과 기대 이익성장률 간의 격차가 가장 컸을 뿐만 아니라 배당수익률도 네 번째로 높았다. 배당수익률이 높았기 때문에 투자자는 필립 모리스 주식을 훨씬 더 많이 매수할 수 있었다. 필립 모리스가 분기 배당금을 계속 늘려 지급할 때마다(필립 모리스는 배당금을 줄여 지급한 적이 없음) 투자자는 가격이 낮게 형성된 필립 모리스 주식을 더 많이 보유하게 됐다.

주가수익성장률과 합리적 가격의 성장주 GARP

적정 가격대의 성장주를 찾으라고 권하는 대표 주자 가운데 한 사람이 1977년부터 1990년까지 피델리티 Fidelity 의 마젤란 펀드 Magellan

Fund를 운용했던 전설적 종목 선정가 피터 린치Peter Lynch다. 이 기간에 마젤란 펀드는 연간 시장 평균을 무려 13%나 웃도는 놀라운 실적을 올렸다.

린치는 자신의 베스트셀러 저서 《월가의 영웅One Up on Wall Street》에서 매우 단순한 종목 선택 전략을 제시했다. 즉, 독자에게 "장기적 이익 성장률을 알아내고, 배당수익률을 더한 다음에 주가수익률로 나누어라. 그 값이 1미만이면 안 되고 1.5정도면 그럭저럭 괜찮다. 그러나 여러분은 이 값이 2이상인 종목을 골라야 한다."8라고 했다.

이와 비슷한 전략으로서 '합리적 가격의 성장주growth at a reasonable price: GARP'를 선택하라고 주장하는 사람들도 있다. 여기서도 비슷하게 주가수익률을 이익성장률로 나눈 값인 주가수익성장률PEG Ratio을 사용한다. 주가수익성장률은 피터 린치가 자신의 책에서 소개한, 즉 배당수익률과 성장률을 합해서 구하는 값과는 역비례 관계가 있다. 주가수익성장률이 낮을수록 이익성장률 기대치에 비해 주식의 가격이 낮게 형성됐다는 의미다. 따라서 투자자 관점에서는 매력적인 종목이다. 린치의 기준에 따르면 주가수익성장률이 낮은 종목을 찾아야 한다. 수치가 0.5미만인 종목이 어쨌거나 확실히 1보다는 작아야 한다.

그러나 낮은 주가수익성장률을 좇던 시대는 조만간 끝이 날지도 모른다. [표 3-2]를 보면 엘도라도 기업 중에 린치가 권고한 조건에 맞는 기업이 하나도 없고 필립 모리스만 주가수익성장률이 1보다 작았을 뿐이다. 그런데도 그 기업들 모두 투자자에게는 만족스러운 실적을 안겼다. 그 이유는 이렇다. 장기적으로 평균 이상의 이익성장률을 기록하려면 평균을 약간 웃도는 정도의 성장률이라도 그 수준을 오래도록 유지하기만 하면 된다. 단기적으로 엄청난 성장률을 기록하기보다 일정 수준의 성장률을 꾸준히 유지하는 쪽이 더 낫다.

엘도라도 기업의 공통 특성

이제 실적주의 특성이 분명해졌다. 이른바 엘도라도 기업의 경우 이익성장률에 대한 기대치는 시장 평균을 약간 웃도는 수준이지만, 특히 지난 46년 동안 실제 이익성장률은 이 기대치를 훨씬 웃도는 좋은 실적을 올렸다. 이들 기업 중 평균 주가수익률이 27을 넘은 곳이 하나도 없었지만 시장 평균에 가까운 수준의 배당수익률을 기록하며 이들 기업 전부 해마다 배당금을 계속 늘려 지급했다. 필립 모리스의 경우처럼 이익성장률이 기대 수준보다 높았기 때문에 저평가된 가격으로 배당금을 재투자해 투자 수익을 극대화했다.

엘도라도 기업군에는 고품질의 유명 소비재 상품을 개발해 미국뿐 아니라 세계 시장에서 성공한 기업이 압도적인 비중을 차지했다. 이들 기업의 성공에는 제품의 품질에 대한 신뢰가 중요한 요소로 작용했다. 제품에 대한 신뢰도가 높으면 경쟁사보다 높은 가격을 책정할 수 있고 따라서 더 높은 이익을 기대할 수 있다.

워런 버핏의 오랜 파트너인 찰스 멍거는 몇몇 기업이 경쟁사보다 높은 가격을 책정할 수 있는 이유에 대해 다음과 같이 설명한 바 있다.

낯선 곳에 갔을 때 진열대에 리글리 껌과 글로츠 껌이 나란히 진열돼 있다. 그런데 리글리는 만족스러운 제품이고 글로츠는 잘 모르는 제품이다. 가격은 리글리 껌이 40센트고 글로츠는 30센트다. 겨우 10

센트 차이인데 굳이 잘 알지도 못하는 제품을 골라 내 입 속에 넣는 모험을 과연 하고 싶을까?**9**

사실 그 얼마 안 되는 '푼돈'이라도 수십억 달러어치를 팔아버리면 엄청나게 '큰돈'이 되지만 말이다.

과거의 엘도라도 기업: 1970년대의 인기주

내가 엘도라도 기업에 주목한 것이 이번이 처음은 아니다. 1990년 대 초에 나는 '니프티 50 **Nifty Fifty**'이라 불리던 1970년대 초의 인기주 50개를 분석했다.**10** 니프티 50은 필립 모리스, 화이자, 브리스톨마이어 스스큅, 펩시코, 코카콜라, 제너럴일렉트릭, 머크, 휴브라인 **Heublein**, 질레트 **Gillette**, 제록스 **Xerox**, IBM, 폴라로이드 **Polaroid**, 디지털이큅먼 트 **Digital Equipment** 등과 같이, 지나온 10년간 뛰어난 성장률을 기록하면 서 기관 투자가들이 선호하게 된 우량주 군이다. 사고 나서 절대 팔 지 않는다는 의미에서 '한 번 매수 결정으로 끝인 종목 **one-decision stock**'이 라 부르기도 한다. 다시 말하자면 '장기 보유주'라는 의미다.

이들 종목은 1972년 12월에 각기 평균 주가수익률이 당시로 서는 전례가 없는 수준인 40을 넘어서며 고점을 찍었다. 그러다 1973~1974년의 약세장에서 주가가 곤두박질치면서, '성장주가 지속 적으로 높은 이익성장률을 유지할 수 있다는 과도한 낙관론은 금물' 임을 보여주는 사례로 제시되는 '수모'를 겪었다. 그럼에도 가격과 성장 기대치가 너무 높은 종목은 매수하지 않도록 주의한다면 역시 이와 같은 우량주를 매수해 장기 보유하는 전략이 효과적인 것으로 나타났다.

1972년 당시 니프티 50 가운데 주가수익률이 높았던 25개 종목(평균 54)은 이보다는 좀 합리적 수준이라 할 정도로 주가수익률이 낮았던 25개 종목(평균 30)보다 수익률이 3% 포인트 정도 낮았다. 주가수익률이 50 이상이었던 니프티 50 가운데 이후 S&P500 지수보다 나은 수익을 낸 종목은 존슨앤드존슨 Johnson&Johnson 하나뿐이었다. 그리고 주가수익률과 성장률 기대치가 가장 높았던 폴라로이드는 최악의 실적을 냈다.

IBM, 디지털이큅먼트, 제록스, 버로스 Burroughs, 아이티티 International Telephone and Telegraph Corporation 등 니프티 50 중에서 투자자에게 고수익을 안긴 기술주나 통신주는 하나도 없다는 점이 주목할 만하다. 기술주는 전부 시장 평균에서 한참 뒤처졌다. 앞에서 소개했던 20대 고실적주 목록([표 3-2]참고)에도 기술주 혹은 통신주는 하나도 없다. 투자자는 대체로 기술주에 대해 높은 이익성장률을 기대하는 경향이 있고 이 낙관적 기대치가 가격에 반영됐기 때문에 실제로 이들 기업이 번창하더라도 기대만큼 고수익을 내는 데는 역부족이기 때문이다.

피터 린치는 1993년에 발표한 베스트셀러 《이기는 투자 Beating the Street》에서 기술 기업의 유혹적 매력과 공허한 약속을 이렇게 정리했다.

마지막으로, 1988년에 2,500만 달러 손실을 낸 디지털이큅먼트를 비롯해 이보다 약간 적은 손실을 낸 탠덤 Tandem, 모토롤라 Motorola, 텍사스인스트루먼츠 **Texas Instruments**, EMC(컴퓨터 주변기기 공급사), 내셔널 세미컨덕터 **National Semiconductor**, 마이크론테크놀로지 **Micron Technology**, 유니시즈 **Unisys** 그리고 물론 믿을만한 모든 포트폴리오에서 꾸준히 실망을 안긴 영원한 '구제불능' IBM까지 포함해 내 손실주 대다수가 기술주였는데 사실 이 부분이 별로 놀랍지는 않다. 기술주에서는 계속 재미를 보지 못했는데도 무엇에 홀린 듯 계속 사게 됐다.**11**

투자자가 새겨야 할 교훈

나의 연구는 엘도라도 기업에 대해서는 이익의 20배 혹은 30배 가격을 치러도 된다는 점을 보여준다. 그러나 장기적 전망에 대한 검증이 아직 이뤄지지 않은 신규 기업에 너무 현혹돼서는 안 된다. 지난 반세기 자료를 검토해본 결과, 대범하나 무모하고 거침없는 신규 기업보다 검증된 기업이 확실히 나은 실적을 냈다. 이번 장에서 얻을 수 있는 가장 중요한 교훈은 무엇일까?

◆ 투자자에게 고수익을 안기는 기업은 유명 상표를 보유한 필수 소비재와 제약 업종에 속한 기업이다. 워런 버핏도 같은 맥락에서 이렇게 주장했다. "지속 가능한 넓은 경제적 해자(垓子)를 지닌 제품이나 서비스가 투자자에게 고수익을 안긴다."**12** 사람들이 다 알만한 친숙한 유명 상표를 지닌 기업이 주주(투자자)에게 높은 수익을 안겨주는 상황을 나는 '검증된 기업의 승리'라고 칭한다.

◆ 주주 수익은 실제 이익성장률과 기대 이익성장률 간의 차이에게 비롯되며 배당

금이 이 차이를 더욱 넓혀준다는 것이 투자 수익의 기본 원칙이다.

◆ 탁월한 실적을 내는 기업 대부분이 주가수익률과 배당수익률은 시장 평균을 약간 웃돌고 장기 이익성장률은 평균을 훨씬 웃돈다. 탁월한 실적을 내는 이른바 고수익주 가운데 평균 주가수익률이 27을 넘는 것이 없다. 이상이 이른바 엘도라도 기업의 공통 특성이다.

◆ 고실적주 목록에 기술주나 통신주는 없었다.

◆ 주가수익률이 가장 낮은 주식, 다시 말해 성장에 대한 기대치가 그다지 높지 않은 주식에 투자한 포트폴리오가, 가치 평가 수준과 기대치가 이보다 더 높은 주식 포트폴리오보다 훨씬 나은 실적을 올렸다.

◆ 좋은 와인을 살 때 기꺼이 값을 치르듯이 좋은 주식을 살 때는 값이 좀 비싸도 사들일 준비는 해야겠지만, '가격에 상관없이 늘 높은 실적을 내는' 종목은 존재하지 않는다.

지금까지 높은 실적을 낼 개별 주식을 선택하는 기본 원칙을 설명했다. 이제는 투자업계에서 가장 주목받는 투자 추세 가운데 하나를 다룰 것이다. 즉, 개별 종목이 아니라 업종 혹은 사업 부문별 투자에 초점을 맞춘다. 다음 장에서는 어떤 산업 부문에 투자하느냐가 포트폴리오에 어떠한 영향을 미치는지 알아본다.

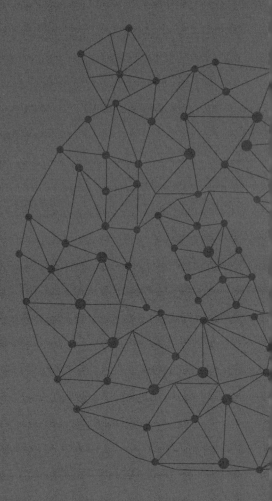

제 4 장

고성장 업종
투자의 함정:
성장이 곧 수익은 아니다

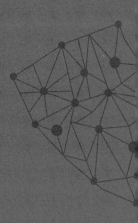

물리적 성장에 대한 낙관적 전망이
반드시 투자 수익으로 이어지지는 않는다.

| 벤저민 그레이엄, 《현명한 투자자》, 1973년 |

지리적 위치나 가치 평가보다는 업종에 기반을 두는 업종별 투자 전략이 급속히 인기를 얻고 있다.

2004년 6월에 모건스탠리 Morgan Stanley 의 정량 분석팀은 "글로벌 자산 배분, 즉 '먼저 지역적 배분, 그다음이 업종 배분'이라는 전통적 방법론의 근거가 없었다"고 결론 내렸다. 대신 투자자는 산업군(업종)에 더 초점을 맞추는 자산 배분 전략을 구사해야 한다고 모건스탠리 측은 주장했다.[1] 세계적 투자은행 겸 금융 기업인 골드만삭스 Goldman Sachs 가 최근에 업종 전략에만 초점을 맞추는 증권 조사·분석 부서를 신설할 정도로 업종 기반 자산 배분 전략이 중요해졌다.[2]

투자자가 자주 하는 질문이 있다. "다음에 투자해야 할 차세대 고성장 부문은 어디인가?" 성장이 가장 빠른 업종이 가장 높은 수익을 낸다는 보편적인 믿음이 존재하는 듯하다.

그러나 현실은 이와는 사뭇 다르다. 오늘날 주요 업종 10개 가운데 금융 업종이 시장 가치에서 가장 큰 비중을 차지하고 있다. 1957년에는 S&P500 지수에서 금융 부문이 차지하는 비중이 1%에도 미치지 못했으나 2003년에는 20%가 넘었다. 반면에 같은 기간 에너지 부문은 처음 21%에서 6% 미만으로 비중이 줄어들었다. 성장세가 가장 빠른 부문에 초점을 맞췄던 투자자라면 금융 종목에 투자하고 대신 석유 종목은 팔아치웠을 것이 뻔하다.

그리고 정말 이렇게 했다면 그 투자자는 분명 성장 함정에 빠졌을 것이다. 실제로는 1957년 이후로 금융 종목의 투자 수익이 S&P500 지수보다도 낮았던 반면, 같은 기간 에너지 종목은 S&P500 지수를 능가하는 수익을 올렸기 때문이다. 고성장 업종을 추종하는 전략은 잘못된 것임이 수익률 결과로 드러났다.

앞으로 설명할 내용은 우리가 이미 배웠던 사실에서 크게 어긋나지 않는다. 즉, 장기적으로는 시장 가치와 투자수익률의 성장이 각기전혀 다른 방향으로 움직일 수 있다. 이번 장에서 이런 사실이 개별종목에서나 업종에서도 크게 다르지 않음을 보여줄 것이다.

글로벌 산업 분류 기준

현재의 업종 분류 체계는 1999년에 스탠더드앤드푸어스가 모건스탠리와 공동으로 개발한 글로벌산업분류기준Global Industrial Classification Standard: GICS을 토대로 한다. 현행 체계는 미국 정부가 고안한 이전의 분류 체계에 바탕을 두고 있으나 사실 이는 우리의 서비스 기반 경제에는 그다지 적합하지 않았다.[3] GICS(혹은 '긱스')는 미국 및 세계 경제를 소재, 산업재, 에너지, 공익사업, 통신서비스, 재량 소비재, 필수 소비재, 보건의료, 금융, 정보기술 등 10개 부문으로 분류한다.

나는 1957년 당시로 돌아가 S&P500 원조 기업을 현재의 GICS 체계에 따라 분류했다. [표 4-1]은 1957년에 S&P500 지수가 처음 생긴이래로 업종별 시장점유율의 변화와 더불어 각 업종의 수익률을 정리한 것이다.

표를 보면 업종의 확대 및 축소와 투자 수익 간에는 큰 상관관계가없다는 점을 알 수 있다. 금융과 정보기술 두 부문은 시장 확대가 가장 두드러졌으나 수익률 성장은 크게 차이가 나지 않았다. 게다가 각 업종에서 단 한 곳을 제외하고는 S&P500 원조 기업이 이후에 추가된 신규 기업의 수익률을 앞질렀다.

이런 자료가 내 기본 논지를 확증해준다. 신규 기업의 수익이 기존 기업에 미치지 못하는 상황은 비단 기술주에만 국한하지 않고 전체 시장으로 확대된다. 시장의 전 업종을 망라해 신규 기업이 고평가되는 현상이 나타난 것이다.

몇몇 업종에서는 시장점유율에 극적인 변화가 나타났다. 1957년 당시 최대 업종이었던 소재와 에너지 부문이 2003년에는 지수의 10%에도 미치지 못하면서 최소 업종으로 위축되고 말았다. 이와는 대조적으로 1957년에는 최소 업종에 속했던 금융, 보건의료, 기술 업종이 지금은 지수 전체 시장 가치의 절반 이상을 차지하고 있다.

[그림 4-1]은 시간 경과에 따른 시장 비중의 변화를 나타낸다. 그림을 보면 제2장에서 언급했듯이 스탠더드앤드푸어스가 은행과 보험회사 25개를 지수에 편입했던 1976년에 금융 부문의 시장점유율이 크게 증가했다. 에너지 부문의 시장점유율은 1970년대 말에, 기술 부문은 1990년대 말에 껑충 뛰어올랐다.

시장 비중의 증가나 감소는 투자 수익의 증가나 감소와는 상관이 없다는 점을 기억해야 한다. 장기적 투자 관점에서 보면 더욱 그러하다. 앞서 언급했듯이 지난 반세기 동안 금융과 기술 부문의 시장 가치가 크게 증가했어도 수익 성장률은 그에 미치지 못하고 시장 평균을 약간 웃도는 수준에 그쳤다.

이번 장의 나머지 부분에서는 10개 업종을 하나씩 살펴보면서 시간의 흐름에 따른 변화 양상을 기술하고 신규 기업이 왜 기존 기업보

[표 4-1] 시장점유율과 수익률(1957~2003년)

업종	시장점유율		시장점유율 확대(축소)	실질 수익률	원조 기업의 수익률
	2003년	1957년			
금융	20.64%	0.77%	19.87%	10.58%	12.44%
정보기술	17.74%	3.03%	14.71%	11.39%	11.42%
보건의료	13.31%	1.17%	12.14%	14.19%	15.01%
재량 소비재	11.30%	14.58%	−3.28%	11.09%	9.80%
필수 소비재	10.98%	5.75%	5.23%	13.36%	14.43%
산업재	10.90%	12.03%	−1.13%	10.22%	11.17%
에너지	5.80%	21.57%	−15.68%	11.32%	12.32%
통신서비스	3.45%	7.45%	−4.00%	9.63%	10.47%
소재	3.04%	26.10%	−23.06%	8.18%	9.41%
공익사업	2.84%	7.56%	−4.81%	9.55%	9.97%
S&P500	100%	100%	0%	10.85%	11.40%

[그림 4-1] S&P500에서의 시장 가치 비중

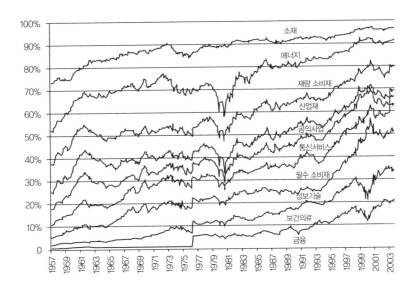

다 낮은 실적을 내는지 그리고 이런 사실이 투자자에게 어떤 의미가 있는지를 설명할 것이다.

거품 부문: 에너지와 기술

[그림 4-2]는 1957년부터 2003년까지 에너지와 기술 부문의 시장 가치 비중이 어떻게 변화했는지를 보여준다. 두 부문의 시장 가치 비중이 급증했다가 갑자기 하락한 부분이 두드러진다.

두 부문에서의 시장 가치 급증 현상(나는 이를 '거품'이라 칭할 것임)

[그림 4-2] 에너지와 기술 부문의 거품

S&P500에서의 시장 가치 비중

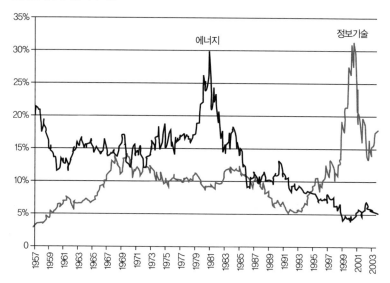

이 비슷한 형태로 거의 20년 시차를 두고 일어났다. 석유 부문의 시장 가치 급등은 1970년대 말에 세계 석유 매장량이 머지않아 고갈되고 특히나 석유 및 천연가스 탐사와 밀접하게 연계된 석유주의 가격이 상승하리라는 공포에서 비롯됐다. 기술 부문은 1990년대 말에 Y2K(밀레니엄 버그: 컴퓨터가 2000년 이후의 연도를 제대로 인식하지 못하는 결함-역주)에 따른 지출 급증 및 인터넷에 대한 기대감과 열기로 기술주 가격이 급상승한 데서 비롯된 일이다. 두 부문은 S&P500 전체 시장 가치의 30%에 도달하는 것으로 그 정점을 찍었다.

에너지와 기술 부문의 이 같은 추세 변화는 투자자에게 특정 부문이 가치 급등 현상을 보일 때는 해당 주식을 팔아야 한다는 사실을 알려준다. 그러나 금융이나 보건의료 부문처럼 시장 가치가 장기간에 걸쳐 꾸준히 상승한 업종과 에너지나 기술 부문처럼 가치가 갑자기 상승한 부문은 엄연히 다르다. 투자자가 경계해야 하는 쪽은 후자다.

거품인지 아닌지를 보여주는 확실한 지표는 가격이 급상승했느냐의 여부다. 개별 종목의 가격이 급등할 만한 합리적인 이유가 있더라도 그 이유를 전체 시장 부문에 동일하게 적용하는 무리수를 둬서는 안 된다. 석유와 기술 부문 같은 주요 업종의 시장점유율이 급상승할 정도로 펀더멘털fundamental(기업 및 업종의 가치와 거시경제지표 등 다양한 유형의 기본 가치 지표-역주)은 급속히 변화하지 않는다. 석유와 기술 부문의 거품이 발생한 이유에 관해서는 제2부에서 상세히 다루겠다.

에너지와 기술주 둘 다 거품을 경험한 것은 같은데 시장점유율은 정반대 방향으로 흘렀다. 기술주는 점유율이 상승하고 에너지주는 하락 추세를 나타냈다.

그럼에도 투자 수익은 점유율이 늘어나는 기술주가 아니라 점유율이 줄어드는 에너지주 쪽에서 노려야 했다. 뉴저지 스탠더드오일이 IBM보다 투자 수익이 더 좋았듯이, 점유율이 줄어든 에너지 부문의 원조 기업이 점유율이 늘어난 기술주의 수익을 능가했다. 빠르게 성장한 기술 부문이 우리 경제의 성장에 큰 비중을 차지했던 것은 분명하다. 그런데 수익 면에서는 성장 속도는 느리나 고수익을 내주는 석유 기업을 따라가지 못했다.

에너지

에너지 부문이 좋은 실적을 낸 이유는 무엇일까? 석유 기업은 말하자면 그들이 가장 잘하는 일에 집중했다. 즉, 가능한 한 가장 싼 값에 석유를 추출해 배당금 형태로 주주에게 수익을 안겼다. 게다가 에너지 기업에 대한 투자자의 성장 기대치가 낮았기 때문에 주가도 비교적 낮게 형성됐다. 고배당과 저평가라는 두 가지 요인이 만나 투자자에게 높은 수익을 안겼다고 볼 수 있다.

그런데 에너지 부문의 시장점유율이 낮아지는 와중에도 성장 함정이 도사리고 있었다. 1970년대에 에너지 가격이 급등하자 투자자가 신규 석유 및 가스 탐사 회사 주식을 대거 사들이면서 주가를 높여놨다.

에너지 부문 거품이 절정에 달했던 1980년 8월, 스탠더드앤드푸어스가 석유 산업에 대한 조사를 실시했다. '장기 투자의 실익이 있는 주식Shares Have Long-Term Appeal'이라는 제하의 조사 보고서에서 석유주의 수익이 계속 증가하리라는 예측을 내놓았다. 스탠더드앤드푸어스는 베이커인터내셔널 Baker International, 글로벌마린 Global Marine, 휴즈툴 Hughes Tool, 슐럼버거 Schlumberger, 웨스턴코퍼레이션오브노스아메리카 Western Co. of North America 등 5개 종목을 선정하며 이렇게 설명했다.

> 이와 같은 유리한 유인 요소(고유가)가 투자자에게 손실 요인으로 작용하지 않았다. 그리고 유정 탐사 장비 및 서비스, 해양 시추 부문의 주식 대부분이 시장 대비 높은 주가수익률로 판매되고 있다. 그러나 이들이 유망한 종목이라는 점에 이의를 달기 어려우며 장기적 관점에서 이들 종목을 추천한다.[4]

안타깝게도 이 분석은 투자의 기본 원칙에서 벗어난 것이었다. 즉, '시장 기준으로 이익 대비 너무 비싼 가격에 판매되는' 종목, 특히 대형주는 사지 않는 것이 투자의 기본 원칙이며 게다가 장기 투자에서는 이런 종목은 더더욱 피해야 한다. 전 세계적 경기 불황으로 1982년에 석유 서비스 및 유정 탐사 기업의 성장세가 갑자기 멈췄다. 유가는 급락했고 시추 작업도 급작스럽게 중단됐다. 글로벌마린과 웨스턴컴퍼니는 파산했고 나머지 세 기업은 시장 평균 수익을 한참 밑돌았다. 실제로 1970년대 말부터 1980년대 초에 S&P500 지수에 새로 편입된 13개 에너지 종목 가운데 12개가 이후 전체 에너지 부문 혹은 S&P500 지수의 실적에 미치지 못했다.

기술
혁신적 기술을 개발한 기업들이야말로 장기 투자에서 좋은 실적을 올린 기업 명단에 들어가리라 생각하는 투자자가 많다. 그러나 마이크로소프트나 시스코, 델 등의 기업은 막대한 수익을 올렸지만, 디지털이큅먼트(미니컴퓨터), 스페리랜드 Sperry Rand (최초의 컴퓨터 유니박 Univac), 제록스(최초의 복사기), 버로스(최초의 전자계산기) 같은 혁신적 기업에서 발생한 손실을 메우기에는 역부족이었다. 그 결과 기술 부문의 수익률은 S&P500 지수를 넘어서지 못했다. 1957년부터 1960년대 초까지 컴퓨터 시장을 독점했던 IBM이 막대한 수익을 창출하지 못했다면 이 지수를 한참 밑돌았을 것이다.

기술 기업은 꾸준히 고평가 행진을 이어갔다. 1960년대 초에는 컴퓨터 시장의 급성장에 대한 기대감으로 기술 부문의 주가수익률이 시장 평균보다 2.5배나 높은 56이었다. 1957년부터 2003년까지 기술 부문의 평균 주가수익률은 전체 시장보다 10포인트 높은 26이었다. 지난 45년 동안 기술 부문에 대한 이익성장률 기대치가 전체 시장 평균보다 낮았던 경우는 IBM이 3년 연속으로 막대한 손실을 기록한 1990년대 초 단 한 차례뿐이었다. 수많은 기술 기업의 이익성장률이 실제로 높았다 해도 이보다 더 높은 투자자의 기대치가 주가에 반영된 탓에 투자 수익은 저조할 수밖에 없었다.

1957년 이후에 S&P500 기술 종목에 편입된 125개 기업 가운데 약 30%가 1999년과 2000년에 이렇게 저조한 실적을 올렸다. 1999년에 지수에 편입된 종목은 그 이후 기술 부문의 실적을 연 4% 정도 밑돌았고 2000년에 추가된 종목은 무려 연 12%나 밑돌았다. 게다가 1999년 이후로 기술 부문 자체가 시장 평균을 크게 밑돌았다. 브로드비전 Broadvision, 비테세세미컨덕터 Vitesse Semiconductor, 팜 Palm, JDS 유니페이스 등 S&P 지수에 신규 편입된 수많은 기술 종목의 실적이 95% 이상 하락했다.

에너지 부문과 기술 부문의 거품에는 중요한 차이점이 있었다. 기술주 거품에서는 미래의 이익성장률에 대한 과도하게 낙관적인 기대감 때문에 주가수익률이 천정부지로 치솟았다. 석유 부문에서는 석유주의 가격이 이익 증가와 함께 상승하는, 다시 말해 주가와 이익이 동반 상승하는 모양새였기 때문에 그렇게 극단적인 수준으로 고평가가 이뤄지지는 않았다. 실제로 에너지 부문을 지배하던 종합 석유 회사들도 거품이 최고조에 달했던 시기에 시장의 나머지 기업보다 낮은 주가수익률로 거래됐다. 석유주 거품은 시장 평균 대비 훨씬 고평가된 가격으로 거래된 석유 시추 및 탐사 기업에 집중됐다.

확장된 산업 부문: 금융과 보건의료

시장점유율이 가장 현저하게 확대된 두 업종이 바로 보건의료와 금융 부문이다. 1957년 당시 금융과 보건의료는 시장점유율이 가장 낮은 업종이었고, 두 부문의 시장 가치 총합이 전체의 1.9%에 불과했다. 그런데 2003년이 되자 S&P500 전체 시장 가치의 34%를 차지하면서 시장점유율이 가장 높은 업종이 됐다.

그러나 두 부문의 수익에는 큰 차이가 났다. 보건의료 부문은 연간 14.19%의 수익률을 올리면서 S&P500 지수를 구성하는 총 10개 산업 부문 가운데 수익률이 가장 높았으며 이는 지수보다 연평균 3% 포인트 이상 높은 수준이었다. 그러나 그 어떤 업종보다 시장점유율이 크게 증가한 금융 부분은 지수 수준에 훨씬 못 미치는 실적을 냈다.

금융

금융 부문은 성장의 대부분을 S&P500 지수에 신규 편입된 기업이 견인했기 때문에 시장점유율이 급속히 확대됐음에도 수익 증가 수준은 이에 미치지 못했다. 제2장에서 스탠더드앤드푸어스가 1976년에 수많은 은행을 지수에 편입하면서 [그림 4-1]에서 보는 바와 같은 점유율 급등이 발생했다고 설명했다. 오늘날 금융 부문은 1957년 당시 S&P500 지수에 포함되지 않았던 시티그룹 Citigroup, 에이아이지 AIG, 뱅크오브아메리카 Bank of America, 웰스파고 Wells Fargo, 제이피모건체이스 JP Morgan Chase 등이 지배하고 있다.

금융 부문의 성장에는 각각 1988년과 1992년에 S&P500 지수에 편입된 정부 지원 기업 패니메이 Fannie Mae(연방저당공사)와 프레디맥 Freddie Mac(연방주택담보대출공사)의 민영화가 한몫했다. 2003년 말에 이 두 기업이 금융 부문 전체 시장 가치의 5%를 차지했다.

증권회사와 투자은행이 지수에 포함되면서 금융 부문의 시장 확대가 가속화했다. 도널드슨러프킨앤드젠레트 Donaldson, Lufkin, Jenrette: DLJ 가 상장된 1970년까지 사실상 모든 증권회사가 비상장 합자회사 형태였다. 이후 메릴린치 Merrill Lynch, 딘위터 Dean Witter, 슈왑 Schwab, 리먼브라더스 Leman Brothers, 베어스턴즈 Bear Sterns, 티로우프라이스 T. Rowe Price 등이 상장했고 S&P500 지수에 신규 편입됐다. 마지막으로, 2001년에 부동산 투자 신탁 REIT이 금융 부문에 추가됐다. REIT와 기타 배당금을 많이 지급하는 기업에 대해서는 제9장에서 다룰 생각이다.

금융 상품이 엄청난 성장세를 보이며 수많은 신규 기업의 성장을 견인했다. 덕분에 금융 부문의 시장점유율이 꾸준히 증가했으나 기업 간 경쟁이 치열해지면서 금융주의 수익은 시장 평균 이상으로 치고 나가지 못했다.

보건의료

금융 부문과 마찬가지로 보건의료 부문도 지난 반세기 동안 꾸준히 시장점유율을 늘려왔다. 시장 가치 증가와 맞물려 보건의료 부문의 지출이 극적으로 증가했다. 1950년에는 보건의료 부문이 GDP의 4.5%를 차지했다. 그런데 오늘날에는 그 비율이 15%가 되면서 급성장세를 보이고 있다.

화이자, 존슨앤드존슨, 머크 등 오늘날 보건의료 부문을 지배하는 기업 대다수가 오랜 역사를 지닌 유서 깊은 기업이다. 여기에 암젠 Amgen 과 제넨테크 Genentech 같은 생명공학 업체, 유나이티드헬스 UnitedHealth 와 카디널헬스 Cardinal Health 같은 의료 서비스 제공 업체, 가이던트 Guidant 같은 의료 장비업체가 가세했다.

전체로 보면 보건의료 부문에 투자한 사람들이 큰 수익을 얻기는 했으나 신규 기업이 들어오지 않았다면 아마도 실적이 더 좋았을 것이다. 지속적인 연구를 통해 누구나 알게 되는 획기적인 해법을 계속 만들어내는 산업 부문에서는 투자자의 과도한 낙관론과 기대감이 주가를 계속 밀어 올리게 되고 결국은 이 때문에 수익이 저조해진다.

1957년 이후에 보건의료 부문에 편입된 의료 서비스업체 11곳 가운데 9곳이 업종 평균을 밑도는 실적을 냈고 비벌리엔터프라이즈 Beverly Enterprises, 커뮤니티사이키애트릭센터즈 Community Psychiatric Centers, 헬스사우스 HealthSouth 같은 일부 업체는 평균을 한참 밑도는 저조한 실적을 기록했다. 1972년에 지수에 편입된 아메리칸호스피털서플라이 American Hospital Supply, 백스터트라베놀 Baxter Travenol(현 백스터인터내셔널 Baxter International), 벡톤디킨슨 Becton Dickinson 등 3개 의료 장비 공급업체의 실적 역시 업종 평균을 밑돌았다. 1986년에 S&P500 지수에 편입된 바슈롬 Bausch & Lomb은 보건의료 부문 평균에 연 9%나 뒤처졌다. 다른 부문에서와 마찬가지로 보건의료 부문에서도 검증된 기존 기업이 신규 기업에 압승을 거뒀다.

소비재 부문: 재량 소비재와 필수 소비재

재량 소비재와 필수 소비재 둘 다 소비자를 겨냥하지만, 이 사실은 이 두 부문의 유사성이 깨지는 지점이기도 하다. 재량재 부문에 속한 기업은 큰 어려움을 겪었던 반면에 필수재 부문의 검증된 기업은 큰 수익을 냈다. 필수재는 생필품으로 분류되는 제품으로서 경기 주기가 매출에 별 영향을 주지 않으며 식품, 음료, 담배, 비누, 세면도구, 식료품 및 잡화 등이 여기에 속한다. 생활필수품으로 여기지 않는 제품 및 서비스를 포함하는 재량 소비재 부문은 소비자의 재량 소득 discretionary income에 좌우되는 측면이 더 강하다. 자동차, 식당, 백화점, 오락 등이 여기에 해당한다.

이런 구분은 다소 임의적이다. 어떤 사람에게는 필수품이 다른 사람에게는 사치품일 수도 있으므로 두 부문의 경계가 명확하지는 않다. 이런 임의성(혹은 재량성)은 유통업계 거물 월마트가 식품 시장에 성공적으로 진출했던 2003년 4월에 스탠더드앤드푸어스가 이 업체를 재량 소비재에서 필수 소비재로 업종을 재분류한 사실에서도 확인할 수 있다.

양자를 어떻게 정의하든 간에 두 부문의 실적에는 큰 차이가 있다. 필수 소비재 부문은 수익 면에서 상당히 안정적인 실적을 내왔다. 이 부문에 속한 거대 기업(최근에 편입된 월마트는 제외) 대다수가 50여 년 동안 건재하며 투자자에게 높은 수익을 안겼다. 코카콜라, 필립 모리스, 프록터앤드갬블, 펩시코 등과 같은 장기 고실적주에 대해서는 이미 언급한 바 있다. S&P500 원조 기업에서 살아남은 20대 기업 중 12곳이 필수 소비재 부문에 속한 기업이었다.

이와는 대조적으로 재량 소비재 부문은 순탄치 않았다. 이 부문은 자동차 제조사(GM, 크라이슬러), 자동차 부품 공급업체(파이어스톤, 굿이어), 대형 유통업체(시어스, 제이씨페니, 울워스) 등이 주도했으나 이들 기업 전부가 저조한 실적을 냈다.

기존 유통업체는 월마트와 홈디포 Home Depot 에 밀려났고 자동차 제조사는 외국산 수입차와 높은 인건비 때문에 고사 직전에 몰렸다. 요즘은 타임워너, 컴캐스트 Comcast, 비아콤 Viacom, 디즈니 Disney 등 이 부문에 속한 대기업 다섯 곳 가운데 네 곳이 연예오락업체다. S&P500 원조 기업(포드모터)이 지금의 S&P 재량 소비재 부문 기업 목록에서 겨우 11위에 턱걸이하고 있다는 점이 좀 놀랍다.

S&P500 원조 기업이 나중에 지수에 편입된 신규 기업보다 못한 실적을 낸 부문으로는 재량 소비재 부문이 유일하다. S&P500 원조 기업 제너럴모터스General Motors: GM의 저조한 실적 그리고 신규 기업 월마트의 높은 실적이 이런 차이를 만들었다.

재량 소비재 부문에서 자동차 제조사와 유통업체가 맞은 운명, 홈디포와 월마트 그리고 신생 연예오락 기업의 부상 등은 '활력이 넘치는 신생 기업이 쇠퇴하는 기존 기업을 넘어선다'는 이론, 즉 종목 선택에서의 창조적 파괴 이론과 맥을 같이 한다. 주목해야 할 부분은 **재량 소비재 부문은 신규 기업이 기존 기업의 실적을 능가했기 때문에, 창조적 파괴 원칙이 투자자에게도 실익을 안긴 유일한 산업 부문**이라는 점이다.

여기서 두 가지 의문이 생긴다. 재량 소비재 부문에서는 왜 그토록 큰 변화가 일어났을까? 필수 소비재 부문의 수익이 재량 소비재 부문의 수익을 능가한 이유는 무엇일까?

경제 동향의 측면에서 보자면 사실 이는 가장 의외의 결과였다. 지난 반세기를 지나오는 동안 필수 소비재 부문이 재량 소비재 부문보다 나은 실적을 올리리라고는 예상하지 못했을 것이다. 지난 50년 동안 경제적 번영을 통해 수백 만 미국인의 재량 소득('재량' 소비재 부문에서 따온 명칭)이 급격히 증가함에 따라 기초 생필품 이외의 품목으로까지 구매력이 확대됐다.

그러나 재량 소비재 부문이 엄청난 성장을 이루지는 못했다. 이 부문의 기업은 제품의 품질을 유지해 소비자 충성도를 구축하는 일을 하지 못했다. 그리고 외국 경쟁 업체, 특히 품질을 중시하며 빠르게 소비자의 충성심을 끌어 모았던 일본 기업이 미국 기업을 위협했는데도 이 부분을 외면했다.

이와는 대조적으로 필수 소비재 부문 기업은 고품질 제품을 제공하는 기업이라는 명성을 유지하고 이런 명성을 이용해 해외 시장에 제품을 판매했다. 이들 기업은 신뢰성이야말로 가장 유망한 제품이라는 점을 인식하고 이에 따라 투자자에게 고수익을 안겼다. 제17장에서 필수 소비재 부문이 계속해서 투자자에게 고수익을 줄 것이라 생각하는 이유를 설명하겠다.

산업재

산업재 부문에는 산업 대기업, 교통·운송, 군수 기업 등이 포함된다. 이 부문에서 큰 비중을 차지하는 제너럴일렉트릭 **GE**은 S&P500 지수가 생겼던 당시 이 부문 최대 기업이었고 그 위상이 지금까지 유지되고 있다.

그러나 이 부문에서 예나 지금이나 그 지배적 위상에 변화가 없는 기업은 GE 뿐이다. 쓰리엠 **3M**(구 미네소타마이닝앤드매뉴팩처링 **Minnesota Mining and Manufacturing**), 유나이티드테크놀로지스 **United Technologies** (구 유나이티드에어크래프트 **United Aircraft**), 보잉 **Boeing** 등은 S&P500 원조 기업이었으나 아메리칸, 이스턴, 유나이티드, 팬암, 티더블유에이 **TWA** 등 1957년 당시 S&P500 지수에 포함됐던 5개 항공사 가운데 지금까지 남아 있는 곳은 하나도 없다.[5]

이 책을 쓰고 있을 당시 GE는 미국에서 시가총액 1위 기업이었다. 전설적인 전 회장 잭 웰치 **Jack Welch**가 1981년에 경영권을 승계 받아

GE의 수장이 된 후 GE를 세계에서 가장 역동적이고 가장 높이 평가받는 기업으로 변모시켰다. 기업이 추진하는 모든 사업에서 탁월해야 한다는 이른바 웰치의 'GE 방식'이 이 기업의 성공에 큰 몫을 담당했다. 웰치의 전략은 자사의 핵심 역량에 집중하는 것이었다. 따라서 특정 사업부가 수익을 내지 못하면 바로 매각·처분했다.

GE가 최근에 연예 산업 **NBC**(현 유니버설)에 진출하기는 했으나 주력 사업은 소비자 및 상업 금융과 보험을 포함해 GE 수익의 거의 절반을 차지하고 있는 금융 부문이다. 모기업과 분리된다면 아마 GE 캐피털 **GE Capital**이 세계 최대 금융 기관이 될 것이다.

GE와 잭 웰치의 상징적 위상이 1990년대 대강세장에서 지속 불가능한 정도로 GE 주가를 엄청나게 끌어올리는 역할을 했다. 2000년에 GE의 주가수익률은 50에 이르렀고 이는 산업재 기업으로서는 전례가 없는 수준이며 안타깝게도 지속이 불가능한 수치였다.

그 이후로 GE 주가는 3분의 2나 하락했고 수익률은 3M에도 밀렸다. 3M은 보잉, 하니웰 **Honeywell**, 캐터필러 **Caterpiller** 그리고 최근에 타이코 **Tyco** 같은 기업을 흔들었던 경제적·금융적·법적 대혼란 속에서도 건재했던 몇 안 되는 기업 중 하나였다.

철도 기업 또한 산업재 부문 전체 가치의 21%를 차지했다가 현재는 5% 미만으로 떨어지면서 시장점유율이 급격히 축소됐다. 철도 산업이야말로 창조적 파괴 개념을 투자계에 적용했을 때 이 원칙이 어떻게 반전되는지를 보여주는 좋은 예다. 철도 산업은 1950년대 중반에 2연타를 맞으며 휘청거리기 시작했고 그때부터 이미 하락세를 탔다. 첫째, 주간(州間) 고속도로 완공으로 화물차 운송업과의 경쟁이 치열해졌고 철도 여행 수요도 감소했다. 펜센트럴^{Penn Central}, 레딩 Reading Railroad, 이리래커워너 Erie Lackawanna Railway 등 수많은 철도 회사가 파산에 이르렀다. 둘째, 항공사가 철도를 이용하던 장거리 여행객 거의 전부를 빼앗아갔다.

그런데도 1957년 이후 철도 주식이 항공사와 화물차 운송 기업은 물론이고 S&P500 지수까지도 능가하는 실적을 냈다.

어떻게 된 일일까? 어떻게 별 볼일 없어 보이는 철도 산업이 세계에서 가장 이기기 어려운 지수 가운데 하나인 S&P500 지수보다 더 나은 실적을 냈을까? 다시 한 번 말하지만, 투자자의 기대치에 답이 있다. 파산을 비롯해 당시 철도 회사들이 직면한 여러 문제 때문에 이 종목에 대한 투자자의 기대치가 급격히 낮아졌다. 따라서 이 비관적 전망을 부수는 데는 약간의 실적 향상만으로도 족했다.

그리고 호시절이 도래하고 있었다. 1980년에 주요 부분에서의 규제 완화 조치가 있었고 덕분에 철도 회사 간 합병이 촉진되면서 경영의 효율성이 크게 향상됐다. 매출이 감소했음에도 1980년 이후로 생산성이 3배나 증가하면서 기업에 큰 이익을 안겼다. 생존한 4개 철도 회사 중에서 단연 최고인 벌링턴노던샌타페이 Burlington Northern Santa Fe 는 1980년 이후 연평균 수익이 17%로서 S&P500 지수를 4% 포인트나 앞서는 놀라운 실적을 올렸다.

철도 회사는 오랜 하락세를 보였던 산업도 주주에게 큰 수익을 안길 수 있다는 매우 중요한 교훈을 준다. 쇠퇴 산업에 대한 투자자의 기대치가 매우 낮기 때문에 가능한 일이다. 이런 기업이 하락세를 멈추고 수익을 내기 시작하면, 특히 배당금을 지급할 수 있는 상황이 된다면 앞으로 엄청난 수익을 보장해주는 황금알 주식이 될 수도 있다. 하락세를 탄 철도 종목이 큰 수익을 내고 잘 나가는 항공사가 저조한 실적을 낼지 30년 전에 누가 상상이나 했을까?

소재 부문

소재 부문은 화학 물질, 강철, 종이 같은 기초 상품을 생산하는 제조업체로 구성된다. 이 부문은 최악의 시장점유율 잠식과 최저 수익을 경험한 업종이기도 하다.

S&P500 지수가 만들어진 1957년에 소재 부문은 S&P500 전체 시장 가치의 25% 이상을 차지했고 지수에서 가장 비중이 큰 부문이었다. 소재 부문의 주도 업종은 화학과 철강이었고 유나이티드스테이츠스틸 United States Steel과 베슬리헴스틸 같은 거대 기업 그리고 듀폰 DuPont과 유니언카바이드, 다우케미컬 Dow Chemical 같은 화학 대기업 등이 여기에 해당한다. 19세기 말부터 20세기 상반기까지는 위의 5개 기업이 미국 산업계를 이끌었고 S&P500 지수 생성 당시 이들 기업이 지수 시장 가치의 10%를 차지했다.

그러나 지난 50년 동안 이 거대 기업들이 급격히 쇠퇴하면서 소재 부문의 시장점유율은 거의 90%나 감소했다. 오늘날 철강 및 화학 분야의 5대 기업 시장 가치를 다 합쳐봐야 S&P500 지수의 1%도 안 된다.

시장점유율 급감의 이유는 국제 경쟁 심화와 제조업에서 서비스업으로의 중심 이동에서 찾을 수 있다. 1970년대와 1980년대를 거치면서 처음에는 일본, 그다음에는 나머지 아시아 국가의 생산력이 늘어나면서 이들 저비용 생산자와의 경쟁에서 살아남기 어려운 상황이 됐다. 유서 깊은 제조업체는 고수익을 올려야 그나마 감당할 수 있는 너무 높은 인건비와 감당하기 버거운 연금 수당의 압박에 시장점유율이 곤두박질쳤다. 최고 실적을 냈던 다우케미컬 같은 일부 기업은 실리콘 삽입에 관한 소송 때문에 붕괴 직전까지 몰렸다.

통신 부문

한때 세계 최대 기업이었던 AT&T를 포함한 통신 부문은 지난 반세기 동안 S&P 지수에서의 비중이 7.5%에서 3.5%로 절반이나 하락했다. 통신 부문은 인터넷 열기가 수익 증가에 대한 기대치를 한껏 높이면서 지수에서의 비중이 11% 이상으로 치솟았던 1990년대 말에 점유율이 반짝 상승했다. 그러나 공급 과잉으로 인한 가격 폭락과 대규모 광섬유 네트워크 구축에 따른 부채 증가가 통신주 붕괴로 이어졌다.

통신업계의 이 씁쓸한 역사는 급속한 생산성 증가가 기업과 투자자 모두를 파괴하는 큰 재앙이 될 수도 있다는 점을 잘 보여준다. 이에 관해서는 제8장에서 상세히 다룬다. 생산성 혁신의 기반이었던 통신 산업이야말로 슘페터가 말하는 창조적 파괴의 중심에 섰던 기업이 그 혁신 혹은 창조성으로 말미암아 어떻게 자멸하게 되는지를 여실히 보여준 아주 좋은 예다.

1980년대의 에너지 부문, 1990년대의 기술 부문과 마찬가지로 통신 부문 역시 호황기에 과도하게 높아진 기대치로 인해 통신 기업들이 얼마나 많이 늘어나는지, 또 이렇게 늘어난 기업들이 이후 얼마나 저조한 실적을 내는지를 명확히 보여줬다. 1957년부터 1990년대 초까지 통신 부문 기업 중에 S&P500 지수에 편입된 신규 기업은 하나도 없었다. 1990년대 말에 월드컴 WorldCom, 글로벌크로싱 Global Crossing, 퀘스트커뮤니케이션즈 Quest Communications 같은 신규 기업이 큰 주목을 받으며 지수에 편입됐으나 그 기세가 끝까지 가지는 못했다.

월드컴은 1999년 6월에 통신 부문 전체 시장 가치의 16% 이상을 차지했으나 이후 시장 가치가 97.9%나 하락하면서 2002년 5월 지수에서 탈락했다. 글로벌크로싱은 시장 가치가 98% 이상 하락하면서 2001년 10월에 지수에서 탈락했고 퀘스트는 2000년 7월에 지수에 편입된 이후 시장 가치가 90% 이상 하락했다. 이렇게 가치가 고평가된 신규 기업은 통신 부문 원조 기업의 실적을 크게 밑돌았다.

공익사업 부문

공익사업 부문도 시장점유율이 급격히 감소하는 일을 겪었다. 한 가지 이유는 전력 생산과 소비의 효율성이 높아지면서 에너지의 실질 가격이 하락한 데서 찾을 수 있다.[6] 현재 미국의 화석 연료 단위당 GDP는 1970년대 초의 거의 2배 수준이다.

그러나 공익사업 부문이 고전을 면치 못했던 더 중요한 원인은 설립 이후부터 거의 줄곧 누려왔던 독점적 지위 보호 조치를 철폐하는, 이른바 에너지 산업에 대한 규제 철폐였다. 규제 당국은 1980년대 중반까지 공익 기업이 상승한 비용을 소비자에게 떠넘기는 일을 용인해왔다. 따라서 소비자는 가격 불문하고 독점 기업이 공급하는 에너지를 구매할 수밖에 없었다. 그러나 소비자가 원자력 발전에 따른 과도한 비용을 부담하기 꺼려했고 원거리 에너지원으로부터 더 싸게 구입할 수 있게 되면서 공익 기업의 수익이 급격히 감소했다. 최근에 와서야 이들 기업 중 일부가 규제 철폐 환경에서 살아남는 방법을 배워 수익 증가에 대한 기대감을 높이기 시작했다.

이미 언급했듯이 배당금은 장기 수익 창출에 필수적 요소인데 공익 기업은 높은 배당수익률을 제공한다. 그러나 독점 보호가 해제된 지금의 환경에서 이들 공익사업체가 계속해서 고수익을 낼 수 있을지는 더 두고 봐야 할 일이다.

업종별 시장 가치 변화와 수익

이 10대 업종의 수익률에서 중요한 사실을 알 수 있다. 제2장에서 시장 가치가 투자 수익과 반드시 연결되지는 않는다고 했고 그 이유도 설명했다. 이번 장에서는 개별 기업뿐 아니라 시장 부문에도 같은 논리가 적용된다는 점을 보여준다. [그림 4-3]은 그 자료를 정리한 것이다. 1957년부터 2003년까지 전 기간에 걸친 S&P500 지수 각 부문의 수익과 각 부문 시장 비중의 변화 간의 관계도를 나타낸 것이다.

그림을 보면 금융과 보건의료 부문 둘 다 크게 성장했다. 그런데 보건의료 부문은 전체 부문 가운데 최고 수익률을 기록한 반면, 금융 부문은 평균 수익을 살짝 밑도는 수준이었다. 그 이유는 금융 부문의 시가 총액 증가가 주로 신규 기업의 편입에서 비롯됐기 때문이다. 보건의료 부문은 이런 신규 기업 편입의 영향이 훨씬 작았다.

정보기술은 시장 비중이 두 번째로 높았으나 수익은 전체 평균을 약간 웃도는 수준이었다. 정보기술 부문이 S&P500 지수보다 나은 실적을 낸 유일한 이유는 IBM이 1957년부터 1962년까지 올린 고수익 때문이었다. 기술 부문이 전체 경제에서 중요한 역할을 하기는 했으나 IBM을 제외한 다른 기술 기업의 수익은 시장 평균을 밑돌았다.

소재 부문은 최저 수익을 냈을 뿐 아니라 시장 가치 또한 가장 큰 폭으로 감소했다. 그러나 시장 가치가 하락한 부문이라고 해서 전체 기업이 저조한 실적을 낸 것은 아니다. 에너지 부문은 시장 가치가 두

[그림 4-3] GICS 부문별 시장 비중 변화와 수익 간의 관계

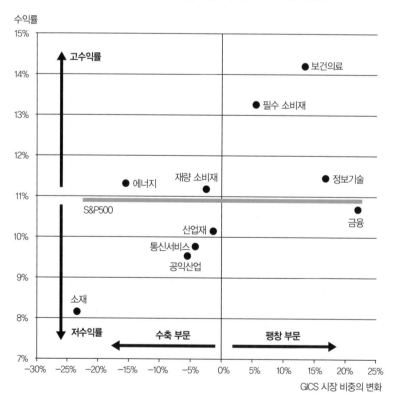

번째로 크게 하락했으나 앞서 언급했듯이 평균 이상의 수익을 냈다.

각 부문 시장 가치의 변화와 수익 간에는 기껏해야 약한 정적(定的) 상관관계가 존재할 뿐이다. 통계적 회귀 분석 결과 시장 가치의 변화는 수익의 3분의 1 정도에 영향을 준 반면에 나머지 3분의 2는 가치 평가, 배당금의 재투자, 신규 기업의 편입 같은 다른 요소의 영향을 받았다. 부문 수익의 3분의 1 미만이 시장 가치의 증가 혹은 감소에서 비롯된다는 사실은 왜 그토록 많은 투자자가 성장 함정에 빠지는지를 익히 짐작하게 하는 부분이다. 신규 기업이 편입되면 해당 부문의 시장 비중은 증가하는 반면에 수익은 감소할 수 있다는 사실을 투자자가 인식하지 못한 측면이 있다.

부문별 전략

자료를 보면 세 부문이 장기적 이익주임을 알 수 있다. 보건의료, 필수 소비재, 에너지 부문이다. S&P500 지수에서 살아남은 20대 고실적주 가운데 보건의료와 필수 소비재 부문이 90%를 차지한다. 보건의료와 필수 소비재 부문에서는 고품질 제품을 시장에 내놓아 전 세계 시장에서 상표 인지도를 높이는 데 주안점을 둔 기업들이 가장 높은 비중을 차지하고 있다.

에너지 부문은 시장점유율이 크게 감소했음에도 평균 이상의 수익을 올렸다. 에너지 부문이 고수익을 올린 것은 두 가지 요인이 작동한 결과다. 하나는 상대적으로 낮은 성장 기대치(1970년대 말의 석유 및 가스 회사 제외)고 또 하나는 높은 배당금 수준이다. 제17장에서 부문별 전략을 논하고 이 부문에서의 역할이 증대된 국제적 기업의 목록을 제시할 것이다.

투자자가 새겨야 할 교훈

이 장을 시작할 때 대다수 투자자가 앞으로 어떤 부문이 유망할지를 알고 싶어 한다고 언급했다. 단기 투자자라면 차기 유망 업종을 찾는 일이 유용할 것이다. 단기적으로는 수익과 시장 가치 간에 강한 상관관계가 있기 때문이다. 그러나 장기 투자자라면 유망 업종을 찾아서 투자하더라도 크게 재미를 보지 못할 가능성이 농후하다.

역사적 관점에서 진행한 부문(업종)별 수익에 관한 조사에서 도출한 중요한 결론은 다음과 같다.

- ◆ 해당 업종의 고속 성장이 높은 투자 수익으로 직결되지는 않는다. 지난 기간 금융 부문과 기술 부문은 시장 비중이 큰 폭으로 증가했으나 수익은 이에 미치지 못했다. 에너지 부문은 시장 비중이 급락했으나 수익 면에서는 S&P500 지수를 능가하는 실적을 올렸다.
- ◆ 시장 비중의 증가 혹은 감소는 장기적으로 부문 수익에 끼치는 영향이 3분의 1도 안된다. 이는 부문 수익의 3분의 2 이상이 신규 기업과 배당금 같은 기타 요인에서 비롯된다는 의미다.
- ◆ 에너지와 정보기술 등 두 부문은 근 20년 시차를 두고 거의 동일한 양상의 거품

기를 경험했다. 이들의 거품은 각 부문의 시장 비중이 S&P500 전체 시장 가치의 30%에 이르렀을 때 발생했다. 특정 부문에서의 시장 비중이 급격하게 증가한다면 투자자는 해당 부문에 대한 투자 배분을 줄여야 한다는 경고로 받아들여야 한다.

◆ 10개 산업 부문 가운데 9개 부문에서 S&P500 지수에 추가 편입된 신규 기업이 원조 기업의 실적을 밑돌았다. 부문의 시장 비중이 급증할 때 지수에 편입된 신규 기업은 투자자에게 엄청나게 저조한 수익을 안긴다.

THE FUTURE FOR INVESTORS

제2부

———

신규 기업에 대한
고평가 함정

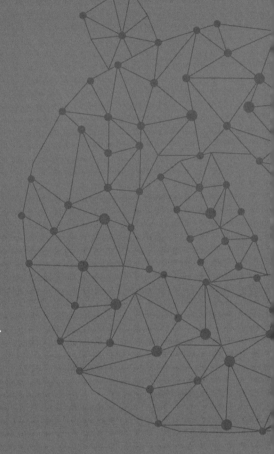

제 5 장

거품 함정:

시장 도취 현상을 포착하고
이를 피하는 방법

THE FUTURE FOR INVESTORS

삶의 의미는 '창조에 대한 사랑'에서 찾아야 한다.
기술주 가격이 왜 비싼지 또 왜 계속 비싸지는지를 설명하는 이유는
어쩌면 이 창조에 대한 사랑에서 찾아야 할지 모르겠다.
인터넷 혁명이 전례가 없는 수준으로 창의성의 발현을 극대화해준 덕분에
더 많은 사람이 삶의 의미를 실현할 수 있게 됐다고 본다.

| 메릴 린치 세계증권조사분석부, 2000년 2월 14일 |

이전 장에서 석유주와 기술주 거품에 관해 설명했다. 투자자는 거품기 동안 더 큰 손실을 봤고 그 어떤 시장 주기 때보다 거품 붕괴에 따른 손실의 여파가 극심했다. 손실이 너무 컸던 탓에 주식 투자에서 아예 손을 떼고 남은 자금을 수익률이 낮은 단기금융펀드나 양도성 예금 증서 CD에 투자하는 사람이 한둘이 아니었다.

이런 시장 도취 현상(유포리아)을 피하는 방법이 있을까? 투자자가 거품임을 인지하고 거품 상태에서 나오는 온갖 유혹에 미혹되지 않을 방법이 있을까?

인터넷 거품 생성을 방조했다는 이유로 크게 비난 받았던 연준 의장 앨런 그린스펀 Alan Greenspan 은 이에 대해 회의적이다. 2002년 8월에 있었던 한 연설에서 그는 이렇게 말했다. "거품인지 아닌지를 사전에 알아내기는 사실상 어렵다고 본다. 안타깝게도 거품의 붕괴만이 거품의 존재를 입증할 수 있을 뿐이다. 거품이 붕괴돼야만 거품이 있었음을 알게 된다."[1]

그러나 나는 이 견해에 정중히 반대표를 던진다. 이 장 서두에 소개한 인용문을 읽어보라. 금융 시장을 주도하는 월가 최고의 조사팀 중 한 곳에서 나온 말이다. 이런 일류 분석가들마저 '새로운 시대', '창조' 등의 사고에 젖어 들었을 때 그때가 바로 거품기라고 보면 된다.

이 장에서는 숨길 수 없는 거품 증상을 찾아내는 방법을 알려줄 것이다. 그러나 거품 신호를 찾아냈다고 해서 곧바로 수익을 내는 길로 들어설 수 있는 것은 아니다. 거품은 생각보다 훨씬 오래 간다. 그렇게 시간이 지나는 동안 거품이라 의심했던 '회의론자'는 하나둘 나가 떨어지고 거품이 아니라 호황이라 굳게 믿는 신봉자는 늘어난다. 거품이 일단 커지기 시작하면 그 거품이 언제 꺼질지는 아무도 모른다.

거품을 확인했으면 한 걸음 물러나서 관련 기업이나 업종에 대한 투자를 멈춰라. 운 좋게도 한참 거품이 형성 중인 종목을 보유하고 있다면 바로 이익을 실현하고 다시는 뒤돌아보지 마라. 거품 낀 주식이라면 당장 팔기 아까울 것이다. 실제로 팔고 나서도 바로 거품이 꺼지지 않고 한동안은 가격이 오를 수 있다. 너무 빨리 팔았나 싶은 마음에 속이 쓰릴지 몰라도 장기적으로 보면 그 편이 이득이다.

인터넷과 기술주 거품

보통 거품은 재정적 풍요가 장기간 지속된 후에 형성된다. 미국이 역사상 가장 길고 강력한 강세장을 누렸던 20세기 말의 상황이 바로 여기에 해당한다. 인터넷 덕분에 온라인 거래가 가능해지면서 저렴한 비용으로 손쉽게 주식을 사고팔 수 있게 됐다. 마치 거대한 카지노(도박장) 같은 분위기가 조성되면서 평소 같았다면 금융 시장은 쳐다보지도 않았을 수천만 투자자를 주식 시장으로 끌어들였다. 2000년 시작과 동시에 컴퓨터 시스템의 오류가 발생한다는 이른바 Y2K에 대한 두려움 때문에 위험 방지 및 대비 차원에서 막대한 자금이 지출됐고, 그러면서 기술 기업의 수익이 급격히 증가했다.

흥분 상태로 잔뜩 열에 들뜬 투자자는 인터넷이 세상의 사업 방식에 변화를 가져오리라는 믿음에 집착했다. 이런 들뜬 분위기에 편승해 인터넷 기업과 주식 시장에 대한 언론 보도가 쏟아졌다. 당시 상황을 상세히 다룬 언론 보도를 통해 나는 모든 제품과 서비스의 구매와 판매 그리고 마케팅을 관통하는 패러다임의 변화를 직감했다.

내 친구인 예일 대학의 밥 실러Robert James Bob Shiller는 자신이 쓴 책 《비이성적 과열Irrational Exuberance》에서 이렇게 말했다. "언론 매체 스스로 시장에서 벌어지는 일들을 객관적으로 바라보는 나름 공정한 관찰자라고 주장하지만, 사실은 언론 매체 자체가 시장 상황을 구성하는 한 요소이기도 하다. 투기적 거품은 대체로 대규모 집단이 비슷한 생각을 하고 언론 매체가 그러한 생각을 전파할 때에만 나타난다."[2]

인터넷 덕분에 최소 비용으로 거대 시장에 대한 접근이 가능해졌다. 따라서 온라인 쇼핑의 편리성이 다른 모든 마케팅 유형을 압도하게 되리라는 것이 지배적인 의견이다. '오프라인을 넘어 온라인으로clicks over bricks'. 이는 기존 유통업체의 존재 자체를 위협하는 새로운 유통 수단의 등장을 예견했던 열렬한 인터넷 옹호자들의 구호였다.

언론이 이 구호를 퍼뜨리자 그전에는 개별 주식에 투자하지 않았던 사람들이 점점 더 많이 주식을 사고팔기 시작했다. 그러면서 주가가 치솟았다. 온라인 서점 아마존닷컴Amazon.com은 채 2년도 안 돼 가격이 무려 4,800%나 상승하더니 1999년 4월에 시장 가치가 300억 달러를 넘어섰다. 이는 아마존의 최대 경쟁자이며 전 세계에서 각각 1,000개가 넘는 매장을 운영하는 양대 오프라인 서점인 반즈앤드노블Barnes and Noble과 보더즈Borders 둘의 시장 가치를 합친 것의 약 10배에 해당하는 수준이었다. 그런데 아이러니하게도 아마존은 그때까지 손익분기점에 이르지 못했고 실제로 그해 6억 달러 이상의 손실을 기록했다.

1999년 10월 온라인 완구 유통업체 이토이즈 ^{eToys}의 시장 가치는 토이저러스 ^{Toys"R"Us}의 2배가 넘었다. 토이저러스는 전 세계에 1,600개가 넘는 매장을 보유한 세계 최대 오프라인 완구 유통업체였다. 같은 달에 온라인으로 저가 항공권을 판매하는 프라이스라인닷컴 ^{Priceline.com}은 미국 항공업계 시장 가치의 절반 이상을 차지하며 자사 시장 가치의 정점을 찍었다. 그러나 거품 붕괴는 시간 문제였다.

투자자는 과거에서 교훈을 얻었을까?

잠재돼 있는 투자자의 '투기' 욕구가 다시 살아나기까지는 좀 시간이 걸리리라 생각했다. 그러나 최근 증거를 보면 이 생각이 완전히 빗나갔음을 알게 된다.

시간의 테이프를 몇 년 앞으로 빨리 돌려 2003년으로 돌아와 보자. 주식 시장에서 최대 실적을 올린 종목은 나노 기술주였다. 나노 기술은 극적인 변화를 주도하리라 기대한 차세대 혁신 기술이었다. 나노 기술은 작은 바늘 위에 장착할 수 있는 초소형 슈퍼컴퓨터, 암, 감염증, 동맥경화 등의 병증을 제거하는 데 사용할 수 있는 인간 세포 크기보다 작은 의료용 나노 로봇을 만들어준다고 약속한다.[3]

〈월스트리트저널〉이 보도했듯이 나노젠 ^{Nanogen}, 나노페이스 ^{Nanophase}, 비코인스트루먼츠 ^{Veeco Instruments} 같은 나노 기술 업체들은 모두 전년도 대비 최소한 2배에서 3배는 주가가 상승했다. 이 중 이익을 낸 기업이 한 곳도 없었고 나노젠과 나노페이스는 매출이 거의 없었다.[4] 분기당 매출이 거우 170만 달러에다 분기당 손실은 700만 달러가 넘는 나노젠은 2003년 3월 당시 주당 1달러에 거래됐다. 그러나 이처럼 부실한 펀더멘털 통계치가 버젓이 존재함에도 낙관적 기대에 취한 투기자가 계속 몰려들었고 투기 수요는 멈추지 않았다. 2004년 초가 되자 나노젠의 주가가 14.95달러로 고점을 찍으며 시장 가치는 거의 4억 달러가 됐다.

인터넷 열풍이 한창이던 1990년대 말에는 너도나도 회사명에 '닷컴'을 붙였듯이 이번에는 나노 기술 열풍에 편승하느라 다들 난리였다. 일례로 유에스글로벌에어로스페이스U.S. Global Aerospace는 사명을 유에스글로벌나노스페이스U.S. Global Nanospace로 변경했다. 이전 연도에는 주당 5센트였던 이 업체의 주가가 사명 변경 이후에는 주당 1.66달러로 껑충 뛰었다.

소규모 나노 기술 호황은 수년 전에 일었던 거대한 인터넷 열풍의 어두운 흔적임에 틀림이 없었다. 거품과 투기로 얼룩진 지난 10년의 기억이 아직도 생생히 남아 있는 와중에 그와 비슷한 투기 열풍에 또 빠져들었다는 사실이 놀라울 따름이다.

그러나 새로운 것에 또 다시 들뜨면 이전의 참혹한 기억 따위는 금방 지워진다. 앞으로 새로운 기술이 점점 더 빈번하게 등장할 것이다. 그리고 투자자들은 나쁜 기억은 금붕어처럼 까맣게 잊고 계속 미끼를 물어버려 매번 함정에 빠질 것이다. 제15장에서 더 상세히 다루겠지만, 인터넷 혁명이 전 지구적으로 새로운 발견의 속도를 더욱 가속화할 것이다. 모든 유형의 신제품 및 신규 기업 측면에서 상당한 진보가 이뤄지면서 엄청난 성장 기회가 생길 것이다. 그러나 매수자

는 크게 경계해야 한다. 이런 신규 기업과 신기술은 대부분이 과장돼
있고 고평가돼 있을 가능성이 크기 때문이다.

교훈 1
가치 평가가 중요하다

아메리카온라인 AOL

1999년, 인터넷 열풍이 천장을 찍기 직전에 나는 〈월스트리트저널〉
에 "인터넷 종목이 과대평가됐는가?Are Internet Stocks Overvalued? Are They Ever."
라는 제목의 기사를 통해 당시 시장에서 벌어지는 이상 현상을 경고
했다.[5] AOL을 예로 들어 인터넷 종목이 실제로는 투자자가 지급하는
매수 가격만큼의 가치가 없을 수 있음을 보여줬다.

이 기사가 발표된 1999년 4월 19일에 인터넷 종목의 가격이 폭락
했다. AOL은 전주 금요일 가격인 주당 139.75달러에서 115.88달러
로 하락하면서 시가 총액이 220억 달러나 증발했다. 다른 인터넷 종
목도 마찬가지였다. 야후는 주당 189달러에서 165달러로 하락했고
닷컴 지수는 670에서 560으로 약 17% 하락했다.

이 기사에 대한 세간의 반응이 좀 충격이었다. 그날 아침에 필라
델피아에서 시카고로 갔는데, 실리콘밸리로 가지 않은 것이 참으로
다행이었다. 내 기사가 주가 하락의 유일한 요인은 아니라고 확신했
지만 CNBC, CNN, 미국 공영 라디오 방송 내셔널퍼블릭라디오National

Public Radio: NPR 등 주요 TV 및 라디오 방송국과 인쇄 매체 전부가 내 의견을 듣고 싶어 했다.**6**

결국 그날 저녁에 나는 인터넷 종목의 열렬한 옹호자인 메릴린치의 헨리 블로젯 **Henry Blodget**과 함께 루 돕스 **Lou Dobbs**가 진행하는 〈머니라인 **Moneyline** 〉에 출연했다. 루는 다음과 같은 매우 노골적인 말로 인터뷰를 시작했다. "아, 진짜 제러미! 〈월스트리트저널〉에 기사를 썼지요? 도대체 왜 그런 기사를 썼느냐고 묻고 싶네요. 그 결과를 한번 보세요. 대체 왜 그런 짓을 한 겁니까?"

나는 왜 그런 결론에 도달했는지를 설명했다. 그러자 루는 이번에는 블로젯에게 의견을 물었고 내가 전에도 이런 주장을 수차례 했었다는 반응을 보였다. 블로젯은 보기 드물게 솔직한 태도로 이렇게 말했다. "기존의 평가 기준에 따르면 이런 종목은 항상 비쌌어요. 그 점에 대해서는 의문의 여지가 없습니다. 인터넷주의 실제 가치가 어느 정도인지는 아무도 '모른다'고 늘 얘기해왔단 말이지요."

블로젯의 말에 속지 마라. 신기술을 개발한 기업은 IBM 그리고 과거의 다른 기술 대기업의 가치를 평가할 때와 똑같은 도구로 그 가치를 평가할 수 있다. 그리고 당시 그 기사에서도 그렇게 했다.

나는 당시 S&P500에 든 기업 중 유일한 인터넷 기업으로서 수익을 내고 있던 인터넷 '우량주'인 AOL을 살펴보기로 했다. 기사를 작성할 당시 AOL의 시가 총액은 2,000억 달러로 미국 10대 기업으로 자리매김하고 있었다.

그러나 한 해 전만 해도 AOL의 매출 순위는 전국에서 겨우 415위였고 수익은 311위였다. AOL의 시장 가치 순위가 매출이나 수익 순위와 비슷하다면 시가 총액은 아마 45억 달러 정도였을 것이다.

게다가 제3장에서 논했던 가치 평가의 주요 지표가 주가수익률인데 AOL의 주가수익률은 이전 12개월의 이익을 기준으로 하면 700이 넘고 당기 이익 기대치를 기준으로 하면 450이었다. 대기업으로서는 전례가 없는 가치 평가 수준이었다.

지난 45년간 주식 시장의 평균 주가수익률은 겨우 17이었다. 제3장에서 지난 50년 동안 최고 실적을 낸 종목은 시장 평균보다 이익 성장률은 훨씬 높았지만, 가치 평가 수준은 시장 평균을 약간 웃도는 수준이라고 했다. 이들 주식이 더 높은 가치 평가를 받았을 수도 있겠지만, AOL은 그 정도를 훨씬 넘어서는 수준이었다. 따라서 AOL의 주가 하락은 불가피한 일이었다.

교훈 2
자신의 주식에 집착하지 마라

투자자에게 주식 거품을 알려주는 또 다른 징후가 있다. 가장 중요한 투자 원칙 가운데 하나가 자신이 산 주식과 사랑에 빠지지 말라는 것이다. 항상 객관성을 잃지 말아야 한다. 주가가 펀더멘털에 부합하지 않는다 싶으면, 즉 펀더멘털을 고려했을 때 도저히 나올 수 없는 가격 수준이다 싶으면 아무리 낙관적인 생각이 들더라도 그 종목으로 낸 수익이나 손실은 신경 쓰지 말고 무조건 팔아야 한다.

나는 AOL을 매수한 수많은 투자자가 자신들이 보유한 AOL과 사랑에 빠졌었다는 생각이 들었다. AOL의 가치 평가에 의문을 제기하는 내용의 기사가 〈월스트리트저널〉에 실린 후에, AOL의 가치가 실제로는 저평가됐으며 내 주장은 현실과 완전히 동떨어졌다고 주장하는 사람들로부터 분노에 찬 이메일을 잔뜩 받았다. 내 기사는 그동안 〈월스트리트저널〉에 실린 기사 가운데 가장 잘못된 내용이라고 주장한 스트리트어드바이저닷컴 StreetAdvisor.com 케빈 프리겔 Kevin Prigel 의 대응 기사를 내게 전송한 사람이 한둘이 아니었다.

뿐만 아니라 와튼 스쿨 학장실에도 내가 와튼이나 다른 어떤 곳에서도 학생들을 가르쳐서는 안 된다는 내용의 이메일이 엄청나게 쏟아졌다. 한 이메일은 이렇게 쓰고 있었다. "이 사람은 아주 고루한 사람일 뿐 아니라 Y2K와 앞으로의 사업 모형에 대한 이해가 전혀 없다. 와튼 스쿨 교수직을 그만두거나 정신병원에 입원하기를 바란다. 둘 중 어느 쪽이 먼저든 상관없다. 정신 나간 사람이니 다신 헛소리 못하게 입에 재갈을 물려야 한다." 또 이런 이메일도 있었다. "저 이상한 교수가 있는 학교라서 와튼 스쿨에 대한 신뢰감이 확 떨어졌다. 시겔은 은퇴해야 한다. 이런 사람을 숨겨주면 학교가 곤경에 처하게 된다. 스트리트어드바이저닷컴에 실린 기사를 확인해보라."

압권은 와튼 스쿨 홍보 담당 대변인 커스틴 스펙맨 Kirsten Speckman 이 내게 전달해준 이메일이었다. 스펙맨에 따르면 대외 홍보실 이메일 주소로 이와 비슷한 내용의 이메일이 엄청나게 많이 온다고 했다.

안녕하세요, 시겔 씨. 당신의 행복을 기원합니다. 당신 때문에 나는 이유도 없이 1만 4,000달러를 손해 봤습니다. 대체 당신은 무엇 때문

132

에 이 대단한 기업을 싫어하시나요? 혹시 당신이 투자하지 않은 기업이 잘 나가니까 질투가 나십니까? 더 싼 값에 주식을 사고 싶었던 겁니까? 당신은 이런 결정을 내릴 권한이 없어요. 어쨌거나 인터넷 지식에 관한 한 당신은 아직 어린애 수준입니다. 기회를 포착하는 부분에서는 한술 더 떠 유치원생 수준이고요. 부부관계는 하고 사시는지? 당신은 흥을 깨는 데는 타고난 사람입니다. 정말 고맙네요, 얼간이 씨! 스트리트어드바이저닷컴에 가서 당신이 얼마나 큰 잘못을 했는지 확인해보기를 바랍니다. 하긴 천지분간 못하는 어린애인데, 웹사이트를 방문하는 방법이나 아는지 모르겠네요, 멍청이.

나는 최근에 스트리트어드바이저닷컴에 들어가 봤다. 그런데 지금은 활동이 중지된 웹사이트로서 최고가를 부르는 입찰자에게 팔려고 내놓은 상태였다. 2003년 2월에는 투자 자문 회사인 샌퍼드번스타인Sanford C. Bernstein & Co.이 AOL 타임워너가 해체됐다는 가정 하에 AOL 사업부의 시장 가치를 내가 그 기사를 썼던 때보다 97%나 줄어든 57억 8,000만 달러로 평가했다. 다른 분석가는 이마저도 너무 낙관적인 수치라고 봤다. 참으로 격세지감이다.

열성 지지자가 보여준 인터넷 관련주에 대한 격한 감정을 보면 이들 투자자가 투자 결정을 할 때 이성적으로 판단하지 않았음을 알 수 있다. 인터넷 종목 투자자 대다수가 '이번에는 다르다'고 확신했고 다른 말은 전혀 귀담아 들으려 하지 않았다. 이들은 자신이 투자한 종목과 사랑에 빠지는 치명적 실수를 저질렀다.

교훈 3
잘 알려지지 않은 대기업을 경계하라

잘 알려지지 않은 기업이 엄청나게 고평가되는 현상 또한 거품의 또 다른 징후다. 2000년 2월 11일에 내 블룸버그 터미널Bloomberg Terminal(실시간 금융 자료 분석 도구-역주)에 "시스코의 시장 가치가 1조 달러에 이를 것"이라는 제목의 글이 올라왔다. 기사를 쓴 데이비드 윌슨David Wilson은 시스코의 시장 가치가 2년 내에 1조 달러 고지에 오를 수 있다고 한 크레디트스위스퍼스트보스턴Credit Suisse First Boston 소속 분석가 폴 웨인스타인Paul Weinstein의 말을 인용했다. 당시 시스코의 시장 가치는 4,000억 달러를 막 넘어선 상태였고 이는 세계에서 가장 높은 수준이었다. 5년 전에 나스닥 상장주 전체의 시장 가치가 1조 달러가 안 됐는데, 그럼에도 웨인스타인은 시스코 하나가 2년 내에 1조 달러 고지에 오르리라 예측했다.

시스코가 투자자에게 고수익을 안겨줬다는 점은 의심의 여지가 없다. 1984년에 설립된 시스코는 1990년 2월 16일에 상장되면서 주식 5,040만 달러어치를 팔았다. 상장 당시 이 주식에 1,000달러를 투자했다면 2000년 2월에는 그 돈이 100만 달러로 불어났을 테고 이는 초기 투자금이 연평균 2배씩 증가했다는 의미다.

웨인스타인의 예측이 나오기 겨우 이틀 전에 시스코는 세계에서 가장 가치가 높은 주식 반열에 올랐다. 역사가 100년이 넘고 그때까지는 세계에서 인지도가 가장 높은 기업이었던 제너럴일렉트릭을 앞지른 셈이었다. 그러나 시스코는 유서 깊은 대기업과는 상황이 많이 달랐다. 전부까지는 아니더라도 대다수 주주를 포함해 미국인 대부분이 시스코가 뭘 하는 기업인지 전혀 모르고 있었다는 사실이 경악스러울 따름이다. 친구 몇 명에게 시스코가 무엇을 만드는 회사냐고 물었더니 다들 모른다고 했다. P&G가 1950년대에 생산해 대대적으로 광고했던 쇼트닝 상표 크리스코 ^{Crisco} 아니냐는 반응이었다. 시스코 매출의 70%가 인터넷용 스위치와 라우터에서 나온다고 말해줬더니 대다수가 스위치와 라우터가 무엇인지도 모르고 있었다.

세계에서 가장 높게 평가되는 기업이라면서 실제로는 사람들이 잘 모르는 경우도 전례가 없는 일이었다. 19세기 말부터 20세기 초에는 록펠러의 스탠더드오일과 카네기의 유에스스틸^{U.S. Steel}이 1, 2위를 다퉜고 이 두 기업은 누구나 잘 알고 있었다.

강세장이 정점에 달했던 1929년에는 제너럴일렉트릭과 제너럴모터스가 참전해 유에스스틸과 1위 자리를 두고 각축전을 벌였다(당시 스탠더드오일은 분할 해체된 상태였음). 그리고 이 둘 역시 누구나 아는 유명한 기업이었다. 1960년대 중반에는 AT&T가 다시 시장을 지배했다. 마벨이라는 애칭으로 불리는 AT&T는 시장에서 가장 폭넓게 보유하는 주식이고 미국인 대다수가 AT&T 아니면 그 계열사의 고객일 정도였다.

그러다 1967년에 IBM이 AT&T를 권좌에서 밀어내고 그 자리를 차지했다. 대다수 사람이 컴퓨터가 어떻게 작동하는지는 몰라도(지금도 여전히 모름) IBM이라는 단어는 다들 들어봤고 컴퓨터로 무엇을 해야 하는지 또 어디에 어떻게 사용하는지는 다 알았다. 1950년대와 1960

년대에 IBM이 컴퓨터 시장의 80% 이상을 점유하는 상태가 되면서 다들 'IBM 기계 장치'와 '컴퓨터'를 동의어로 인식하게 될 정도였다.

잭 웰치의 지휘 아래 1993년에 제너럴일렉트릭이 다시 시장 선두 자리로 치고 올라왔고 1998년 말까지 권좌를 지키다가, 엄청난 성공을 거둔 소프트웨어 기업 마이크로소프트에 1위 자리를 넘겨줬다. 컴퓨터를 쓰는 사람중에 마이크로소프트의 문서 작성 프로그램이나 스프레드시트, 그래픽 프로그램 등은 안 쓰더라도 운영 체계는 거의 전부가 마이크로소프트의 윈도우를 사용한다. 그런데 시스코라는 듣도 보도 못한 기업이 마이크로소프트를 밀어내고 선두 자리를 꿰찼다는 사실은 시장에 엄청난 변화가 일어났다는 의미다. 웨인스타인이 시스코의 시가총액이 1조 달러에 이를 것이라는 예측을 내놓고 나서 2년 반이 지난 후 시스코의 시장 가치는 최고점 때의 10분의 1에도 못 미치는 500억 달러로 하락했다.

교훈 4
세 자릿수 주가수익률을 피하라

내가 쓴 기사 "인터넷 종목이 과대평가됐는가?"가 발표된 이후 4개월 동안 인터넷 종목의 주가가 약 40% 하락했다. 그러나 이 추세도 인터넷 종목 추종자의 기세를 막지는 못했다. 온라인 매출의 강한 성장세에 관한 보도가 언론을 장식했기 때문에 인터넷 종목의 주가가 회복되면서 고점을 경신했다. 실제로 4월에 800이었던 스트리트닷컴 인터넷 지수Street.com Internet Index는 8월에 500 밑으로 떨어졌다가

2000년 3월에 1,300으로 약 3배 상승했다.

인터넷 광풍이 워낙 맹위를 떨치고 있어서 수많은 인터넷 스타트업 start-up(특히 혁신 기술 부문의 창업 기업-역주)이 망하더라도 인터넷 기업에 장비를 공급하는 업체는 큰돈을 번다는 여론이 형성됐다. 그 결과, 한창 급성장 중인 개인용 컴퓨터와 인터넷 시장에 장비를 공급하는 대형 기술 업체들 역시 신고가 경신 대열에 합류했다.

대다수 투자자와 분석가는 시스코, 썬마이크로시스템즈, EMC, 노텔 등과 같은 종목에 대해 하락 포지션을 취했다. 다른 분석가들이 예측하는 만큼 이익성장률이 높으리라 생각하지 않았기 때문이었다. 그러나 여기에는 좀 더 근본적인 의문이 있었다. 낙관적 이익 기대치를 실제로 달성했다 해도 이들 기업이 그렇게 고평가 받을 자격이 정말 충분할까?

증권업협회 Securities Industry Association 주최로 매년 3월에 와튼 스쿨에서 일주일 동안 열리는 교육 학회에서 발표할 주제로 이 문제를 다뤄보기로 하고 나는 2000년 2월 말부터 심층 조사에 들어갔다. 일단 시스코, AOL, 오라클, 노텔, 썬마이크로시스템즈, EMC, JDS 유니페이스, 퀄컴, 야후 등 2000년 3월 당시 주가수익률이 100 이상이었던 대형주 9개를 분석했다. 내 결론은 당시 기술주 강세의 합리적 근거를 찾을 수 없다는 것이었다. 연간 21%에서 56% 정도였던 이익성장률 기대치가 5년 동안(장기 이익률 예상치라고 하면 통상 향후 3~5년을 봄) 유지된다 하더라도 이 9개 기업의 평균 주가수익률은 95 정도로, 이는 눈이 튀어나올 정도로 높은 수치다. 그리고 이 중 세 곳(AOL, JDS 유니페이스, 야후)은 주가수익률이 여전히 100이 넘어가는 상황이었다.

이처럼 낙관적인 이익성장률 추정치가 10년 동안 유지될 수 있었다면(물론 이 기업들이 그렇게 오랫동안 그 정도 성장률을 유지하리라 믿는 사람은 아무도 없었음) 주가수익률은 40대 중반 정도로 줄어들었을 것이다. 사실 겨우 그 정도 줄어드는 선에 그쳤을 것이고 이 정도도 여전히 높은 수치였다. 투자자는 앞으로 10년 동안 기술주가 완전히 시장을 지배할 것이고 기술주의 가치는 S&P500의 역대 평균을 2배에서 3배 웃도는 수준이 되리라 내다봤다. 그러나 이는 불가능한 일이었다. 이들 종목의 가치가 폭락하리라는 점은 너무도 분명했다.

대형 기술주 거품이 꺼지다

2000년 3월 8일, 〈월스트리트저널〉의 편집장 맥스 부트 **Max Boot** 가 내게 전화를 걸어 이번에는 나스닥 시장 동향에 관한 논평을 한 번 써보지 않겠느냐고 물었다.

마침 관련 연구를 막 끝낸 참이었던지라 곧바로 그 제안을 받아들였고 "역사가 주는 교훈"이라는 딱히 튀지 않는 제목의 기고문을 송고했다. 논평 글의 제목은 편집장이 정하는 것이 업계의 오랜 관행이라고는 하지만, 잡지가 발행됐을 때 나는 논평 란의 제목을 보고 경악을 금치 못했다. 내 글의 제목이 "대형 기술주는 서커 베트다 **Big-Cap Tech Stocks Are a Sucker Bet**."로 바뀌어 있었다. 나는 항상 불필요한 마찰을 피해온 데다 누가 됐든 불쾌한 욕설이 오갈 일은 늘 피하고 싶었다. 또한 내 친한 친구 몇몇도 기술주를 샀다! 기술주를 산 사람들이 잘못된 방향으로 갈지 모르지만, 그렇다고 이들은 '서커sucker(어리숙하게 잘 속아 넘어가는 사람을 일컬음. '호구'-역주)'라고까지 하는 것은 좀 과하다고 생각했다. 항의 전화를 해올 사람들에게 사과해야겠다고 마음먹었다. '서커'는 내가 선택한 단어가 아니라는 점을 설명해야겠다며 마음의 준비를 단단히 하고 있었다. 그러나 분명히 논란을 불러일으킬 법한 제목인데 참으로 놀랍게도 거센 항의를 하는 사람들이 거의 없었다. 전과는 확실히 다른 반응이었다.

〈월스트리트저널〉 측으로부터 논평을 써달라는 제의를 받고 나서 이틀 뒤인 3월 10일 금요일에 루 돕스의 뒤를 이어 CNN 〈머니라인〉을 진행하는 스튜어트 바니Stuart Varney의 전화를 받았다. 그날 저녁 6시에 〈머니라인〉에 출연해 시장 동향에 관해 이야기해줬으면 한다는 내용이었다.

바니는 이렇게 인터뷰를 시작했다. "자, 바로 요점으로 들어가 볼까요? 오래지 않아 기술주의 가격 폭락이 본격화되리라 예상하시나요?"

나는 시스코와 고평가된 다른 기술주 이야기를 하고 싶었지만, 시청자들이 내가 특정 기업을 공격한다고 생각할까봐 솔직히 걱정이 됐다. AOL 이야기를 했다가 주주들로부터 거센 항의를 받았던 기억이 아직 생생했던 터라 좀 과하다 싶게 시스코에 대한 칭찬부터 했다. "시스코는 훌륭한 기업입니다. 굉장한 곳이죠. 정말 대단한 기업이고요. 그런데 주가수익률이 80이면 시스코 주식을 살 텐데, 음 150이라고요? 시장 가치 기준 20대 기업 가운데 주가수익률 100 이상인 종목이 6개입니다. 역대 이런 경우는 없었어요. 이 정도 규모에 이른 기업 가운데 주가가 이익의 100배를 넘을 만큼 실제 가치가 그렇게 큰 종목은 없었습니다."

나는 이들 대형 기술주의 가치 평가 상승이 지난 5개월 만에 이뤄졌으며 이런 가격 상승이 어디에서 비롯됐는지 합리적 수준의 상승 요인을 딱히 찾지 못했다고 지적하면서 이렇게 말했다. "가격이 갑자기 올랐듯이 또 갑자기 하락할 수 있습니다." 그러고는 주가 변동에 초점을 맞추는 모멘텀 투자자 혹은 단기 투기자는 '자신들은 충돌 직전에 열차에서 내릴 것'이라고, 다시 말해 가격이 폭락하기 직전에 팔아치울 심산이라고 말한다는 점을 지적했다. 모두가 그렇게 생각할 때 엄청난 가격 폭락이 발생할 수 있다.

바니는 이야기를 정리하자며 이렇게 물었다. "그러니까 그게 거품이고 머지않아 급격히 그 거품이 사그라진다, 뭐 그런 말씀인가요?" 이 질문에 나는 분명하게 대답했다. "그럴 겁니다. 금년에 기술주가 대폭락하는 장면을 보시게 되리라 생각합니다."

CNN과의 이 인터뷰가 있던 2000년 3월 10일 금요일에 나스닥종합주가지수 Nasdaq Composite Index 는 5,048.62로 마감됐다. 나스닥 지수로는 사상 최고치였고 기술주 가격이 천장에 이른 상황과 일치하는 결과였다. 2년 뒤, 나스닥 지수는 75% 넘게 하락했다.

2000년 4월 10일부터 한 주 동안 나스닥 지수가 거의 25% 수준인 1,100포인트 이상 하락하며 시장이 붕괴했다. 〈머니라인〉은 나를 다시 인터뷰했고, 한 달 전에 했던 인터뷰 내용 상당 부분을 계속 재방송했다. 이듬해에는 기술주 시장이 꼭지에 도달했음을 알린 사람이라고 나를 추켜세우며 3월 10일 방송 편집분을 자주 내보냈다.

"대형 기술주는 서커 베트다."가 결국은 내가 쓴 논평 중 가장 유명한 글이 돼버렸다. 전국을 돌며 강연을 다니다 보면 투자자들이 이 논평을 들고 다가와서는, 내 말을 듣고 기술주를 처분해 이익을 실현한 덕분에 짭짤한 수익을 올렸다고 말한다. 점점 더 많은 사람이 다가와서 내 글을 칭찬하고는 내 충고를 따랐어야 했다며 아쉬워했다.

언론과 투자자들이 나를 시장 예측의 '권위자'라며 추켜세우는 것은 영 민망하기 짝이 없는 일이었다. 예측이 용케 맞는다 해도 운이 좋아서 어쩌다 맞춘 것뿐이라고 할 정도로 단기적 시장 동향은 예측이 거의 불가능하다. 기술주 거품은 한 달 더 혹은 1년 더 지속될 수도 있었다. 그러나 나는 기술주 거품은 언젠가는 꺼질 수밖에 없다는 사실을 알고 있었다.

크게 주목받지 못했지만 내가 이 기고문에서 지적한 또 다른 중요한 결론이 있다. 2000년 3월에 기술주가 아닌 대형주 15개는 고평가되지 않았다는 사실이다. 내가 말한 거품은 기술주에 한하며 나머지 시장은 거품과는 상관이 없었다. 엔론Enron과 몇몇 기업이 촉발한 회계 부정이 언론에 대서특필된 2002년까지 비기술 종목에서는 주가 하락이 일어나지 않았다. 비기술주의 평균 가격은 2003년 말에 회복됐으나 기술 부문은 계속해서 60% 넘게 가격이 하락했다.

기술주의 이익성장률 예측의 오류

'서커 베트'(승률이 대단히 낮은 베팅) 기고문이 발표되고 나서 1년 후에 맥스가 다시 전화를 걸어와 1주년 기념 기고문을 다시 한 번 써볼 의향이 있는지를 물었다. 시장 고점을 예측했을 때처럼 정확히 시장 동향을 예측하기란 거의 불가능하다는 점을 잘 알고 있었기 때문에 이 제의를 선뜻 받아들이기는 어려웠으나 한번 써보기로 했다.

지난 한 해 동안 기술주 가격이 폭락했으나 앞으로 3~5년간의 이익성장률 예측치에 변화가 있을 것 같지는 않다고 썼다. 지난 12개월에 걸쳐 기술주의 이익성장률이 크게 하락한 만큼 전과 같은 낙관적 예측이 계속 유지되는 상황 자체가 매우 비합리적이라고 봤다.

이번 기고문은 이렇게 시작했다. "사람들은 나스닥 지수 폭락 현상을 보고 분석가들이 기술주에 대해 헛다리를 짚었다는 사실을 월가가 깨달았겠거니 생각할 것이다. 그러나 대형 기술주의 장기 이익성장률에 대한 월가의 예측은 여전히 현실과 동떨어져 있다. 지금은 기술주 가격이 많이 떨어졌다고 해도 아직도 고평가된 기술주가 많다." 이 기고문 제목은 "실질적 대형주가 아닌 종목에 투자하는 것은 역시 위험하다Not-Quite-So-Big-Cap Tech Stocks Are Still a Bad Bet"라고 붙였다(이번에는 편집장 맥스에게 '서커' 대신에 '배드'로 쓰자고 강하게 밀어붙였다.).

나는 월가의 이익성장률 예측이 얼마나 잘못됐는지를 보여주려 했다. 해당 분기가 끝나고 나서 9일 후인 2001년 1월 9일에 월가 분석가들은 2000년도 사사분기 기술주의 영업 이익을 10달러로 예측했다고 지적했다. 6주가 지난 후 이익 총계를 내봤더니 기술주의 영업 이익은 7.69달러였다.

직전 분기의 이익 예측치도 거의 25%나 빗나가는 수준인데 이듬해, 더 나아가 3년 혹은 5년 후의 예측치를 어떻게 신뢰할 수 있겠는가? 거의 신뢰할 수 없다. 변화가 빠른 기술 부문의 이익을 예측하는 일 자체가 매우 불확실해졌다. 어쨌거나 확실한 사실은 합리적 근거에 따라 장기적으로 높은 이익성장률을 기대할 수 있는 종목에 한해서만 주가수익률이 높은 것을 용인해야 한다는 점이다. 그리고 여기에 기술주는 해당 사항이 없다는 사실은 분명하다.

교훈 5
거품기에는 공매도를 하지 마라

그동안 내가 했던 이 모든 경고를 접하고는 제러미 시겔 저 작자가 인터넷과 기술주 공매도를 통해 떼돈을 번 것이 아니냐고 의심하는 사람도 많았다.[7] 그러나 나는 인터넷주 공매도에 관심이 없을뿐더러 다른 투자자에게도 권하고 싶지 않다. 장기적으로 볼 때는 공매도가 옳은 판단일지라도 단기적으로는 매우 잘못된 선택이 될 공산이 크기 때문이다.

시장을 연구해본 투자자라면 누구나 알고 있듯이 공매도 포지션을 취하면 무한 손실에 노출되는 반면, 최대 수익은 주식을 팔았을 때의 차액에 국한된다. 다시 말해 최대한 올릴 수 있는 수익이 매도

한 주식의 가치 정도로 제한된다. 즉, 손실은 무제한이고 수익은 제한적이다. 공매도자가 수익을 내면 해당 주식을 매수하거나 매수 포지션을 취한 투자자가 딱 그만큼의 손실을 보는 구조다. 주식 매수자의 수익은 무제한인 반면에 손실은 투자한 부분만큼으로 제한된다. 공매도자는 일종의 증거금 계정으로 취급된다는 의미다. 따라서 증권회사는 투자자의 매도 포지션을 계속 주시하면서 공매도한 주식의 가격이 상승하면 투자자에게 추가 증거금 납부를 요구한다. 투자자가 증거금을 채워 넣지 못하면 시장가로 포지션이 청산된다.

주식이 고평가됐다는 사실이 100% 정확할 가능성도 물론 있다. 그러나 장기적 관점에서 옳다고 해서 단기적 관점으로도 반드시 옳으리라는 보장은 없다. 그리고 공매도를 했는데 주가가 계속해서 오르면 주식을 빌리는 데 쓰느라 부족해진 증거금을 채워놓지 못할 수도 있다. 실제로 거품기마다 공매도자들이 거의 박살이 난다는 증거도 있다. 일부 투자자는 주가가 '합리적' 수준을 넘어섰다고 판단할 때 공매도를 시작하는데, 이런 경우 시장 조정이 일어나면서 주가가 떨어질 때 수익을 얻는다. 그러나 통상적으로 거품이 훨씬 오래 지속되고 대다수 공매도자가 기대하는 것보다 훨씬 극단적인 상황이 전개되는 일이 다반사다. 가격이 계속 상승하면 매도 포지션을 유지할 수 없게 되고 결국은 손실을 내면서 포지션을 청산할 수밖에 없다.

빌린 주식을 환매수하는 이른바 매도 포지션 커버cover 작업 역시 오래 전에 시류에 편승한 모멘텀 투자자로 인해 이미 가격 상승 압박을 받고 있는 데다 또 다시 더 큰 압박을 가하게 된다. 이는 활활 타오르는 불길에 기름을 쏟아 붓는 격으로 주가를 폭발적으로 끌어올리는 역할을 할 때가 종종 있다.

주가 하락을 예상하는 투자자 전부가 패배를 인정하고 자신들의 매도 포지션 커버에 나설 때 거품이 절정에 이른다고들 한다. 이런 와중에도 시장을 지배하는 유포리아에 꿈쩍하지 않는 담대함과 유동성을 확보한 사람들이 결국은 승리자가 될 것이다. 그렇지 못한 사람이라면 한 발 물러나 시장 상황을 관망하면서 절대 거래에 뛰어들지 않는 것이 최선이다.

투자자를 위한 조언

실험과 증상을 통해 질병을 진단하는 의사처럼 투자자는 감출 수 없는 거품의 '증상'이 나타나는지 관찰해야 한다. 거품의 징후로는 언론 보도의 증가, 이익이나 매출이 아닌 특정 콘셉트나 명성에 기초한 높은 가치 평가 수준 그리고 세상이 근본적으로 바뀌었으며 이런 기업은 기존 수단으로는 그 가치를 측정할 수 없다는 확고한 믿음 등이 있다. 거품이라는 진단이 나오면 시장에서 한 발짝 물러나라.

거품이든 아니든 가치 평가가 항상 중요하다는 점을 기억하라. 궁극적으로 시장은 어떤 대가를 치르더라도 성장이 최고라고 믿는 사람들에게 일격을 가하는 법이다.

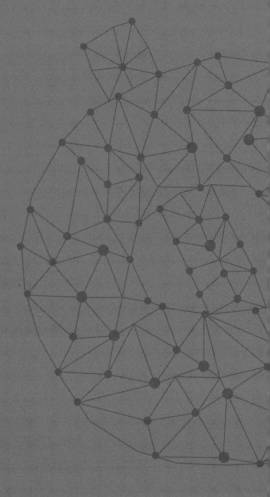

제 6 장

최신 종목에
투자하기:
신규 상장주 투자의 위험성

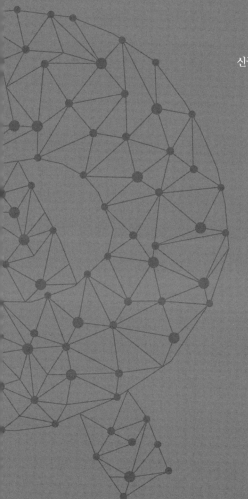

신규 상장주 대부분이 '유리한 시장조건' 하에서 판매된다.
말인즉슨 주식을 파는 쪽에는 유리하고
사는 쪽에는 덜 유리한 상황에서
거래가 이뤄진다는 의미다.

| 벤저민 그레이엄, 《현명한 투자자》, 1973년 |

1999년 1월, 앨런 그린스펀은 오리건주 론 와이든 Ron Wyden 상원의원의 질문에 대해 이렇게 답변했다. "인터넷 종목에 투자하는 것은 복권을 사는 것과 같아요. 몇 사람은 당첨돼 돈을 벌겠지만, 대다수는 손실을 보는 그런 구조입니다."

복권에 당첨될 확률은 지극히 낮다. 물론 당첨되는 사람이 있기는 하다. 정말 운 좋게 1억 달러를 거머쥔 1등 당첨자 한 사람에게 언론의 관심이 집중되고 이를 본 사람들 대다수가 자신도 당첨될 수 있다는 꿈에 부풀어 복권을 사러 간다. 그러나 가망 없는 기대 때문에 정기적으로 복권을 산 사람 대부분은 그동안 열심히 모은 돈을 그냥 내다버리는 것이나 다를 바 없다.

그럼에도 그린스펀이 이 말을 했을 당시에는 신규 발행된 인터넷주를 사는 것이 복권을 사는 것보다는 훨씬 나은 결과를 낳았다. 실제로 1999년에는 신규 상장된 인터넷주 가운데 손실을 낸 종목이 하나도 없었고 이 신규 상장주를 매수한 투자자는 상장 이후 주가가 크게 오른 덕분에 큰돈을 벌었다.

새로 등장하는 스타트업이 '오프라인' 기반의 예전 기업을 몰아내리라는 믿음이 폭넓게 자리하고 있었다. 이들 최신 기업에 대한 높은 기대감과 함께 회사명에 '닷컴'이 들어가기만 하면 너도나도 큰돈을 투자하기 바빴다.

스타트업에 투자한 사람들은 초대박주 하나만 있으면 손실주가 수백 개가 아닌 한, 수십 종목 정도는 손실이 나도 어떻게든 버텨낼 수 있다고 주장하며 이 신규 상장주를 열심히 사들였다. 이 사람들은 이런 신규 상장사 가운데 제2의 마이크로소프트나 인텔 혹은 델컴퓨터가 한두 개 정도는 나오리라 확신했다.

신규 상장주에 관한 여러 가지 이야기 중 사실인 것도 있다. 몇 안되는 초대박주가 수많은 쪽박주의 손실을 충분히 메워줄 수도 있었다. 마이크로소프트가 최초 상장됐던 1986년에 1,000달러를 투자했으면 2003년 말에는 28만 9,365달러로 불어났을 것이다. 최초 상장 시점인 1971년 10월에 인텔에 투자한 경우는 훨씬 더 극적인 성공 예를 보여준다. 지금은 세계 최대의 반도체 제조사가 된 인텔에 그때 1,000달러를 투자했으면 2003년 말에는 그 돈이 약 190만 달러로 증가했을 것이다. 이렇게 초대형주 가운데 하나에 투자했다면 다른 수많은 신생 모험 기업에 투자했다가 손실을 봤어도 투자 시장에서 계속 살아남을 수 있다.

신규 상장주 투자는 수익을 줄까?

이처럼 다이아몬드 원석 같은 초대박주를 찾아낼 가능성이 있다고 해서 신규 상장주를 부담 없이 선택해도 괜찮은 것일까? 이런 신규 상장주를 포트폴리오에 포함하는 것이 정말로 바람직한 수익 전략일까?

이 문제에 관한 포괄적 연구 결과, 신규 상장주IPO에 투자하는 것은 복권을 사는 일과 별반 다르지 않다는 결론에 이르렀다. 마이크로소프트와 인텔 같은 초대형 이익주도 분명 나오기는 할 테지만, 정기적으로 모든 IPO에 투자하는 사람은 기존 주식에 투자하는 사람보다 실적이 저조할 것이다.

1968년 이후 시장에 나온 신규 상장주 약 9,000개를 대상으로 매수 후 장기 보유했을 때의 수익을 조사했다. 투자자가 거래 첫 달 말일에 매수하거나 공모가로 IPO 주식을 매수해 2003년 12월 31일까지 보유한다고 가정했다.[1]

큰 이익을 내준 이른바 초대박주도 몇 개 있기는 했으나 손실을 낸 쪽박주가 훨씬 더 많았다. IPO 투자자의 수익은 대체로 시장 평균을 연 2~3% 포인트 밑돌았다. 여기서 다시 한 번 창조적 파괴의 역설을 확인하게 된다. **신규 상장 기업이 '창조'하는 신제품과 서비스는 전체 경제에서는 매우 중요하지만, 신규 상장 기업의 주식을 사는 것과는 별개의 문제이고 수익을 내는 데 그다지 좋은 방법은 아니다.**

IPO 투자의 장기 수익

IPO 주식은 대박주보다 쪽박주가 훨씬 많다는 부분에는 의문의 여지가 없다. [그림 6-1]은 신규 상장 기업 5개 중 약 4개가 상장일부터 2003년 12월 31일까지 측정한 주요 소형주 지수보다 낮은 실적을 기록했음을 보여준다.[2] 이 가운데 절반가량은 시장 평균을 연간 10% 넘게 밑돌았다. 그리고 3분의 1 이상이 시장 평균을 연간 20% 이상 밑돌았고 전체의 약 17%에 해당하는 1,417개 기업은 시장 평균을 무려 30%나 밑돌았다.

이와는 대조적으로 시장 평균을 웃돈 상장 기업은 전체의 5분의 1

에 불과했다. 시장 평균을 10% 이상 앞선 기업은 전체의 5% 미만이었고 시장 평균을 30% 이상 앞선 기업은 전체의 0.5%인 49개뿐이었다.

이처럼 극히 드문 대박주가 구체적으로 어떤 종목일까? 수많은 쪽박주에서 발생한 손실을 메워줄 만큼의 대박주가 존재하기는 할까?

[그림 6-1] 상장 기업 8,606개의 실적(1968~2000년)

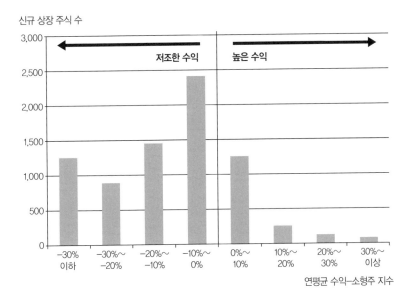

신규 상장 주식 수

저조한 수익　　　높은 수익

연평균 수익-소형주 지수

장기 IPO 대박주

신규 상장 기업 중에 놀라운 실적을 내는 대박주가 실제로 있기는 하다. [표 6-1]은 거래 첫 달 말일부터 2003년 12월 31일까지 총 누적 수익을 기준으로 고실적 기업의 순위를 나타낸 것이다.

1위는 1971년 10월에 상장한 인텔이다. 그다음은 총 매출 세계 1위인 월마트였고 홈디포가 그 뒤를 이었다. 세 기업 모두 투자 원금

1,000달러는 나중에 100만 달러 이상으로 불어났다. 그다음으로는 세인트주드메디컬 St. Jude Medical, 마일란랩스 Mylan Labs, 시스코 Sysco(식품 회사), 어필리에이티드퍼블리케이션 Affiliated Publication(1993년에 〈뉴욕타임스〉가 인수), 사우스웨스트항공 Southwest Airlines, 스트라이커 Stryker, 리미티드스토어즈 Limited Stores 순이었다.

[표 6-2]는 1990년 혹은 그 이전에 상장된 모든 주식 가운데 연간 수익이 가장 높은 10대 상장 기업의 순위표다. 10여 년 전쯤으로 거슬러 올라간 이유는 상장된 기간이 비교적 짧아서 단 몇 년간 고수익을 냈을지 모르나 장기적으로 볼 때 대박주라고 보기 어려운 종목은 배제하기 위함이다. 이 목록에서는 1990년에 상장한 시스코시스템즈가 1위에 올랐고 연간 수익률이 무려 51%나 되면서 기준이 되는 소형주 지수를 연 38.6%나 앞섰다. 그 뒤는 1988년에 상장한 델 컴퓨터가 차지했고, 다음은 아메리칸파워컨버전 American Power Conversion, 비디오 게임 제조사 일렉트로닉아츠 Electronic Arts가 그 뒤를 이었다. 누적 수익 순위에서는 22위를 차지했던 마이크로소프트가 연간 수익률 37.6%로 5위에 올랐다.

IPO 포트폴리오의 수익

이제 [표 6-1]과 [표 6-2]에서 확인한 이들 대박주가 수많은 IPO 쪽 박주의 손실을 보전해줄 수 있느냐라는 문제로 돌아가 보자. 해답은 [그림 6-2]에서 확인할 수 있다. 그림은 특정 연도에 발행된 IPO 주식 전부를 동일한 액수만큼 사서 구성한 포트폴리오와, 같은 금액을 투자한 소형주 지수 포트폴리오 간의 수익 차이를 나타낸다. 수익은 (1) IPO 주식이 최초 발행된 달 말일, (2) 공모가 등 두 가지 기준점에 따

[표 6-1] 투자금 1,000달러당 누적 수익률 순위(1968-2003년)

순위	상장연도	기업	투자 원금 1,000달러 증가액	연수익률
1	1971	인텔	1,887,288	27.55%
2	1970	월마트스토어즈	1,521,036	26.58%
3	1981	홈디포	1,066,691	36.80%
4	1977	세인트주드메디컬	867,695	28.68%
5	1973	마일란랩스	816,436	24.29%
6	1970	시스코	691,204	22.04%
7	1973	어필리에이티드퍼블리케이션	673,348	23.95%
8	1971	사우스웨스트항공	627,284	23.10%
9	1979	스트라이커	576,885	29.51%
10	1971	리미티드스토어즈	562,546	22.80%

[표 6-2] 연간 수익률 순위(1968-2003년)

순위	상장연도	기업	연수익률	투자 원금 1,000달러 증가액
1	1990	시스코시스템즈	51.04%	300,139
2	1988	델컴퓨터	45.87%	347,955
3	1988	아메리칸파워컨버전	39.50%	169,365
4	1989	일렉트로닉아츠	38.48%	103,441
5	1986	마이크로소프트	37.62%	289,367
6	1981	홈디포	36.80%	1,066,691
7	1988	맥심인티그레이티드	36.18%	132,927
8	1986	오라클시스템즈	34.98%	205,342
9	1984	콩코드컴퓨팅	33.15%	266,025
10	1987	패스널	31.93%	92,414

라 산출했다. 모든 포트폴리오는 2003년 12월 31일까지 보유하는 것으로 가정했다.

결과는 명확하다. 주식을 신규 발행한 첫 달 말일 혹은 공모가를 기준으로 계산했을 때, IPO 포트폴리오는 33년 중 무려 29년 동안 소형주 지수를 밑도는 수익을 냈다.

사우스웨스트항공, 인텔, 리미티드스토어즈가 모두 상장됐던 1971년도의 IPO 주식 포트폴리오마저 소형주 지수의 수익을 밑돌았다. 대성공을 거둔 홈디포의 상장 연도였던 1981년에도 비슷한 결과가 나타났다.

마이크로소프트, 어도비 Adobe, EMC, 썬마이크로시스템즈 등이 상장하자마자 30%가 넘는 연수익률을 기록하는 등 상장주가 대성공을 거둔 기념비적인 해였던 1986년에도 당해 IPO 포트폴리오의 수익은 소형주 지수를 간신히 넘어선 수준에 불과했다.

IPO 포트폴리오가 소형주 지수를 넘어선 해는 1977년(세인트주드메디컬 상장 연도), 1984년(콩코드컴퓨팅 상장 연도), 1988년(델컴퓨터 상장 연도) 등 세 차례뿐이었다. 1990년대 말 이전에 IPO 포트폴리오로서 최악의 해는 1980년이었다. 1980년에는 IPO 중 37개가 석유 및 가스 기업이었다. 이 가운데 시장 평균에 뒤지지 않은 기업은 단 한 곳도 없었고 24개 기업은 이후 청산이나 파산으로 상장이 폐지됐다. 이 해에 석유주 거품이 꺼졌는데도 이듬해인 1981년에만 석유 및 가스 개발 기업이 54개나 상장했고 이들 기업의 운명도 크게 다르지 않았다. 역시나 이번에도 시장 평균에 얼추 맞춘 상장사가 단 한 곳도 없었고 25개 기업은 청산 혹은 파산했다.

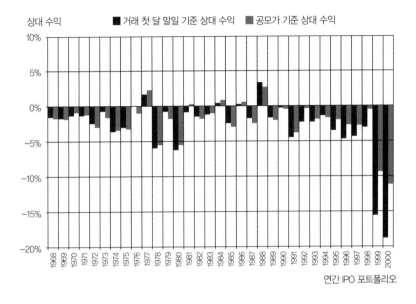

[그림 6-2] IPO 포트폴리오의 연수익에서 소형주 지수의 수익을 뺀 값

상대 수익 ■ 거래 첫 달 말일 기준 상대 수익 ■ 공모가 기준 상대 수익

연간 IPO 포트폴리오

기술주 거품기였던 1990년대 말에 발행된 IPO 주식의 처참하리만치 저조한 실적은 관련 자료에서도 크게 두드러져 보인다. 공모가를 기준으로 했을 때 1999년과 2000년에 IPO는 소형주 지수를 각각 8%, 12%나 밑돌았고 거래 첫 달 말일을 기준으로 했을 때는 각각 17%, 19% 밑돌았다.

1990년대 말에는 일반 투자자가 기술 상장주를 공모가로 사기는 거의 불가능했고 해당 주식은 거래와 동시에 가격이 껑충 뛰었다. 다들 탐내는 이 IPO 주식을 우수 고객에게 나눠주고 월가는 수십억 달러에 달하는 가외 수익을 챙길 수 있었다. 그런데 이 귀한 IPO 신주를 공모가로 인수한 '운 좋은' 투자자는 불과 몇 년 만에 얻은 수익을 전부 잃었다. 정신이 번쩍 들 만한 일이기는 했다.

IPO 투자의 위험

IPO 포트폴리오는 수익이 저조할 뿐만 아니라 소형주로 구성한 분산 포트폴리오보다 위험도도 훨씬 높다. 향후 5년간 올린 수익의 표준편차로 IPO 포트폴리오의 위험 수준을 측정했다. 1975년 이후로는 매년 이 포트폴리오의 위험 수준이 러셀2000 소형주 지수 포트폴리오의 위험보다 높았다. 1968년 이후에는 IPO 포트폴리오의 위험이 17% 더 높았고 1975년 이후에는 35% 더 높았다.

이런 결과는, IPO를 매수한 투자자는 소형주를 매수한 투자자보다 저조한 수익을 올릴 뿐 아니라 더 높은 위험도까지 감당해야 한다는 의미다. 복권을 사는 것과 마찬가지로 IPO 주식을 사는 것은 장기적으로는 손실이 나는 전략이라 하겠다.

IPO 과열 시장

대다수 투자자가 '꼭 보유해야 하는' 업종이라고 입을 모으는 산업 부문이 있다. 이런 업종의 신규 기업 주식은 무조건 매수하겠다며 달려들 정도로 IPO 시장이 호황일 때 신규 상장주를 매수하는 것이야말로 투자 시점으로는 최악이라 하겠다. IPO 시장 과열은 1990년대 기술주 거품과 1970년대 말 석유주 거품처럼 거품기에 주로 발생한다. 실제로 IPO가 엄청나게 많아지고 거래가 개시되자마자 가격이 폭등하는 현상 자체가 숨길 수 없는 거품의 징후다. 이런 IPO 주식은 투자자에게 장기적으로 최악의 실적을 안겨줄 뿐이다.

"1980년의 '신주' 시장 The 'Hot Issue' market of 1980"이라는 제하의 논문 저자이자 IPO 분야 최고 권위자인 제이 리터 Jay Ritter 교수는 1980년 1월부터 1981년 3월까지 신규 상장된 종목 중에서 매출이 50만 달러 미만인 천연가스 업체 70곳의 거래 첫 날 평균 수익률이 140%였다고 밝혔다.³ 실제로 이 모든 기업이 투자자에게 악몽 같은 결과를 안겼다.

리터는 또 석유주 호황 이후 IPO 주식이 거래 첫날 공모가가 2배로 뛰는 일은 극히 드물었다는 점도 지적했다.⁴ 제넨테크 Genentech 는 1980년에 공모가 35달러가 71.25달러로 상승했으나 이후 14년 동안 이렇게 공모가가 2배로 오른 다른 IPO는 10개에 불과했다.

그러나 1995년에 이 모든 것이 바뀌었다. 거래 첫날에 가격이 2배가 된 기업이 11곳이었고, 이는 이전 20년 동안 가격이 2배로 뛴 기업의 수 전부를 합친 것보다 많은 숫자였다.

최초로 널리 사용된 인터넷 포털 넷스케이프 Netscape 가 모건스탠리를 통해 주당 28달러에 500만 주를 팔았던 1995년 8월 9일이 그 시초였다. 넷스케이프 주식은 시가(始價) 71달러로 시작해 장중 최고치인 74.75달러에 거래되다가 58.25달러에 마감됐으며 이날 거래량은 약 2,800만 주였다. 거래 첫날 이보다 더 오른 종목도 있었으나 언론의 집중 조명을 받은 곳은 넷스케이프였다.

1996년과 1997년에는 거래 첫날 주가가 2배로 오른 종목의 수가 약간 줄었고 야후를 포함해 이런 위업을 달성한 기업은 단 6곳이었다. 그러나 1998년에 거래 첫날 주가가 2배 이상 오른 기업이 12곳이나 되면서 이런 추세가 다시 이어졌다. 이 가운데 사람들에게 잘 알려진(그리고 다소 거품이 낀) 기업으로는 브로드컴 Broadcom , 잉크토

미 Inktomi, 지오시티 GeoCities, 이베이 eBay 등이 있다.

그러나 가격이 2배가 되는 것은 이제는 흔한 일이 됐다. 결과적으로 인터넷 기업의 소유주는 완전히 돈방석에 올라앉은 격이 됐다. 소셜 네트워크 서비스인 더글로브닷컴 TheGlobe.com은 1998년 11월 13일에 주당 9달러에 상장했는데 거래 첫날 63.50달러로 마감하며 하루 만에 주가가 606%나 폭등했다.

그러나 더글로브닷컴의 이 기록은 그리 오래 가지 않았다. 이듬해인 1999년 12월 9일에 소프트웨어 개발 업체 브이에이리눅스 VA Linux(현 브이에이시스템즈 VA Systems)는 상장가 30달러로 시작해 장 중 한때 320달러까지 올랐다가 239.25달러로 장을 마감하며 거래 첫날 700% 가까이 가격이 상승해 이 부문 역대 최고 기록을 세웠다.[5]

1999년에는 거래 첫날 주가가 2배로 오른 IPO 주식이 모두 117개였다. 이는 그 이전 24년 동안 첫날 2배 오른 주식 수 총합의 약 3배에 해당하는 수치였다. 기술주 거품이 꺼지기 전인 2000년의 첫 9개월 동안 77곳이 넘는 기업이 거래 첫날 주가가 2배로 올랐다.

IPO 시장에서 거래 첫날 주가가 급등하면 한 발짝 물러서야 한다. 가격이 높이 뛸수록 낙폭이 그만큼 크다는 점을 잊지 마라.

기존 기업과 신규 기업 그리고 창조적 파괴

제2장에서 S&P500에 추가 편입된 신규 기업의 실적이 지수 원조 기업의 실적에 못 미쳤다는 점을 설명한 바 있다. 이번 장에서는 신

규 기업이 처음으로 발행하는 주식, 즉 신규 상장주 역시 기존 소형 주로 구성된 포트폴리오보다 저조한 실적을 나타낸다는 사실을 설명했다.

이런 결과에서 매우 중요한 의문이 제기된다. 기존 기업이 항상 신규 기업보다 나은 실적을 낸다면 애초에 신규 기업이 어떻게 탄생할 수 있을까?

대답은 간단하다. 이 신규 기업은 그 주식을 사는 투자자에게는 실망을 안길지 몰라도 기업인과 벤처 투자자, 투자은행에는 큰 수익을 안겨준다. 어쨌거나 신규 기업 주식을 확보하려는 열기로 가득한 시장에서는 경제를 이끌고 있음이 분명해 보이는 종목을 고평가하게 된다.

《랜덤워크 투자 수업 A Random Walk Down Wall Street》의 저자 버턴 말킬은 이렇게 말한다. "IPO의 주요 판매자는 해당 기업의 경영진이다. 이들은 자사가 한창 잘 나가는 시점 혹은 특정 부문에 대한 시장 분위기가 최고조에 이른 시기에 맞춰 주식 판매 시점을 조절하려고 한다."[6] 이들 기업인과 벤처 투자자들이 거래 시작 직후 주식을 대량으로 시장에 풀어버린다. 투자자는 좋은 '기회'가 목전에 도달했다고 생각하지만, 사실 깊은 '함정'의 나락으로 떨어지고 만다.

창업자, 벤처 투자자, 투자은행

통신업계의 고난

인터넷은 합법적인 최대 수익 창출원이라고들 한다. 이 점은 해당 기업을 설립한 창업자, 자금을 댄 벤처 투자자, 주식을 팔아주는 투자은행 등 내부자에게는 분명히 맞는 소리다. 그러나 주가가 고공 행진 중인 기술주에 일반 투자자가 자금을 털어 넣을 때, 정작 수많은 신규 상장사의 내부자들은 그 주식을 열심히 내다 팔고 있다. 인터넷은 아마도 일반 투자자가 모아 놓은 자금을 다른 사람의 호주머니로 빼내가는 유일한 합법적(혹은 그다지 합법적이지 않은) 통로라고 할 수 있다.

창업자와 벤처 투자자는 이득을 보는 반면 투자자는 낭패를 보는 사례가 한둘이 아니다. 1998년 8월에 상장한 통신 업체 글로벌크로싱을 예로 들어 보자. 주당 9.50달러에 상장했던 이 주식은 7개월 만에 주당 64달러를 넘겼다. 최고치를 찍었던 2000년 2월에 이 기업의 시장 가치는 무려 470억 달러를 넘어섰다. 그러나 주주들에게는 참으로 안타깝게도 회사가 2002년 1월에 파산 신청을 하면서 2년 만에 시장 가치가 전부 증발해버렸다.

그러나 내부자들은 파산 당시 주식을 보유하고 있지 않았다. 창업자 겸 회장 게리 위닉 Gary Winnick과 이사진들은 이 부분에서 아주 깔끔한 솜씨를 뽐냈다. 위닉은 회사가 파산하기 전에 7억 5,000만 달러 상당의 주식을 팔아치웠다. 억만장자인 부동산 업계 거물 데이비드 머독 David Murdock 으로부터 미국에서 가장 비싼 베벌리힐스의 주택을 4,000만 달러에 매입하고도 돈이 많이 남을 정도였다. 위닉은 씀씀이가 헤픈 사람으로 정평이 나 있었다. "돈은 써야 제 맛!"이라는 것이 평소 위닉의 지론이었다. **7**

그러나 위닉은 그 돈을 주주에게는 쓰지 않았다. CFO(최고재무책임자)부터 수석 부사장까지 글로벌크로싱의 또 다른 이사진 6명도 추가로 5억 8,000만 달러어치를 팔았다. 그러나 초기 벤처 투자자에 비하면 이 정도는 껌 값에 불과했다. 캐나다 투자은행 시아이비시 월드마켓 CIBC World Markets 은 4,100만 달러를 투자해 무려 17억 달러를 벌어들였다. CIBC는 의도치 않게 글로벌크로싱이 파산하기 전에 운 좋게 주식을 팔아치우며 일찌감치 침몰선에서 탈출했다. 유명한 부동산 및 호텔 사업가 래리 티시 Larry Tisch 가 소유한 로스-시엔에이 파이낸셜 Loews/CNA Financial 역시 초기에 글로벌크로싱에 투자했다가 아주 적절한 시점에 4,000만 주를 팔아 16억 달러를 수익으로 챙겼다.

글로벌크로싱은 그저 하나의 사례에 불과하다. JDS 유니페이스에서는 내부자가 12억 달러의 이익을 실현했고, 파운드리네트워크 Foundry Network 에서는 7억 달러, 지금은 사라지고 없는 무선 데이터 공급업체이며 연매출이 1,850만 달러를 넘지 않았던 메트리콤 metricom 에서는 주식을 팔아 3,500만 달러 이상을 벌었다. **8** 〈월스트리트저널〉과 톰슨파이낸셜 Thomson Financial (세계적 금융 정보 서비스 기업-역주)의 합동 조사에 따르면 기술주 거품기에 통신업계 내부자들은 142억 달러 상당의 주식을 팔아치웠고 벤처 투자자는 40억 달러어치

를 처분했다고 한다.[9]

벤처 투자자

벤처 투자자 VC(벤처 캐피털리스트)는 아메리카온라인, 썬마이크로시스템즈, 제넨테크 등 누구나 알만한 유명 기업 탄생의 산파역을 담당했다.

1995년에 앳홈At Home이 처음 시장에 등장했을 때 대다수 VC는 고속 유선 인터넷으로 미국 내 모든 가정을 연결한다는 원대한 목표가 있었다. 앳홈은 1997년 7월에 주당 5.25달러 가격으로 상장했고 30만 명이 넘는 청약자를 끌어 모았다. 그러나 경영진과 VC는 온라인 콘텐츠 제공사에 걸맞은 성장률이 나오지 않고 있다고 생각했다. 그래서 파트너로 삼을 곳을 물색하다가 인터넷 포털인 익사이트Excite를 찾아냈고, 주당 99달러로 최고가를 기록한 직후인 1999년 6월에 67억 달러를 들여 익사이트를 인수했다. 그때까지는 이 거래가 인터넷 업계 최대의 합병이었다.

앳홈의 인수 합병 사례는 VC회사가 친 가장 멋진 홈런 가운데 하나였다.[10] 그러나 이 기업의 주식을 보유했던 일반 투자자는 그렇게 운이 좋지 못했다. 앳홈이 2002년 2월에 폐업하면서 한때 200억 달러나 됐던 시장 가치가 완전히 증발해 주식이 휴지 조각이 돼 버렸기 때문이다.[11]

그렇다 해도 투기적 거품을 VC들의 책임으로 몰아가는 것은 온당치 못하다. VC는 수많은 기업의 상장에 일익을 담당했다. 그리고 이들이 산파역을 담당했던 기업의 주식에 거품이 낀 것이 이들 탓은 아니다. 시장에서 매수 열풍이 불면서 주가가 상승했을 뿐이다.

투자은행

IPO 열풍 속에 갑자기 떼돈을 번 집단이 또 하나 있다. 투자은행이다. 투자은행은 자사가 판매한 IPO 가치의 최대 7%를 수수료로 받는다. 1997년부터 2000년까지 1,500개가 넘는 기업이 상장됐다. 이들 기업은 IPO를 통해 3,000억 달러 이상의 신규 자본을 조달했다. 월가 수수료를 고려하면 투자은행은 기업의 신규 상장을 도와주는 대가로 최대 210억 달러를 챙겼다고 추산할 수 있다. IPO 주식은 대부분 시장에 풀리기 오래 전에 사전 판매되기 때문에 투자은행이 이 막대한 수수료로 인한 자본 손실 위험에 노출되는 경우는 극히 드물다.

그러나 수수료는 투자은행이 챙기는 '수익 파이' 중 겉으로 드러난 일부일 뿐이다. 투자은행은 다들 사고 싶어 하는 이런 인기주를 중요한 고객이나 친구 혹은 가족에게 미리 나눠줄 수 있다. 공모가는 보통 거래가 시작될 때의 가격보다 한참 낮기 때문에 미리 주식을 확보한 사람은 그 차액이 고스란히 수익으로 남는다.

이렇듯 공모가와 첫날 거래가(價) 간의 차액을 고려할 때 1997년부터 2000년까지 투자은행의 중요(수수료를 내는, 즉 은행 측에 돈이 되는) 고객과 친구, 가족 등이 챙긴 수익이 2,000억 달러에 달하는 것으로 본다. 자신이 정말 운 좋게 주식 판매를 담당한 투자은행의 우수 고객이어서 더글로브닷컴 상장주를 공모가인 주당 9달러에 확보할 수 있었다면 아마도 거래 첫날 주당 63.50달러에 주식을 팔 수 있었을 것이다. 그런 주식을 배정 받은 고객 중 바로 팔아 이익을 실현한 사람이 많았다. 이렇듯 인기 상장주를 공모가로 얻는다면 가능한 한 빨리 팔아치우는 것이 상책이다.

이익 실적도, 자산도 없다

인터넷 거품기 동안 '신규 상장주'에 대한 수요가 폭등하면서 투자자는 상장주를 넘어 아직 상장되지 않았으나 상장이 예상되는 이른바 '태아' 종목에까지 손을 뻗쳤다. 1990년대 중반까지만 해도 상장 기업은 보통 상장 이전에 적어도 몇 개 분기 동안 영업 이익을 낸 실적이 있었다. 그런데 1995년에 넷스케이프가 상장하면서 이런 틀이 깨졌다. 인터넷 포털 넷스케이프는 그해 손실을 냈는데도 매출이 8,500만 달러였고 또 성장 추세도 빨랐다. 그러나 인터넷 광풍이 몰아치자 시장에서는 이익뿐 아니라 매출까지도 신경 쓰지 않는 분위기가 팽배해졌다. 이런 분위기야말로 재앙으로 가는 지름길이다. 제이 리터 교수의 연구 결과를 보면 매출이 5,000만 달러 미만인 IPO의 실적은 처참한 수준이었다.[12]

사례를 살펴보자. 소프트웨어 기반 광 네트워킹 제품을 개발해 판매하는 시카모어네트웍스 Sycamore Networks는 1999년 10월 22일에 상장했다. 거래 첫날 시카모어는 시장 가치 144억 달러를 기록하며 장을 마감했다. 상장 전 12개월 동안의 매출은 겨우 1,130만 달러였고 영업 손실 규모가 1,900만 달러였는데 말이다. 인터넷 콘텐츠 공급사 아카마이테크놀로지스 Akamai Technologies, Inc.는 매출이 겨우 130만 달러에 손실은 무려 5,700만 달러였는데 상장한지 일주일 만에 시장 가치가 133억 달러가 됐다.

과도하게 고평가된 IPO의 최고봉은 단연 코비스코퍼레이션 Corvis Corporation 이다. 인터넷 트래픽 관리용 제품을 설계하는 코비스는 2000년 7월 28일에 상장했다. 상장 당시 매출이 전혀 없었고 영업 손실만 7,200만 달러였다. 그런데도 거래 첫날 시장 가치가 287억 달러로 치솟았으며 이는 시가총액 기준으로 미국 100대 기업에 들어가는 수준이었다.

이보다 10년 앞서 상장한 시스코시스템즈와 코비스를 비교해보면 얼마나 어이없는 상황인지 바로 감이 온다. 상장 당시인 1990년 2월에 시스코는 이미 수익을 내는 기업으로서 연간 매출 규모가 6,970만 달러였고 이익 규모는 1,390만 달러였다. 거래 첫날 시스코의 시장 가치는 2억 8,700만 달러였다. 이는 이익은 말할 것도 없고 매출도 전무했던 코비스 시장 가치의 정확히 100분의 1 수준이었다.

코비스의 가치 평가가 얼마나 터무니없는 수준이었는지는 다음과 같은 가정을 통해서도 이해가 되리라 생각한다. 시스코의 시장 가치가 코비스처럼 287억 달러였다면 이후 13년 동안의 연수익은 51%가 아니라 8% 미만이었을 테고 이는 전체 시장 평균에 약 4% 포인트 뒤처지는 수준이다. 이는 코비스가 이후 10년 내에 시스코만큼 성공한다 해도(앞서 시스코가 연수익 기준으로 지난 30년 이래 가장 성공한 IPO라는 사실은 이미 언급했음) 여전히 과도하게 고평가됐을 것이라는 의미다.

거품이 꺼지면서 당연히 이런 쭉정이 같은 기업은 무너졌다. 어찌 보면 당연한 수순이었다. 신주 발행 직후 주당 199.50달러라는 높은 가격에 거래된 시카모어는 이후 주가가 2.20달러로 폭락했고 주당 345.50달러까지 기록했던 아카마이는 주당 56센트까지 떨어졌다. 신규 주식 발행 후 몇 주가 지나자 주당 114.75달러까지 오르면서 시장 가치가 더 증가해 380억 달러까지 갔던 코비스는 주당 47센트로 떨어지며 주가가 무려 99.6%나 하락했다.

벤저민 그레이엄은 이렇게 말했다. "이런 신규 상장주를 매수해도 좋을 때가 있다. 몇 년 후 아무도 그 주식을 매수하려 들지 않을 때 그리고 그 주식의 실제 가치에 못 미치는 수준의 낮은 가격으로 거래될 때 말이다."[13]

군중의 망상과 광기

투기 광풍이 부는 동안에는 투자자들은 정말 어이가 없을 정도로 잘 속아 넘어간다. 근 3세기의 시차를 두고 놀라울 정도로 비슷한 행보를 보인 두 IPO가 특히 내 눈길을 사로잡았다. 하나는 18세기 초에 영국을 강타한 사우스시 거품South Sea bubble 때였고, 또 하나는 1999년부터 2000년까지 시장을 휩쓴 인터넷 거품기에 나왔다. 사람들은 아마 지난 300년 동안 금융 부문이 극적으로 정교하게 향상됐다고 생각할지 모르겠다. 투자자가 과연 이에 걸맞게 고도로 진화된 금융 지식을 보여줬는지 아니면 지식이 너무 부족함을 드러냈는지에 대한 판단은 독자 여러분의 몫으로 남겨둘 생각이다.

사우스시 거품

18세기에 영국 시장을 강타한 사우스시 컴퍼니 거품은 금융 시장 역사에서 집단 광기의 가장 전형적인 사례 가운데 하나다. 1841년에 출간된 투자의 고전이라 할 《대중의 미망과 광기 Memoirs of Extraordinary popular Delusions and the madness of Crowds》의 저자 찰스 맥케이 Charles Mackay가 이런 광기를 가장 적절히 묘사하고 있다.**14**

맥케이는 일과 투자에서 신중하던 사람들이 무엇에 어떻게 홀려 큰돈을 시장에 쏟아 붓게 되는지, 또 그럴 듯하게 포장된 수익 자료뿐 아니라 어딘가에 투자했다가 떼돈을 벌었다는 다른 사람들의 이야기에도 얼마나 솔깃해하는지에 관해 쓰고 있다.

옥스퍼드 백작이 1711년에 설립한 사우스시컴퍼니South Sea Company에 영국 의회는 남미 무역 독점권을 부여했다. 남미의 서부 해안은 금은 광맥이 풍부한 곳으로 유명했다. 그리고 투자자는 사우스시컴퍼니가 금과 은을 가득 싣고 영국으로 돌아와 이 신생 모험 회사의 주주를 부자로 만들어 주리라는 꿈에 부풀어 있었다.

당시 영국의 채굴 기술은 세계 최고 수준이었다. 따라서 투자자들은 광석이 묻혀 있어도 캐낼 기술이 없어서 그림의 떡이었을 금은광을 이 회사가 현지인으로부터 헐값에 사들일 수 있으리라 생각했다. 이런 장밋빛 망상이 사우스시컴퍼니 주식에 대한 수요 증가세에 불을 지폈다.

시장 전체가 사우스시 주식 매수 열풍에 휩싸이자 이런 열기에 편승해 또 다른 합자회사들이 마구잡이로 설립됐다. 이렇게 탄생한 모험 기업들은 사우스시의 초기 주주가 될 기회를 놓쳐 아쉬움이 컸던 투자자의 관심을 끌었다. 이런 현상은 1995년에 넷스케이프가 상장하면서 투자자들이 다른 인터넷 및 기술 기업에 큰 관심을 보이기 시작했던 상황과 크게 다르지 않았다.

맥케이는 이 시기에 온갖 유형의 사업이 제안됐는데 그 대부분은 자금 조달이 빠르게 이뤄졌고 이후 공개 시장에서 주식을 팔아 이익을 바로 실현했다고 주장한다. 이 또한 인터넷 거품기에 공모가로 인수한 주식을 시장에서 곧바로 매도해 이익을 실현했던 IPO '단기 차익 매매'와 거의 유사한 행태였다.

'거품'이라는 말이 지금은 극심한 투기 활동이 이뤄지는 시기를 나타내는 의미로 보편적으로 쓰이고 있다. 그런데 이 단어가 사우스시 대낭패 시기에 그 기원을 둔다는 점이 흥미롭다. '거품'이라는 단어는 수명이 극히 짧은 공허한 존재라는 뜻을 강하게 내포하고 있음에도 그 이름에 담긴 이미지만으로는 투기자의 투기적 행동을 억제하지 못했다.

사우스시 거품기에 제안된 사업 계획 가운데는 타당해 보이는 것도 물론 있었지만, 새로 설립된 기업의 주식이라면 무조건 사고 보겠다는 투자자의 심리에 편승해 무성의하게 나온 것들이 대부분이었다. 이런 거품 기업 가운데는 영구적으로 작동하는 이른바 '영구 동력 기관'을 만들겠다며 설립된 업체도 있다. 그러나 맥케이는 그 숱한 거품 기업 중 압권은 '대모험 사업을 진행하지만 무엇을 하는 곳인지 아무도 모르는 회사A Company for carrying on an undertaking of great adventure, but nobody to know what it is.'라는 정말 어처구니없는 회사명으로 상장한 기업이라고 했다. 이 기업이 무슨 일을 하는지는 비밀이었고 심지어 투자자에게도 알려지지 않았다. 맥케이는 이렇게 말했다. "믿을만한 여러 사람의 증언이 없었더라면 그런 허무맹랑한 말에 그 많은 사람이 속아 넘어갈 수 있다는 사실을 도저히 믿기 어려웠을 것이다."**15** 그러나 다음날 아침에 이 '…아무도 모르는 회사'의 창업자가 사무실 문을 열자 많은 사람이 우르르 몰려들었다. 그리고 그날 하루 동안 주식을 1,000주나 팔아 2,000파운드를 현금으로 챙겼다.**16** 이렇게 주식을 팔아 현금을 차곡차곡 모은 이 창업자는 그날 저녁에 유럽으로 떠났고 이후 영원히 자취를 감췄다.**17**

완벽한 거품 기업 넷제이닷컴 NETJ.COM

오늘날에도 이런 일이 일어날 수 있을까? 대놓고 치는 사기 행각이 아니고서야 그러한 일이 가능할까 싶을 것이다. 현행법 및 관례상 신주는 등록을 해야 하고, 증권거래위원회에 제출하는 사업 설명서에는 기업의 재무 상태에 관한 정보를 모두 표기해야 하며 실질적 위험 평가 수준도 밝혀야 한다. 맥케이가 언급했던 것과 같은 비밀에 쌓인 거품 기업은 오늘날에는 상장이 불가능하다.

그러나 조지 왕조 시절의 영국에서 280년 후로 시계를 빨리 돌려 20세기 초반의 미국으로 돌아가 보자. 이때 인터넷이라는 새로운 통신 수단이 갑자기 등장했다. 투자자는 이 통신 혁명을 통해 미국인뿐 아니라 전 세계 수십억에 달하는 잠재 소비자에게 접근할 수 있으리라 생각했다.

이런 분위기에서 인터넷 주식들의 주가는 모두 고공 행진을 이어나갔다. 이 중에서도 유독 눈에 띄는 종목이 있었다. 넷제이닷컴 NetJ.com 이라는 곳이었다. 이 회사 주식은 시장에서 활발히 거래됐고 2000년 3월 초에는 주당 약 2달러에 1,200만 주 가까이 팔려나가며 시가총액 2,400만 달러를 기록했다.[18]

넷제이닷컴이라는 곳은 대체 무엇을 하는 회사였나? 1999년 12월 30일에 증권거래위원회에 제출한 서류 내용을 인용하면 이렇다. "당 회사는 현재 실질적인 영업을 전혀 하고 있지 않으며 창업 이래 영업 매출 실적도 전혀 없다." 이상의 진술은 이전 거품기 동안에 나왔던 수많은 사업 설명서에 표기한 그 어떤 경고보다 훨씬 수위가 높은 내용이다. 버턴 말킬은 전자주가 호황을 누렸던 1960년대 초에는 투자자들이 수많은 사업 설명서 표지에 명확히 기재된 다음과 같은 '경고' 내용을 거들떠보지 않았다고 말한다. "경고: 당사는 자산이나 이익이 없으며 가까운 장래에 배당금을 지급할 수는 없을 것이다. 당사의 주식은 위험 수준이 높다."[19]

그러나 넷제이닷컴이 제출한 사업 설명서의 내용은 이것이 전부가 아니었다. 이 회사는 단 한 푼의 매출 실적도 올린 적이 없었고 처음에 세웠던 사업 계획도 오래 전에 폐기한 상태였다. 재무상태표상의 누적 손실은 13만 2,671달러였고 이익이나 배당금은 고사하고 매출 전망치 자체도 전혀 없었다.

그렇다면 넷제이닷컴은 어떻게 2,500만 달러에 달하는 시가총액을 달성할 수 있었을까? 이 시장 가치는 회사가 영업 중이고 상장이 됐으니 거래해도 좋다는 '허락'을 받은 바 진배없다는 사실 혹은 그러리라는 투자자의 믿음에 근거를 두고 있었다. 비공개 회사가 공개(혹은 상장) 절차를 완료하는 데는 시간이 걸린다. 그리고 인터넷 열풍이 한창이던 1999년 말에는 시간이 곧 돈이었다.

　오래 걸리는 상장 절차를 피하고 싶은 기업이 상장 기업 '역인수'를 통해 사실상 넷제이닷컴과의 실질적 합병을 추진할 수 있었다. 다시 말해 넷제이닷컴은 상장 회사라는 '껍데기'를 제공하는 역할을 할 수 있었다. 인터넷 열풍이 몰아치면서 이들 기업은 닷컴 기업이면 무조건 사겠다며 아우성치는 투자자에게 주식을 팔려고 혈안이 됐고 이런 면에서 IPO 절차를 밟는 것보다는 합병이 훨씬 빠른 방법이었다.

　그러나 넷제이닷컴이 역인수 후보 자격이 된다는 그 한 가지 이유가 과연 시장 가치를 2,500만 달러로 끌어올려줄 정도로 합당한 근거가 될까? 증권거래위원회에 제출한 사업 설명서를 대충 훑어봐도 그렇지 않다는 점을 알 수 있다. "이 회사 자체 재무 평가 자료에도 분명히 명시돼 있다. 뭔가를 더 많이 제공하고 또 인수 후보로서 더 매력적인 다른 상장사들도 인수나 기업 결합을 추진할 파트너를 열심히 물색 중이다." 여기서 더 나아가 이렇게도 분석했다. "다른 역인수 후보자를 제치고 굳이 당사를 선택해야 할 합당한 이유가 없다. 합병 후 기업에 제공할 현금도 충분치 않고 자본 형성에서의 이점도 딱히 없다. 나스닥 시장을 겨냥하는 기업의 관점에서 볼 때 당사의 제한적 주주 기반도 인수 후보 조건에 미치지 못하는 형편이다." 그리고 증권거래위원회 제출 자료에 나오는 다음 진술문이야말로 투자자를 손 떨리게 만들기에 충분하다. "경영진의 판단으로는 다른 '껍데기 상장사'에 비해 이 회사는 그다지 인상적이지 않으며 다른 상장사보다 더 매력이 있다거나 더 경쟁력이 있다고 여길만한 특별한 요소가 전혀 없다." 넷제이닷컴의 시장 가치 부분은 전적으로 '적합한 인수 혹은 합병 후보자'를 찾아내는 경영진의 능력에 달린 문제가 될 것이다.

그러나 다음 구절에서 이 회사는 이렇게 말한다. "경영진은 해당 회사의 활동 상황에 대해서는 크게 신경 쓰지 않을 것이다." 그리고 또 경영진은 "사업 파트너를 찾는 일에 열의가 있다거나 필사적이지 않다"라고도 했다. 지금까지 소개한 내용으로 부족한가? 그래도 투자 열의가 가시지 않는다면 결정적인 사실을 또 하나 제시하겠다. 넷제이닷컴은 성사 여부가 불투명한 혹은 소문에 불과한 합병 이야기를 퍼뜨리고 다닌 혐의로 SEC로부터 조사를 받는 중이었다.

이런 모험 기업에 막대한 자금을 쏟아 붓는 투자자가 어디 있겠는가 싶을 것이다. 그러나 속단은 금물이다! 이 서류를 제출하고 나서 2개월 후 그리고 나스닥 시장이 정점을 찍기 하루 전인 2000년 3월 9일에 넷제이닷컴은 합병 후보 기업을 찾았다고 발표했다. 영국에 본사를 둔 기업으로서 위성과 인터넷을 통한 쌍방향 경마 시스템을 개발한 글로벌토트리미티드 Global Tote limited 와 합병하기로 했다는 내용이었다. 이 합병 계획 발표와 동시에 주가가 상승했고 3월 24일에는 주당 7.44달러로 최고치를 기록했다. 이로써 넷제이닷컴의 시장 가치는 무려 8,000만 달러가 됐다.

그러나 이 합병 계획은 실패로 돌아갔다. 이 여파로 주가가 한때 주당 2~3달러 수준으로 떨어지는 등 투자 열기가 주춤하는 듯했으나 이는 일시적인 현상일 뿐이고 시장 가치는 여전히 수천만 달러 수준이었으며 투자자는 여전히 미련을 버리지 못하고 다음 '합병' 발표가 나오기를 애타게 기다렸다.

몇 달 후에 넷제이닷컴은 비제이케이인베스트먼트 BJK Investment 와 합병한다고 발표했으나 이 역시 무산됐다. 이곳은 한 달 후에 제노시스코퍼레이션 Genosus Corporation 과 합병이 예정돼 있었기 때문이다. 결국에 넷제이닷컴의 주가는 주당 1센트로 폭락했고 어쩔 수 없이 100대 1 비율로 주식 병합을 하고 인터넷 서비스 공급사 주링크 Zoolink 로 변신을 꾀했다. 2004년 4월에 시장 가치는 9만 8,000달러였고 이는 시장 고점 때보다 99.8%나 줄어든 수치였다.

사후 분석

넷제이닷컴은 주의해야 할 모든 문제 사항을 상세히 밝혔으나 정작 투자자는 이 부분을 외면했다. 투자자가 넷제이닷컴 주식을 더 높은 가격에 팔 수 있다고 생각하는 한 이들은 더 열심히 주식을 사들일 수밖에 없었다. 관련된 모든 정보를 투명하게 다 공시해도 망상에 사로잡히거나 더 높은 가격에 주식을 사줄 사람이 있으리라는 믿음에 사로잡혀 계속해서 돈을 털어 넣는 투자자를 말리지 못할 것이다.

1720년에 수익을 내는 '비결'이 있다고 주장하는 회사의 주식을 사느라 2,000파운드를 날린 18세기 투기자들, 영업도 하지 않고 이익도 내지 못한 데다가 있지도 않은 합병설을 퍼뜨린 혐의로 정부 기관의 조사를 받는 회사의 주식을 사느라 수천만 달러를 날린 21세기 투기자들 가운데 누가 더 어리석을까? 이 부분은 독자 여러분이 판단할 몫이다.

요약

"과거를 기억하지 못하는 사람은 그 과거를 되풀이한다." 역사가 주는 교훈을 새겨들으면 금융 재앙을 피할 수 있다고 믿는 사람들은 조지 산타야나 George Santayana가 한 이 말을 인용한다. 그런데도 금융 시장에만 가면 상황이 달라진다. 역사에서 얻은 교훈을 아무리 되풀이해서 말해도 사람들은 과거의 잘못을 영원히 되풀이하는 듯하다.

인터넷 거품의 원흉이 누구인지 알고 싶다면 거울을 들여다보라. 그리고 '내 탓이오!'라고 말하면 된다. 거품을 부추기는 것은 투자자 자신이다. 직장에서 휴식 시간에 동료와 대화를 나누다 혹은 사교 모임에 참석해서 누군가 주식 투자로 큰돈을 벌었다는 이야기에 취해서 혹은 술집에서 스포츠 중계 채널보다 경제 뉴스 전문 CNBC를 고정 채널로 맞춰놓을 정도로 투기 열풍에 휩쓸려 거품을 더 크게 키운 장본인은 바로 투자자 자신이다. 현재 주가가 아무리 터무니없는 수준이어도 시장에는 더 비싼 가격으로 사줄 누군가가 늘 있다는 믿음이 바탕에 깔린 이른바 '나보다 더 심한 바보' 이론 greater fool's theory 이 이런 투기 거품을 영구화시킨다. 그러나 철석같이 믿었던 그 '누군가'가 끝내 나타나지 않으면 주식을 마지막으로 산 사람이 그 '폭탄'을 끌어안게 된다.

투자자에게는 재앙이겠지만 이런 거품 경험에도 한 가닥 희망은 있다. 이런 거품 주기는 사실 운하와 철도에서부터 자동차, 라디오, 비행기, 컴퓨터 그리고 물론 인터넷에 이르기까지 지난 300년에 걸처 인류가 이룩한 기술 발전의 경로와 궤를 같이하는 측면이 있기 때문이다. 빅토리아 시대 영국에서 일어난 철도주 대호황이 투자 붕괴로 이어졌지만, 이 철도 운송 체계 덕분에 영국은 경제적으로나 정치적으로 크게 발전할 수 있었다.

이런 기술 혁신이 하나씩 이뤄질 때마다 우리의 삶이 크게 바뀌었다. 기술 혁신과 발전은 과도한 투자 열기에 휩싸여 막대한 자본을 투자해준 투자자가 없었다면 불가능했을지도 모른다.

그러나 역사는 우리에게 기술 혁신에 필요한 자금은 다른 사람이 대게 놔두라고 말해준다. 신규 기업 혹은 신규 상장주는 절대로 투자 수익을 보장해주지 않는다. 옷 같은 것이야 유행에 따라 사도 크게 손해 볼 것은 없지만 금융 시장에서는 남들 하는 대로 했다가는 쪽박 차기 십상이다.

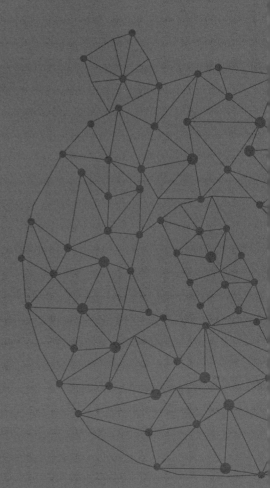

제 7 장

자본 먹는 하마:
생산성 창조자인 동시에
가치 파괴자인 기술

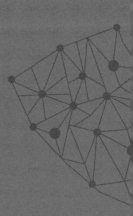

THE FUTURE FOR INVESTORS

"미시경제학이 주는 중요한 교훈은
기술이 우리에게 도움이 될 때와 피해를 줄 때를
구별해야 한다는 점이다.
그런데 대다수 사람은 이 점을 염두에 두지 않는다."

| 찰스 멍거 Charles Munger |

신제품과 신기술에 처음부터 관여해야 큰돈을 번다는 것이 투자계의 일반 통념이다. 급속한 기술 변화의 시대를 살아가는 우리는 투자자의 상상력을 자극하는 동시에 소비자의 돈까지 끌어올 새로운 발명품을 개발한 신생 기업을 찾는다. 대개 이런 기업이 경제 성장을 견인하기 때문이다. 그래서 투자자는 이런 기업의 주식을 사면 기업의 성장과 함께 투자 수익도 늘어나리라 기대한다.

그러나 실제로는 그렇지가 않다. 경제 성장과 수익 성장은 결코 동의어가 아니다. 사실 생산성 증가가 오히려 수익을 파괴할 수 있고 더불어 주가도 무너뜨릴 수 있다.

요즘의 티보Tivo 영상 녹화기, 아이팟 iPod 음악 재생기, 엑스박스Xbox 게임기 등 세 가지 최첨단 기술 기기가 그 좋은 예다. 이들 제품은 자료 저장 기술의 눈부신 발달 덕분에 세상에 나왔다. 1976년에는 10억 바이트 용량의 자료를 저장하는 데 약 56만 달러가 들었으나 지금은 1달러도 안 든다.[1]

저장 산업계의 기술적 진보는 기대 이상이었지만 정작 자료 저장 기술업체는 채산성이 낮아 고전하고 있었다. 새천년으로 가는 길목에서 다른 기술 기업은 전부 사상 최고치의 수익을 기록하며 쾌재를 부를 때 저장 구동 장치를 생산하는 업체는 계속 적자를 냈다. 이 업계를 선도하는 시게이트테크놀로지Seagate Technology, 맥스터코퍼레이션Maxtor Corporation, 웨스턴디지털Western Digital 등은 계속해서 투자자를 실망시켰다.

이들 기업이 겪은 고난에는 이 책의 중요한 주제 가운데 하나가 담겨 있다. 즉, 기술 혁신은 만족스러운 매출과 수익을 보장하지 않는다는 사실이다. 저장 기술은 이에 관한 하나의 사례에 불과하다. 투자자가 치명타를 입은 분야는 바로 통신 기술 부문이었다.

"신기술 개발 좀 그만하라"

1990년대에 인터넷 열풍이 최고조에 달하면서 사람들은 다음과 같은 사실에 보편적으로 동의하고 있었다. 즉, 인터넷은 미래의 물결이고 통신 혁명을 뒷받침해줄 전송망(통신망) 공급자들이 수익을 보장받으리라는 데 이견이 거의 없었다.

사용자와 웹사이트를 연결하는 통신망, 즉 광대역(주파수 분할 다중 기법을 사용해 기존 통신망의 속도보다 훨씬 빠르게 정보를 전송하는 초고속 데이터 통신망-역주)에 대한 수요는 계속해서 증가할 것처럼 보였다. 미 상무부는 1998년 보고서에서 "인터넷 통신량(트래픽)이 100일마다 2배로 증가"한다고 했다.[2] 이 주장대로면 통신망 수요가 매년 12배 증가하는 셈이고 이후 10년 동안 약 1,000억 배 수준으로 수요가 증가한다는 계산이 나온다.

이 시기에는 기술이 아무리 발전하더라도 사용자가 필요로 하는 가용 통신 용량이 채워지기보다는 늘 부족하리라 예측하는 사람이 많았다. 1998년 4월에 살로몬스미스바니 Salomon Smith Barney 의 시장 분석가 잭 그루브먼 Jack Grubman 은 "어느 집 다락이든 늘 꽉 차 있듯이 광대역이 아무리 여유 있게 공급돼도 결국은 다 사용하게 된다"는 내용의 연구 보고서를 발표했다.[3]

기술 분야의 권위자 조지 길더 George Gilder 도 비슷한 취지의 발언을 했다. 2001년에 그는 다음과 같이 썼다. "오늘날은 경제는 없고 세계 경제는 있다. 인터넷은 없는데 세계 인터넷은 있고, 네트워크는 없는데 세계 네트워크는 있다." 길더는 두 통신 회사 글로벌크로싱과 360 네트웍스360Networks가 세계 정상 자리를 두고 다투겠지만, 1조 달러 단위의 큰 시장 규모를 생각하면 어느 쪽도 패하지 않는 승부가 되리라 예측했다. [4]

차음에는 광대역 신봉자들의 예측이 그대로 맞아떨어졌다. 증가하는 수요에 공급이 달리는 상황이었다. 1995년 이전에는 광섬유 선로를 통해 데이터를 보유한 광신호를 오로지 1파장만 전송할 수 있었다. 이는 초당 1페이지짜리 이메일 2만 5,000개를 처리할 수 있는 전송량이다. [5] 그러나 고밀도파장분할다중(DWDM: 하나의 광섬유에서 빛 파장을 동시에 여러 개 전송하는 광전송 방식-역주)이라는 신기술로 이 광선을 여러 색깔로 쪼갰다. 이렇게 하면 가용 주파수와 전송 용량이 최대 320단위까지 증가한다. 그래서 2002년에는 같은 가닥의 광섬유로 이메일을 2,500만 개나 전송할 수 있었다. 단 7년 만에 전송 용량이 1,000배가 늘어난 셈이다. 이와 같은 전송 용량의 증가 추세는, 집적 회로에 담을 수 있는 트랜지스터의 수는 2년마다 2배로 늘어난다는 고든 무어 Gordon Moor 의 인터넷·통신 법칙을 훨씬 뛰어넘는 수준이었다.

이런 획기적인 기술적 성과는 이 부문의 사상 최대 호황을 주도한 핵심 동력이었다. 〈월스트리트저널〉은 기술 거품기 동안 무려 4,000억 마일(6,437만 3,760킬로미터)에 달하는 광섬유가 매설된 것으로 추산

했는데 이는 달까지 80회 이상 왕복할 수 있는 거리에 해당한다.[6]

통신업계로서는 참으로 안타깝게도, 엄청나게 증가한 공급 능력을 수요가 따라가지를 못했다. 1999년부터 2001년까지 수요는 겨우 4배 증가했다. 이는 예측했던 수준에 한참 못 미치는 수치였다.[7] 그리고 인터넷 시대와 관련해 가장 폭넓게 거론되는 통계치 가운데 하나가 잘못된 것으로 드러났다. 즉, 인터넷 통신량은 100일마다 2배 증가한 것이 아니라 기껏해야 매년 2배로 증가한 수준이었다.[8]

용량 과잉이 점점 분명해지자 통신 회사로서는 가격 할인에 나서지 않을 수 없었다. 2000년에는 로스앤젤레스에서 뉴욕으로 초당 150메가바이트의 데이터를 전송할 수 있는 통신 회선을 임대하는 데 비용이 160만 달러가 넘게 들었다. 그런데 2년 후에는 같은 회선을 15만 달러면 임대할 수 있었고 2004년에는 10만 달러 정도면 가능했다. 1996년 이후로 광섬유 회선 매설과 망 연결에 7,500억 달러나 투입한 통신 회사로서는 어마어마한 통신망 구축비용을 더는 감당할 방법이 없었다.

통신업계의 낙관론이 최고조에 달했던 2000년 3월에 미국 통신 부문의 총 시장 가치는 약 1조 8,000억 달러로 전체 주식 시장 가치의 15%를 차지했다. 그런데 2002년의 총 시장 가치는 80% 감소한 4,000억 달러에 불과했다. 〈이코노미스트〉는 "통신업계의 부침은 아마도 역사상 가장 큰 거품 가운데 하나로 기록될 것 같다."는 평가를 내놓았다.[9]

전송 용량 증대 기술의 대부로 일컬어지는 영국 사우샘프턴 대학교의 데이비드 페인 David Payne 교수는 수년 전에 한 업계 회의에서 만난 유명 기업인이 자신을 책망하며 했던 말을 아직도 잊지 못한다고 말했다. "그 분이 진지하게 이렇게 말하더군요. '아, 제발 신기술 좀 그만 내놓으세요!' 정말 진심으로 하는 말 같았습니다."[10]

"신기술 좀 그만 개발하세요!"라는 말에는 기술이 왜 가치를 파괴한다고 하는지에 관한 이유의 핵심이 담겨 있다. 생산성 향상을 이끌어냈고 데이터 전송 능력을 획기적으로 배가시킨 통신 기술 혁신 전부가 수익과 주가 그리고 수많은 투자자의 포트폴리오도 망가뜨렸다. 이는 기술이 생산성을 끌어올린 반면에 수익성은 끌어내린 이른바 성장 함정의 또 다른 사례에 불과하다.

통신 시장의 거품 붕괴 여파는 그야말로 처참했다. 1999년부터 2003년 사이에 월드컴을 비롯한 113개 통신 회사는 물론이고 조지 길더가 극찬했던 360네트웍스와 글로벌크로싱마저 파산 신청을 했다.[11] 세계에서 가장 빠른 광섬유 회선 가운데 하나를 설치하는 데 8억 5,000만 달러를 들였던 360네트웍스는 1달러당 겨우 2센트 가격에 광통신 회선을 판매했다.[12] 살로몬스미스바니의 통신 시장 분야 분석가이자 투자 부문 업무의 핵심이었던 잭 그루브먼은 1,500만 달러의 과료를 물어야 했고 다시는 투자 자문 회사에서 일하지 못하게 됐다.

인터넷 통신량이 증가하리라는 기대 섞인 소문 혹은 전망이 정말로 과잉 투자를 유발했을까? 사실에 근거하지도 않았고 사실상 모든 자료가 모순되는데도, 인터넷 통신량이 100일마다 2배로 증가하리라는 이 통계치 하나가 통신업계의 '독이 든 성배'가 됐다는 사실이 흥미로울 따름이다.[13] 거품 시기에는 과대 선전이 사실이 되는 반면에 확실한 정보임에도 새로운 패러다임에 걸맞지 않는 사실은 '부적절'하다며 외면한다. 참으로 안타까운 노릇이다.

구성의 오류

투자자나 분석가나 마찬가지로 생산성 증가가 더 높은 수익을 보장해준다고 믿는 사람들은 구성의 오류(fallacy of composition: 개별적으로 타당한 이야기가 전체적으로는 틀리는 현상-역주)라고 하는 고전적 경제 원칙을 무시한 것이다. 간단히 말하자면, 각 부분은 참인데 그 부분의 합인 전체가 반드시 참은 아니라는 것이다.

개인이나 기업이 각기 개별적인 노력을 통해 평균 이상의 성과를 낼 수는 있으나 모든 개인이나 기업 전체는 그렇지 못할 수 있다. 이와 마찬가지로 한 기업이 경쟁 업체에서는 쓰지 못하는 생산성 향상 전략을 구현하면 수익이 증가할 것이다. 그러나 모든 기업이 동일한 기술에 접근해 생산성을 높인다면 그때는 비용과 가격이 하락해서 생산성 증가의 혜택은 해당 기업이 아니라 소비자가 누리게 된다.

세계 최고의 투자자 워런 버핏은 구성의 오류를 제대로 이해하고 있었다. 버핏이 1964년에 섬유 회사였던 버크셔해서웨이를 인수했을 당시 이 회사는 적자를 내고 있었다. 그러나 현금을 많이 창출하고 있었고 경영진이 자본 출혈을 막아 주리라는 기대가 컸다. 버크셔를 곤경에 빠뜨린 문제는 대부분 높은 인건비와 외국 기업과의 경쟁에서 비롯됐다.

이런 문제를 해결하고자 버크셔의 경영진은 근로자의 생산성을 높이고 기업의 비용 수준을 낮추는 전략 제안서를 계속해서 버핏에게 올렸다. 이에 관해 버핏은 이렇게 설명했다.

각각의 제안 전부가 단기적으로는 꽤 효과적인 듯했다. 투자수익률을 기준으로 이런 제안은 대체로 수익성이 좋은 제과와 신문 사업에 투자했을 때의 수익보다 더 높은 경제적 이득을 약속했다.

그러나 버핏은 구성의 오류에 대한 이해도가 높았기 때문에 이런 투자 제안서를 하나도 받아들이지 않았다. 생산성 향상은 다른 모든 섬유 회사에도 적용 가능한 부분이라서 이는 가격 할인 요인이 되므로 그 실익은 소비자에게 돌아갈 뿐 버크셔의 이익 증가로 이어지지 않으리라는 점을 익히 알고 있었다. 버핏은 1985년도 연차 보고서에서 이렇게 밝혔다.

이런 형태의 투자가 이익으로 이어지리라는 생각은 망상이었다. 국내외 수많은 경쟁 업체가 똑같은 유형의 전략에 비슷한 규모의 투자를 시작했고 이런 분위기가 업계 전체로 퍼졌다. 이렇게 해서 절감된 비용은 가격 하락으로 이어졌다. 결국은 이 낮아진 가격이 업계 전체의 가격 기준이 됐다. 개별적 차원에서 보면 각 기업의 투자 결정이 비용 효율적이고 합리적으로 보였다. 그런데 전체적 차원에서 보자면 이런 결정이 서로 그 효과를 중화시킴으로써 비합리적인 결정으로 만들어 버렸다. (가두 행진을 구경하는 사람들이 각기 발꿈치를 들면 더 잘 보이겠거니 생각했을 때 벌어지는 일과 똑같은 상황이라고 보면 된다. 각자 이렇게 생각하면서 구경꾼 전부가 발꿈치를 들면 전체적으로 처음과 똑같은 상태가 돼버린다.) 투자가 거듭될수록 판돈만 커지고 주머니는 계속 텅 빈 채였다.[14]

섬유 사업부를 다른 누군가에게 팔아치우고 싶었겠지만, 안타깝게도 다른 투자자도 대부분 같은 결론에 도달했다. 그래서 회사명은 그대로 둔 채 버크셔의 섬유 사업부를 정리하는 수밖에 다른 도리가 없었다. 다들 알다시피 결국 이곳은 고수익을 내는 세계에서 가장 유명한 폐쇄형 투자 회사가 됐다.

섬유 사업을 접기로 한 버핏의 결정은 이와는 다른 길을 선택한 또 다른 섬유 회사 벌링턴인더스트리 Burlington Industries 의 행보와 대조를 이룬다. 벌링턴은 버핏의 버크셔 인수 이후 20년 동안 공장과 설비의 현대화와 생산성 향상이라는 목표에 따라 자본적 지출(capital expenditure: 미래의 이윤 창출을 위한 필수적 지출 비용, 줄임말은 capex-역주)로 약 30억 달러를 쏟아 부었다. 버핏은 이렇게 말했다. "주주에게 처참한 투자 실적을 안긴 이 사례는, 두뇌와 에너지를 '잘못된 전제'에 쏟아 부으면 어떤 결과가 나오는지를 잘 보여준다."[15]

이 '잘못된 전제'는 비단 섬유 산업에 국한하지 않는다. 자본적 지출 비율이 높은 기업은 전체 주식 시장을 통틀어 최악의 실적을 낸다는 사실을 뒷받침하는 강력한 증거가 있다. '매출 대비 자본적 지출 비율(capex-to-sales ratio: 이하 '매출대비자본지출률'이라 함)'이 가장 낮은 기업부터 가장 높은 기업에 이르기까지 총 5개의 포트폴리오를 구성했다. 그리고 이전 12개월의 매출과 자본적 지출 자료를 이용해 매년 12월 31일에 포트폴리오를 재조정했다. [그림 7-1]은 S&P500 대비 매출대비자본지출률이 가장 높은 기업과 가장 낮은 기업의 누적 수익을 나타낸다.[16]

자본적 지출이 수익으로 이어진다고 믿는 사람들에게는 매우 충

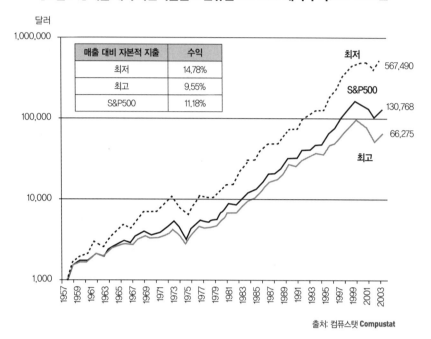

[그림 7-1] 매출 대비 자본지출률로 분류한 S&P500 대비 수익(1957~2003년)

매출 대비 자본적 지출	수익
최저	14.78%
최고	9.55%
S&P500	11.18%

출처: 컴퓨스탯 Compustat

격적인 결과가 나왔다. 근 반세기 동안 자본적 지출을 가장 많이 한 기업은 투자자에게 최악의 수익을 안긴 반면에 자본적 지출이 가장 적었던 기업은 S&P500을 3.5% 이상 웃도는 매우 좋은 실적을 냈다.

월가에는 자본적 지출이 생산성 혁신의 핵심이라고 생각하는 사람이 꽤 많다. 그러나 진실은 다른 곳에 있다. 즉, 자본적 지출이 많으면 투자자에게 저조한 수익을 안긴다. 경영진은 "다들 그렇게 한다."라는 이유로 자본적 지출이 살 길이라는 말에 쉽게 설득 당한다. 그러나 소비자 수요 및 기술 변화와 함께 오늘 세운 원대한 계획이 내일의 큰 부담이 된다. 빚만 잔뜩 떠안은 채 자금 부족에 허덕이는 한편, 앞으로의 시장 니즈를 충족시키는 데 필요한 융통성이 더 커지기는커녕 오히려 융통성이 더 떨어진다.

자본 절약과 낭비

총 10개 시장 부문 가운데 매출 대비 자본적 지출 비율(이하 '매출대비자본지출률')이 가장 높은 두 개 부문이 통신과 공익사업이며 소재 부문을 제외하면 이 두 부문의 수익 역시 최저 수준을 기록했다. 1957년부터 2003년까지 통신 부문의 매출대비자본지출률은 약 0.28이었고 공익사업은 0.25였다. 참고로 S&P500에 속한 모든 기업의 매출대비자본지출률은 0.10 미만이었다. 이와는 대조적으로 실적이 가장 좋았던 보건의료 부문의 평균 매출대비자본지출률은 겨우 0.07이었고 두 번째로 실적이 좋았던 필수 소비재 부문은 0.044로 이 비율이 가장 낮았다.

이 장을 시작하면서 통신업계의 흥쇠 과정을 설명했었다. 광섬유 회선에 대한 과잉 자본 지출이 수많은 통신 회사를 파산으로 몰고 갔다. 1970년대와 1980년대에 공익사업 부문도 이와 비슷한 운명을 맞았다. 이때 원자력 발전소 건설에 과도한 자본 지출이 이뤄지면서 수많은 업체가 파산하거나 파산 직전에까지 몰렸다.

업계 전체뿐 아니라 개별 기업 수준에서도 상황은 마찬가지였다. 특정 기업의 자본적 지출률이 높을 때 투자하면 지출률이 낮을 때보다 투자 수익이 훨씬 저조했다.

AT&T의 경우 자본 지출률이 높은 기업군에 속했을 때는 평균 수익률이 9.11%였으나 자본 지출률이 낮았을 때는 수익률이 16%를 넘었다. 프록터앤드갬블**P&G**은 지난 46년 중 28년간은 자본 지출률이 평균 수준이었는데 이 기간에는 연평균 수익률 17%를 기록하며 비교적 양호한 실적을 올렸다. 그러나 나머지 18년 중 6년은 자본 지출률이 가장 높은 기업군에 속했고 이때 수익률은 연평균 2%로서 아주 형편없는 수준이었다. 그리고 나머지 12년은 자본 지출률이 가장 낮았던 시기였으며 이때는 연평균 수익률이 19.8%나 됐다.

유명 상표를 보유한 기업도 예외는 아니었다. 막강한 '브랜드 파워'를 내세운 기업도 자본적 지출률이 과도하면 역시나 수익에서 고전을 면치 못한다. 면도날 제조사로 유명한 질레트는 25년 동안 평균 수준의 자본적 지출률을 기록했고 이 기간에는 연평균 수익률이 16.6%였다. 그러나 질레트가 평균 이상의 자본적 지출률을 기록한 7년 동안은 수익률이 마이너스였으며 자본적 지출률이 평균 이하였을 때는 연평균 26.4%라는 높은 수익률을 기록했다. 허쉬도 이와 비슷한 추세였다.

케이마트, 시브이에스**CVS**, 울워스**Woolworth**, 크로거**Kroger**, 얼라이드 스토어즈**Allied Stores** 등 거대 유통업체 모두 자본 지출률이 낮은 기업군에 속했을 때와 높은 기업군에 속했을 때의 수익률 격차가 엄청나게 컸다. 케이마트는 자본적 지출 등급 5분위 중 최저인 1분위에 속했을 때는 연평균 수익률이 25%를 넘었다. 이와는 대조적으로 최저 분위에 속하지 않았던 19년 동안에는 연평균 수익률이 -3.8%로 형편없는 수준이었다.

자본적 지출이 주가 수익에 미치는 이 같은 부정적 효과는 수많은 하위 업종에까지 여파가 미친다. 1984년 이후로 에너지 부문 기업은 자본적 지출 비율이 엄청나게 높았는데 전반적으로 수익도 괜찮았다. 그러나 석유 및 가스 개발 기업은 매출대비자본지출률이 0.225로 상당히 높았고 수익률도 매우 저조했던 반면에 거대 종합 석유 회사는 자본적 지출률이 0.10으로 비교적 낮은 수준이었고 수익률도 좋았다는 사실을 알면 '역시 그렇구나!' 하며 수긍하게 될 것이다.

기술적 성장

역사적 관점에서 경제 자료를 들여다보면 크든 작든 간에 기술적 진보의 열매는 궁극적으로 기업의 소유자가 아니라 소비자가 따먹는다는 사실을 알 수 있다. 생산성이 향상되면 제품의 가격이 낮아지고 근로자의 실질 임금 수준은 높아진다. 다시 말해 생산성이 향상되면 소비자는 더 싸게 더 많이 살 수 있다.

기술 혁신이 기업 이익에 미치는 긍정적 효과는 일시적일 뿐이다. 보통 이를 '선도자의 이점 first mover advantage'이라고 한다. 한 기업이 다른 경쟁 업체가 사용하지 않는 신기술을 처음으로 활용하면 일단 처음에는 이익이 증가하는 효과가 있다. 그러나 다른 기업도 하나둘 이 신기술을 활용하게 되면 경쟁이 생기면서 가격이 떨어지고 결국 이익은 평균 수준으로 되돌아간다.

인터넷이 등장했을 때 벌어진 상황이 여기에 딱 들어맞는다. 처음에는 수많은 분석가가 인터넷의 상용 통신 능력 덕분에 기업이 조달 및 재고 관리, 자료 검색 등의 비용을 줄일 수 있으므로 이윤이 증가하리라고 내다봤다. 그러나 인터넷은 이익률을 증가시키지 못했고 실제로는 이익률을 낮추는 경우가 훨씬 많았다. 이유가 무엇일까? 인터넷이 시장 전체의 경쟁을 더 부추겼기 때문이다.

더 치열해진 경쟁

인터넷이 기업 이윤에 미치는 영향을 이해하려면 검색 비용, 즉 소비자(혹은 기업)가 더 싼 제품이나 서비스를 찾아내는 데 들어가는 시간과 돈이 이윤 공식에 어떻게 관여하는지를 알아야 한다.

과거에는 판매자가 고객을 자사 매장으로 끌어들일 수 있으면 십중팔구는 판매에 성공한 것이나 다름없었다. 길모퉁이에 있는 약국은 사람들이 자주 찾는 제품의 가격을 올릴 수 있었다. 약국을 찾는 사람들은 더 싼 제품을 찾아 헤매는 데 아까운 시간을 쓸 사람들이 아니라는 사실을 알고 있었기 때문이다. 편리성과 위치 혹은 장소가 제품 판매에서 중요한 요소였었다.

그러나 인터넷이 대안 제품을 찾는 데 드는 비용을 대폭 줄이면서 시장 판도가 크게 바뀌었다. 그동안 기업이 누렸던 편리성과 장소의 이점이 대부분 사라졌다. 갑자기 수많은 공급자가 제시하는 가격 정보를 소비자가 전부 알 수 있게 됐다. 높아진 가격 투명성이 결과적으로는 치열한 가격 경쟁의 장을 만들었다.

몇 년 전에 고등학교에 다니는 내 아들이 수업 시간에 쓸 계산기를 사려고 했을 때의 일이 또렷이 기억난다. 그때 우리는 다양한 가격 검색 엔진을 이용해 제품 검색을 했다. 집에서 제일 가까운 매장인 스테이플스 Staples 의 계산기 가격을 쳐봤는데 최저가는 아니었다. 그 래도 우리는 인터넷에서 찾은 가격 정보 일람표를 인쇄한 다음 스테 이플스 매장으로 갔다. 그리고 점원에게 같은 계산기를 다른 데서는 더 싸게 팔더라고 했더니 점원이 그 즉시 가격을 맞춰주겠다고 했다. 소매 판매의 이윤 폭이 박하다는 점을 감안하면 점원이 맞춰준 그 가 격은 스테이플스 측에서 보면 아마도 원가 혹은 원가 이하였을 가능 성이 크다.

항공업

항공업은 인터넷 같은 기술적 혁신이 기업의 이윤을 어떻게 감소 시키는지를 보여주는 또 다른 사례다.

전에는 항공사들이 '도매 항공권 취급자' 같은 판매 대행사에게 항 공권을 싸게 팔고 이들은 수신자 요금 부담 전화를 통해 그 항공권 을 되파는 체계였다. 그러다 인터넷 덕분에 오비츠 Orbitz 와 익스피디 아 Expedia 같은 온라인 여행사가 항공권을 싸게 팔 수 있게 됐다. 그런 데 항공사 역시 이런 기술을 활용할 수 있다는 데 생각이 미쳤다. 항 공사가 인터넷을 이용해 도매 항공권 취급자와 여행사 모두를 거치 지 않아도 되면 그만큼 수수료를 절감할 수 있다.

2000년 7월에 오비츠의 최고경영자 제프리 카츠 Jeffrey Katz 는 항공권 판매비용은 항공사의 최대 비용 항목 중 하나라며 "인터넷을 활용한 항공사 대부분이 잠재적 항공권 판매비용을 50%가량 절감할 수 있

으리라고 생각한다."라고 말했다.[17]

2002년 가을에 항공업계는 항공권 판매 대행사를 온라인 예약 판매로 대체했고 이 온라인 판매가 전체 판매량의 20%를 넘었다. 인터넷 덕분에 항공업계는 1998년부터 2002년까지 20억 달러나 되는 비용을 줄일 수 있었다.

그러나 이 엄청난 비용 절감 효과에 감격할 새도 없이 혁신 기술이 초래한 예상치 못한 전개에 난감한 처지가 됐다. 인터넷은 항공사에만 도움이 되는 신기술이 아니었다. 요컨대 여행객도 인터넷으로 가장 싼 항공권을 찾아낼 수 있게 됐다.

전혀 새로운 이야기가 전개된 셈이었다. 과거에 항공권 판매 대행사가 활용했던 컴퓨터 소프트웨어는 가격을 선택의 1차 기준으로 삼지 않았다. 편리한 일정과 비행시간 단축 등이 항공 영업의 가장 중요한 요소였다. 그러나 항공기를 이용하는 여행객이 가격을 점점 더 중시하게 되면서 꼭 직항로를 고집하지 않고 경유를 좀 하더라도 더 싼 항공권을 찾게 됐다. 그 결과 항공권의 평균 가격은 계속 하락했고 항공사의 이윤도 감소했다.

JP모건체이스의 항공업계 분석가 제이미 베이커 Jamie Baker 는 이 상황을 다음과 같이 정리했다.

항공사 입장에서 인터넷으로 비롯된 가격 투명성은 궁극적으로 판매 비용 절감보다는 수익률 하락에 기여하는 부분이 더 클 것이다. 그렇지 않았다면 호황 혹은 여행 규제 완화와 함께 가격 정책이 개선됐을 터인데 가격 하락 결과를 낳는 부문이 점점 증가하는 상황이다. 게다가 인터넷이 업계의 가격 결정 구조의 개선을 심각하게 지연시키리라 예상한다. 1999년과 2000년의 이익률 수준을 회복하리라 기대하는 사람이 있다면 인터넷의 역할을 너무 과소평가하지 말라고 하고 싶다.[18]

인터넷이 그토록 쉽게 기업의 이윤을 감소시킬 수 있다는 사실이 놀라울 따름이다. 인터넷은 이익 증대로 이어지지 않으며 기업에는 더욱 치열한 경쟁의 장을 만들어주는 한편 소비자에게는 가장 저렴하게 제품을 살 기회를 제공한다. 기업은 서비스, 신속한 이용 가능성, 환급 정책 등을 기반으로 경쟁에 나서야 한다. 그래도 가격 투명성은 소매 유통업의 경쟁 수위를 한결 높인다는 사실에는 그 누구도 이의를 달지 못한다.

경영진의 관점에서 본 기술 혁신

기술을 성공의 열쇠로 여기는 사람이 많은 듯하다. 생산의 효율성을 높임으로써 이윤 감소에 대한 해법을 찾으려 하는 것처럼 보인다. 그러나 해답은 여기에 있지 않다.

엄밀히 말해서 지출과 관련한 문제를 슬기롭게 헤쳐 나가는 기업이 그리 많지는 않다. 짐 콜린스는 자신의 베스트셀러 저서《좋은 기업을 넘어 위대한 기업으로 Good to Great》에서 이렇게 물었다. "'해야 할 일' 목록을 작성하는가? '그만둬야 할 일' 목록도 작성하는가?" 그리고 이렇게 또 덧붙였다. "그러나 '좋은' 기업을 더욱 '위대한' 기업으로 만든 사람들은 '할 일' 목록만큼이나 이 '그만둬야 할 일' 목록도 잘 활용했다. 이들은 시답지 않은 수많은 일은 아예 거들떠보지도 않는 고도의 자제력과 결단력을 보여줬다."

콜린스는 자신이 맡은 기업을 큰 이윤을 내는 곳으로 키워낸 CEO를 인터뷰했다. "좋은 기업을 더 위대한 기업으로 만든 경영자 84명을 인터뷰한 결과 그러한 성장에 기여한 5대 요인으로 기술을 언급하지 않은 사람이 전체의 80%나 됐다."[19] 그리고 기술을 언급했을 때도 중위수 순위법에 따른 기술의 중요도는 4위 정도였고 기술을 첫손에 꼽은 경영자는 겨우 2%에 불과했다.

초우량 기업의 경우 기술은 그저 핵심 역량을 강화하는 데 필요한 보조적 역할을 할 뿐이었다. 자본은 생산성의 원천이기는 하지만, 그것도 적당히 사용해야 한다. 너무 과한 자본적 지출은 이윤의 무덤이자 가치의 파괴를 부른다.

NOTE

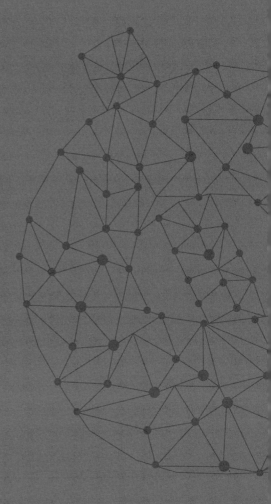
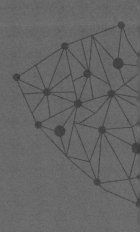

제 8 장

생산성과 이익

고전 중인 업종에서
이익을 내는 경영진

나는 실적이 늘 좋은 업종보다는 실적이 저조한 업종에 투자할 것이다.
성장 속도가 매우 느린 업종에서는 최악의 기업은 버티지 못하고 사라지고,
살아남은 기업은 시장점유율이 더 커진다.
침체된 시장에서 점유율을 계속 늘려가는 기업이
활황 시장에서 점유율을 지키는 데 급급한 기업보다 훨씬 낫다.

| 피터 린치, 《이기는 투자 Beating the Street》, 1993년 |

고전적 투자 접근법 가운데 하나는 미래가 기대되는 업종을 찾아본 다음에 그 업종에서도 특히 번창하는 기업을 선택하는 것이다. 그러나 이런 투자 방식은 정체 혹은 쇠퇴 중인 업종에 속해 있으면서도 잘 나가는 기업을 놓칠 위험이 있다. 실제로 지난 30년 동안 가장 성공적인 투자 가운데 몇몇은 실적이 처참하게 낮았던 업종에서 나왔다. 이런 기업은 자신들이 속한 업종과는 반대 흐름을 탔던 셈이다. 이들 기업은 생산성을 극대화하고 가능한 한 비용을 낮추는 단순한 전략으로 경쟁사를 뛰어 넘었다.

이렇게 성공한 기업은 매우 절제되고 집중적인 자본적 지출과 투자 정책을 고수했다. 자사 고유의 경쟁력 있는 전략에 걸맞은 자본적 지출을 매우 신중하게 선택했다. 그리고 비생산적이며 비효율적으로 지출을 감행하는 '자본 먹는 하마' 기업과는 달리 자사의 핵심 역량을 보완하는 투자 전략을 구사했다.

물론 이번 장에 거론했던 기업이 과거에 성공했다고 해서 앞으로도 성공하리라 장담할 수는 없다. 실제로 이들 기업도 이윤 증대를 추구하는 과정에서 역풍을 맞기도 했다. 그럼에도 월등한 투자 수익을 선사해준 것은 기술이 아니라 뛰어난 경영진 덕분이었다.

항공업: 사우스웨스트의 사례

다른 어떤 업종보다 항공업 부문에서 투자자의 손실이 컸다. 워런 버핏에게 1989년에 왜 유에스에어 USAir 에 3억 5,800만 달러를 투자했느냐고 물었을 때 이렇게 대답했다. "내가 잠시 정신이 나갔었다고 하는 게 아마 가장 적절한 대답일 것 같네요. 그래서 이 800번 번호(수신자 부담 전화번호. 대체로 고객 센터가 이 번호를 사용함-역주)를 기억하고 있다가 내가 또 정신이 어떻게 돼서 항공사 주식을 사고 싶은 충동이 생기면 이 번호로 전화를 걸려고요. 수화기를 들고 내가 워런 버핏인데 '항공주 중독' 상태라고 말하면 그쪽에서 나를 진정시키며 정신 차리라고 해주겠지요."[1]

버핏 말이 분명히 맞다. 투자자에게 항공주는 재앙이나 다름없었다. 버진애틀랜틱항공 Virgin Atlantic Airways 의 창업자 리처드 브랜슨 Richard Branson 은 백만장자가 되는 가장 확실한 방법은 항공사를 사는 것이라고 익살을 떨었다.[2] '억만장자'였던 사람이 항공사를 사면 다 털리고 백만장자로 자산이 줄어들 테니 말이다.

확실히 버핏은 투자에 성공하는 법을 잘 아는 사람이다. 1972년부터 2002년까지 30년 동안 버핏의 투자 회사 버크셔해서웨이는 25.5%라는 경이적인 수익률을 기록하며 수많은 투자자를 백만장자로 만들어줬다. 그 30년 동안 버핏의 수익률 기록을 능가했던 기업이 딱 한 군데 있었다. 바로 항공사 사우스웨스트였다.

출장이든 휴가 여행이든 간에 주요 도시를 오가거나 휴양지를 다녀오는 데 한두 시간이면 가능할 정도로 시간 절약을 많이 해줬다는 점에서 항공 여행이 우리 경제의 생산성을 향상시킨 것은 분명하다. 그러나 항공업은 수많은 항공사의 수익을 갉아먹고 파산에 이르게 한 높은 고정 비용, 경비 절감과 과잉 생산 용량, 노조와의 갈등이라는 악순환에 갇힌 산업의 좋은 예라 하겠다. 그렇다면 사우스웨스트는 어떻게 자사가 속한 업종의 이 암울한 추세를 극복하고 살아남을 수 있었는가? 수많은 기업의 실패와 파산으로 침체 상태가 된 업종에 속해있으면서 사우스웨스트는 어떻게 지난 30년 이래 가장 뛰어난 실적을 올린 기업이 될 수 있었을까?

이 항공사의 성공 비결은 비용 절감과 경쟁 우위 유지에 집중하는 신중한 경영 전략에서 찾아야 한다. 사우스웨스트는 1995년 연차 보고서에서 '여섯 가지 성공 비법'을 적시했다. 그 첫 번째가 '잘하는 것에 집중하라!'였다. 이 항공사의 성공 원칙을 이보다 더 잘 표현하기는 어렵다. 자신에게 맞지 않는 일 혹은 할 수 없는 일을 하려고 하지 마라. 경제학자들은 이런 행위를 '비교 우위 밀고 나가기' 혹은 '핵심 역량 고수하기'라고 칭한다. 대중에게 믿을 만한 저비용 항공 운송 서비스를 제공하는 일에만 초점을 맞추는 전략으로 사우스웨스트는 패자로 가득한 업종 내에서 손에 꼽을 만큼 적은 승자 집단에 이름을 올렸다.

사우스웨스트의 전략은 자사가 서비스를 제공하는 모든 시장에서 매일 '가장 싼 항공권을 제공하는 회사'가 되는 것이다. 이 전략을 실현하려면 일단 저비용 항공사가 돼야 한다는 사실을 잘 알고 있었다. 그리고 최저 비용 목표에 도달하는 유일한 방법은 회사가 보유한 물적 자원과 인적 자원의 생산성을 최대한 끌어올리는 일이었다. 사우스웨스트의 모든 사업 운영 전략은 이 기본 원칙에 바탕을 두고 있었다.

사우스웨스트는 1995년 연차 보고서에 이 점을 분명히 밝혔다. "우리는 '없음no-no'이라는 대명제 아래 다음과 같은 몇 가지 기본 원칙을 준수한다. 지정 좌석 없음, 기내식 없음, 분쟁 없음, 문제없음." 이처럼 '웬만한 부가 서비스는 다 빼고 no frill' 꼭 필요한 서비스만 제공하겠다는 접근법으로도 저비용 상태를 유지하고 또 근로자는 고객이 원하는 서비스를 제공하는 일에만 집중할 수 있게 됐다.

사우스웨스트는 수많은 항공편을 통해 접근성이 좋은 인접 공항을 오간다는 개념으로 근거리 비행 서비스를 제공하며 좌석은 일반석(1등석이나 2등석 없음) 하나로 통일돼 있다. 시장을 많이 확보하려 하지도 않으며, 다른 주요 항공사와는 달리 '대도시 거점 노선 운항 방식'이라고도 하는 허브앤드스포크 hub-and-spoke 방식을 취하려 하지도 않는다. 요컨대 대도시를 중앙 거점으로 바큇살처럼 뻗어나가는 방식의 노선 운항 방식이 아니라 중앙 거점 없이 도시와 도시를 잇는 직항 노선 방식을 취함으로써 항공편을 되도록 많이 활용하는 전략을 취한다.

오로지 보잉 737 기종 하나만 운항하는 것 또한 '단순성 유지' 접근법에 따른 또 다른 생산성 향상 전략이라 하겠다. 단일 기종 체계를 유지하면 예비 부품을 비축하거나 수많은 항공기에 투입해야 할 정비사와 조종사 훈련에 들어가는 비용을 대폭 절감할 수 있다.

이런 접근법 덕분에 사우스웨스트는 2001년 9월 11일에 발생한 테러 공격 이후에도 막대한 규모의 배당금을 지급했다. 항공업계에서는 9·11 테러와 그 이후의 경기 침체 그리고 이라크와의 전쟁 발발로 항공기 이용 승객이 20% 감소했다. 주요 항공사는 수십억 달러에 이르는 부채, 노조 측에 과도하게 유리한 근로 계약, 탄력적 대응을 어렵게 하는 조직 구조 등 각종 악재에 신음하며 바닥없이 추락하고 있었다. 처음에는 유에스항공 US Airways, 뒤이어 유나이티드항공이 파산 위기에 몰렸고 아메리칸항공 American Airlines: AA과 델타항공 Delta Air Lines도 거의 문을 닫을 뻔했다.

사우스웨스트도 이익률이 많이 떨어지기는 했으나 고전하는 다른 항공사와는 달리 여전히 이익을 내고 있었다. 2003년 4월에 사우스웨스트 주식의 시장 가치는 미국 내 다른 항공사 전부의 시장 가치를 합친 것보다 높았다. 더구나 이는 항공업계 전체 승객의 단 8%를 보유한 항공사가 거둔 실적이라 더욱 대단했다.[3]

생산성 부분이 사우스웨스트 성공의 핵심 측면이었던 것만은 분명했다. 그러나 이보다 더 중요한 측면은 바로 '비교 우위'에 초점을 맞췄다는 사실이다. 즉, 불필요한 부가 서비스를 제공하지 않는 이른바 저비용 항공사라는 사우스웨스트만의 장점을 극대화하는 데 전력을 다한 부분이 먹혔다고 본다. 제1장에서 지적한 바와 같이 이것이야말로 사우스웨스트, 즉 세계에서 가장 큰 성공을 거둔 기업의 성공 전략이었다. 세계에서 가장 성공한 투자자 워런 버핏 역시 자신이 잘 '하는' 혹은 잘 '아는' 분야에 집중하는 것이야말로 성공 투자의 비결이라고 말한다.[4]

유통업: 월마트의 사례

높은 생산성과 장점에 집중하는 경영 전략으로 투자 성공을 이뤄낸 기업이 사우스웨스트 하나만은 아니다. 1962년에 샘 월튼 Sam Walton이 인구가 3,000명밖에 안 되는 아칸소주의 소도시 벤턴빌에 잡화점을 차렸다. 20세기가 끝나갈 무렵이 되자 월마트는 매출 기준으로 세계 최대 기업이 된다. 2003년 매출 실적 2,590억 달러는 23개국의 GDP를 합친 것보다 더 큰 수치였다.

월마트의 성공은 하루아침에 이뤄진 것이 아니다. 샘 월튼은 초창기 때의 매장 상황에 절대 만족하지 않고 월마트의 영업 방식과 전략을 계속해서 개선했다. 새로운 아이디어를 찾으려 경쟁업체에 대한 연구를 끊임없이 이어갔다. 특히 한 업체가 유독 월튼의 관심을 끌었고 본인도 1970년대 초에는 이곳이 월마트보다 더 좋았다는 점을 인정했다. "시간만 나면 그 매장에 들러 사람들과 이야기를 나누면서 잘 나가는 이유를 알아내려고 애를 썼어요." 월튼의 아내 헬렌도 그때 일을 이렇게 떠올렸다. "샘은 매장을 그냥 지나치는 법이 없었어요. 꼭 들러서 살펴보곤 했지요. 좀 괜찮다 싶은 동네를 지날 때 보면 어디에 어떤 매장이 있는지 다 알고 있었고요. 샘이 매장을 둘러보러 가면 나는 아이들과 함께 차 안에 있었지요. 그러면 아이들은 늘 이렇게 말했어요. '아, 아빠 또 가? 제발 그만 좀 가.'"**5**

세계에서 가장 큰 유통업체 창업자의 마음을 사로잡은 그 업체는 어디였을까? 바로 케이마트였다. 월마트라는 이름도 케이마트에서 따왔을 정도로 샘 월튼은 이 기업에 완전히 매료됐다.

유통업계 역사상 가장 큰 아이러니 가운데 하나는 유통업계 최대 기업의 창업주에게 가장 큰 영감을 줬던 케이마트가 월마트 상장 30년 후에 파산했다는 사실이었다. 그 당시 월마트에 1,000달러를 투자했으면 30년 후에는 사우스웨스트 그리고 워런 버핏의 버크셔해서웨이의 뒤를 이어 고수익 순위 3위에 올랐을 테지만, 케이마트에 투자했다면 한 푼도 건지지 못했을 것이라는 의미다.

사우스웨스트와 월마트는 기업의 성공이 자본적 지출 확대 전략이나 기술 최우선주의에 달리지 않았다는 사실을 잘 보여준다. 그렇다고 '기술'이 월마트의 성공에 아무런 역할도 하지 않았다는 의미는 아니다. 실제로 월마트는 각 매장의 매출 관리에 첨단 기술과 통신 장비를 활용하는 점에서 선도적 역할을 했다. 1969년에 월마트는 컴퓨터를 최초로 사용한 유통업체 중 하나였다. 1980년에는 계산을 더 간편하게 하고자 계산대에서 바코드를 사용하기 시작했고 1980년대 말에는 무선 스캐너를 사용해 재고 관리를 했다. 첨단 기술이 적용된 월마트 물류 센터를 방문한 수많은 사람이 그렇게 인상적인 최첨단 시스템은 처음 봤다며 감탄을 쏟아냈을 정도다.

그러나 다른 경쟁 업체보다 무려 50%나 높은 월마트의 생산성은 기술보다는 전략적 팽창 계획과 경영 방침에 힘입은 측면이 더 크다. '월마트 효과 The Wal-Mart Effect'라는 제목으로 발표된 맥킨지 McKinsey & Co. 보고서의 결론은 이렇다.

월마트의 사례는 신경제에 관한 과장된 선전을 논박하는 확실한 증거다. 적어도 월마트가 보인 생산성 우위 중 절반은 매장의 효율성을 높이는 데 집중한 경영 혁신에서 비롯된 것이며 정보기술과는 무관하다.[6]

월마트의 성공 전략

월마트의 경쟁 우위는 백화점 고객을 끌어오는 데 주효했던 가격 경쟁력에서만 비롯됐다고 보기 어렵다. 사실 가격 우위 전략은 케이마트의 전신 크레스지 **Kresge** 의 사장이었던 해리 커닝햄 **Harry Cunningham** 이 1960년대 초에 고안한 전략에 기반을 둔다. 커닝햄은 변화하는 업계 추세에 맞춰 기존 잡화점 영업을 매년 10%씩 줄이고 할인점 영업을 신속히 확대하기로 했다. 이에 따라 커닝햄은 1962년에 미시간주 가든시티 **Garden City** 에 케이마트 최초의 할인 매장을 열었다.

초창기에는 급속한 성장세를 보였다. 1977년에 케이마트 매장은 1,800개에 육박했는데 월마트는 겨우 195개였다. 케이마트의 성공으로 시어스로벅이 움츠러들었고 케이마트 주가는 고공 행진을 벌였다.

케이마트는 대도시에 위치했고 잡화점 운영 당시의 유통망을 그대로 사용했다. 그러나 월마트는 대도시와는 비교가 안 되는 아칸소주의 소도시 벤턴빌에서 영업을 시작했다. 이렇게 작은 마을에는 월튼의 매장에 물건을 대줄 대형 유통업자가 없었다. 그래서 월튼은 벤턴빌에 있는 오래된 차고에서 1차로 물품을 받아서 그곳에서 소규모로 재포장하는 작업을 거친 다음에 다른 유통업자를 통해 이 소포장 제품을 자신의 매장으로 배송하게 했다. 월튼은 이는 '비용도 많이 들고 매우 비효율적인' 절차였다고 말한다.

그러나 샘 월튼은 마침내 경쟁 우위 요소를 발견했고 그 파괴적 효과를 통해 결국 커닝햄의 자리를 차지할 수 있게 됐다. 케이마트와는 달리 월마트는 전국 각지에 매장을 여는 대신에 운송비 최소화를 목적으로 일정 지역에 군집형으로 몰려 짓는 방식으로 사세를 확장했다. 물류 센터에서 물품을 공급받을 수 있는 지역에 매장을 한두 개 열고 또 그다음에는 수요가 충분히 많은 인근 지역에 같은 형태로 매장을 여는 방식을 취했다. 월마트는 이를 '집중화 전략saturation strategy'이라 칭했고 이 전략으로 물류 센터에서 매장까지의 운송비용을 최소화했다. 이 전략은 멋들어지게 먹혔다. 이와는 대조적으로 케이마트의 폭발적 성장은 오히려 기업이 스스로 무너지는 빌미가 됐다. 유통 비용을 고려하지 않고 사세를 확장하는 전략을 구사한 케이마트는 결국 할인점의 기본 원칙을 망각한 셈이었다.

월마트의 물류 및 인사 담당 부사장이었던 조 하딘Joe Hardin은 이렇게 말했다. "수많은 기업이 꼭 필요하다 싶을 때까지 웬만해선 유통 부분에 돈을 쓰려 하지 않아요. 그러나 우리는 다릅니다. 이 부분에서 경비 절감 효과가 계속 나타나기 때문에 투자를 하는 겁니다. 월마트의 전략을 이해하는 데는 이 부분이 매우 중요한 지점입니다."[7] 월마트의 저비용 구조는 신중한 매장 확대 방식과 효율적 유통망이 결합된 결과물이다.

월마트는 사우스웨스트처럼 처음에는 자사가 활동하는 소규모 지역 시장에 집중하는 전략으로 성공을 거뒀다. 또한 두 기업 모두 저가 전략을 기반으로 했다. 사우스웨스트의 모토는 "언제 어디서나 저가 항공"이었고 월마트는 "항상 싸게"를 기치로 내걸었다. 가격 경쟁력 전략이야말로 두 기업의 성공에 핵심적인 요소였다.

철강업: 뉴코의 사례

철도와 석유 산업에 이어 19세기 말부터 20세기 초까지는 철강업이 산업계를 지배했다. 유에스스틸은 기업 공개에 나선 단일 기업으로는 역대 최대 기업이었다. 1901년에 기업을 공개한 유에스스틸의 당시 시장 가치는 14억 달러로서 미국 기업 중 시가총액이 10억 달러를 넘어선 최초의 상장사가 됐다.

베슬리헴스틸의 역사는 1857년부터 시작됐다. 펜실베이니아주 베슬리헴에 소재한 베슬리헴 철강 공장은 금문교와 조지 워싱턴 다리, 록펠러 광장, 월도프 아스토리아Waldorf-Astoria 호텔, 시카고 머천다이즈 마트 Chicago Merchandise Mart, 미 연방 대법원 같은 랜드마크(주요 건조물)에 사용한 철강을 공급했다. 제2차 세계대전 당시에는 전함을 1,121척이나 건조했다. 유에스스틸과 베슬리헴스틸은 미국에서 소비하는 철강의 약 절반을 공급할 정도로 이 두 기업은 미국 경제의 성장 동력 역할을 했다.

그러나 이미 1970년대 초부터 미국 철강 회사들은 외국 업체와의 경쟁 때문에 몸살을 앓고 있었다. 제2차 세계대전 당시만 해도 100만 명이나 됐던 미국 철강 노동자의 수가 2002년에는 14만 명으로 급감했다. 그리고 역시 2002년에 베슬리헴스틸이 파산 신청을 했고 한때 30만 명이 근무했던 사업장을 폐쇄하기에 이르렀다. 유에스스틸도 휘청댔으나 이 또한 자업자득인 측면이 있었다.

철강주 투자자에게는 이보다 더 나쁠 수 없다 싶을 정도로 당시 철강 산업의 환경은 분명히 좋지 않았다. 그런데 그 와중에도 열악한 시장 흐름을 거스르며 투자자에게 수익을 안긴 기업도 있었다. 뉴코Nucor였다. '소규모 제철 공장 가동 및 고철 재활용 기술minimill' 활용의 선두 주자였던 뉴코는 지난 30년 동안 투자자에게 만족스러운 투자 수익을 안겼다. 다른 주요 철강 회사들이 직원을 해고하고 파산 신청을 하는 와중에 뉴코만은 매출이 연 17%씩 증가하면서 미국 제2의 철강 회사가 됐다. 그리고 당연한 말이지만 이런 성장세는 뉴코 투자자에게 큰 이득이었다. 철강업 전체가 지난 30년 동안 시장 평균을 4% 정도 밑돌았으나 뉴코는 같은 기간에 시장 평균을 5% 이상 웃돌았다.

'빅 스틸'로 불리는 기존의 철강 최강자들을 무너뜨린 뉴코의 성공 비결을 '획기적 기술'에서 찾는 사람들이 많다. 그러나 《좋은 기업을 넘어 위대한 기업으로》의 저자 짐 콜린스는 이렇게 쓰고 있다.

뉴코의 CEO 켄 아이버슨Ken Iverson에게 좋은 기업을 위대한 기업으로 변화시킨 요소 다섯 가지를 말해달라고 했을 때 아이버슨이 '기술'을 몇 번째로 꼽았을 것 같은가? 첫 번째? 아니다. 두 번째? 아니다. 세 번째? 그것도 아니다. 그럼 네 번째? 아니다. 그렇다면 다섯 번째인가? 미안하지만 그것도 아니다. 기술은 이 다섯 가지 중에 끼어 있지도 않았다. 아이버슨은 이렇게 말했다. "가장 중요한 요소는 우리 회사가 보여준 일관성 있는 경영 방침이고 또 회사의 철학과 방침을 전체 조직에 스며들게 하는 능력이겠지요. 고루한 계층 구조와 관료적 질서를 타파한 조직 문화였기에 가능한 일이었다고 봅니다."[8]

뉴코의 또 다른 임원은 이렇게 말했다. "우리가 활용한 기술이 우리의 성공에 기여한 비율은 20% 정도고 나머지 80%는 우리 조직의 문화에서 비롯됐습니다."[9]

콜린스는 이렇게 결론 내린다. "뉴코와 똑같은 자원을 보유한 다른 기업에 뉴코와 똑같은 기술을 똑같은 시간 동안 사용하라고 해도 뉴코와 똑같은 결과를 얻지는 못할 것이다. 데이토나 500 Daytona 500(자동차 경주 대회)에서 우승의 주요 변수는 자동차 자체가 아니라 운전자와 팀인 것과 마찬가지다."[10]

뉴코의 소규모 제철 기술이 유에스스틸과 베슬리헴스틸 같은 종합 철강 회사의 낡은 기술을 대체하기는 했으나 진정한 경쟁 우위는 기술이 아니라 근로자와의 관계에 있었다.

켄 아이버스는 자신의 저서 《솔직한 이야기 Plain Talk》에서 자신이 생각하는 대다수 기업의 문제를 이렇게 기술하고 있다.

대다수 기업에 여전히 불평등이 만연해 있다. 피라미드형 조직 구조의 상층부에 있는 이른바 높으신 양반들은 자신들에게 온갖 특권을 있는 대로 부여하고 실제로 현장에서 일하는 직원들 앞에서 그 특권을 과시한다. 그러면서 비용을 절감하고 수익성을 높이라고 그렇게 닦달하는데도 직원들이 왜 꿈쩍도 하지 않는지 의아해한다. 서열과 특권을 강조하는 위계 구조를 통해 계속 찍어 누르기만 했으면서, 또 그 직원들의 동기를 부여하겠다며 경영진이 수백만 달러를 쏟아 붓는 것을 생각하면 참으로 한심해서 머리를 절레절레 흔들 수밖에 없다. 왜 저러지?[11]

뉴코의 경영진은 손님 접대용 공간을 따로 두지 않았다. 중요한 손님이 와도 필스 다이너Phil's Diner라는 길 건너 샌드위치 가게로 가서 접대를 한다. 뉴코 경영진이 받는 혜택이나 일반 직원이나 별반 차이가 없다. 아니, 오히려 직원보다 못한 혜택을 받는다. 뉴코가 경영진과 일반 직원 간의 계층 차이를 타파하려는 목적으로 시행하는 몇 가지 정책을 살펴보면 다음과 같다.

- 모든 근로자는 고등교육 수당으로 자녀 한 명당 매년 2,000달러를 받는다. 그러나 경영진은 이런 혜택을 받지 못한다.
- 뉴코는 9,800명이 넘는 모든 직원의 명부를 만들어 직함 구별 없이 알파벳순으로 연차 보고서에 올린다.
- 회사 차량이나 보트, 비행기가 없고 주차 공간도 따로 배정하지 않는다.
- 모든 직원이 보험 혜택과 휴가 일수에서 동일한 규칙을 적용받는다.
- 전 직원이 현장에서 똑같이 스파크 보호 처리된 녹색 상의와 안전모를 착용한다 (대다수 종합 철강회사는 색깔로 직책이나 지위를 구분함).[12]

워런 버핏은 이렇게 말했다. "효과적 동기 부여책의 전형적인 사례라 할 수 있지요. 내가 생산직 근로자였으면 당연히 뉴코 직원이 되고 싶었을 겁니다."[13]

짐 스트로마이어Jim Strohmeyer는 자신의 저서 《베슬리헴의 위기 Crisis in Bethlehem》에서 일반 직원에 대한 불평등한 대우로 가득한 베슬리헴의 조직 문화를 꼬집었다. 스트로마이어는 임원들이 아이들을 학교에 데려다준다거나 주말여행을 가는 등 사적인 용도로 회사 차량을 마음대로 사용하는 상황을 상세히 그리고 있다. 그리고 베슬리헴은 회사 돈을 들여 컨트리클럽을 싹 개조했는데 여기서는 서열에 따라 샤워장을 쓰는 순서도 정해져 있다고 한다. 더 이상 무슨 말이 필요하겠는가?[14] 이 정도로도 상황을 충분히 알 수 있을 것이다.

다들 무너지는 와중에 홀로 성공한 기업

사우스웨스트항공, 월마트 그리고 뉴코. 이 세 기업은 각 업종에 투자한 사람들이 손실을 떠안고 있을 때 홀로 번창하는 모습을 보였다. 이 세 기업의 공통점은 무엇이고 다들 어떻게 필패의 대세를 거스를 수 있었는가?

세 기업 모두 비용을 절감하고 소비자에게 가능한 한 저렴한 가격에 품질 좋은 제품과 서비스를 제공한다는 목표를 꾸준히 추진했다. 그리고 셋 다 직원들의 생산성을 극대화하는 부문에서 선구적 역할을 했다. 각기 속한 업종에서 저비용 생산자가 되는 데 필요한 독창적 전략을 개발했다.

그래도 가장 중요한 성공 요소는 역시 경영 방침에 있다고 본다. 이 세 기업의 경영진은 기업이 각기 정한 목표를 달성하려면, 무분별한 사업 확장은 피하는 한편 모든 직원을 기업의 일부로서 존중하는 근로 환경 조성이 중요하다는 점을 인식했다.

투자자로서는 이들 기업의 성공 요인을 분석해보지 않을 수 없었다. 최첨단 기술 혁신의 선두에 선 업종이 아니라 정체된 혹은 쇠퇴

기를 겪는 업종에서 고실적주가 나왔으니 말이다. 이런 기업 뒤에는 효율성에 초점을 맞추고 소속 업종의 시장 상태와 관계없이 선도적 위치를 점할 가능성이 있는 이른바 경쟁력 있는 틈새시장을 개발하는 데 주력한 경영진이 있었다. 시장이 종종 과소평가하는 이런 특성을 갖춘 기업이야말로 투자자가 눈여겨보며 매수해야 할 종목이다.

제3부

주주가치의 근원

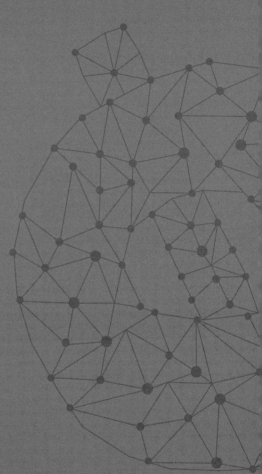

제 9 장

증거를 보여 줘!:
배당금, 주식 수익,
기업의 지배 구조의 관계

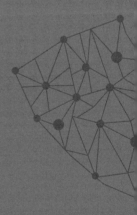

젖소의 가치는 우유에 있고 암탉의 가치는 달걀에 있지.
그리고 주식의 가치는 당연히 배당금 아니겠어?
과수의 가치는 과일이고 꿀벌은 꿀이지.
그리고 주식의 가치는 배당금이지, 암 그렇고말고.

| 존 버 윌리엄스 John Burr Williams,
《투자 가치 이론 The Theory of Investment Value》, 1938년 |

2004년 7월 20일 화요일에 마이크로소프트가 약 110억 주에 이르는 유통 주식에 대해 주당 3달러, 총 320억 달러를 일회성 배당금으로 지급한다고 발표했다. 게다가 분기 배당금을 2배로 올려 지급하고 향후 4년간 주식 400억 달러어치를 환매수한다고 밝혔다. 1975년에 설립한 마이크로소프트는 1986년에 기업 공개를 한 이후로 투자자에게 연간 37.6%라는 경이로운 수익률을 안겨줬다. 상장 후 처음 16년 동안은 그 수익이 오로지 주가 상승분에서 비롯됐다. 배당금 수익은 전혀 없었다. 그런데 이제는 아니었다. 마이크로소프트가 지급하겠다고 발표한 특별 배당금 320억 달러는 미국 내 상장 기업 약 70개의 시장 가치보다 큰 규모였고 제너럴모터스와 포드 같은 대기업의 총 시장 가치를 웃도는 수준이었다.

마이크로소프트의 특별 배당금 지급 발표가 난 다음날 시장에서는 2억 200만 주가 거래됐다. 느닷없이 배당금을 지급하겠다고 나선 마이크로소프트의 행보에 대한 의견이 극명하게 갈린 데 따른 현상이었다. 일부 분석가는 마이크로소프트가 결국은 성장 전망이 어둡다는 사실을 인식하고, 그렇다면 현금 560억 달러를 굳이 보유할 필요가 없다는 판단에 따라 그러한 결정을 내렸다고 결론 내렸다. 그러나 이 발표를 낙관적으로 보는 쪽에서는 주주에게 이익금을 되돌려주는 행위는 기업의 주요 기능 가운데 하나이며 마이크로소프트가 주주에게 이로운 일을 하기로 결정했다고 말했다.

그렇다면 다음 중 어느 쪽의 선택이 옳았을까? 마이크로소프트가 이익을 주주에게 돌려줬다는 이유로 그 주식을 산 투자자가 있다. 그리고 배당금을 지급한다는 것은 앞으로의 수익 전망이 어둡다는 신호라는 이유로 그 주식을 팔아버린 투자자가 있다. 어느 쪽이 승자일까? 역사는 이 질문에 대한 해답을 아주 명확히 제시해준다. **배당금은 언제나 주주 수익의 주요 원천이었고 배당수익률이 높은 기업은 투자자에게 시장 평균 이상의 수익을 안겨줬다.**

큰그림

주식 시장 수익 자료에 관한 역사적 고찰에서 나온 아래와 같은 중요한 사실을 생각해보라.

1871년부터 2003년까지 주식 투자 원금 총 증가액의 97%는 배당금 재투자에서 비롯됐다. 그리고 자본 이득(주가 상승분)에서 비롯된 부분은 3%에 불과하다.

[그림 9-1]을 보자. 1871년에 주식에 투자한 1,000달러는 2003년 말이 되면 물가상승률을 감안해 거의 800만 달러로 불어났을 것이다.[1] 그러나 배당금 재투자를 하지 않았다면 투자 원금 증가액은 25만 달러도 안 될 것이다.

122년 동안 투자자는 배당금을 9만 달러가량 모았다. 이 배당금을 주가 상승분에 단순 가산하면 총액은 100만 달러의 3분의 1, 즉 30만 달러가량이 될 것이다. 그러나 이 총액은 배당금을 재투자할 때의 증가액에 비하면 새발의 피 수준이다. 연수익으로 따져도 그 수치가 어마어마하다. 배당금을 재투자하지 않으면 물가상승률 감안 연평균 수익률은 7%에서 3분의 1 이상 감소한 4.5%로 줄어든다.

배당금은 전체 시장에만 이득이 아니다. 개별 종목에도 이득이 된
다. S&P500 지수가 탄생한 1957년부터 현재까지 이 지수에 편입된
기업의 실적을 조사했다. 나는 매년 12월 31일에 S&P500 지수에 속
한 기업을 배당수익률을 기준으로 5개 집단으로(혹은 5분위 수로) 분류
한 다음에 이듬해의 수익을 계산했다. 첫 번째 집단은 배당수익률 순
위가 하위 20%에 속하는 기업군이다(배당금을 지급하지 않는 곳이 많았
고 특히 최근에는 더 그러했음). 두 번째 집단은 배당수익률 기준으로 그
다음 20%에 속하는 기업들이다. 배당수익률이 가장 높은 기업군은
다섯 번째 집단에 속한다. 그리고 각 집단을 대표하는 포트폴리오의
수익률을 계산한 다음, 같은 기준에 따라 집단을 재분류했다. [그림

[그림 9-1] 자본 이득과 배당금 재투자 수익

9-2]에서 그 놀라운 결과를 확인할 수 있다.

배당수익률이 높은 기업군으로 구성한 포트폴리오가 더 높은 투자수익률을 기록했다. 투자자가 1957년 12월 말일에 S&P500 지수 펀드에 1,000달러를 투자했다면 2003년에 그 돈은 연 수익률 11.19%에 해당하는 13만 768달러로 불어났을 것이다. 지수 펀드 대신에 배당수익률을 가장 많이 지급하는 기업군, 즉 배당수익률 기준 상위 20%에 속하는 기업군에 투자했다면 지수 펀드에 투자했을 때의 증가액보다 3배 이상 많은 46만 2,750달러로 원금이 증가했을 것이다. 배당수익률이 높은 기업군은 투자 위험률이 S&P500보다 약간 높지만, 연 수익률이 14.27%로서 S&P500 수익률과의 격차가 양자 간의 위

[그림 9-2] 배당수익률로 분류한 S&P500 대비 누적 수익

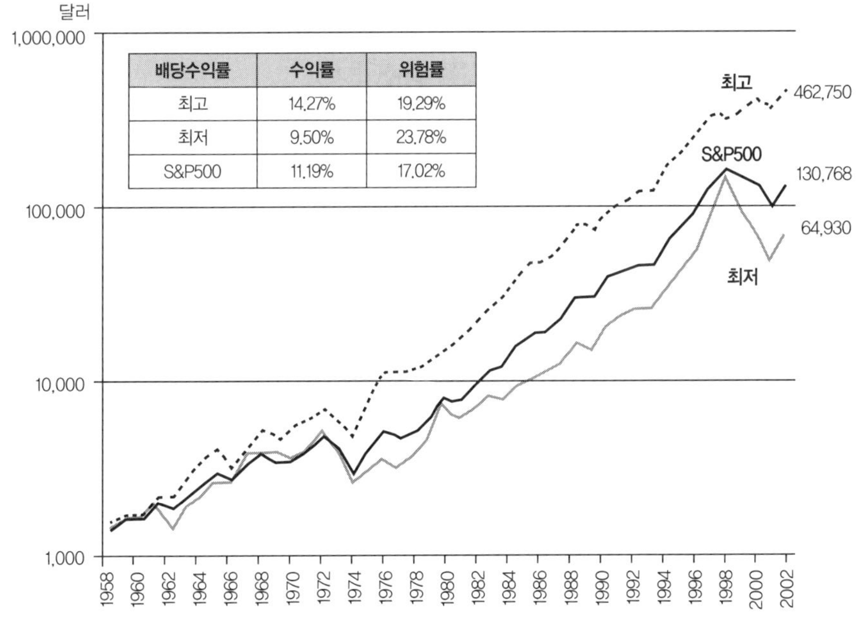

배당수익률	수익률	위험률
최고	14.27%	19.29%
최저	9.50%	23.78%
S&P500	11.19%	17.02%

험률 격차보다 크므로 이를 벌충하고도 남는다. 배당수익률 기준 하위 20%에 속하는 기업군에 투자했다면 연 수익률이 10%에도 못 미치며, 지수 펀드에 투자했을 때의 원금 증가액의 절반 정도밖에 손에 쥐지 못할 것이다. 배당금을 지급하지 않는 종목을 포함해 배당수익률이 가장 낮은 기업군은 위험률마저 가장 높았다.

1990년대에는 기술주 거품 때문에 배당수익률이 낮은 기업군(거의 대다수가 독점 기업으로서 당시 배당금을 전혀 지급하지 않았음)의 수익률이 높았고 S&P500 지수의 수준도 이와 비슷했다는 점에 주목하라. 그러나 시장 흐름이 바뀌면서 주가 고공 행진을 벌이던 기술주가 철퇴를 맞았다. 배당수익률이 낮은 종목은 거품이 시작되기 이전으로 되돌아가 수익률에서 다시 꼴찌를 차지하게 됐다.

배당수익률 감소 추세

주식 투자 수익에서 배당금이 중요한 역할을 한다는 점은 역사적 자료에서 우연히 드러난 사실만은 아니다. 배당금은 기업 수익과 주식 가치(주가) 간의 관계에서도 중요한 요소로 작용한다. 금융 이론에서는 특정 자산의 가치는 그 자산에서 향후 발생할 현금 흐름의 현재 가치로 나타난다고 말한다. 주식에서 현금 흐름은 이익이 아니라 배당금으로 나타난다. 이익은 목적을 위한 하나의 수단일 뿐이며 여기서 목적은 투자자가 받을 현금 수익을 극대화하는 일이다.

역사적 자료도 그렇고 이론적으로도 배당금의 중요성이 입증됐음에도 불구하고 지난 20년 동안 주식의 배당수익률은 역대 최저 수준으로 떨어졌다. [그림 9-3]이 이런 추세를 잘 보여준다. 1871년부터 1980년까지 주식의 평균 배당수익률은 5%였다. 이 기간 주식의 연간 실질 수익률은 76%였다.

그러나 1980년대부터 배당수익률이 꾸준히 하락세를 나타내기 시작하더니 급기야 1990년대에는 급락세로 들어섰다. 기술주 거품이 최고조에 달했던 2000년에 S&P500의 배당수익률이 겨우 1% 남짓한 수준으로까지 떨어졌고 그 이후로 여기서 약간 회복되는 선에 그쳤다.

배당수익률이 왜 이렇게 낮아졌을까? 지난 역사가 보여주듯 주식투자 수익에서 배당금이 가장 중요한 요소라 해도 과언이 아닌데 왜 갑자기 '중요하지 않은' 요소가 돼버렸을까?

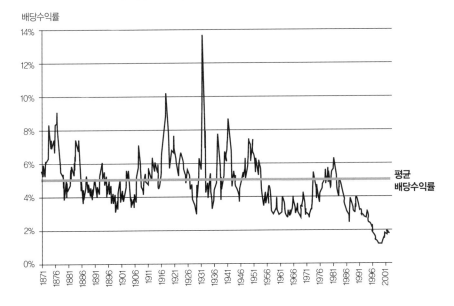

[그림 9-3] 배당수익률(1871~2003년)

여기에는 세 가지 이유가 있다. 첫 번째는 배당금을 지급하는 기업은 성장이라는 매우 가치 있는 선택지를 버린 것이라는 잘못된 믿음 때문이다. 두 번째 이유는 배당금 지급에 이중으로 과세하는 미국의 조세 제도 때문이다. 그리고 세 번째는 경영진에 대한 스톡옵션 추세의 확산 때문이다. 이 때문에 경영진은 주주에게 배당금을 지급하는 쪽보다 주가를 끌어올리는 쪽에 더 관심을 두게 됐다.

성장과 배당금

기업의 이익금을 배당금의 형태로 주주에게 나눠주는 기업을 조롱하는 사람들은 배당금 지급에 돈을 쓰는 것은 고속 성장하는 기업한테서 주요한 자본의 원천을 탈취하는 것이나 마찬가지라고 주장한다. 배당금 지급을 통해 주요 자본 조달원을 막아 버림으로써 고속 성장의 기회를 박탈하는 것과 다름없다는 취지다.

전 헤지 펀드 관리자이자 기술주에 투자하는 자산관리회사의 공동 창업자 앤디 케슬러 Andy Kessler가 〈월스트리트저널〉에 '나는 배당금을 증오한다 I Hate Deividends.'라는 제목의 글을 썼다.

시장 가치가 100억 달러가 넘는 곳 중 배당금을 많이 지급하는 기업 목록을 살펴보라. 그러면 빈털터리가 돼 귀향하는 사람들처럼 미국의 미래와 함께하지 못하고 스러진 기업이 눈에 들어올 것이다. 듀크에너지(5.6%), 이스트먼코닥(5%), 포드(4.1%), GM(5.4%), JP모건체이스(5.6%), 에스비시 커뮤니케이션(3.9%), 버라이즌(3.9%) 등등이다. 부채가 많고 성장이 더딘 혹은 전혀 성장을 못하는 기업이 배당금으로 투자자를 유인한다. 시장 분석가라면 앞으로 배당금 지급을 중단할 가능성이 있는지 없는지 헷갈리는 수준에 그치겠지만, 투자자는 돈이 왔다 갔다 하는 상황이니 더욱 화가 치밀게 될 그런 기업으로 말이다. 이런 기업은 무조건 피하라. 배당금이라는 당의정으로 부실한 기업 상태를 포장하고 있을 뿐이다. 그래도 배당 수익을 원한다면 차라리 채권을 사라.

배당금은 경제 성장을 견인하지 않는다. 쇠락하는 기업이 투자자에게 배당금을 뇌물로 바치고 있을 뿐이다. 미래가 있는, 또 미래를 생각하는 기업이 영업 활동에 투자해 고수익을 내도록 독려하라. 배당금만이 중요하다면 우리는 여전히 철도주에 투자하고 있었겠지, 그렇지 않은가?[2]

케슬러의 주장이 꽤 설득력 있게 들리기는 하지만, 이에 못지않게 그 정반대 사실을 뒷받침하는 구체적인 증거도 있다. 제2장에서 기존 기업의 평균 수익률이 신규 기업을 압도했다고 설명한 바 있다. 제4장에서는 조사 대상이었던 10개 산업 부문 중 9개 부문에서, 신뢰도 높은 S&P500 지수에 추후 편입된 기업이 지수를 처음 작성한 1957년에 최초로 편입됐던 원년 기업보다 실적이 낮았다는 사실도 제시했다.

케슬러는 철도주에 투자하는 사람을 조롱했지만, 지난 45년 동안 철도주는 상위 업종인 산업재 부문 전체는 물론이고 S&P500 지수를 능가하는 실적을 올렸다. 반면에 배당금을 적게 지급하는 기술주는 시장 평균을 웃도는 실적을 거의 내지 못했다.

안타깝게도 기업으로 하여금 자금을 쏟아 붓게 한 '성장'이라는 허울 좋은 명분은 화수분이 아니라 한정 없이 돈만 꿀꺽 먹어버리는 '밑 빠진 독'이 됐을 뿐이다. 제7장에서 자본적 지출을 과도하게 하는 이른바 '자본 먹는 하마'로 분류된 기업은, 자본을 알뜰하게 사용하는 기업의 실적을 능가하지 못했다고 설명했다.

그렇다면 이익 증대를 목적으로 다른 기업을 인수할 기회를 노리며 막대한 현금을 비축해 놓은 기업은 어떨까? 이 역시 투자자에 유리한 선택지는 아니다. 오하이오 주립대학교, 피츠버그 대학교, 서던메소디스트 대학교 등이 참여한 '대규모 부의 파괴'라는 제하의 연구에서는 다른 기업을 인수하는 쪽의 주주는 1998년부터 2001년까지 4년 동안 총 2,400억 달러를 잃었고 "인수에 따른 역 시너지에서 큰 손실이 발생했다."라고 결론 내렸다.[3] 워싱턴 대학교의 재라드 하포드 Jarrad Harford는 〈저널오브파이낸셜 Journal of financial〉에 발표한 글에서 "현금이 풍부한 기업은 현금 초과 보유액 1달러당 7센트의 손실이 난다."라고 결론 내며 이 연구 결과를 뒷받침해줬다.[4]

기업 금고에 현금을 대량으로 비축해 놓는 것은 현금을 주머니에 넣어 놓는 것이나 마찬가지다. 자꾸 쓰게 된다. 비축해놓은 현금은 많은데 그 장부 가치에 비해 주가가 낮은 기업이 투자처로 괜찮은지 질문을 자주 받는다. 그러면 나는 "일단 경계하세요!"라고 답한다. 자신이 해당 기업을 통제할 수 있다는 확신이 들고 또 주주에게 현금을 푸는 상황에서만 그 주식을 사라고 권한다. 워런 버핏의 스승 벤저민 그레이엄이 주주의 이익을 위해서는 돈을 쓰지 않는 기업을 찾아다닐 때 즐겨 쓰던 기법이다. 신속히 그 기업의 주도권을 잡을 가망이 없으면 나는 일단 물러난다. 그런 기업은 경영진이 수년 내에 막대한 규모의 현금을 애먼 곳에 마구 써버릴지도 모른다.

워런 버핏과 버크셔해서웨이

배당금이 중요하다는 말에 워런 버핏 추종자들이 고개를 갸우뚱하는 장면을 상상해보라. 나 역시 버핏을 숭배하는 한 사람으로서 배당금을 지급하지 않고 현금을 비축하는 버핏의 이른바 '무배당 현금 비축' 정책이 어떻게 그리 잘 먹혔는지 설명해야 할 필요가 있다고 생각한다. 버핏의 투자 회사 버크셔해서웨이는 1967년 말에 일회성으로 주당 10센트를 배당금으로 지급한 이후로는 배당금을 지급하지 않았다. 버핏은 배당금 지급을 항상 반대했고, 초기에 이사회가 배당금 지급을 결정한 것은 자신이 화장실에 갔을 때 표결이 이뤄졌기 때문이라고 말한다.[5] 버크셔해서웨이는 배당금을 지급하지 않았어도 지난 40년 동안 고실적주 가운데 하나였다.

버크셔가 배당금을 지급하지 않는 중요한 이유는 바로 세금 때문이다. 2003년에 〈나이트라인 Night Line 〉에서 진행자 테드 커플 Ted Koppel 이 버핏을 인터뷰할 때 이렇게 말했다. "세금을 부과하지 않으면 우리도 배당금을 지급할 수 있어요. 그게 우리 주주에게 도움이 되니까요."[6] 다시 논하겠지만, 버핏은 최근에 미 세법이 개정됐는데도, 투자자가 보유 주식을 팔 때만 세금을 부과하는 등 자본 이득 부분에 집중하는 기업 쪽에 세제 혜택을 부여하는 조항이 여전히 존재한다고 주장한다. 이와는 대조적으로 배당금은 수령하는 즉시 자동 과세된다. 결과적으로 기업이 영업 활동을 확대하거나 다른 기업을 인수하거나 자사 주식을 환매수하는 등의 방식으로 이익금을 수익이 나는 방향으로 재투자할 수 있다면, 투자자가 납부해야 할 세금을 추후로 이연하는 효과가 있다.

그러나 대다수 기업이 이익금을 수익성 있게 재투자할 수 있을지는 단언하기 어렵다. 앞서 언급했듯이 투자자의 수익을 늘리기는커녕 줄이는 쪽으로 이익금을 써버리는 경영자가 너무 많다. 경영진은 비용에 대한 통제력을 상실하고 임원의 특혜를 늘리거나 건물이나 시설을 호화롭게 꾸미는 일에 돈을 펑펑 쓴다. 경제학자는 이런 쓸데없는 지출을 '대리인 비용'이라고 칭하는데, 소유주와 경영자가 분리된 기업에는 이 대리인 비용이 어느 정도 존재한다.

존경받아 마땅한 워런 버핏은 돈을 함부로 쓰지 않는 절제력을 지녔고 모든 경영진이 대리인 비용을 탐하지 않게 독려해줄 매우 드문 경영자에 속한다. 주주와 자신을 동일시함으로써(실제로 자신의 막대한 재산 전부를 버크셔에 투자했음) 늘 자신과 주주에게 이익이 되는 방향으로 행동한다.

버핏은 사람들에게 솔직하게 말하는 편이다. 잘못된 일이든 잘된 일이든 다 이야기하고 이익금을 어떻게 사용했는지도 정확히 밝힌다. 나쁜 소식을 좋게 포장하지도 않고 주가를 억지로 끌어올리려고도 하지 않는다. 매력적인 투자 기회가 아니라면 막대한 현금 흐름이 발생해도 함부로 투자하지 않는다. 버핏은 시장에 기회가 나타났을 때 그 기회를 잡게 해준다는 측면에서 현금 보유를 매우 유용한 선택지로 여긴다.

버핏의 전략을 기준으로 한다면 주주에게 배당금을 지급하는 대신에 현금을 보유하는 방침은 분명 의미가 있다. 자금 조달이 어려운 시기에는 현금을 보유한 사람들이 중요한 계약을 성사시키는 데 유리하다. 버핏은 특히나 이런 기회를 포착하는 데 매우 능하다. 게다가 주가가 너무 저평가됐다 싶을 때는 공개 시장에서 환매수를 통해 주식을 사들이는 일도 가능하다. 실제로 버크셔해서웨이 A 주식(액면 분할을 한 번도 하지 않은 세계 최고가 주식-역주)이 4만 5,000달러 밑으로 거래됐던 2000년에 이 방법을 고려했었다.[7]

게다가 버핏의 투자 전략은 배당금의 전제 조건이라 할 건전한 현금 흐름을 창출하는 기업이나 주식에 초점을 맞춘다. 그는 1980년도 연차 보고서에서 이렇게 말했다. "우리가 선호하는 인수 대상은 현금을 소비하는 쪽이 아니라 현금을 창출하는 쪽입니다." 그리고 1991년도 연차 보고서에서 "(미래 전망은 우리의 관심 사안이 아니고 '장세 전환' 국면에도 관심이 없으며) 꾸준한 수익력을 갖춘 검증된 기업을 찾는다"며 위와 같은 취지의 발언을 되풀이했다. 다시 말해 버핏이 현금 흐름이 꾸준한 기업에 투자하는 방식은 투자자가 배당금을 재투자하는 방식과 닮아있다.

다른 기업의 경영진이 버핏처럼 주주와 밀접한 관계를 유지했다면 배당금 지급의 중요성은 크게 줄어들 것이다. 그러나 주주의 목적과 경영진의 목적 간에는 큰 차이가 있을 수 있다. 따라서 배당금의 형태로 기업의 이익을 주주에게 되돌려주면 경영진이 애먼 짓으로 주주의 수익을 낭비할 가능성은 그만큼 줄어든다.

배당금과 기업의 지배 구조

경영진이 항상 주주의 이익을 위해 행동한다면 사실 배당금은 그리 중요하지 않을 것이다. 그러나 그렇지 않은 대다수 기업의 기준에서 보면 주주와 경영진 간의 신뢰 구축 측면에서나 기업 이익에 관한 경영진의 말에 신뢰감을 부여하는 측면에서 배당금은 매우 중요한 요소다. 지난 2001년 가을에 엔론 위기로 주식 시장에 대한 신용이 크게 훼손되는 모습을 지켜보면서 이런 신뢰가 얼마나 중요한지 새삼 깨달았다.

엔론의 이야기는 매우 흥미롭다. 잘 알려지지도 않았던 휴스턴 소재 천연가스관 운영 회사가 세계 최대 에너지 거래사로 우뚝 선 그 대변신의 역사부터가 사람들의 흥미를 끌기에 충분하다. 시장 호황이 최고조에 달했던 2000년 8월 당시 엔론은 시장 가치가 700억 달러로 제너럴모터스와 포드, 세브론 같은 거대 기업을 앞서며 미국 50대 기업 반열에 올라섰다.

엔론은 구식 기업이지만 새로운 에너지 유통 시장에 성공적으로 적응한 모범 사례라는 찬사를 받았다. 〈포천〉지는 '가장 혁신적인 기업' 순위에서 엔론을 6년 연속 최상위권에 올렸으며 미국에서 가장 존경받는 5대 기업에도 선정했다. 엔론은 그야말로 신경제 기업의 표본과도 같았다.

그러나 이 신경제의 총아는 이익은 꾸준히 부풀리고 부채는 부외계정에 숨기는 방식으로 회계 장부를 멋대로 요리했다. 그리고 이익을 조작하는 속임수를 쓴 기업이 엔론만이 아니었다는 사실을 투자자들이 아는 데 그리 오랜 시간이 걸리지 않았다. 타이코, 월드컴, 아델피아 Adelphia, 헬스사우스 등 투자자들이 칭찬했던 다른 기업 역시 이익을 부풀리는 등의 회계 부정을 저질렀다. 제너럴일렉트릭 같은 초우량주도 회계 부정 의혹이 제기됐다.

회계 부정이 확산되는 와중에도 대다수 경영진은 기업 윤리 의식을 잃지 않았다. 진짜 문제는 단기 실적에 지나치게 연연하는 투자자의 행동과 미국 조세 제도, 스톡옵션의 남발 때문에 주식 가치의 가장 기본적 원천인 배당금이 희생양이 되고 말았다는 사실이다. 이런 것들이야말로 투자자의 신뢰를 흔든 주범이었다.

배당금 축소

2002년 2월에 나는 〈월스트리트저널〉에 게재한 '배당금 축소 The Dividend Deficit'라는 제목의 글에서 우려되는 부분을 지적했다. 역사는 우리에게 주주 가치의 원천에 대한 중요한 교훈을 알려준다고 지적한 바 있다.[8] 19세기에는 증권거래위원회라든가 재무회계기준위원회 Financial Accounting Standards Board: FASB 혹은 오늘날과 같은 증권 시장을 규제하거나 감독하는 기관들이 존재하지 않았다. 기업은 언제든 원하는 정보를 무엇이든 공시했고, 그랬기에 경영진도 미심쩍은 수치 발표로 비난을 받을지 몰라 노심초사하는 일도 없었다.

이렇듯 회계 기준이 전무했던 시절에 기업은 자사가 발표하는 회계 자료가 진실이라는 점을 어떻게 증명할 수 있었을까? 그때는 배당금 지급이 그러한 역할을 했다. 즉, 배당금을 지급하는 자체가 기업의 수익성에 대한 유형적 증거를 제시하는 행동이자 기업이 발표하는 이익 수치가 진짜라는 증거였다. 배당금이 없을 때 주식 가치는 경영진이 발표하는 실적 보고서를 신뢰하느냐 아니냐에 달렸다. 이에 대한 신뢰가 없으면 주식을 살 이유가 없었다.

이 글에서 나는 배당금 지급이 줄어든 주요 원인으로 미 조세 제도와 특히 최고위 경영진에 대한 스톡옵션 남발을 꼽았다.

배당세

배당금 지급이 감소하게 된 데에는 조세 제도가 한몫했음은 분명하다. 내가 그 기고문을 썼을 당시 배당세와 관련해, 개인은 전면 과세 대상이었고 기업은 세액 공제를 받지 못했다. 이와는 대조적으로 다른 국가는 거의 전부가 배당금의 전부 혹은 일부에 대해 개인 과세를 면제했다. 배당금은 기업 수익으로서 이미 과세가 됐다는 이유에서였다.

나는 의회 의원들에게 배당금에 대한 이중 과세를 폐지해달라고 요청했다. 그리고 2002년 8월 13일 자 〈월스트리트저널〉에 게재한 '감세를 하면 배당금 지급이 이뤄진다 This Tax Cut Will Pay Dividends'라는 제목의 글을 통해 배당금에 대한 과세 경감을 제안했다. 전에도 배당세 경감을 여러 차례 주장한 이력 때문에 같은 날 부시 행정부의 경제정상회담에 초청받아 행정부 소속 및 외부 경제학자들과 배당세 경감에 관한 안건을 논의했다.

나는 채권 보유자에게 지급하는 모든 이자에 대해 세금이 공제되듯이 주주에게 지급하는 배당금에 대해서도 세액 공제 혜택을 부여해 줄 것을 제안했다. 이런 조치를 통해 부동산투자신탁 REIT, 뮤추얼 펀드, 일명 S조항 법인(S corporation: 주주 35명 이하 등 미국 내국세입법 제1장 S항에 규정하는 기업-역주)이라고 하는 소규모 기업 등과 똑같은 조건을 모든 기업이 누릴 수 있다.

2003년 5월 27일에 부시 대통령은 배당세율과 자본이득세율을 15%로 인하하는 내용을 골자로 한 '일자리와 성장을 위한 조세 감면 조정법 The Jobs and Growth Tax Relief Reconciliation Act of 2003'에 서명했다. 나는 개인 차원이 아니라 기업 차원의 조세 감면을 원하기는 했으나 배당세 감면도 매우 필요하고 또 환영할 만한 조치였다.

이런 법적 조치에 호응해 수많은 기업이 배당금 지급 수준을 크게 늘렸고 지난 40년 이래 가장 높은 수준으로 배당금 지급이 증가했다. 배당세 감면이 이런 '마법'을 발휘한 것이 분명했다. **9**

스톡옵션과 배당금

배당금을 잘 지급하지 않게 된 이유가 과세 대상이기 때문만은 아니다. 세금보다 더 간접적으로 배당금 지급을 억제하는 요소가 바로 직원에게 주는 스톡옵션인데 이 또한 세금 못지않게 중요한 요소다.

마이크로소프트가 그 좋은 예다. 부시 대통령이 배당세율 인하를 발표하고 일주일 후인 2003년 1월 16일에 마이크로소프트는 창업 이후 처음으로 주당 8센트를 배당금으로 지급한다고 발표했다. 이 정도 수익률은 코끼리 비스킷 정도로 매우 작지만(1%의 3분의 1도 안 되는, 즉 0.3% 수준에 불과했음), 그래도 배당금을 지급했다는 사실 자체로 상당히 진일보한 조치였다.

이와 동시에 또 한 가지 중요한 결정을 했다. 직원용 스톡옵션을 더는 발행하지 않겠다고 선언했던 것이다. 그리고 기존의 성과 보수는 스톡옵션이 아니라 보통주로 대신한다고 밝혔다.

사실 마이크로소프트는 유능한 인재를 끌어오는 데 스톡옵션을 이용한 선두 주자였기 때문에 이 회사의 스톡옵션 발행 중단 결정 자체가 극적인 변화였다. 혹자는 마이크로소프트가 이 스톡옵션 정책을 통해 1만 명이나 되는 백만장자를 양산했다고 주장한다.[10] 프로그래머부터 세탁물 수거를 담당하는 말단 사환에 이르기까지 마이크로소프트 직원 모두가 스톡옵션을 받았다. 스톡옵션으로 수백만 달러를 챙겨 30대에 은퇴했다는 일반 직원이나 비서 등의 이야기가 퍼져나가며 기술업계에서는 스톡옵션 자체가 유능한 인재를 유치하고 성과를 보상해주는 가장 기본적인 수단이라는 문화가 정착됐다.

이제 마이크로소프트는 직원들에게 동기를 부여하는 수단으로서 스톡옵션 대신 배당금을 받는 보통주를 준다. 마이크로소프트가 그 이전 해에 스톡옵션 정책을 중단하지 않았더라면, 스톡옵션 보유자는 배당금 혜택을 받지 않기 때문에 2004년처럼 주당 3달러를 일회성 배당금으로 받는 일도 없었을 것임은 분명하다. 스톡옵션은 배당금이 아니라 주식 가격(상승)에서 이득을 보기 때문이다. 배당금을 지급하면 주주의 수익이 증가하지만, 옵션 보유자는 해당 사항이 없다.

스톡옵션 개혁

스톡옵션 보수 체계 축소를 위해 무엇을 해야 하는지 이해하려면 애초에 이 체계가 왜 그리 성행했는지부터 알아야 한다. 1993년 의회에서 연봉이 100만 달러 이상인 경영진에 대해 세금 공제를 금지하는 내용의 법률이 통과된 이후인 1990년대 중반에 경영진 대상의 스톡옵션이 크게 증가했다. 현재 내국세입법 Internal Revenue Code 제162항에 들어 있는 이 법안은 최고위 경영자에게 너무 많은 연봉을 지급한다는 데 대한 비난 여론 때문에 제정됐다.

그러나 기업 측은 기업의 이윤을 올리려면 성과 기반 보수 체계(성과급)로 고위 경영자에게 동기 부여를 해줄 필요가 있다고 주장했다. 그래서 의회는 고액 연봉자의 세금 공제 금지 법안을 통과시키는 한편 연봉 상한제에서 이런 성과급 부분은 제외하기로 했다. 그 직후 미 국세청 IRS은 스톡옵션이 이런 성과급에 해당한다고 결론 내렸다. 이런 결정이 스톡옵션 관행에 날개를 달아줬다.

이런 법의 제정이야말로 '의도하지 않은 결과 법칙 Law of Unintended Consequence'의 전형적인 예다. 업계에 스톡옵션을 주는 관행이 확산되면서 각 기업의 CEO는 배당금은 되도록 줄이고 주가를 부풀리는 일이면 무엇이든 하겠다는 동기가 충만해졌다. 처음에는 경영진에게 과도한 연봉을 지급하는 행위를 제한하려는 목적으로 만든 법률이었는데 본래 목적인 주주의 장기 수익을 보장하는 쪽이 아니라 단기 주가 실적을 기반으로 경영진만 막대한 성과급을 챙기게 해주는 도구로 작동했다. 스톡옵션 발행에 대한 동기 수준을 약화한다는 차원에서 나는 각 기업의 스톡옵션 발행을 비용 처리해야 한다고 주장했다. 더불어 의회에 대해서는 현금 보수에 대한 세금 공제를 제한한 1993년도 법률을 폐지할 것을 권고했다.[11]

배당금에 대한 과세 문제와는 달리 스톡옵션 개혁 부분에서는 거의 진전을 보지 못했다. 스톡옵션 발행을 비용 처리하는 기업이 점점 늘고 있기는 하나 스톡옵션의 비용 처리를 골자로 한 재무회계기준위원회의 권고안에 대해서는 거센 정치적 저항이 여전히 존재한다.

요약

배당금이 주식 투자의 수익원으로 중요한 역할을 하는 이유는 신뢰성의 문제와 관련이 있다. 투자자는 기업이 발표하는 이익 수치가 진짜인지 아닌지를 배당금을 통해 알 수 있다. 경영진이 이익이 났다고 말하면 주주는 이렇게 물어볼 권리가 있다. "그럼, 그 증거를 보여

쥐요!" 배당금을 지급한 기업은 고수익을 올려왔다.

지난 20년은 배당금 지급이 저조했던 시기였다. 이제 배당금을 지급하는 종목이 다시 등장하고 있다. 부시 대통령의 배당세 감면 정책은 배당금에 대한 이중 과세를 줄이는 데 효과적이었다. 재투자한 배당금은 소득세 과세 대상에서 면제하는 등의 추가 개혁이 진행돼야 한다고 본다.

다음 장에서는 배당금이 투자 수익을 늘려줄 뿐 아니라 약세장에서 투자자를 보호해주는 역할도 한다는 사실을 설명하겠다.

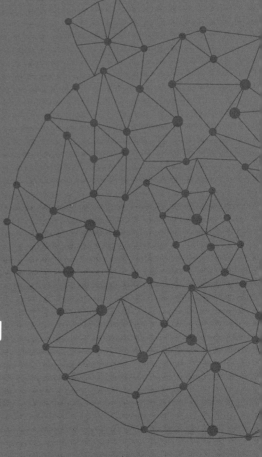

제 10 장

배당금 재투자:
약세장 보호막과 수익 가속기

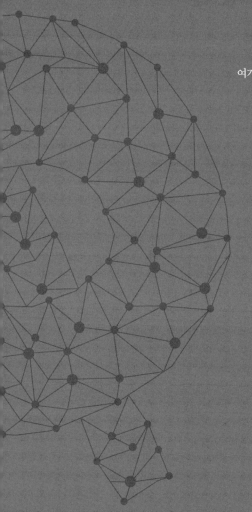

투자자가 고수익을 올리는 데 배당금이
중요한 역할을 한다는 것은 너무도 자명하다.
여기에 더해 배당금은 물가상승률, 성장, 가치 평가 수준의
변화 등 그 효과를 무색하게 할 뿐 아니라
이 세 가지를 전부 합해도 배당금을 당하지 못한다.

| 로버트 아노트Robert Arnott,
'배당금과 세 난쟁이Dividends and the Three Dwarfs', 2003년 |

제9장에서 배당금을 지급하는 종목이 투자 수익을 올려준다는 점을 설명했다. 그 외에도 배당금 지급 종목의 매력을 더해주는 특성이 또 하나 있다. 배당금을 재투자하는 장기 투자자는 약세장에서 버티기가 훨씬 수월할 뿐만 아니라 수익이 늘어나는 효과도 누릴 수 있다. 주식 시장 침체기에는 늘 일어나는 일인데, 주가가 배당금 수준보다 더 떨어지면 배당수익률이 상승한다. 그리고 높은 배당수익률은 고수익의 지름길이다. 미국 주식 시장 역사상 최악의 침체기 동안에 벌어진 현상을 통해 이 같은 사실을 확인해보자.

대약세장

대공황의 긴 터널을 지나는 데 25년이 넘게 걸렸다. 1954년 11월 24일에 드디어 다우존스산업평균지수가 1929년 9월 3일에 기록한 최고점을 경신하며 마감했다. 100년이 넘는 다우 지수 역사상 이 25년은 주식 시장 고점에서 다음 고점까지 걸린 시간 중 역대 최장 시간에 해당한다.

수많은 사람에게 1929년 이후의 시장은 완전한 재앙 그 자체였다. 대공황은 사상 최악의 경기 수축기였다. 수많은 주식의 가격이 90% 이상 폭락했고 증거금으로 투자하거나 돈을 빌려 투자한 사람은 완전히 거덜이 났다. 다시는 주식 투자를 하지 않겠노라고 맹세한 사람이 한둘이 아니었다.

그러나 빌린 돈으로 주식을 사는 방법을 취하지 않았던 장기 투자자에게는 이 25년이 그렇게 끔찍하지는 않았다. 이 기간에 주식과 채권 보유자의 총수익을 보여주는 [그림 10-1]을 살펴보라.

1954년 11월이 되자 배당금을 재투자(그림에서는 '총수익'으로 표시)했던 주주는 단순히 평균으로 회귀하는 수준을 넘어섰고 연평균 수익률이 6%를 넘어 장기 혹은 단기 정부 채권의 투자수익률을 훨씬 능가했다. 실제로 시장 고점에서 주식에 1,000달러를 투자하고 25년 후 11월 같은 날 다우지수가 이전 고점을 회복한 시점에서 그 돈은 4,440달러로 불어났다. 주가 상승분이 '0'인 상황에서도 배당금을 재투자했을 때 불어난 증가액 4,440달러는 채권 투자 증가액의 2배, 단기 재무부 채권 투자 증가액의 4배에 해당하는 수준이었다.

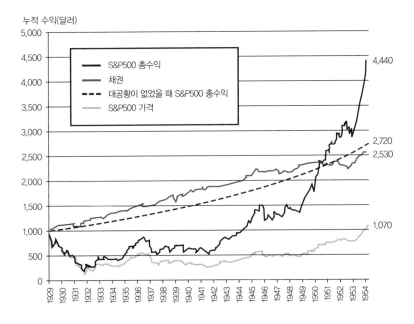

[그림 10-1] 1929년 9월부터 1954년 11월까지의 자산 수익

대공황이 없었다는 가정 하의 주식 투자 수익

약세장이 장기 투자자의 수익에 미치는 영향은 대다수 투자자가 생각하는 것과는 많이 다르다. 다음과 같은 역사 상황을 가정해보자.

대공황이 일어나지 않았고 경기 침체도 전혀 없었다고 상상해 보라. 그래서 1929년부터 1954년까지 주식 배당금이 가파른 하락세를 나타내는 대신 완만한 상승세를 이어왔고 주가도 폭락하지 않고 안정세를 유지해왔다고 가정하자.**1** 이 시나리오대로라면 1930년대에 발생한 대량 실업, 파산 등 온갖 경제적 고통이 존재하지 않았을 테니 국가적 차원에서는 훨씬 좋은 상황임은 분명하다.

그러나 이 장밋빛 시나리오는 장기 주식 투자자에게는 훨씬 나쁜 상황이다. 두 시나리오 모두 1954년 11월에는 시장 수준이 같아지겠지만, 주식 투자자의 수익에는 큰 차이가 있을 것이다. [그림 10-1]에서 보는 바와 같이 대공황이 발생하지 않았다면 시장 고점에서 투자한 1,000달러는 1954년 11월에 이르러 고작 2,720달러로 불어나는 데 그쳤을 것이다. 이는 경제 대공황이 있었을 때의 투자금 증가액의 60%에도 못 미치는 수치다.

어째서 이런 일이 발생할까? 배당금은 1929년 시장 고점에서 1933년 시장 저점까지 무려 55%나 감소했으나 주가는 이보다 하락폭이 더 컸다. 결과적으로 투자자의 총수익에서 매우 중요한 역할을 하는 배당수익률이 상승했다. 사실 단기 투자자는 대공황 때문에 1929년부터 1949년까지 상황이 매우 나빠졌고 20년이라는 기간은 그리 만

만한 시간이 아니다. 그러나 마침내 주가가 회복되자 장기전이라 생각하고 인내한 투자자는 이 최악의 약세장 동안에 배당금 재투자로 추가 확보한 주식의 가격이 고공 행진하자 큰 수익을 올렸다.

빌린 돈으로 주식을 매수했기 때문에 어쩔 수 없이 주식을 팔아야 하는 상황에 몰렸거나 아니면 더 일반적인 상황으로서 투자 원금을 다 날리느니 조금이라도 회수하는 편이 낫다는 생각에 허둥지둥 헐값에 주식을 팔아버린 사람들 덕분에 주식을 그냥 보유하고 있던 장기 투자자는 수익을 얻었다. 결국은 이때 주식을 내다 판 사람들이 완벽한 패자였다.

이 가설적 상황 분석에서 새겨야 할 중요한 교훈이 있다. 사실 시장 변동 상황에서 투자자가 평정심을 유지하기가 쉽지는 않지만, **그래도 시장 주기는 장기 투자자에게 결국 수익을 안겨 준다. 다만, 이 수익은 적절한 시점 선택(타이밍) 때문이 아니라 배당금의 재투자에서 비롯된다.**

약세장은 투자자가 견뎌야 할 고통스러운 상황일 뿐 아니라 배당금을 재투자한 투자자가 고수익을 올릴 수 있는 근원적 이유이기도 하다. 주식 투자 수익은 이익과 배당금만으로 발생하는 것이 아니라 투자자가 이런 현금 흐름에 대해 지급하는 가격으로도 발생한다. 비관론이 투자자와 시장 분위기를 압도할 때는 배당금을 지급하는 주식을 계속 보유하는 사람이 최종 승자가 된다.

약세장 보호막과 수익 가속기

약세장에서 배당금은 두 가지 중요한 방식으로 투자자에게 도움을 준다. 배당금 재투자를 통해 늘어난 주식 수는 투자 포트폴리오의 가치 하락에서 오는 충격을 완화해준다. 재투자한 배당금을 내가 '약세장 보호막 bear market protector'이라고 칭하는 이유는 약세장에서 재매수를 통해 주식 수를 늘렸기 때문이다.

그러나 이렇게 늘린 주식은 일단 시장이 회복되면 주가 하락폭을 경감시키는 일보다 훨씬 큰 역할을 한다. 요컨대 배당금 재투자는 약세장 보호막이라는 기능 외에 일단 주가가 상승세로 돌아서면 '수익 가속기'의 역할까지 한다. 배당금을 지급하는 주식이 투자자에게 최고 수익을 안기는 이유가 여기에 있다.

약세장 보호막: 필립 모리스의 사례

배당금이 약세장 보호막이라는 논리는 시장 전체는 물론이고 개별 종목에도 똑같이 유효하게 적용된다. 제4장에서 살펴봤듯이 필립 모리스는 지난 50년 동안 S&P500 원조 기업 중 최고 수익을 냈다. 주가 하락을 유발하는 악재가 실제로는 장기 주식 투자자에게는 호재가 될 수 있음을 보여주는 기업으로 이보다 더 알맞은 사례는 없다.

1960년대 초 필립 모리스는 6대 미국 담배회사 중 매출 순위가 꼴

찌었다. 그러나 말보로 담배 마케팅이 크게 성공해 상표 가치를 높이더니 1972년에는 세계에서 가장 잘 팔리는 담배가 됐다. 그리고 1983년에는 25년 동안 업계를 선도했던 R. J. 레이놀즈토바코를 추월했다.

그러다 건강에 대한 걱정이 커지고 담배 매출에 따른 현금 흐름 호조로 필립 모리스는 사업 다각화를 모색하기에 이르렀다. 이런 맥락에서 1985년에 제너럴푸즈를, 1988년에는 크래프트를 인수하면서 식품 라인을 자사의 다른 제품 라인에 성공적으로 통합했다. 1957년부터 1992년까지 필립 모리스에 투자한 사람들은 22%라는 경이적인 수익률을 올렸다.

그러나 미래는 과거만큼 그렇게 밝지 않았다. [그림 10-2]는 1992년부터 2003년까지 필립 모리스의 주가 변동 추이를 보여준다.

1993년 4월 2일, 필립 모리스 주주에게 날벼락 같은 소식이 들려왔다. 흡연자들이 가격이 계속 오르기만 하는 유명 상표 담배에 불만을 품고 반값에 파는 무상표 담배를 택하기 시작했다.

그러자 필립 모리스는 여기에 맞대응하기로 하고 담배 한 갑 가격을 40센트나 할인했다. 〈뉴욕타임스〉는 이를 두고 흡연자의 충성심 유지를 위한 '파괴적 고육책'이라 묘사했다. 그런데 이 '파괴성'이 정확히 주가를 강타했다. 무상표 담배가 필립 모리스의 성공에 결정적이었던 고객의 상표 충성심을 갉아먹는 방향으로 나갔고 이런 심각한 시장 악재 때문에 주가가 23%나 떨어졌다.**2** 이런 상황 때문에 1993년 4월 2일이 소위 '말보로 금요일 Marlboro Friday'이 된 것이다.

그러나 필립 모리스에게 가장 큰 시련은 저가 공세로 나오는 무상표 담배로 인해 더 치열해진 경쟁도, 새로 부과된 담배세도 아니었

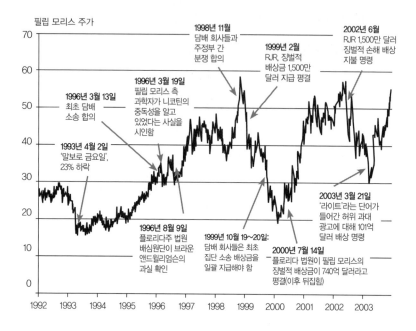

[그림 10-2] 필립 모리스 주요 주가 변동일(1992~2003년)

필립 모리스 주가

1996년 3월 13일
최초 담배
소송 합의

1993년 4월 2일
'말보로 금요일',
23% 하락

1996년 3월 19일
필립 모리스 측
과학자가 니코틴의
중독성을 알고
있었다는 사실을
시인함

1998년 11월
담배 회사들과
주정부 간
분쟁 합의

1999년 2월
RJR 징벌적
배상금 1,500만
달러 지급 평결

2002년 6월
RJR 1,500만 달러
징벌적 손해 배상
지불 명령

1996년 8월 9일
플로리다주 법원
배심원단이 브라운
앤드윌리엄슨의
과실 확인

1999년 10월 19~20일:
담배 회사들은 최초
집단 소송 배상금을
일괄 지급해야 함

2000년 7월 14일:
플로리다 법원이 필립 모리스의
징벌적 배상금이 740억 달러라고
평결(이후 뒤집힘)

2003년 3월 21일
'라이트'라는 단어가
들어간 허위 과대
광고에 대해 101억
달러 배상 명령

다. 담배 산업계 전체를 파산의 위기로 몰아넣은 치명적 시련은 바로 담배 소송이었다.

소송에 대한 불안은 늘 있었지만, 1990년대 초까지만 해도 담배 회사들은 소송에서 한 번도 패한 적이 없다며 내심 허세를 부렸다.[3] 그러나 1996년 3월 13일에 판도라의 상자가 열려버렸다. 이날 1986년에 리게트그룹 Liggett Group('체스터필드'와 '엘앤드엠 L&M' 담배 제조사)을 인수한 금융업자 베넷 리보 Bennett LeBow가 담배업계에 소송을 제기한 5개 주정부와 합의했다고 발표했다. 담배는 중독성이 없다는 업계의 기본 방어 노선에서 벗어난 최초 사례였다. 리게트그룹은 향후 25년 동안 세금공제 전 수입의 5%를 집단 소송 합의금으로 내놓는다는 데

동의했다. 그러나 이 조치로 문제가 진화되기는커녕 소송이 줄을 이었다. 흡연 관련 질환을 치료하느라 사용한 메디케이드(Medicaid: 저소득층 의료보험)와 메디케어(Medicare: 노인층 의료보험) 재정을 메우겠다며 담배 회사에 소송을 제기하는 주정부가 늘어났다.

이런 소송 위험 때문에 담배주는 늘 주가 하락 압력에 노출돼 있었다. 1998년에 대형 담배 회사들도 흡연 관련 건강 문제에 대한 배상 차원에서 향후 25년 동안 누적 총액 2,060억 달러 이상을 주정부에 지급한다는 데 합의했다. 법정 소송 역사상 그 어떤 소송 합의금과도 비교가 안 될 정도로 어마어마한 액수였다. 여기서 필립 모리스의 부담 지분은 약 1,000억 달러였다.

그러나 소송은 여기서 끝나지 않았다. 1999년에 미 정부가 담배 회사들을 상대로 대규모 소송을 제기했고 2000년 7월 14일에는 플로리다주 흡연자들에게 필립 모리스가 징벌적 배상금 740억 달러를 지급하라는 평결이 나왔다.[4] 그리고 2001년 6월 6일에는 로스앤젤레스 법원 배심원단이 흡연자 리처드 보켄 Richarrd Boeken 에게 징벌적 배상금 30억 달러를 지급하라고 평결했다. 암이나 기타 흡연 관련 질환으로 매해 50만 명이 사망하는 마당에 이 평결을 비슷한 처지의 다른 사람에게도 적용한다면 담배 업계는 다 파산하고 말 것이다.

소송 때문에 발생하는 천문학적인 비용, 담배세 인상, 흡연에 대한 부정적 보도 및 여론, 무상표 담배로 인한 시장점유율 축소 등 모든 악재에 허덕인 필립 모리스가 1990년대에 시장 평균을 밑도는 실적을 낸 것은 별로 놀랍지도 않을 일이다.

2003년 1월에 사명을 알트리아그룹으로 변경한 필립 모리스는 같은 해 3월에 '라이트'라는 단어를 담배에 사용하는 것은 잘못이라고 주장하는 일리노이주 소송에서 패소했다. 당시 재판부는 사측에 대해 벌금 100억 달러와 함께 보석금 120억 달러를 지급하라고 명령했다. 이에 필립 모리스는 보석금 120억 달러는 너무 과한 액수이고 법원이 이를 계속 고집한다면 파산 신청을 해야 할지도 모른다며 법원의 처분이 부당하다고 항변했다. 이 과정에서 필립 모리스 주가는 주당 28달러로 떨어졌다. 이는 12년 전의 주가와 얼추 비슷한 수준이었다. 이 기간에 S&P500 지수는 380에서 800으로 껑충 뛰었는데 필립 모리스는 제자리걸음한 셈이었다.

상황이 이런데도 이 12년 동안 필립 모리스는 배당금을 줄이지 않았다. 1993년과 1997년을 제외하고는 매년 배당금을 늘렸다. 그 결과 1992년부터 2003년 4월 4일까지 자신의 배당금을 재투자한 투자자는 주식 수가 100% 이상 증가했고 총수익이 연 7.15% 정도는 됐다. 사실 이 정도면 시장 평균보다 낮은 수준이지만, 필립 모리스 주가가 회복됐을 때 투자자는 이보다 훨씬 높은 수익을 얻게 된다.

그리고 이런 상황이 전개되는 데 그리 오랜 시간이 걸리지도 않았다. '수익 가속기'가 힘을 발휘한 것이다. 보석금 120억 달러를 주장하던 일리노이주 법원 배심원단이 애초의 강경한 태도에서 한발 물러나자 주가가 껑충 뛰었다. 그해 말에는 주당 50달러에 팔렸다. 주가 상승 수준은 S&P500 지수에 못 미쳤으나 배당금을 재투자한 주주는 주식 수가 100% 증가했고 실제로 필립 모리스 주주의 총수익은 S&P500 지수 수익을 넘어섰다. 이는 배당금을 지급하는 주식을 보유한 장기 투자자는 악재에도 불구하고 고수익을 올린다는 점을 보여주는 또 한 가지 사례다.

배당금과 고실적주

[표 10-1]은 제3장에서 살펴봤던 S&P500 원조 기업 중 살아남은 20대 고실적주 목록에 배당수익률을 추가한 것이다. 지난 47년 동안 이들 기업의 수익은 S&P500 지수를 최소 2.8%부터 최대 8.9%까지 앞섰으며 전부 배당금을 지급했다.

투자 수익의 기본 원칙은 배당금을 지급하고 이익성장률이 성장 기대치를 초과할 때 수익이 극대화된다는 것이다.

수익 기준으로 상위 20위에 든 이들 기업은 전부 배당금 재투자를 통해 높은 수익률을 기록했다. 실제로 로열더치 Royal Dutch, 셰링플라우 Schering Plough, 크로거 등을 제외하고 [표 10-1]에 오른 모든 기업이 지난 20년 동안 꾸준히 배당금을 올렸다. 주주에게 현금을 지급하는 경영진의 방침이 주식 투자 수익을 끌어올리는 역할을 했다.

크로거의 사례는 배당금 재투자로 어떻게 수익이 증가할 수 있는지를 잘 보여준다. 1988년에 크로거는 콜버그크래비스로버츠 Kohlberg Kravis Roberts: KKR의 기업 인수 시도에 대한 방어를 목적으로 41억 달러를 차입했다. 크로거는 이 돈으로 같은 해 8월에 일회성 특별 배당금 40달러를 지급했고 12월에는 액면가 8.5달러짜리 채권까지 발행했다. 크로거는 막대한 채무 부담 때문에 모든 이익금을 채권 이자를 지급하는 데 써야 했고 나중에는 배당금 지급도 중지했다. 그러나 특별 배당금

[표 10-1] 20대 생존 원조 기업의 배당수익률

순위	2003년 기업명	투자금 1,000달러 증가액	연수익률	배당수익률
1	필립 모리스	4,626,402	19.75%	4.07%
2	애보트랩	1,281,335	16.51%	2.25%
3	브리스톨마이어스스큅	1,209,445	16.36%	2.87%
4	투시롤인더스트리스	1,090,955	16.11%	2.44%
5	화이자	1,054,823	16.03%	2.45%
6	코카콜라	1,051,646	16.02%	2.81%
7	머크	1,003,410	15.90%	2.37%
8	펩시코	866,068	15.54%	2.53%
9	콜게이트팜올리브	761,163	15.22%	3.39%
10	크레인	736,796	15.14%	3.62%
11	에이치제이 하인즈	635,988	14.78%	3.27%
12	리글리	603,877	14.65%	4.02%
13	포천브랜드	580,025	14.55%	5.31%
14	크로거	546,793	14.41%	5.89%
15	셰링플라우	537,050	14.36%	2.57%
16	프록터앤드갬블	513,752	14.26%	2.75%
17	허쉬푸드	507,001	14.22%	3.67%
18	와이어스	461,186	13.99%	3.32%
19	로열더치페트롤리엄	398,837	13.64%	5.24%
20	제너럴밀스	388,425	13.58%	3.20%
	상위 20대 기업 평균	944,352	15.75%	3.40%
	S&P500	124,486	10.85%	3.27%

(40달러)과 채권(8.5달러)으로 받은 48.5달러를 재투자한 투자자는 크로거 주식 수를 6배 이상 늘렸다. 그러고 나서 크로거가 성장을 계속하자 이 배당금 가속기가 진가를 발휘하며 기적을 일궈냈다. 투자자가 이때 배당금을 재투자하지 않았다면 크로거 주식의 증가 수가 60%는 줄었을 것이다.

[표 10-1]에 나온 기업 대부분은 평균 배당수익률이 S&P500의 수

익률과 엇비슷하거나 이보다 높았다. 배당수익률이 S&P500 지수보다 1% 포인트 이상 낮은 기업은 화이자와 머크 두 곳뿐이었다. 그리고 로열더치, 필립 모리스, 리글리, 크레인^{Crain}, 허쉬푸드 등 5개 기업은, 어떤 기업이든 배당수익률과 이익성장률이 동시에 높을 수 없다는 기존 통념을 실제 성과를 통해 잠재웠다. 이 5개 기업 전부가 배당수익률과 이익성장률 둘 다 S&P500 지수를 앞섰기 때문이다.

높은 배당수익률 투자 전략

배당수익률이 높은 주식에 투자하는 전략은 새로운 것이 아니다. '다우10' 혹은 '다우의 개 ^{Dogs of Dow}'라고 하는 전략은 지금까지 항상 가장 성공적인 투자 전략 가운데 하나로 인식돼왔다.[5]

간단히 말해 이는 매년 연말 기준으로 다우존스산업평균지수를 구성하는 30개 종목(다우30) 가운데 배당수익률이 가장 높은 10개 종목에 투자하는 전략이다. 통상적으로 경영진은 시장 상황이 좋은 않은 시기에도 배당금 수준을 유지하려 하기 때문에 배당수익률이 높은 주식은 가격이 떨어지는 경우가 종종 있어서 투자자가 관심을 보이는 종목은 아니다. 이런 이유에서 '다우10' 전략을 종종 '다우의 개'라고 부른다. [그림 10-3]은 각 기준 지수 대비 다양한 배당금 전략의 누적 수익을 나타낸다. S&P500 지수가 탄생한 이후로 다우존스산업평균지수는 투자자에게 연평균 12.00%의 수익률을 안겼고 S&P 지수는 11.18%로서 다우지수가 S&P 지수를 능가했다.

다우10 전략은 다우산업평균(다우30)보다 훨씬 낫다. 다우10의 연평균 수익률은 14.43%로서 다우30 수익률보다 연 2.5% 정도 높고 또 투자 원금 증가액은 49만 3,216달러로 다우30의 원금 증가액보다 2.5배나 많다.

다우10의 고배당 전략은 특히 약세장에서 잘 먹히는데 이는 배당금이 약세장 보호막이라는 주장을 뒷받침해 주는 증거라 하겠다. 1973~1974년 동안의 약세장에서 다우30은 26.4% 그리고 S&P500 지수는 37.2% 하락했지만 다우10 고배당주 전략은 마이너스가 나기는커녕 1.4%의 수익률을 기록했다. 이와 비슷하게 2001년과 2002년에 다우30은 20.4% 하락하고 S&P500 지수는 30.2% 하락했을 때에도 다우10은 겨우 9.9% 하락하는 데 그쳤다. 확실히 배당금은 시장 하락의 충격을 완화하는 효과가 있었으며 이는 투자자에게 큰 위로가 되는 특성이라 하겠다.

S&P10

다우10에서와 같은 고배당주 전략을 S&P500 지수에 속한 100대 기업 같은 또 다른 대형주 집단에 적용해볼 수 있다. 다우지수 표본 기업의 시장 가치라고 해봐야 전체 주식 시장 가치의 4분의 1밖에 안 되는데 10대 고배당주를 선택하는 전략을 꼭 다우지수 기업에 국한할 이유가 있을까?

실제로 S&P500에 속한 100대 기업에서 고배당주를 선택하는 쪽이 다우10보다 훨씬 낮다는 사실을 알았다. 각각의 경우 투자 원금의 증가액에 관해서는 [그림 10-3]에 제시했다. 1957년 말에 S&P500 지수에서 선택한 고배당주에 1,000달러를 투자했을 때는 81만 1,000달러로 불어나면서 다우10을 연 1% 이상 앞서는 실적을 낸다.

다우10 전략을 구사할 때와 마찬가지로 S&P10 전략도 배당금이 약세장의 보호막이라는 사실을 뒷받침한다. 1998년부터 2002년까지 S&P500에서 상위 100개 기업은 누적 수익이 20% 하락했다. 그러나 같은 기간에 S&P10은 수익이 13%나 증가했다. 100대 종목이 20% 하락했던 1973~1974년의 약세장에서도 S&P10은 크게 하락하지 않았고 심지어 수익률이 6%나 증가했다.

[그림 10-3] 고배당주 전략

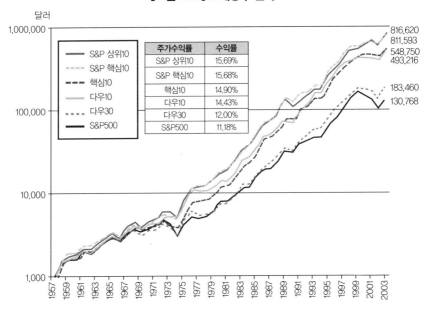

주가수익률	수익률
S&P 상위10	15.69%
S&P 핵심10	15.68%
핵심10	14.90%
다우10	14.43%
다우30	12.00%
S&P500	11.18%

핵심주10

고배당주 전략 가운데 다우10이나 S&P10보다 훨씬 더 좋은 유형이 있을 수도 있다. 수많은 투자자, 특히 장기 투자자는 배당금이 들쭉날쭉 하는 쪽보다 꾸준히 오르는 쪽을 선호한다. 경영진이 배당금 수준을 계속 늘리는 방침을 택한다는 것은 주주의 구체적 수익 요구를 충족시키려 노력한다는 의미다.

이런 관점에서 15년 동안 배당금을 줄이지 않았던 기업들 중에서 10대 고배당주를 선정해 분석했다. 군이 15년을 기준으로 한 이유는 이 정도 기간이면 시장 침체를 적어도 한 번은 겪었으리라 판단하기 때문이다. 침체기를 겪으면서도 배당금을 줄이지 않은 기업이라면 꾸준한 이윤 창출력과 자사의 강점을 충분히 입증했다고 봐도 무방하다. 나는 이 전략을 '핵심주10 core 10'이라 칭한다. 배당금에 관한 경영진의 약속을 기본 혹은 핵심 전략으로 보기 때문이다.

앞의 [그림 10-3]은 다우산업평균지수와 S&P500 지수에서 시장 가치 기준 100대 기업을 대상으로 핵심10 전략을 구사했을 때의 투자 원금 증가액을 나타낸다. 실제로 '다우 핵심10'은 '다우10'을 연 0.60% 가량 앞선 실적을 냈다. 게다가 다우 핵심10 전략은 연말에 거래 회전율을 20% 감소시킴으로서 자본 이익 실현과 거래 비용을 모두 줄여준다. S&P 핵심10 전략은 거래 회전율은 줄이지만, 실적은 S&P10과 비슷한 수준이었다.

수익 가속기 재정비

배당금을 지급하는 주식은 시장 주기에 상관없이 상대적으로 좋은 실적을 낸다. 배당금을 재투자하면 약세장일 때 주식을 더 많이 늘릴 수 있기 때문이다. [표 10-2]는 주가가 하락한 이후 주가 하락 이전의 수익률로 회복하는 데 걸리는 기간을 나타낸다. 배당금을 재투자한 투자자는 주가가 하락하지 않았을 때보다 주식이 더 많이 늘어나기 때문에 가격 하락에서 오는 손실을 만회할 수 있다. 추가 확보한 주식의 가치가 결국은 가격 하락 폭보다 더 커서 결과적으로 투자자가 이득을 본다.

표에서 보는 바와 같이 배당수익률이 높아질수록 투자자가 손실을 만회하는 데 걸리는 시간이 짧아진다. 놀랍게도 가격이 하락할수록 손익 평형에 이르는 시간이 짧아진다는 사실도 확인할 수 있다. 이는 재투자한 배당금의 수익 전환 속도가 더 빠르기 때문이다.

최초 배당수익률이 5%였던 주식을 예로 들어 보자. 이후 주식 가격이 50% 하락했고 하락 추세가 계속 이어졌다면 배당금을 재투자한 투자자는 14.9년 정도면 손실을 만회할 것이다. 보유 주식의 수가 2배로 증가해 가격 하락에서 오는 손실을 메워주기 때문이다.

필립 모리스도 이와 비슷한 상황이 전개됐다. 1991년 말 당시 필립 모리스의 배당수익률은 겨우 2.8%였다. 그러나 이후 배당금은 꾸준히 늘었고 가격이 꾸준히 하락하면서 배당수익률은 10년 내내 증가했고 2000년에는 7%를 넘어섰다. 1990년대에 저조한 실적을 냈음에도 필립 모리스의 주식 수익률이 높았던 이유는 높은 배당수익률 덕분에 재투자를 통해 주식 수가 크게 증가했기 때문이다.

[표 10-3]은 배당금의 수익 가속 효과를 나타낸다. 주가가 이전 수준을 회복했을 때 투자자가 어느 정도의 수익을 올리는지를 보여준다. 앞에서 우리는 배당수익률이 5%인 주식이 가격이 50% 하락했다면 주가 하락이 전혀 발생하지 않았을 때의 수익률 수준으로 회복하

[표 10-2] 주가 하락 이후 손실 만회까지 걸리는 시간(단위: 년)

		배당수익률								
		1%	2%	3%	4%	5%	6%	7%	8%	9%	10%
주가하락률	10%	95.8	48.4	32.6	24.7	20.0	16.8	14.5	12.9	11.5	10.5
	20%	90.3	45.6	30.8	23.3	18.9	15.9	13.8	12.2	10.9	9.9
	30%	84.2	42.6	28.8	21.8	17.7	14.9	12.9	11.4	10.3	9.3
	40%	77.6	39.3	26.6	20.2	16.3	13.8	12.0	10.6	9.5	8.7
	50%	70.4	35.7	24.1	18.4	14.9	12.6	10.9	9.7	8.7	8.0
	60%	62.2	31.6	21.4	16.3	13.3	11.2	9.8	8.7	7.8	7.2
	70%	52.7	26.9	18.3	14.0	11.4	9.7	8.5	7.6	6.8	6.3
	80%	41.4	21.3	14.6	11.2	9.2	7.9	6.9	6.2	5.6	5.2

[표 10-3] 주가 회복 시 연 수익률(단위: %)

		배당수익률								
		1%	2%	3%	4%	5%	6%	7%	8%	9%	10%
주가하락률	10%	10.12	10.24	10.36	10.47	10.58	10.69	10.80	10.91	11.01	11.11
	20%	10.27	10.54	10.80	11.06	11.31	11.56	11.80	12.04	12.27	12.50
	30%	10.47	10.92	11.37	11.81	12.24	12.67	13.08	13.49	13.89	14.29
	40%	10.73	11.44	12.14	12.82	13.49	14.15	14.80	15.43	16.06	16.67
	50%	11.09	12.16	13.20	14.23	15.24	16.23	17.20	18.15	19.08	20.00
	60%	11.63	13.24	14.81	16.35	17.86	19.34	20.79	22.22	23.62	25.00
	70%	12.54	15.03	17.48	19.87	22.22	24.53	26.79	29.01	31.19	33.33
	80%	14.36	18.63	22.82	26.92	30.95	34.91	38.79	42.59	46.33	50.00

는 데 14.9년이 걸린다고 했다. 주가가 50% 하락했던 주식이 14.9년이 지난 후에 이전 가격으로 회복하면 14.9년 동안의 이 주식의 연평균 수익률은 15.24%로 상승한다. 이는 주가가 하락하지 않았을 때의 수익률보다 50%나 더 높은 수준이다.

주가가 회복 단계에 있던 2003년 말에 필립 모리스에도 이런 수익 가속기 효과가 나타났다. R.J. 레이놀즈와 BAT 인더스트리**BAT Industries**(전 브리티시아메리칸토바코) 같은 다른 담배 회사도 주가가 회복됐을 때 수익 가속 현상을 경험했다. 이들 기업이 배당금을 지급하지 않는 기업이었다면 수익률이 훨씬 낮았을 것이다.

주식 환매

최근에 기업들이 배당금을 지급하기보다는 공개 시장에서 자사 주식을 되살 용도로 유보 이익retained earning을 사용하는 경우가 꽤 있다. 앞서 언급했듯이 최근 배당 소득세를 자본 이득세와 동일한 수준으로 감면하는 법률이 제정됐음에도 주식 환매는 여전히 세금 측면에서 가장 유리한 방식으로 주주에게 수익을 안기는 수단이다. 이익금으로 배당금을 지급하는 대신에 주식을 되사면 주가가 상승하는 결과를 낳는다. 그러나 주가가 더 높아져도 이 주식을 되팔 때까지는 세금이 부과되지 않는다. 결과적으로 투자자는 이 주식에 대해 과세 유예 혜택을 받을 수 있고, 이 주식이 비과세 재산에 포함된다면 세금 부담에서 완전히 벗어날 수도 있다.

기업이 배당금을 지급하는 것과 동일한 가치의 주식을 환매한다면 배당금은 약세장 보호막과 수익 가속기 역할을 모두 수행하는 셈이다. 주가가 하락하면 시간이 갈수록 환매 주식의 수는 증가한다. 이렇게 되면 유통 주식의 수가 줄어들고 결국 주당 이익과 주가 둘다 상승한다. 배당금을 재투자하면 투자자는 보유 주식 수의 증가로 수익을 얻는다. 주식 환매가 일어나면 해당 기업의 주당 순이익이 증가하고 주가가 상승한다. 어느 쪽이든 [표 10-2]와 [표 10-3]에 제시한 수치는 동일하게 적용된다.

주식 환매는 과세가 유예되는 자본 이득 수령에다 배당금 재투자 효과까지 더불어 누릴 수 있다. 그러나 이런 효과가 항상 나타나는 것은 아니다. 경영진은 배당금 지급만큼 주식 환매 정책에 그렇게 적극적이지 않다.[6] 일단 현금 배당 수준이 정해지면 경영진은 배당을 낮추기 꺼려한다. 배당금을 줄이는 일 자체가 기업에 대한 부정적 신호로 여겨지므로 배당금 축소가 발표되면 시장은 주가 하락으로 반응하는 경향이 있기 때문이다.

이와는 정반대로 주식 환매가 부정적인 방식으로 작동하기도 한다. 경영진이 주식 환매를 약속하면 투자자에게 유리한 방향으로 주가 상승이 일어나는 것이 사실이다. 그러나 투자자로서는 경영진이 실제로 이 약속을 언제 이행하는지 탐지하기가 어렵다. 다수 연구에서 주식 환매 약속 중 대부분이 이행되지 않는다는 결론에 이르렀다.[7] 경영진은 이익금을 다른 곳에 쓰는 일이 종종 있고, 그 다른 일이 주주의 이익에 전부 부합되는 것은 아니다.

따라서 이론적으로는 주식 환매가 배당금 재투자를 통한 투자 수익과 거의 동일한 결과를 나타내지만, 현실적으로는 이 주식 환매가 주주에게 꾸준한 수익 창출원이 되는 경우는 매우 드물다. 그러므로 주식 환매라는 방식으로 경영진의 손을 거쳐 투자 수익을 챙기려 하기보다는 경영진이 주주에게 지급한 배당금으로 직접 주식을 매수하는 쪽이 훨씬 믿을 만하다.

비용 평균화 전략

일부 예리한 투자자는 수익 가속기 역할을 하는 배당금 재투자의 특성이 비용 평균화^{dollar-cost averaging} 전략을 구사할 때와 매우 비슷하다는 점을 알아차렸을 것이다. 비용 평균화는 기간을 정해 일정 금액을 정기적으로 투자하는 방식이다. 배당금 재투자처럼 비용 평균화 또한 가격이 하락하면 주식을 더 많이 매수할 수 있다는 사실에 기반을 둔다. 같은 맥락에서 주가가 상승하고 예상 수익률이 낮아지면 매수 주식의 수가 줄어든다.

그렇다면 비용 평균화가 배당금 재투자의 대안이 될 수 있을까? 해당 기업이 장기간 생존한다는 전제하에서는 '그렇다'고 답할 수 있다. 그러나 오래 살아남을 기업이 아니라면 이야기는 달라진다. 이런 기업의 주식을 많이 사 놓으면 주가가 하락할 때 엄청난 손실이 발생한다. 그런데 배당금 지급액을 줄이지 않는 기업은 오래 살아남는 경향이 있으므로 여기서 논한 전략을 구사해도 무방하다. 즉, **배당금 지급이 꾸준한 기업에서는 비용 평균화 기법이 효과가 있다.** 투기성이 큰 종목일수록 생존 가능성이 줄어들고 따라서 비용 평균화 기법으로 큰 수익을 낼 가능성도 희박하다.

기타 현금 창출 투자법

약세장 보호막과 수익 가속기는 배당수익률이 높은 주식에만 작동하는 것이 아니다. 투자자에게 현금 수익을 많이 제공하는 투자라면 어떤 방식에든 동일하게 작동할 것이다. 부동산투자신탁REIT이나 고수익 정크본드와 같은 기타 고수익 투자 상품이 여기에 해당한다.

REIT는 부동산 자산에서 수입이 발생하는 기업이며 REIT만의 조세 특성에 주목할 필요가 있다. 즉, 적어도 수익의 90%를 배당금의 형태로 주주에게 배분하면 REIT 자체는 법인소득세가 면제된다.[8] 1996년부터 2003년까지 REIT의 평균 배당수익률은 6.6%로서 같은 기간 S&P500 수익률의 4배가 넘는다.

정크본드는 신용 상태가 투자 등급 미만인 기업이 발행하는 채권이다. 정크본드는 투자 적격 기업의 채권이나 대다수 정부 채권보다 금리가 상당히 높다.

REIT의 배당금 재투자 혹은 정크본드 이자 재투자 역시 약세장 보호막과 수익 가속기의 역할을 한다. 매번 시장 하락기에는 기업의 채무 불이행 위험이 상승하기 때문에 정크본드 가격이 하락한다. 그럼에도 정크본드에서 발생하는 이자 수익을 재투자하는 투자자는 채권을 더 매입할 것이고 따라서 채권 금리가 하락하고 위험 채권과 안전 채권의 격차가 줄어들 때 수익 가속기가 기적 같은 마법을 부린다.

기술주 거품이 한창이던 1990년대 말, REIT의 인기가 시들해졌을 때 특히나 높은 수익률을 제공했다. 그리고 REIT가 인기를 회복했을 때는 추가 주식 재투자로 REIT의 수익이 상승했다. 이에 따라 1990년대 중반부터 2003년까지 REIT는 모든 자산을 통틀어 수익률이 가장 높은 자산 가운데 하나가 됐다.

요약

지난 10년 동안 배당금은 자본 이득 추구에 더 몰두하는 투자자로부터 푸대접을 받았다. 그러나 주식 수익에 관한 과거 자료를 살펴보면 현금 배당의 중요성을 확인하게 된다. 배당금은 약세장에서 투자자를 보호하는 역할을 할 뿐만 아니라 시장이 반등할 때 고수익을 발생시키는 효과까지 냈다.

실제로 1957년 당시 S&P500 원조 기업 중 고실적주 전부가 배당금을 지급했고 대다수가 배당수익률이 평균을 웃돌았다. 소송 위협 때문에 가격 하락 압박이 심했던 담배 회사 같은 종목에서 발생한 투자 수익은 대부분 현금 배당금에서 비롯된 측면이 컸다. 배당금 재투자는 에너지 부문에서도 긍정적 효과를 냈다. 다음 장에서는 배당금과 이익의 원천을 조사하고 이를 측정하는 방법을 논한다.

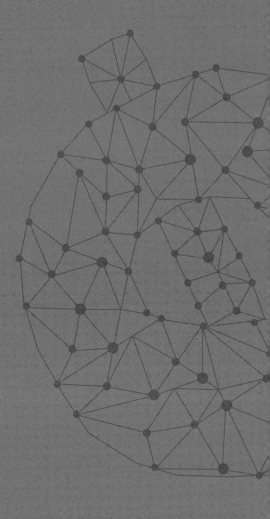

제 11 장

이익:
주주 수익의 원천

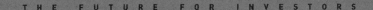

최근 들어 실제와는 거리가 먼 장밋빛 전망으로 투자자를 호도한
수많은 기업이 아까운 자본을 너무도 많이 낭비했다.
투자자의 투자금 배분 작업에 도움을 주는
기업의 이익(실적) 보고서가 부정확할 때
이런 자본의 낭비 규모가 과도하게 커진다.

| 앨런 그린스펀, 2002년 |

주식 시장 전체가 큰 기대를 안고 이 발표를 기다렸다. 장이 마감되고 15분 후인 오후 4시 15분에 세계 최대의 마이크로프로세서 제조사 인텔이 분기 실적을 발표한다. 월가의 주식 거래인과 시장 분석가는 인텔의 발표를 엄중하게 지켜봤다. 인텔은 기술 부문은 물론이고 전체 경제의 선도 지표 같은 역할을 하기 때문이다.

드디어 발표 내용이 화면에 나타났다. 영업 이익은 주당 47센트로 기대치보다 5센트 높은 실적이었다. 그러나 이 수치는 R&D 인수에 따른 일회성 비용과 영업권 상각 등 인수와 관련한 비용 등은 고려하지 않은 것이었다. 보고 이익 혹은 순수익 등 재무회계기준위원회 FASB가 승인한 공식 이익 수치는 기대치에 훨씬 못 미쳤다.

그러나 시장은 이런 공식 수치에는 별 관심이 없었고 영업 이익에만 초점을 맞췄다. 실제로 기대치를 훨씬 웃도는 영업 이익 실적이 발표되자 몇 시간 만에 인텔 주가가 폭등했다.

대체 무슨 일이 벌어진 것일까? 시장은 왜 공식 수치는 무시하고 FASB가 승인하지도 않은 이익 수치에 초점을 맞추는가? 그리고 이보다 더 중요한 질문으로 기업의 수익성을 평가하려면 어떤 이익 지표를 사용해야 하는가?

이익 측정

주식에 관심이 많은 사람은 누구나 '이익' 부분을 거론한다. 이익이 주가를 이끈다는 사실을 다들 알기 때문이다. 그러나 경제학자나 분석가가 이런 이익과 관련한 세부 사항을 논하기 시작하면 대부분 눈의 초점이 흐려지면서 따분한 빛이 역력해진다. 이연 비용, 구조조정 비용, 추정 이익, 연금 비용 등의 세부 항목이나 직원 스톡옵션에 관한 회계 관련 사항은 대학에서 회계학 강의를 들을 때의 따분했던 기억을 떠올리게 한다거나 혹은 그렇게 복잡한 내용까지 굳이 알아야 할 필요가 있을까 싶은 마음이 드는 모양이다. 그래서 나 역시 이번 장은 그냥 건너뛰고 우리 경제와 금융 시장의 미래에 관해 설명한 다음 장으로 곧바로 넘어가고 싶어 하는 독자를 비난할 생각은 없다. 그러나 단 몇 분만 시간을 내서 이번 장의 내용을 읽는다면 종목을 선택할 때뿐 아니라 공공 정책과 자신의 재정 상태에 영향을 주는 몇 가지 중요한 쟁점을 이해하는 데 도움이 되는 가치 있는 정보를 얻게 될 것이다.

주요 쟁점 가운데 하나인 직원 스톡옵션의 비용 처리 문제도 미 상원에서 열띤 논쟁이 벌어졌다. 기술 업종 기업은 스톡옵션의 비용 처리에 관한 FASB의 권고를 받아들이면 미국이 기술 부문에서 선도적 지위를 유지하는 데 중요한 역할을 하는 직원 보상 체계가 흔들리고 이에 따라 직원 사기 저하와 동기 상실이 우려된다고 주장하며 이에 공개적으로 반대하고 나섰다.

또 다른 쟁점은 연금 비용을 어떻게 처리해야 하느냐는 문제였다. 연금 비용의 처리 문제는 기업이 퇴직자에게 약속했던 연금 수당을 실제로 지급하는지에 결정적인 영향을 미친다. 그런데 뉴스 보도를 보면 5,500만 근로자의 연금 수령을 보장하는 일을 하는 연금지급보증공사Pension Benefit Guaranty Corporation: PBSC의 재정 적자 소식이 계속 나온다. 그래서 앞으로 연금 지급 불이행 사태가 벌어져 예전의 저축대부 조합 사태로 이어지고 결과적으로 납세자가 수천억 달러를 또 부담해야 하는 상황이 올지 모른다며 걱정하는 사람도 있다.

당기 이익이 진짜 이익일까?

〈파이낸셜 애널리스트 저널 Financial Analyst Journal 〉의 편집장 로버트 아노트는 미 경제계가 쓰는 이익 수치는 기만적 술책의 결과물이라고 생각한다. 2004년에 나와 토론할 당시 아노트는 이렇게 말했다.

> 나는 실적 보고서에 나오는 이익 수치에 문제가 많다고 생각한다.
> 연금 기금에 관해 적절한 회계 처리 방식을 사용한다면 S&P 이익의
> 15%에서 20%는 사라져버릴 것이다. 경영진의 스톡옵션을 제대로 비
> 용 처리한다면 S&P 이익의 10%에서 15%가 또 깎일 것이다. 그래서
> 나는 S&P 이익의 25% 정도는 허수라고 본다.[1]

아노트의 주장대로 이익의 25%가 부풀려진 수치라면 투자자는 생각보다 훨씬 비싼 가격에 주식을 사는 셈이고 주식 시장의 미래 전망은 암울할 것이다.

그러나 나는 기업이 보고하는 이익 자료가 대다수 기업의 수익성을 제대로 대표하지 못한다고 보지는 않는다. 이 장 후반부에서 설명하겠지만, 이 자료에는 양방향으로 작동하는 편향이 존재한다. 따라

서 세심하게 주의를 기울인다면 이익 자료가 올바른 방향성을 나타낼 수 있다.

그러나 회의론자의 이런 우려 섞인 시각에도 수긍할 만한 부분이 있다. 투자자는 보고된 이익 수치를 무조건 맹신할 것이 아니라 정말 세심히 따져봐야 한다. 특히나 직원용 스톡옵션을 발행하거나 연금 부담이 과도한 기업의 이익 자료는 더욱 꼼꼼히 살펴야 한다. 이와 관련해 스탠더드앤드푸어스가 '핵심 이익 core earning'이라는 새로운 이익 개념을 고안해 이 부분에 관한 조사와 분석이 더 쉬워졌다. 개인적으로 박수를 보냈던 이 새로운 이익 개념에 대해서도 후반부에서 다룬다. S&P의 핵심 이익 개념을 검토했더니 직원 대상 스톡옵션은 기술 기업에 집중돼 있었고 연금 채무는 자동차, 항공, 일부 에너지 기업 등 다른 업종에서 주로 사용했다.

이익 개념

'순이익 net income'이라고도 하는 '이익 earning'은 간단히 말하면 수입과 비용 간의 차액이다. 그러나 이익을 단순히 '현금 유입금에서 유출금을 뺀 값'으로 규정하는 방식은 직절치 않다. 시간이 지나면서 자본적 지출, 감가상각비, 선도 계약 등과 같이 비용 및 수입의 범위가 확대되기 때문이다. 게다가 일부 비용과 수입은 자본 손익이나 주요 구조 조정 같은 일회성 혹은 임시 항목으로서 기업의 가치를 평가하는 데 중요한 요소인 지속적 이익과는 무관하다.

기업이 자사의 실적(이익)을 보고하는 방식에는 두 가지가 있다. 하나는 순이익 혹은 보고 이익 reported earning 으로서 FASB가 승인한 이익 개념이다. FASB는 회계 기준 수립을 목적으로 1973년에 설립한 기관이며 이때 정한 회계 기준을 일반회계원칙 GAAP 이라고도 한다. 각 기업의 연차 보고서에 기록하거나 정부 기관에 제출하는 이익이 바로 이 개념에 따른 이익이다.[2]

또 하나는 이보다는 관대한 이익 개념인 '영업 이익 operating earning'이 있다. 영업 이익은 지속성이 있는 이익으로서 단발성으로 끝나는 이례적 항목은 배제한다. 예를 들어 구조조정 비용(공장을 폐쇄하거나 사업부를 매각하는 행위와 관련한 비용), 투자 손익, 재고 감손비, 합병 및 기업 분할과 관련한 비용, 영업권 상각 비용 등은 영업 이익에 포함되지 않는다.

월가가 주시하고 시장 분석가가 예측하는 이익이 바로 영업 이익이다. 각 분기 말 이후 수주일 내에 이루어지는 '어닝 시즌 earning season'(실적 발표 기간)에는 기업이 보고하는 영업 이익과 분석가가 예측하는 이익 간의 차이가 주가를 견인한다. ○○기업이 '월가 예측치'를 넘어섰다는 말은 그 기업의 실제 이익이 평균(혹은 합의된) 영업 이익 전망치를 웃돌았다는 의미다.

이론상으로는 '영업 이익'이 '보고 이익'보다 기업의 지속 가능한 장기적 이익을 더 정확히 평가하는 측정치라 하겠다. 그러나 영업 이익은 회계 전문가 집단이 규정한 공식적인 개념이 아니며 영업 이익 산출법 자체에 경영진의 재량권이 많이 부여돼 있다. 경영진이 월가의 이익 전망치를 넘겨야 한다는 압박감을 강하게 느끼면 무리수를 써서라도 적정 수준을 넘어선 비용을 빼버리려는(혹은 수입을 더 많이 산입하려는) 의지와 동기가 충만해진다.

자료를 살펴보면 최근에 보고 이익과 영업 이익 간의 격차가 증가한 것으로 나타났다. 1970년부터 1990년까지는 보고 이익이 영업 이익보다 평균 2% 정도 낮은 수준이었다. 그런데 1991년 이후로 영업 이익과 보고 이익 간의 격차가 평균 18%를 넘었고 이는 이전 평균보다 9배나 높은 수준이다.[3] 2002년에는 두 이익의 격차가 역대 최고 수준인 67%였다.

1990년대 강세장 말미에 특히 정보기술 업종에 속한 몇몇 기업이 비용 항목을 너무 많이 누락했다는 이유로 비난을 받았다. 예를 들어 시스코시스템즈는 매각이 어려운 재고를 대손 처리했고 인수 행위가 실제보다 훨씬 유리하게 보이도록 처리하는 회계 방식을 적용했다.

여기서 더 나아가 이보다 훨씬 극단적인 가정에 기초한 이익 개념을 적용한 기업도 있었다. 아마존닷컴은 거의 20억 달러에 달하는 부채의 이자 부분을 배제한다는 추정 하에 2000년 실적 보고에서 이익이 났다고 발표했다. 담보 대출금을 빼면 별장을 매입한 비용은 전혀 발생하지 않았다고 주장하는 것과 다를 바 없는 어이없는 논리다. 회계 기준을 엄격히 적용해야 하는 이유가 여기에 있다.

직원 스톡옵션 논란

가장 논란이 많은 쟁점 가운데 하나가 직원 스톡옵션 회계에 관한 부분이다. 이전 장에서 1980년대와 1990년대에 특히 마이크로소프트를 위시한 기술 업종에서 조장한 옵션 문화를 언급했다. 직원 스톡옵션은 일정 기간 근무한 직원에게 '정해진 가격에 주식을 매수할 권한'을 부여한다. 제9장에서 언급했듯이 국세청 IRS이 옵션을 통한 보수 지급은 의회가 정한 보상 제한 규정에 어긋나지 않는다고 결정한 이후 경영진 스톡옵션 관행이 확산하기 시작했다.

경영진 스톡옵션 제도가 배당금 지급을 꺼리는 환경을 조성했다고 이미 지적한 바 있다. 그 외에도 스톡옵션이 그토록 성행하게 된 이유가 있다. 스톡옵션은 경영진에 대한 성과급 제한 규정을 교묘히 피해 가는 수단일 뿐 아니라 발행 당시 손익계산서에 비용으로 계상하지 않아도 됐다. 대신에 옵션을 행사할 때 비용 처리가 된다. 그리고 대개는 옵션 발행 후 수년이 지나 이 권리를 행사하게 된다.

FASB가 여러 해 전에 수립한 규정을 통해 이 관행을 허용했으며 이런 조치는 기술업계로부터 열렬한 지지를 받았다. 위원회의 이런 입장은 학계와 금융계 모두에서 엄청난 논란을 불러일으켰다. FASB는 2000년에 결국 기존의 입장을 번복해, 국제회계기준위원회 International Accounting Standards Board 의 주도 아래 옵션을 행사할 때가 아니라 발행할 때 비용을 처리해야 한다고 결정했다. 이 결정에 따라 스톡옵션 비용이 회계 처리되면 2004년도 S&P500의 이익은 5% 정도 낮아질 것이다. 그리고 스톡옵션 관행이 만연된 기술업계의 하락폭은 이보다 훨씬 클 것이다.

기술업계는 이런 규정을 도입하려는 FASB의 움직임을 저지하고자 의회를 상대로 적극적인 로비에 들어갔다. 이와 관련해 수치스러운 의회의 간섭 가운데 하나로 코네티컷주 상원 의원 조지프 리버먼 Joseph Lieberman의 활약상을 들 수 있다. 리버먼 의원의 주도로 1993년에 FASB의 제안에 반대하는 내용으로, 구속력 없는 '상원 의사 sense of the Senate' 형식의 결의안을 88대 9로 가결시켰다. 이 표결 이후 FASB는 결국 규정 변경을 포기했다.

그러나 기술주 거품이 꺼진 후 FASB는 다시 이 문제를 꺼내들었고 스톡옵션 비용 처리 규정의 시행연도를 2005년으로 못 박았다. 이 책을 쓰고 있을 당시에도 기술업계는 여전히 이 규정의 시행을 막아달라며 의회에 도움을 청하는 중이었다.

스톡옵션을 비용으로 처리해야 하는 이유

이 쟁점에 관한 한 FASB가 옳고, 기술업계 그리고 기술업계를 지지하는 정치인이 틀렸다. 스톡옵션을 비용 처리해야 하는 이유를 가장 깔끔하게 설명한 사람은 다름 아닌 워런 버핏이다. 버핏은 이 문제가 주요 쟁점으로 부각되기도 전인 1992년도 연차 보고서를 통해 이렇게 밝힌 바 있다. "스톡옵션이 보수가 아니면 대체 무엇인가? 보수가 비용이 아니면 대체 무엇인가? 그리고 비용을 손익계산서 항목에 넣지 않으면 대체 어디에 넣어야 하는가?"[4]

버핏의 말대로 옵션은 발행할 때 비용으로 처리해야 한다. 사측의 결정에 따라 주주에게 배당금으로 지급할 수 있었던 지속성 있는 수익 흐름을 스톡옵션에 사용했기 때문이다. 직원에게 스톡옵션을 발행하지 않았다면 발행을 포기한 옵션의 가치만큼 정기적으로 지급하는 현금 보수가 늘어났을 것이다. 현금으로 지급하든 옵션으로 주든 아니면 사탕으로 주든 간에 결국 직원에게 주는 보수는 기업의 비용으로 처리된다.

옵션이 행사되면 기업은 옵션 조건에 따라 할인된 가격으로 옵션 보유자에게 신주를 판매한다. 이렇게 판매한 신주 때문에 주당 순이익이 감소하는 것을 '이익의 희석'이라고 한다. 따라서 기존 주주는 스톡옵션을 통해 시장 가격 이하로 신주를 매수한 새로운 주주에게 기업의 수익 일부를 가져다 바치는 셈이 된다.

옵션의 비용 처리를 반대하는 측

일부는 경영진이 옵션을 행사해 신규 발행된 주식을 공개 시장에서 재매수한다면 굳이 스톡옵션을 비용 처리하지 않아도 된다고 주장한다. 이렇게 하면 신주로 인한 이익 희석이 발생하지 않는다는 논리다. 그러나 이런 주장은, 신주를 환매할 필요가 없었다면 환매에 들어갈 그 자금을 주주에게 분배하거나 기타 방식으로 주주 가치를 늘리는 데 사용할 수 있었다는 사실을 간과한 것이다.

또한 옵션의 비용 처리를 비판하는 사람들은 옵션을 아직 행사하지 않았는데 이후 주가가 옵션가 이하로 하락해서 절대로 옵션이 행사될 일이 없는 경우에는 어떻게 되느냐고 묻는다. 이럴 때는 옵션 비용이 오히려 일회성 이익 혹은 특별 이익으로 처리된다. 한편, 주가가 상승해서 옵션 발행 시의 비용을 훨씬 넘어서는 수준에서 옵션이 행사될 때는 기업이 추가 비용을 부담해야 한다.

비판론자는 직원 스톡옵션은 그 가치를 정확히 측정하기 곤란하다는 입장을 견지한다. 그러나 이 또한 잘못된 주장이다. 현대 옵션 가격 책정 모형으로는 자본적 비용의 내용 연수, 비유동 자산의 시장 가치 혹은 무형 자산의 감가상각비 등 손익계산서에 계상되는 수많은 추정치뿐 아니라 옵션에 대한 가치도 평가할 수 있다.

주주가 부담하는 위험

옵션에도 주주에게 유리한 측면이 있다. 직원 스톡옵션을 발행하면 주주가 부담하는 위험이 줄어든다. 기업의 실적이 저조해서 주가가 하락하면 옵션은 무용지물이 돼버린다. 이때 기업이 옵션을 비용으로 처리했다면 비용이 이익으로 뒤바뀐다. 한편, 호재가 발생해 주가가 상승하면 이때는 반대로 옵션이 행사되면서 이익 희석이 일어나 주당 순이익이 감소할 것이다.

현금 보상 대신 옵션을 택한 직원이 위험을 떠안으면 외부 주주가 감당할 위험이 줄어든다. 이는 다른 모든 사항이 동일하다고 할 때 직원에게 발행한 옵션의 공정 가치를 정확히 비용으로 처리하는 기업은, 옵션 대신 동일한 가치의 현금을 지급하는 기업보다 그 가치를 약간 더 높게 평가해야 한다는 의미다.

그러나 이는 또한 직원 스톡옵션을 과도하게 발행하는 수많은 기술업체의 혜택 대부분을 외부 주주가 아니라 직원이 받는다는 의미이기도 하다. 상당히 중요한 사항인데도 옵션 관행이 만연한 기술업계에서 주식을 매수하는 사람들은 항상 이 부분을 간과한다.

옵션을 비용으로 처리하는 기업

2004년 중반 현재, S&P500에 속한 기업 중 40%가 넘는 176개 기업이 옵션을 비용 처리하기로 했다.[5] 코카콜라는 직원 스톡옵션 제도를 없앤 최초의 대기업 중 하나다. 마이크로소프트는 2003년에 직원 스톡옵션을 폐지하고 배당금 지급으로 대체했다.

워런 버핏의 영향력이 발휘된 것일까? 사실 버핏은 코카콜라의 대주주이고 마이크로소프트 회장 빌 게이츠와도 친분이 있다. 이유야 어찌됐든 전문가의 의견이 FASB의 제안에 따라 옵션을 비용 처리하는 방향으로 움직이고 있음은 분명하다.

기술업체 직원에게 이제 옵션은 그렇게 매력적인 동기 요소가 아니다. 1990년대에는 직원들도 스톡옵션이 부자가 되는 지름길이라 생각했던 것이 사실이다. 그러나 기술주 시장이 쇠하면서 부자의 꿈도 산산이 부서졌다. 지금은 스톡옵션을 받는 것은 복권을 받는 것과 다를 바가 없다. 다른 직원이 옵션으로 큰돈을 버는 모습을 지켜봤다면 옵션도 괜찮다고 생각했을 것이다. 그러나 장기적으로 보면 수많은 직원에게 이런 옵션은 감당하기 버거운 위험이다.

연금 비용 회계 처리에 관한 논쟁

확정 급여형과 확정 기여형 연금 제도

스톡옵션의 비용 처리 문제와 관련한 논란만큼이나 연금 비용의 처리 문제도 논란이 많다. 연금 제도는 크게 확정 급여형defined-benefit: DB과 확정 기여형defined-contribution: DC 으로 나뉜다.

강세장 시기였던 1990년대에 큰 인기를 끌었던 확정 기여형은 근로자와 기업의 연금 분담금이 모두 근로자 소유 자산으로 직접 귀속된다. 기업은 근로자가 수령할 연금액에 대해 어떠한 보장도 하지 않는다. 이와는 대조적으로 확정 급여형에서는 지급할 소득과 의료보험 수당을 기업이 정한다. 이 연금 제도를 뒷받침할 재원도 개별 근로자가 선택하지 않으며 연금이 근로자의 자산으로 직접 귀속되지도 않는다.

정부 규제 하에서 확정 급여형은 기금 적립이 필요한 연금 제도다. 근로자에게 연금으로 지급할 자금을 기업이 직접 조달해야 한다는 의미다. 이와는 대조적으로 확정 기여형은 퇴직 시 수령할 연금 수당이 비용을 상쇄하지 못할 위험은 물론, 연금 기금을 어디에 투자할지도 모두 근로자가 결정해야 한다.

지난 20년 동안 확정 기여형이 인기가 좋았던 데는 두 가지 이유가 있었다. 하나는 1990년대의 대강세장이 이유였다. 강세장이었기 때문에 기업이 약속한 연금 수당보다 근로자 개개인이 직접 투자해서 올릴 수익이 훨씬 더 크리라 생각했다.

두 번째 이유는 확정 기여형의 분담금은 즉시 근로자의 몫으로 귀속되는 자산이기 때문이다. 근로자가 다른 직장으로 옮길 때도 이 퇴직 적립금을 가져갈 수 있다. 이와는 대조적으로 확정 급여형일 때의 연금 수당은 한참이 지나야 근로자의 몫이 된다. 이 연금이 근로자 소유로 확정되기 전에 직장을 떠나면 전혀 연금을 받지 못한다.

확정 급여형 연금 제도의 문제점과 위험성

현행 확정 급여형 연금제의 기반이 되는 자산의 수익률 계산 규칙은 기업에 매우 유리하다. FASB는 기업이 운용하는 포트폴리오의 자산 수익률 추정치를 스스로 선택하도록 허용했는데 이 추정치가 대체로 상당히 높은 수준이다. 실제 수익의 발생 여부와 상관없이 이 추정 수익이 기업의 수익으로 계상된다. 게다가 이 자산의 가치가 연금 채무보다 낮은 수준이면(이를 미적립 연금 채무라고 함) FASB는 상당 기간에 걸쳐 이 격차를 메우도록 해줬다.

정부는 기업들이 퇴직 연금 지급에 필요한 자금을 적립하도록 규정했지만 특히 의료보험 수당과 같은 다른 연금 관련 자금은 필수적으로 적립하지 않아도 된다고 했다. 2003년에 골드만삭스의 한 시장 분석가는 3대 자동차 제조사의 의료보험 수당 채무액이 920억 달러에 이른다고 추정했다.[6]

대다수 투자자는 이런 미적립 연금 채무의 문제를 충분히 인식하고 있었다. 이에 따라 자동차 제조사뿐 아니라 미적립 연금 채무 수준이 높은 다른 기업의 자산 가치도 하락했다. 2003년 3월에 연금 미적립 수준이 심각한 것으로 확인된 25개 기업의 비중은 S&P500 전체 시장 가치의 1.4%에 불과했다. 지난 10년 동안 철강업계와 항공업계에서 발생한 파산은 이런 연금 채무와 관련이 있다.

그러나 지난 20년 동안 시작된 연금은 거의 확정 기여형이기 때문에 시간이 지나면 연금 채무와 관련한 문제는 차차 해소될 것이다. 확정 기여형이면 퇴직 연금 적립에 따른 위험이 기업에서 근로자 개개인으로 이전되기 때문이다. 그렇다 하더라도 확정 급여형 연금 제도를 채택하는 기업은 미래 수익에 심각한 문제가 발생할 여지가 항상 있으므로 투자자는 이들 기업의 동향을 면밀히 주시해야 한다.

스탠더드앤드푸어스의 '핵심 이익' 개념

연금과 스톡옵션의 회계 처리 문제와 영업 이익의 정의가 계속 확장되는 현상에 대한 우려감에서 스탠더드앤드푸어스는 2001년에 '핵심 이익'이라는 새로운 이익 계산 방식을 고안하기에 이르렀다. 기업의 기본 혹은 핵심 사업에서 발생하는 이익을 측정하고, 다른 이유에서 발생하는 수익이나 비용은 핵심 이익에서 제외하는 것이 목적이었다. 핵심 이익 개념에서는 직원 스톡옵션을 비용으로 처리하고 연금 비용을 다시 계산한다. 그리고 관련이 없는 자본 손익과 영업권 손상 차손, 소송과 관련한 일회성 손익 등은 제외한다.

지속성 있는 이익을 제대로 계산하는 올바른 측정치를 찾아내는 일은 매우 중요하다. 요즘 시장에서는 기업 연간 이익의 약 20배 가격으로 주식이 팔려나가는 일이 다반사다. 즉, 현재의 주식 가격에는 향후 12개월 내에 발생할 이익은 겨우 5%밖에 반영되지 않고 그 이후 기간의 이익이 나머지 95%에 반영된다는 의미다. 우리가 이익을 계산할 때 반복해서 발생할 가능성이 없는 일회성 손익과 미래 수익성에 지속적인 영향을 미치는 손익을 반드시 구별해서 회계 처리를 해야 하는 이유가 바로 여기에 있다. 스탠더드앤드푸어스가 핵심 이익 개념을 고안한 것은 바로 이런 목적 때문이다.

시장 지수의 세계 표준격인 S&P500 지수의 관리자이기는 하나 구속력이나 규제 권한이 없는 민간 기업에서 이처럼 새로운 회계 개념을 내놓는 일은 매우 이례적이고 과감한 자세라 하겠다. 〈뉴욕타임스〉는 핵심 이익을 '2002년 최고의 아이디어'로 선정했다.[7] 워런 버핏도 "용기 있고 또 올바른 자세입니다. 훗날 투자자가 귀사의 움직임을 두고 역사에 남을 중요한 사건이라고 칭할 겁니다."라는 내용의 공개서한을 통해 S&P의 태도에 찬사를 보냈다.[8]

나 역시 핵심 이익 개념을 지지하며 S&P 매니징 디렉터이자 지수위원회 의장인 데이비드 블리처 David Blitzer, 로버트 프리드먼 Robert Freedman, 하워드 실버블랫 Howard Silverblatt을 비롯해 이 작업에 참여한 모든 사람에게 찬사를 보낸다. 연금 비용을 처리하는 부분(상당히 어려운 회계 사안임)에는 이견이 있으나 핵심 이익은 손익계산서의 표준화를 위한 중요한 진전이며 기업의 수익성을 측정하는 매우 좋은 방법이라고 생각한다.

이익의 질

이익의 품질을 좀 더 정확히 아는 것이 투자 수익에 도움이 될까? 대부분 그렇다고 본다. 이익의 질을 측정하는 방법 중 하나로 '회계 이익과 현금 흐름 간의 차액'으로 정의되는 미지급금 항목 accrual을 들여다볼 수 있다.

미지급금 비율이 높은 기업은 자사 이익을 조작할지도 모르며 이

것이 앞으로 발생할 문제의 전조가 될 수 있다. 반면에 미지급금 수준이 낮은 기업은 이익금을 '보수적으로', 즉 엄격한 기준에 따라 측정한다는 신호일 수 있다.

미시간 대학교의 리처드 슬론^{Richard Sloan} 교수는 높은 수준의 미지급금은 이후 저조한 주식 수익과 관련이 깊다고 결론 내렸다.[9] 슬론은 1962년부터 2001년까지 이익의 질이 가장 높은(미지급금 수준이 최저) 기업과 이익의 질이 가장 낮은(미지급금 수준이 최고) 기업의 연간 수익률 격차가 무려 18%나 된다는 사실을 발견했다. 후속 연구 결과, 미지급금이 수익에 중요한 영향을 미치는데도 월가 분석가는 그동안 미래 이익성장률을 예측할 때 이 부분을 전혀 고려하지 않았던 것으로 나타났다.[10]

비록 불순한 의도가 전혀 없이 선의로 하는 작업이라 하더라도 이익을 측정할 때는 항상 추정치 위주로 흘러가게 된다. 배당금뿐만 아니라 현금 흐름이 기업의 수익성을 평가하는 객관적인 측정치인 이유가 바로 여기에 있으며 이런 관점에서 현금 흐름 자료로 이익 자료를 반드시 보충해야 한다.

이익 편향

연금과 직원 스톡옵션에 대한 회계 처리가 기업의 이익을 과대평가하는 효과를 낸다고 했다. 이와는 정반대 효과를 내는 회계 관행도 있다.

예를 들어 연구개발비는 통상 비용으로 처리된다. 연구개발 비용은 지출의 이유와 근거가 충분하지만, 시간이 지나면서 비용을 발생시킨 그 자산의 가치가 점점 하락한다. 따라서 제약업처럼 연구개발비의 비중이 높은 기업은 보고 이익이 실제 이익보다 적을 수도 있다.

2004년 기준 S&P500 5대 기업에 속하는 세계 최대 제약회사 화이자를 예로 들어 보자. 2003년에 화이자는 의약품 연구개발 부문에 76억 달러를 지출했고 공장과 설비에 약 30억 달러를 투자했다. 현행 회계 원칙에 따라 화이자는 공장 및 설비에 지출한 30억 달러의 5%를 감가상각비 명목으로 이익에서 공제했다. 나머지는 이 자산의 연수에 따라 공제하게 된다.

그러나 화이자가 연구개발 부문에 지출한 76억 달러는 전액 경상이익에서 공제했다. 화이자의 연구개발 부문 지출은 회계 원칙상 자산으로 간주되지 않아서 지출이 발생한 시점에 바로 비용으로 처리해야 하기 때문이다.

이런 회계 처리 관행이 과연 합리적이라 할 수 있을까? 화이자의 연구개발 부문이 부동산을 포함한 다른 재산이나 공장, 설비 등보다 가치가 현저히 떨어지는 자산인가? 사실상 화이자의 기업 가치는 대부분 연구개발 부문의 지출을 통해 획득한 특허에서 나온다는 점을 고려하면 이런 회계 처리는 화이자의 실적에 상당히 부정적으로 작용하는 것처럼 보인다.

필라델피아 연방준비은행의 경제학자 레너드 나카무라 Leonard Nakamura도 이런 의견에 동의한다. 나카무라는 이렇게 말했다. "기업의 장기적 실적을 견인하는 것은 바로 연구개발 부문에 대한 투자다."[11]

현행 이익 처리 관행대로라면 연구개발비 비중이 높은 업종의 미래 이익 잠재력은 과소평가받게 된다.

이자 비용의 처리 부분도 이익 과소 계상의 또 다른 원인이다. 물가 상승은 이자 비용을 높이는 요소인데 또 한편으로 물가가 상승하면 기업이 진 부채의 실질 가치가 하락한다. 그런데도 현행 회계 원칙상 이자 비용을 기업의 이익에서 전액 공제한다. 물가 상승 시기에는 가격 상승이 기업의 고정 부채에 엄청난 영향을 미칠 수 있다.

현행 회계 원칙이 이렇듯 이익을 축소시키는 효과도 있다. 여기서 말하고자 하는 핵심은 종래의 회계 관행이 전부 기업의 이익을 부풀리는 결과로만 나타나지는 않는다는 사실이다.

결론과 미래 전망

이번 장에서는 기업 이익에 관한 회계 처리 관행을 평가해봤다. 보고 이익 부분에 다소 흠결이 있는 것은 사실이나 모든 사안을 감안했을 때 전체 경제 측면에서 이런 이익 자료에 결정적인 문제가 있다고 보기는 어렵다.

이익 계산 방식에 내재한 근원적 모호성 때문에 배당금을 중시하는 견해에 힘이 실리기도 한다. 기업이 배당금을 지급한다면 투자자는 자신이 무엇을 얼마나 얻는지 비교적 명확히 알 수 있다. 배당금을 지급하면서 술수를 부리기는 이익 부분을 조작하기보다 훨씬 어렵다. 따라서 배당금을 지급하는 기업이면 투자자가 이익 조작이나 기타 술수에 넘어갈 위험이 그만큼 줄어든다고 보면 된다.

　그런데 기업 경영진의 이익 자료 조작을 우려할 만한 이유와 근거가 충분하다 하더라도 그러한 기업을 향해 손가락질하며 비난하기 전에 정부도 이런 비난에서 자유로울 수 없다는 점을 알아야 한다. 정부는 그 어느 기업이나 규제 당국과도 견줄 수 없을 만큼 연금 제도에서 회계 처리상의 농간을 부린다. 사회보장제도와 메디케어만 해도 수십조 달러에 달하는 미적립 채무가 존재한다. 이 정도 규모면 기업 부문의 미적립 채무는 조족지혈에 불과하다. 이런 유형의 정부 부채가 민간 기업의 미적립 연금 채무보다 국가 전체 경제 전체에 훨씬 더 큰 위험 요소로 작용한다. 다음 장에서 이 주제를 본격적으로 다룬다.

제4부

고령화 위기와
세계 경제 중심의 변화

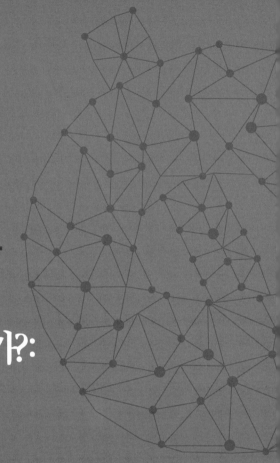
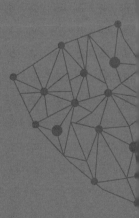

제 12 장

과거는 다가올
미래의 서막인가?:

주식 시장의 과거와 미래

내가 걸어갈 길을 비춰주는 단 하나의 등불이 있다면
그것은 바로 '경험'이라는 등불이다.
과거 이외에는 미래를 예측할 방법이 없다는 사실을 잘 알고 있다.

| 패트릭 헨리 Patrick Henry, 1775년 |

노벨상을 수상한 경제학자이자 내 대학원 은사이기도 한 폴 새뮤얼슨이 언젠가 이렇게 말했다. "여러분이 가진 표본이라고는 '역사' 하나밖에 없다."

우리 모두가 겪어온 역사는 온갖 우여곡절로 가득하다. 절대로 반복하면 안 되는 온갖 사건으로 가득하지만, 다 뒤집어서 그 역사를 다시 시작할 수는 없는 노릇 아닌가!

그렇다 해도 우리가 가진 것은 또 역사밖에 없다. 그리고 우리의 뇌는 과거를 관찰하며 배우도록 설계돼 있기 때문에 역사는 분명 가치가 있다. 시장이 과거 사건에 어떻게 반응했는지를 알면 미래에 시장이 어떻게 움직일지에 대한 실마리를 얻을 수 있다.

이런 생각을 바탕으로 1990년대 초에 나는 미래 수익률 예측에 활용할 만한 특정한 추세가 존재하는지를 알아보려고 장기적 관점에서 미국의 주식과 채권에 관한 사적(史的) 자료를 수집하기 시작했다. 이렇게 수집한 방대한 자료를 분석한 결과 1802년 이후 꽤 오랜 기간 물가상승률을 감안한 다각화된 보통주 포트폴리오의 수익률이 평균 6.5%에서 7%선이었음을 알아냈다. 이 결과는 내가 쓴 책《주식에 장기 투자하라》의 사상적 기초가 됐다. 그 책에서 나는 이렇게 썼다.

지난 2세기를 거치는 동안 우리 사회가 극적인 변화를 겪어왔다는 사실을 돌이켜볼 때 그 오랜 기간 이렇게 안정적인 수익률을 나타냈다는 사실이 더욱 놀라웠다. 그동안 미국은 농업 사회에서 공업 사회로, 다시 공업화 이후 서비스 및 기술 기반 경제 사회로 진화를 거듭해왔다. 세계는 금본위제에서 지폐본위제로 변화했다. 그리고 한때 전국에 전파되는 데 몇 주나 걸리던 정보가 이제는 거의 동시에 전국에 다 전파된다. 주주의 수익을 창출하는 기본 요소에 이처럼 엄청난 변화가 있었음에도 주식 수익률은 놀라운 안정성을 보였다.[1]

그러나 다가올 미래에는 과거 우리 경제가 직면했던 온갖 위기보다 훨씬 근본적이고 훨씬 오래 지속될 변화가 전개될 것이다. 특히나 앞서 언급했던 장기 주식 수익률의 이 '놀라운 안정성'을 위협하는 요소가 있다. 전례 없는 인구통계학적 구조의 재편성이다. '고령화 파동 age wave'이라는 이 변화가 머지않아 세계 경제에 엄청난 영향을 미칠 것이다. 은퇴자의 급증 그리고 앞으로 나올 수조 달러어치에 달하는 주식과 채권 매물이 자산 가격 하락 요소로 작용하면서 안락한 노후 생활을 꿈꾸던 베이비붐 세대의 희망을 뭉개버릴 위험이 있다.

이처럼 위태로운 현실을 분석하기 전에 주식에 관한 과거 자료를 검토해볼 필요가 있다.

자산 수익률에 관한 역대 자료

[그림 12-1]은 과거에 금융 시장 수익률에 관해 연구하면서 만들었던 그래프 가운데 가장 중요한 것이다. 그래프는 지난 두 세기, 즉 200년 동안 물가 상승 효과를 제거한 상태에서 주식, 장기 정부 채권, 재무부 단기 채권, 금, 달러화 등의 총 누적 수익(자본 이득, 배당금, 이자 포함)을 보여준다.

1802년에 주식에 투자했던 1달러는 2003년 말에는 구매력 기준 59만 7,485달러로 불어났다. 1,072달러로 늘어난 채권이나 301달러로 불어난 재무부 채권의 수익력을 훨씬 능가하는 수준이다. 그리고 수많은 투자자가 선호하는 금괴에 1달러를 투자했을 때는 물가 상승의 효과를 제거하고 나면 두 세기가 지났는데도 겨우 1.39달러로 증가하는 데 그쳤다. 물가 상승률의 누적 효과는 엄청났다. 지금 손에 쥔 1달러로는 두 세기 전에는 7센트에 살 수 있던 것밖에 사지 못한다. 즉, 1달러는 두 세기 전이면 7센트 가치밖에 안 된다.

그래프를 보면 다른 자산에 비해 주식의 수익이 압도적이다. 장기적 관점에서는 정치적·경제적 위기 혹은 투자 심리 변화에 따라 주식의 이 압도적 지배력이 약해질 때도 있다. 그러나 경제 성장을 견

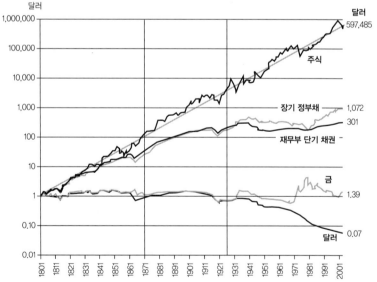

[그림 12-1] 실질 총수익 지수(1802~2003년)

인하는 주식의 근원적 힘 때문에 결국은 다시 제 위치를 찾곤 한다. 불황, 전쟁, 금융 공황 그리고 2001년과 2002년에 겪은 테러 공격과 각종 부정 사건으로 점철된 역사 속에서도 주식 수익의 강력한 회복력만큼은 반론의 여지없는 부동의 진실이다.

시겔 상수: 실질 주식 수익률 6.5~7%

이런 자료에서 추출한 가장 중요한 수치는 물가 상승률을 감안한 평균 주식 수익률이다. 장기간에 걸친 연구 대상 기간 주식의 평균 수익률은 6.5%에서 7% 선을 유지했다. 이 수치는 지난 두 세기 동안 주식 투자자의 자산이 구매력 기준으로 10년마다 평균 2배로 증가했다는 의미다.

미국의 초기 경제 발전 시기인 1802년부터 1870년, 주식 수익률과 배당금, 이익 등에 관한 포괄적 자료 이용이 가능했던 1871년부터 1926년에 해당하는 중간기, 최악의 주식 시장 붕괴와 대공황이 일어난 1926년 이후 시기, 심지어 제2차 세계대전 종전 이후에 이르기까지 어느 기간이든 물가 상승 요소는 항상 작동했다. 어느 기간을 택해서 살펴보든 실질 주식 수익률은 항상 6.5%에서 7% 선을 유지했다. 달러는 말할 것도 없고 장기 정부 채권도, 재무부 단기 채권도, 금도, 그 어떤 자산도 주식 수익률만큼의 항상성을 보여주지는 못했다.

《월가 가치 산정 Valuing Wall Street》의 저자들인 영국의 자산 관리자 앤드루 스미더즈 Andrew Smithers와 캠브리지 대학교 스티븐 라이트 Stephen

Wright 교수가 장기 주식 수익률을 '시겔 상수'라고 명명했을 때는 내연구 성과를 인정받는 것 같아서 괜스레 으쓱한 기분이 들었다. 나와 마찬가지로 두 사람 역시 지난 두 세기 동안 미국 경제와 사회 모두에 엄청난 변화가 일어났음에도 주식 수익률이 일정하게 유지됐다는 점이 매우 주목할 만하다고 봤다.

실질 주식 수익률이 7%를 넘지 않는 이유에 대해서는 아직 명확히 설명하기는 어렵다. 그래도 주식 수익률이 경제 성장, 자본의 양, 주식의 유동성, 투자자가 요구하는 위험 프리미엄 등과 관련이 있음은 분명하다.

투자 포트폴리오를 구성할 때 주식과 겨뤄볼 만한 주요 적수가 바로 고정 수입 자산인데 이 고정 수입 자산의 수익률은 주식 수익률과는 전혀 딴판이었다. 채권 수익률은 실질 수익률이 꾸준히 유지되기는커녕 물가 상승률을 감안하면 지난 두 세기 동안 꾸준히 하락했다. 전체 기간인 200년 동안 연평균 실질 채권 수익률은 3.5%로서 실질 주식 수익률의 절반에 가까스로 턱걸이를 했다. 재무부 채권과 기타 단기 금융 자산의 평균 실질 수익률은 2.9%였으며 금의 수익률은 물가 상승률을 겨우 0.1% 웃도는 수준이었다.

주식 투자 위험 프리미엄

주식이 채권보다 수익이 더 많이 나는 이유는 무엇인가? 주식 시장 수익은 고정 수입 자산이 주는 단기적 안정성을 포기하고 위험을 안고서라도 주식에 투자하겠다는 투자자의 의지에서 나온 산물이다.

위험을 아무런 보상 없이 떠안을 사람은 없다. '내일 숲 속의 새 두 마리를 잡을 기회를 좇아 오늘 내 손에 있는 새 한 마리를 포기할 때'는 그러한 위험에 대한 보상을 당연히 받으려 할 것이다. 정부 채권과 같은 다른 안전 자산보다 주식에 투자할 때 더 많은 수익이 나는 것을 주식 투자 위험 프리미엄 equity risk premium 이라고 한다.

지난 200년 동안 이 위험 프리미엄은 평균 3% 수준이었다.

주식 수익률의 평균 회귀

장기적으로 주식이 채권보다 더 높은 수익을 낸다는 사실에는 이견이 별로 없다. 그러나 높은 변동성 때문에 주식 투자를 꺼리는 사람이 여전히 많다. 그렇지만 주식 투자의 위험성은 주식을 보유하는 기간에 좌우되는 측면이 강하다.

다시 [그림 12-1]을 살펴보자. 그래프를 보면 주식의 누적 수익률을 따라 통계적 추세선이 그려져 있다. 실질 주식 수익률 추이와 추세선이 거의 일치하는 수준이라는 점에 주목하라. 주식 시장이 이처럼 추세선을 따르는 경향성을 통계학자들은 주식 수익률의 평균 회귀 mean reversion 라고 칭한다. 평균 회귀는 단기적으로는 변동성이 크지만, 장기적으로는 안정성이 큰 변수를 나타낸다. 평균 회귀적 시계열의 한 예가 바로 평균 강우량이다. 평균 강우량은 일별로는 변동성이 매우 크지만, 월별로 보면 안정성이 더 크게 나타난다.

평균 회귀는 투자자가 위험을 인식하는 방식을 완전히 변화시킨다. 그 내용은 [그림 12-2]에서 확인할 수 있다. [그림 12-2]의 막대는 1802년부터 2003년까지 1년, 5년, 10년, 20년, 30년 단위로 물가 상승률을 감안한 주식, 장기 채권, 단기 재무부 채권의 평균 수익률에 내재한 위험의 크기(표준 편차로 측정)를 나타낸다.

단기적으로 보면 확실히 주식이 채권보다 더 위험하다. 그러나 자산 보유 기간이 15년에서 20년 정도로 길어질수록 주식의 위험이 고정 수입 자산의 위험 수준을 밑돈다. 그리고 30년이 넘어가면 주식 투자의 위험 수준은 장단기 채권이 지닌 위험보다 더 낮아진다. 보유 기간이 증가함에 따라 주식의 평균 수익에 내재한 위험이 고정 수입 자산에 내재한 위험의 거의 절반 수준으로 떨어진다.

이처럼 놀라운 결과가 나타난 이유는 물가 상승률의 불안정성에서 찾아야 한다. 물가 상승률은 주식의 실질 수익보다 채권의 실질 수익에 훨씬 더 큰 영향을 미친다. 채권은 실물 제품이나 구매력이 아닌 달러를 지급하겠다는 일종의 '약속'이다. 미 재무부는 최근에야 물가 상승률을 반영해 채권 수익률을 조정하는 이른바 물가 지수 연동 채권을 발행했다. 그러나 이런 유형의 채권은 전체 고정 수입 자산 시장의 극히 일부를 차지할 뿐이다.

한편, 주식은 건물 등 부동산, 기계, 공장, 아이디어 같은 실물 자산에 대한 일종의 '청구권'이라 할 수 있다. 이런 유형의 자산은 시간이 지나면서 물가 상승과 함께 가격이 상승한다. 주식 수익의 변화 추세를 보면 시간이 지남에 따라 주식의 가치에는 실현된 물가 상승률이 포함되는 반면에 채권은 그 속성상 물가 상승률을 품지 못한다는 사실을 확인할 수 있다.

　이런 증거는, 수익률이 높고 장기적으로 따지면 위험 수준도 낮은 주식을 장기 투자 시 포트폴리오 구성의 기본으로 삼아야 한다는 주장을 뒷받침한다. 채권은 주식 시장의 단기적 변동성을 피하고픈 사람들이 주로 선호하며 변동성이 낮은 만큼 수익률이 훨씬 낮다. 그러나 채권은 화폐 경제에 내재하는 물가 상승의 위험을 방지해주지 못한다. 화폐 경제 구조에서는 장기적으로 가격이 어떻게 변화할지 예측할 수 없기 때문이다.

[그림 12-2] 물가 상승률을 감안한 수익의 연평균 위험 수준

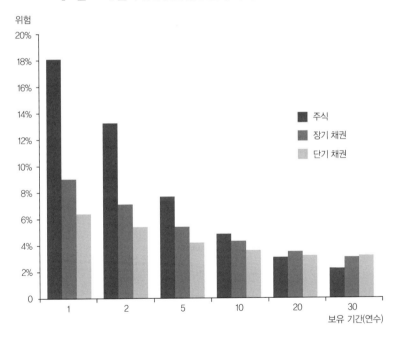

세계 주식 수익

1994년에 《주식에 장기 투자하라》를 출간했을 때 일부 경제학자는 미국 자료에서 도출한 결론을 전 세계 주식 시장에 적용하는 것이 옳은지에 의문을 제기하기도 했다. 미국 자료를 중심으로 한 연구 결과가 전 세계를 기준으로 측정한 주식 수익을 과대평가하는 결과를 낳을 가능성이 있음을 우려하는 시각이었다.

몇몇 경제학자는 전 세계 주식 수익에 이른바 생존자 편향survivorship bias이 존재한다는 점을 강조했다. 생존자 편향은 미국처럼 성공적인 주식 시장에서 주식의 장기 수익을 집중적으로 연구했고, 러시아나 아르헨티나처럼 주식 시장이 불안정하거나 주식 종목이 아예 사라져 버린 시장은 간과했다는 사실에서 비롯된다.[2] 이런 편향은 미국 시장의 주식 수익은 특이한 사례고 다른 국가의 주식 수익은 낮은 수준이라고 주장하는 근거가 됐다.

그런데 영국의 경제학자 세 명이 16개국을 대상으로 지난 100년 동안의 주식과 채권 수익 자료를 조사한 결과 생존자 편향에 대한 우려가 어느 정도 불식됐다. 런던경영대학원의 교수인 엘로이 딤슨Elroy Dimson과 폴 마시Paul Marsh, 런던주가데이터베이스London Share Price Database의 마이클 스턴튼Michael Staunton은 《낙관론자들의 승리 Triumph of the Optimists: 101 Years of Global Investment Return》라는 제목의 저서를 통해 자신들의 연구 결과를 발표했다. 이 책은 각 16개국의 금융 시장 수익에 관해 정확하고 읽기 쉽게 설명하고 있다.

연구 대상 국가 중 대다수가 전쟁, 초인플레이션, 불황 등 온갖 경제적 악재를 겪었음에도 16개국 전부 물가 상승률을 감안한 주식 수익이 상당히 높았다. 게다가 이탈리아, 독일, 일본 등 극심한 전시 혼란을 겪은 국가는 확실히 고정 수입 자산의 수익률이 매우 낮았다. 따라서 모든 국가에서 주식이 다른 금융 자산의 수익률을 압도했다.

[그림 12-3]은 1900년부터 2003년까지 분석한 16개국의 주식, 장기 국채, 단기 국채의 연평균 실질 수익률을 나타낸다.[3] 주식의 실질 수익률은 가장 낮은 수준인 벨기에의 1.9%부터 가장 높은 수준인 스웨덴과 오스트레일리아의 7.5%선까지 나타났다. 미국이 주식 수익률이 높은 편이기는 했으나 극히 이례적이라 할 정도로 높은 수준은 아니었다. 실제로 스웨덴과 오스트레일리아, 남아프리카가 미국보다 수익률이 더 높았다. 그리고 전 세계 주식의 평균 실질 수익률은

[그림 12-3] 세계 각국의 주식, 장기 국채, 단기 국채의 실질 수익률(1900~2003년)

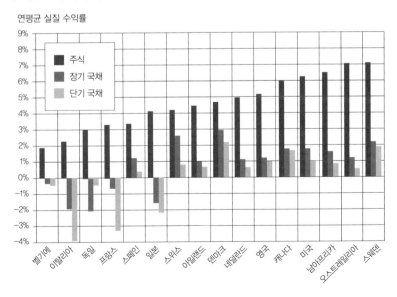

미국과 큰 차이가 없다.**4**

《낙관론자들의 승리》에서는 모든 정보를 분석한 후 다음과 같이 결론 내렸다. "미국 주식이 장단기 채권보다 수익률이 앞서는 현상은 조사 대상국 16개국에서도 전부 동일하게 나타났다. 모든 국가에서 주식이 채권 수익률을 훨씬 능가했다. 조사 대상 기간인 101년 동안 주식 시장이 최악의 수익률을 나타냈을 때에도 이보다 나은 실적을 올린 단기 채권 시장은 단 한 곳이었고 장기 채권 시장은 두 곳에 불과했다."**5**

더 나아가 "미국과 영국은 주식 수익률 실적이 좋았으나 그렇다고 다른 국가와 유별나게 큰 차이가 나지도 않았다. 투자에 대한 성공과 생존자 편향에 대한 우려가 전혀 근거가 없다고 보기는 어려우나 이 부분에 대한 우려가 과도하게 부풀려졌을 가능성이 있으며 투자자는 미국 시장에 집중한 현상이라는 사실 때문에 크게 잘못된 방향으로 나아간 것도 아니었다."고 덧붙였다.**6**

이 마지막 진술문이 특히 중요하다. 실제로 다른 어느 국가보다 미국의 주식 시장에서 더 많은 연구가 이뤄졌다. 딤슨과 스턴튼 그리고 마시는 미국 시장에서 알아낸 결과는 다른 모든 국가의 투자 결과와도 관련이 있다고 말한다. 지난 두 세기 동안 미국 주식이 높은 수익률을 올린 일이 아주 특별한 경우는 아니다. 요컨대 고수익의 방점은 미국이 아니라 주식에 찍어야 한다. 주식은 연구 대상이 된 모든 국가에서 고정 수입 자산보다 나은 성과를 냈으며 그것도 아주 큰 차이로 높은 수익률을 올렸다. 세계 각국 시장으로 연구 범위를 넓힌 것이 주식 수익의 우위를 약화시키기는커녕 오히려 그러한 주장을 뒷받침해준 결과가 됐다.

과거는 미래의 전조가 되는가?

역대 자료를 통해 주식의 우월적 실적을 확인했음에도 과거를 살펴보는 일 자체가 사실을 호도할 수 있다고 주장하는 사람도 있다. 이들은 주식에 관해 혹은 거의 모든 자산 범주에 관해 가장 낙관적인 사례는 항상 시장의 최정점에서 만들어진다고 주장한다.

이 주장에는 많은 진실이 담겨 있다. 예를 들어 닛케이 주가지수가 3만 9,000을 찍었던 1989년 12월에 측정하면 일본 주식의 수익률은 상당히 좋을 수밖에 없다. 1980년대에 일본 주식의 연평균 수익률은 거의 30%에 육박할 정도였다. 따라서 과거에 주식 투자의 위험과 수익 분석을 기초로 세계 주식 포트폴리오를 구성할 때 일본 금융 부문 주식의 비중이 특히 컸다. 그러나 일본 주식 시장은 오랜 약세장에 돌입했고 14년 후 일본 주식은 시장 고점일 때의 4분의 1에도 못미쳤다. 이와 마찬가지로 2000년 1월에 미국 시장의 부문별 과거 수익 자료를 조사하고 여기서 얻은 교훈을 바탕으로 투자 수익을 추정한다면 여러분은 아마도 수익률이 엄청나게 높았던 인터넷 종목에 전 재산을 몰아넣게 될 것이다. 그러나 이 경우 2년 후 달러당 10센트라도 건지면 다행인 상황에 처하게 된다.

인구통계학적 도전

잘못된 예측이 또다시 재현될까? 조만간 보유 주식과 채권을 팔기 시작할 베이비붐 세대가 주식의 아성을 무너뜨리게 될까?

제11장에서 언급했듯이 현행 이익 개념에 회의적인 태도를 취했던 〈파이낸셜애널리스트저널〉의 편집장 로버트 아노트는 2000~2002년의 시장 하락은 긴 약세장의 서막일 뿐이라고 했다. 아노트는 이렇게 말했다.

> 우리는 지금 인구통계학의 영향권 내에 있으며 거품 붕괴와 이에 뒤이은 약세장은 인구통계학이 주도하는 미래의 첫 번째 요동이라고 주장해왔다. 1975년부터 1999년까지 1달러가 50달러가 될 정도로 엄청났던 대강세장 역시 인구통계학적 요소가 이끈 측면이 강했다. 앞으로 20년이면 은퇴자 수가 급격히 증가할 것이고 자본 시장은 낮은 수익률 시대로 이미 들어섰다고 봐야 한다.[7]

이런 인구통계학적 주장은 확실히 주식에 대한 낙관론에 찬물을 끼얹는 것임에는 틀림이 없다. 따라서 나는 이후 3개 장에 걸쳐 인구통계학적 쟁점과 이것이 경제와 자본 시장에 미치는 영향을 분석하려 한다.

제13장에서는 피할 수 없는 엄연한 인구통계학적 사실을 제시할 것이다. 선진 경제권에서 은퇴자 한 명당 근로자의 수가 급격히 감소

하게 되리라는 사실은 분명하다. 현재와 같은 추세가 계속된다면 이런 감소세가 미국의 사회보장과 의료보험 체계를 무너뜨릴지 모른다. 은퇴(퇴직) 연령은 급격히 높아지고 은퇴 기간, 즉 노후생활 기간은 급격히 짧아질 것이다. 또 이 장에서는 고령화 파동이 사회보장 신탁 기금뿐 아니라 개인의 연금 자산마저 위협하게 된다는 사실을 보여줄 것이고, 사실 이 부분이 가장 중요하다.

제14장에서는 고령화 파동에 대항할 목적으로 현재까지 제시된 해법을 분석한다. 기존의 해법을 하나씩 검토하고 부족한 부분을 따져본다. 베이비붐 세대의 저축 증대, 선진국의 생산성 증가 속도 가속화, 이민 등 어느 한 가지만으로는 이 문제를 해결하지 못한다.

그러나 개발 도상국의 고속 성장이 고령화 파동의 부정적 영향을 어느 정도 희석하는 역할을 할지 모른다. 실제로 중국과 인도 그리고 기타 신흥경제국의 경제 발전이 안락한 노후 생활을 즐기는 데 필요한 제품과 서비스를 고령화 국가에 제공할 수 있다고 본다.

이를 '국제적 해법'이라 칭한다. 국제적 해법은 전 세계에 충분한 제품을 제공하고, 또 주가를 지지하기에 충분한 매수자를 자본 시장에 공급한다. 사실 후자도 전자에 못지않게 중요한 부분이다.

이 해법이 현실성이 있다고 믿는 이유는 무엇일까? 이것은 제4부의 마지막 장에서 다룰 주제이기도 하다. 제14장 '국제적 해법: 진정한 신경제'에서 이 문제를 다룬다. 경제 성장을 촉발하는 진정한 불씨는 수많은 사람에게 정보와 지식, 아이디어를 전파하는 데서 비롯된다. 투자자에게 엄청난 고통을 줬던 통신 혁명과 인터넷의 발달이 세계가 이룩한 그 어떤 성장보다 빠른 초고속 경제 성장의 초석이 될 것이다.

제 13 장

바꿀 수 없는 미래:
다가오는 고령화 파동

THE FUTURE FOR INVESTORS

"현재가 미래를 잉태하고 있다고들 한다."

| 볼테르 Voltaire |

미래 예측에 관한 한 다른 모든 분야의 전문가와 마찬가지로 경제학자들도 예측 성적이 썩 좋지 않다. 더 정확하게 말하면 형편없었다. 하버드 대학교 경제학 교수 존 케네스 갤브레이스 John Kenneth Galbraith 는 자신의 전문 분야에 대해 이렇게 말했다. "경제학계에서 예측을 한다는 사람은 딱 두 부류가 있다. 모르는 사람 그리고 모른다는 사실을 모르는 사람이다."

그러나 미래에 대해 많이 아는 전문가가 있다. 인구 추세를 연구하는 인구통계학자가 바로 그 전문가 군이다. 이들이 보여주는 통찰력 혹은 예측력의 근거는 매우 단순하다. 현재 30세에서 34세 연령대에 해당하는 미국인이 2,000만 명이라면 앞으로 5년 후에는 35세에서 39세 연령대가 될 것이고 10년이면 40세에서 44세 연령대가 된다. 물론 여기서 더 앞으로 가면 사망자 수를 감안해야 하겠으나 이들의 연령대가 아주 높아지기 전까지는 사망률은 매우 낮다.

현재의 연령 분포를 알기 때문에 미래의 연령 분포를 매우 정확하게 예측할 수 있는 셈이다. 제2차 세계대전이 끝난 후, 더 구체적으로는 1946년부터 1964년까지 출생률이 급증했다가 이후 역대 최저 수준으로 출생률이 급감하면서 인구 균형이 얼추 맞춰졌다. 어쨌거나 어느새 출생률 급감 시대로 바뀌었다.

그 결과 생산 활동 인구는 점점 줄고 있는데 8,000만 명에 이르는 베이비붐 세대는 길고 풍요로운 은퇴를 꿈꾸는 나이가 돼가고 있다.

이는 불변의 사실이다. 절대 바꿀 수 없는 우리의 미래다.

투자자가 고령화를 왜 걱정해야 할까?

고령화 파동의 영향은 그야말로 엄청나다. 고령화의 가장 가시적인 영향은 공적 연금 기금에서 체감하게 될 것이다. 미국과 다른 선진국 대부분이 노인을 위한 사회보장과 의료보험 제도를 오래 전에 수립했다. 그런데 앞으로 10년 이후부터 베이비붐 세대가 정부의 이런 복지 제도에 극심한 부담으로 작용할 것이다. 그리고 이 문제에 관한 한 미국과 다를 바 없는 대다수 유럽 국가와 일본은 오히려 상황이 더 좋지 않으며 이들 국가는 연금 채무 규모도 훨씬 크다.

자본 시장에서의 수요와 공급 문제도 있다. 이 문제 역시 미래를 암울하게 한다. 주식 중개인이 자신의 고객에게 수익이 기대되는 소형주를 사라고 권한다. 이 말에 투자자는 그 주식을 매수한다. 가격이 점점 오르는 와중에 계속 사들여 수천 주를 보유했다. 뿌듯한 마음에 어느 날 주식 중개인에 전화를 걸어 주식을 전량 매도하라고 말한다. 그때 중개인이 다짜고짜 이렇게 말한다. "팔아요? 누구한테요? 그 주식을 산 사람은 당신뿐인데요?"

"팔아요? 누구한테요?"라는 말이 앞으로 베이비붐 세대의 귓가에 계속 맴돌 수도 있다. 베이비붐 세대가 지난 수십 년 동안 꾸준히 사들인 수조 달러어치나 되는 자산을 과연 누가 사게 될까? 지난 20세기 절반에 해당하는 기간에 정치와 패션, 미디어를 장악했던 베이비붐 세대가 고령화 파동에 합류하며 금융 자산 경제를 압박하는 요소가 됐다. 이는 베이비붐 세대의 은퇴 이후 노후 생활뿐 아니라 전체 인구의 경제적 안녕과 복지에도 재앙적 결과를 초래할 수 있다.

《어스레한 여명 Gray Dawn》과 《파산 위기》의 저자 피터 피터슨은 오래 전부터 경종을 울려왔다. 피터슨은 이렇게 경고한다. "우리 코앞에 거대한 빙산이 놓여 있다. 범세계적 고령화가 바로 그것이다. 그리고 이 고령화가 주요 경제국에 파산 압박을 가하고 있다."[1]

피터슨은 선진국의 미적립 연금 채무 규모가 약 35조 달러에 달하고 의료보험 채무 규모는 최소한 여기의 2배는 되는 것으로 추산한다. "예전 퀴즈 프로그램에 빗대 표현하자면 이는 세계적 쟁점으로서 적어도 64조 달러짜리 문제는 된다." 피터슨은 이 위기를 바로잡기 위해 중대 조치를 취하지 않는 한 "개인의 생활수준이 제자리걸음을 하거나 크게 하락한다."고 경고했다.[2]

이런 인구통계학적 현실은 금융 시장에 엄청난 재앙을 초래할 수 있다. 일단 베이비붐 세대는 손자와 함께하는 가족 여행, 의료비, 일상적 생활비 등 노후 생활에 필요한 자금을 마련하고자 보유 자산을 팔기 시작할 것이다. 그러나 주식과 채권 같은 자산에는 내재 가치가 존재하지 않는다. 말 그대로 증권 증서를 먹을 수는 없는 노릇이다. 그 가치를 실현할 유일한 방법은 그 자산을 파는 것인데, 사겠다는 사람이 충분히 존재해야만 팔 수 있지 않겠는가! 자산을 사겠다는 이른바 매수 의향자는 생산 가능 연령대 인구에서 나오는데 과거에는 이 인구가 은퇴자 수보다 훨씬 많았다. 그러나 지금은 출생률 급락 현상 때문에 베이비붐 세대가 보유 중인 그 많은 주식과 채권을 사줄 사람들이 부족하다는 말이다. 즉, 이들이 처음에 매수했던 가격으로 채권이나 주식을 전부 소화할 만큼 자금력이 충분한 X세대(1960년대 말부터 1970년대에 출생한 연령대)의 수가 그렇게 많지 않다는 것이 문제다. 매수자가 부족하면 자산 가격은 하락할 수밖에 없다. 그것도 아주 급격히 하락할지도 모른다.

이런 상황의 심각성을 아직 이해하지 못한 투자자가 많다. 일부이기는 하나 자신들이 은퇴할 때쯤이면 사회보장과 의료보험 혜택을 받지 못할 수도 있겠다는 생각을 하는 사람도 있다. 그러나 이들마저도 생산 활동에 참여하는 동안 마련해 놓은 주식과 채권, 부동산으로 구성한 자산 포트폴리오 정도면 자신들의 안락한 은퇴 생활을 충분히 보장해주리라는 믿음에 기대어 위안을 삼는다.

그러나 이런 믿음은 아무 것도 보장해주지 않는다. 고령화 파동은 정부의 연금 및 의료보험 제도에 영향을 미칠 뿐 아니라 개인 자산의 가치에도 영향을 미친다. 비관론자들이 주장하듯 고령화 파동이 자산 가치를 떨어뜨린다면 은퇴 연령(정년)이 높아지고 퇴직 연금 등 각종 혜택도 전반적으로 줄어들 것이다. 이렇게 되면 이전 장에서 열심히 설명한 주식 수익의 '특출한 지속성'도 옛말이 되고 만다.

앞으로 수십 년은 고령화 파동이 투자자 자산에 가장 큰 위협 요소로 작용하기 때문에 이번 장에서는 고령화 파동의 기원과 영향을 매우 상세히 살펴볼 것이다. 현 추세가 계속된다면 은퇴자들이 기존의 소비 수준을 유지할 수 없을 정도로 은퇴 연령이 상당히 높아진다는 사실을 보여줄 것이다. 사회보장 신탁 기금에 대해 일반 대중이 오해하는 부분을 지적하고 신탁 기금 자산이 고갈되기도 전에 문제가 불거지는 이유가 무엇인지도 살펴본다. 마지막으로, 고령화 파동이 우리 삶을 강타할 때 투자자는 어떠한 행동을 취해야 하는지에 관해서도 논한다. 이번 장은 사회보장의 위기와 이와 관련한 고령화의 문제를 해결하고자 제안된 수많은 '해법'에 대한 분석 틀을 제공한다.

세계의 고령화

전 세계 거의 모든 선진국, 특히 유럽과 일본에서 고령화 추세가 두드러진다. 세계 3위 경제 대국인 독일을 예로 들어 보자. 현재 독일 65세 이상 인구와 성인 인구 비율이 1대 5 정도인데, 2030년이면 65세 이상 인구가 성인 인구의 거의 절반에 이르리라 추정한다. 근로자 수는 25% 감소할 것이다. 불과 몇 년 전만 해도 일본의 총인구는 1억 2,500만 명으로 최고치를 기록했는데 비관적인 정부 예측치에 따르면 금세기 중반쯤 가면 1억 명 미만으로 감소하고 근로자 수는 이보다 더 감소한다고 한다.[3]

[그림 13-1]은 2005년과 금세기 중반 시점 일본의 인구 분포도를 나타낸 것이다. 이 자료는 유엔인구통계계획U.N. Demographic Project이 제공한 인구통계학 자료를 기초로 한 것으로 지금까지의 인구 자료집 가운데 가장 방대한 자료다. 일본을 예로 들었으나 이탈리아, 스페인, 그리스 등 수많은 유럽 국가에도 동일하게 적용이 가능하다.

금세기 중반이면 5년 단위 구간 분포에서 인구 밀도가 가장 높은 연령대가 75세에서 80세 구간이 된다. 80세 이상의 인구가 20세 미만 인구와 엇비슷해질 것이다. 지금은 100세가 넘은 사람은 아주 드물지만, 2050년에는 5세 미만 아동 4명당 100세 이상 노인(아마 대다수가

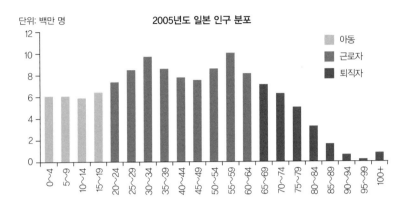

[그림 13-1] 2005년과 2050년 일본 인구 분포도

단위: 백만 명

2005년도 일본 인구 분포

아동
근로자
퇴직자

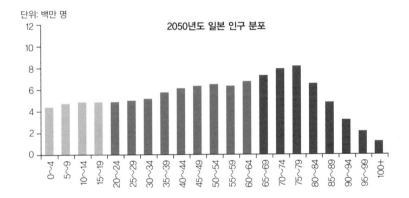

단위: 백만 명

2050년도 일본 인구 분포

여성일 듯)이 한 명꼴로 존재하게 된다. [그림 13-2]는 동일 조건의 미국 인구 분포 자료인데 그나마 일본보다는 약간 희망적인 부분이 있다. 여성 한 명당 출생 아동 수로 측정하는 출생률^{fertility rate}이 인구 성장을 결정하는 핵심 변수다. 유아와 아동의 사망률을 고려해야 하므로 인구를 일정하게 유지하는 데 필요한 출생률은 2보다 약간 높은 2.1 정도다.

1946년부터 1964년까지 높은 출생률을 보였던 미국 베이비붐 시기 이후 미국과 유럽의 출생률이 2 밑으로 떨어졌다. 그러나 유럽의 출생률은 계속해서 감소했지만 미국은 그 상태를 유지했고 현재는 인구대체출산율(replacement rate: 인구 수준을 유지하는 데 필요한 출산율-역주)을 약간 밑도는 수준이다. 미국 베이비붐 세대가 유럽이나 일본 베이비붐 세대보다 자녀를 더 많이 낳았기 때문에 미국은 출산율이 유지됐다. 그리고 이민자 또한 미국의 인구 성장에 한몫을 했다. 그럼

[그림 13-2] 2005년과 2050년 미국 인구 분포도

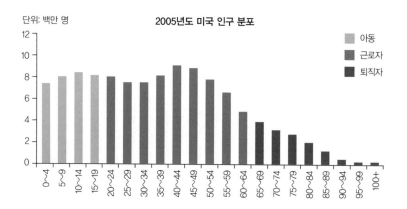

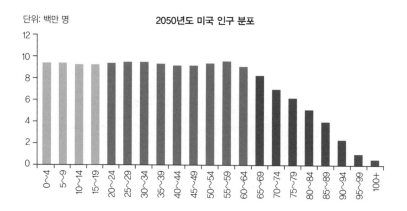

에도 현재 40대 후반에서 50대가 돼 은퇴할 연령대로 들어가는 베이비붐 세대의 수가 상당한 실정이다.

고른 인구분포도에서 이처럼 불룩 튀어나온 구간을 지칭하는 '고령화 파고' 부분은 [그림 13-1]과 [그림 13-2]에서 확인할 수 있다. 베이비붐 세대의 은퇴는 이제 10년 내에 시작되어 이후 20년 동안 계속 이어질 것이다. 이들은 그동안 모아놓은 연금을 빼서 현금화해 제품을 사고 서비스를 이용하는데, 특히 의료비 지출에 사용하게 된다.

생산 활동 가능 인구의 부족

전체 인구가 사용할 모든 제품과 서비스는 생산 가능 연령대에 속한 사람들이 생산해야 한다. 산출량을 한 해에서 다음 해로 이월하기는 상당히 어렵기 때문이다. 문제는 은퇴 인구 대비 생산 가능 인구가 급감한 데 있다. [그림 13-3]은 일본과 미국의 지난 50년 그리고 앞으로 50년에 걸쳐 은퇴자 한 명당 근로자 수의 변화 추이를 나타낸다.[4]

1950년에 미국은 은퇴자 한 명당 근로자 수가 7명이었다. 2005년에는 이 은퇴자 수 대비 근로자 수가 4.9명으로 줄었고 2050년이 되면 2.6명으로 더 줄어들 것이다. 일본은 이 문제가 훨씬 더 심각하다. 1950년에 은퇴자 한 명당 근로자 수가 10.0명이었다가 2005년에는 3.1명이 됐고 2050년에는 1.3명이 되리라 추정한다. 이렇게 되면 일본은 은퇴 연령이 65세로 올라가게 될 것이다. 은퇴 연령이 60대 미만으로 계속 유지된다면 근로자의 수가 은퇴자 수에 못 미칠 것이다.

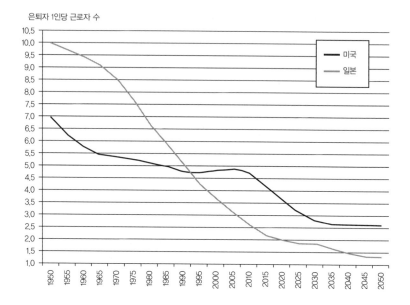

[그림 13-3] 미국과 일본 은퇴자 1인당 근로자 수

이런 현상은 스페인, 이탈리아 그리고 다른 수많은 유럽 국가에도 나타날 것이다.

출산율의 증가와 감소

이처럼 인구통계학으로 극단적인 변화를 겪는 이유가 무엇일까? 그 이유의 상당 부분은 경제 성장과 의학 기술의 발달에서 찾을 수 있다. 얼마 전까지도 우리가 사는 이 세상은 매우 젊었다. 지금보다 기대 수명이 더 짧았고 사망률은 더 높았으며 자녀는 귀중한 자산이었다. 자녀 한 명 한 명이 다 땅을 경작하고, 바다에 나가 물고기를 잡고, 노인을 부양하는 등 쓰임새가 많은 아주 귀한 '근로자'였으니 말이다.

한창 정착이 이뤄지던 300년 전 북미 지역에서는 자녀가 많은 미망인의 인기가 최고였으며 그래서 사회적으로 아주 귀한 대접을 받았다. 미국이 독립 국가가 된 1776년에 애덤 스미스 Adam Smith 는 여성은 "미래를 선사할 존재로서 구애의 대상이었고 자녀는 성인 남녀의 결혼을 부추기는 가장 강력한 동기"라고 했다. 요즘은 아이가 딸린 여성은 구혼자가 꺼리는 대상이지만 말이다.[5]

20세기에는 전반적 영양 상태 개선과 의료 서비스의 발달 덕분에 사망률이 낮아짐에 따라 거의 전 세계 인구가 폭발적으로 증가했다. 비교적 최근인 1970년에 폴 에를리히 Paul Ehrlich 는 자신의 베스트셀러 저서 《인구 폭발 The Population Explosion》에서 급속한 인구 증가가 세계 자원 활용에 엄청난 부담이 된다고 주장했다.

어떤 면에서 에를리히는 현대판 토머스 맬서스 Thomas Malthus 라 해도 무방할 듯하다. 맬서스는 19세기 영국의 경제학자로서 인구 증가로 인해 수많은 사람이 최저 생활 수준의 나락으로 떨어질 수 있다고 주장했다. 맬서스는 모든 유형의 기술 발전이 식량 생산량을 늘리는 결과를 낳고 식량이 늘어나면 출생률과 인구가 늘고 또 이렇게 인구가 늘면 이용 가능한 자원이 다시 고갈되면서 기아가 발생해 인구가 줄어드는 악순환을 겪게 된다고 믿었다.

그러나 인류의 생활 수준이 향상되면서 맬서스와 에를리히가 예측했던 것과는 딴판인 상황이 전개됐다. 경제가 발전하고 소득 수준이 높아졌는데도 성인 남녀 중에는 아이를 더 적게 낳겠다는 사람이 많아졌다. 유럽은 1960년에 2.5를 웃돌던 출산율이 지금은 1.4도 안 되는 수준으로 하락했다. 그리고 스페인과 이탈리아, 그리스 같은 일부 국가는 출산율이 1.1~1.3 정도로 떨어졌다. 중국 공산당의 '한 자녀 정책'에 따라 중국의 출산율마저 1960년대 말에 6.1에서 지금은 1.8로 낮아졌다.[6]

출산율 하락의 이유를 찾기는 어렵지 않다. 중국은 공산당의 명령이 그 이유였지만, 다른 국가는 사회적 규범에 변화가 생기고 또 신체적 활동에서 지적 활동으로 일의 속성이 바뀌면서 일하는 여성을 지지하는 사회적 분위기가 조성된 부분이 컸다. 여성의 임금 수준이 높아지자 집에서 육아에만 전념하는 데 따른 기회비용이 증가했다.

요즘처럼 높은 전문성을 요하는 일자리를 구할 수 있도록 자녀를 전문 직업인으로 키우려면 광범위한 양질의 교육이 필수적이다. 수업료를 정부가 내준다 하더라도 부모의 지원은 여전히 필요하다. 게다가 사회보장 제도처럼 정부가 지원하는 연금이 증가하면 부모가 노년이 되어도 자식에게 부양 받을 가능성이 줄어들고 전반적으로 자식에게 덜 의지하게 된다는 의미다.[7] 대학에 다니는 아들과 딸을 둔 부모라면 다들 알다시피 애덤 스미스가 1776년에 쓴 책에서 했던 말과 달리 자식은 '귀중한 자산'이 아니라 '돈 많이 들어가는 무거운 짐'이 되었다.

장수 인구 증가

그러나 부모가 자녀를 덜 낳는다는 사실은 고령화에 기여하는 여러 요인 가운데 하나일 뿐이다. 무엇보다 사람들이 과거 그 어느 때보다 오래 산다. 이렇게 수명이 길어진다는 말은 사람들이 지금까지 정년으로 여겼던 65세를 훌쩍 넘어서까지 생존한다는 의미다.

산업혁명 이후로 사망률이 대체로 감소했기 때문에 인간의 기대 수명이 늘어나는 일이 그리 새로운 사실은 아니다. 20세기 중반까지는 주로 유아와 아동의 사망률이 감소한 덕분에 기대 수명이 증가했다. 1901년부터 1961년까지 태어난 남성의 기대 수명은 20년 이상 증가했으나 60세 남성의 기대 수명은 2년이 조금 안 되는 수준으로 증가했다.[8]

그러나 지금은 노인성 질환을 치료하는 의약품과 기타 의학 기술의 발달로 기대 수명이 더 증가하고 있다. 오늘날 가장 빠르게 증가하는 연령대가 바로 100세 이상 구간이다. 1961년 이후 60세 이상의 기대 수명이 그 이전 60년 동안의 기대 수명보다 3배나 늘어난 이유가 이것으로 설명이 가능하다. 생명 공학의 발달과 한층 진전된 의학 기술에 대한 기대감으로 앞으로 기대 수명 증가 추세는 더욱 가속화할 것이다.

인간 유전자 지도 작성 계획 덕분에 '젊음의 샘'을 찾겠다는 폰세 데 레온Ponce de Leon의 오랜 꿈을 과학자들이 실현시켜줄 날이 머지않았다는 기대를 품게 했다. 일부 과학자는 노화 과정을 극적으로 늦추거나 아예 중지시킬 수 있는지에 관해 논쟁을 벌이고 있다.

막스플랑크 인구통계학연구소 Max Planck Institute for Demographic Research 의 제임스 보펠 James Vaupel 소장은 2000년 여름에 다음과 같은 사실을 밝혔다. "현재 미니애폴리스, 도쿄, 볼로냐, 베를린 등지에서 태어난 여아의 절반가량은 100세가 넘은 나이로 결국 22세기를 맞을 것이다."[9]

보펠이 사람들에게 이 일이 실현되기까지는 아직 갈 길이 멀다는 말을 덧붙인다 하더라도 어쨌거나 너무 낙관적인 예측이라는 생각은 든다.[10] 그러나 이런 견해를 완전히 무시할 수만은 없다. 인구통계학자 대부분이 사회보장국 Social Security Administration 과 신탁기금관리자가 산출한 건강과 관련한 각종 수치를 포함해 미국 정부의 공식 추정치 대다수가 너무 낮다고 평가한다. 예를 들어 사회보장국이 예측한 2070년 미국인의 기대 수명은 남녀 모두 81세로서 현행 77세에서 겨우 4년 증가한 수준이다.

보펠은 상원 고령화특별위원회에 출석해 증언하는 자리에서 이렇게 말했다. "일본과 프랑스가 이미 도달한 기대 수명을 미국이 50년 내에도 따라잡지 못한다는 게 과연 현실적인 예측일까요? 미국이 일본과 프랑스보다 10년 이상 뒤처진다는 추정이 대체 말이 되느냔 말입니다."[11] 아주 적절한 질문이라고 생각한다. 사회보장국이 예측한 기대 수명 증가폭이 과거 예측치에 비해 너무 소폭이다. 보펠은 동료인 케임브리지 대학교 제임스 외펀 James Oeppen 교수와 함께 1840년 이래 선진국 사람들의 기대 수명은 1년에 3개월 꼴로(혹은 10년에 2.5년 꼴로) 매우 일정하게 증가한다는 사실을 알아냈다.[12] 증가율은 일정했고 감소하는 기미는 전혀 없었다. 이 추세가 계속 유지된다면 금세기 중반쯤이면 출생 시 기대 수명은 90세에 육박하고 2070년이면 95세에 이를 것이다. 게다가 85세 이상에 해당하는 '고령 노인 old old'의 수는 사회보장국이 예측한 1,800만 명의 2~3배는 족히 될 것이다.

이상의 통계치는 공적 연금과 의료보험 기금의 파산에 관한 예측에서 고령화 문제의 심각성을 엄청나게 축소해 발표한 측면이 있음을 시사한다.

빨라지는 은퇴 연령

수명은 점점 길어지는데 은퇴 연령은 점점 낮아진다. 과거에는 남녀 모두 사망할 때까지 혹은 병이 들어 일을 하지 못할 때까지 근무했다. 사회보장법이 통과된 1935년에는 평균 은퇴 연령이 69세였고 65세의 기대 여명(餘命)은 12년 미만이었다. 그런데 요즘 65세 근로자는 17.9년을 더 살고 생산 연령 인구의 상당 비율이 은퇴 연령에 도달하고 있다.[13] 그럼에도 실제 평균 은퇴 연령은 69세에서 63세로 낮아졌다.[14] 지난 50년 동안 은퇴에서 사망까지의 기간이 점점 길어졌고 요즘은 좀 더 일찍 은퇴하고 싶다는 사람이 많다.[15]

유럽은 은퇴 연령이 낮아지는 추세가 훨씬 더 극단적이다. 1970년대 초에 유럽 각국 정부는 최저 은퇴 연령을 65세에서 60세로 낮췄다.[16] 이런 조치를 취할 때 대다수 국가가 은퇴 고려 대상인 근로자 중 퇴직을 포기하고 계속 일을 하기로 한 사람들에 대한 보상책을 마련하지 않았다. 경제협력개발기구 OECD 소속 연구자는 선진국 26개국 가운데 11개국에서 35년 동안 근무하다 55세에 은퇴한 사람이나 10년 더 일하느라 10년 더 늦게 은퇴한 사람이나 동일한 연금 혜택을 준다는 사실을 발견했다.[17] 조기 은퇴자에 대한 보상책이 너무 강력하다 보니 유럽 각국 사람들은 거의 집단적으로 동일한 반응을 나타냈던 것이다. 프랑스에서는 생산 활동 참여 인구 중 60~64세에 해당하는 사람의 비율이 약 70%에서 20% 미만으로 줄어들었고 독일은 이 비율이 70%에서 30%로 줄었다.[18]

고령화 파동이 다가오는 지금은 이런 추세가 계속되느냐 여부가 아니라 언제 이 추세가 반전되느냐는 질문을 던져야 한다. 사람들이 얼마나 더 일찍 은퇴하느냐가 아니라 얼마나 더 오래 일을 해야 하느냐가 중요하며 또 사람들이 이렇게 조기 은퇴를 하면 생활 수준이 어느 정도나 낮아지는지를 생각해야 한다.

사회보장 제도의 위기

고령화 파동은 정부의 연금 제도에 어떠한 영향을 미칠까? 지난 세기 미국 정부가 시행한 정책 가운데 가장 인기 있었던 두 가지가 하나는 사회보장 제도, 또 하나는 주간(州間)고속도로라는 글을 읽었던 기억이 난다. 미래를 전망해보자면 고속도로의 상태는 퇴직 연금 제도의 상황보다는 훨씬 낮지 않을까 싶다. 미국인 거의 전부가 주간 고속도로를 이용했지만 사회보장과 의료보험은 아직 혜택을 받지 못한 사람이 많이 남아 있다. 즉, 수천만에 달하는 베이비붐 세대가 혜택을 받으려고 '대기' 중이다. 은퇴를 통해 고령화 파동이 최고조에 달하면 이것이 정부가 시행하는 연금 제도에 극심한 압박 요소로 작용한다. 이는 주간고속도로를 이용할 때 경험한 교통 체증은 저리가라 할 정도로 엄청난 압박이 될 것이다.

이 글을 읽고 다음과 같이 생각할 몇몇 사람의 모습이 그려진다. "사회보장기금이 부족하든 말든 나는 별로 신경 쓰지 않아. 개인퇴직연금계좌에 충분히 적립해 놔서 내 노후 생활에는 지장이 없거든." 그러나 사실은 사회보장연금보다 개인퇴직연금을 더 신경 써야 한다. 사회보장제도를 위협하는 요소가 공적 및 사적 연금을 포함한 모든 연금 자산에도 똑같은 영향을 미치기 때문이다. 사회보장, 특히 사회보장신탁기금에서 발생하는 일이 개인의 자산 수준에 직접적으로 영향을 줄 것이다.

사회보장연금: 영구적 현금 인출기

한 호흡 쉬어간다는 차원에서 사회보장제도가 무엇인지, 또 관련 문제를 해결할 수 있는(혹은 해결할 수 없는) 정책이 무엇인지 알아보도록 하자.

대공황이 최고조에 달했던 1935년에 루즈벨트 대통령이 내건 뉴딜 정책의 일환으로 사회보장법이 통과됐다. 사회보장제도는 '부과방식pay-as-pay system'의 연금 제도로서 의회가 수당 지급 수준을 정하고 이에 따라 세율이나 임금을 조정해 세수입으로 연금 지출 부분을 충당할 수 있도록 하는 방식이다.[19] 이 부과 방식은 수십 년 동안 문제 없이 잘 작동했다. 의회가 사회보장 혜택을 크게 확대했지만 근로자의 수는 항상 증가했기 때문에 세수 증가를 통해 필요 자금을 충분히 조달할 수 있었다. 그 결과 퇴직자는 대체로 세금으로 내는 금액보다 훨씬 많은 수당을 받았다. 게다가 자신들이 납부한 사회보장 분담금의 수익률도 쏠쏠했다.

사회보장제도는 마치 영구적인 현금 인출기처럼 보였다. 가입자가 낸 분담금에 대해 해마다 사금융 시장의 자산 수익률을 훨씬 능가하는 높은 수익을 창출해줬기 때문이다. 이런 전개가 영원히 이어질 수 있을까? 믿든 말든 간에 그것은 가능하다. 노벨 경제학상 수상자 폴 새뮤얼슨이 이 문제와 관련해 핵심을 명확히 집어냈다.

사회보장의 최대 장점은 보험 통계적인 부적절성에서 비롯된다. 퇴직 연령에 이른 모든 사람에게 그동안 낸 돈보다 훨씬 더 많은 돈을 지급한다. 이 일이 어떻게 가능할까? 인구가 증가할 때는 노인의 수보다 젊은이의 수가 항상 더 많다. 이보다 더 중요한 사실은 실질 소득이 매년 3% 수준으로 증가하므로, 주어진 기간에 연금 지출의 토대가 되는 과세 기반이, 지금 퇴직한 세대가 그때까지 낸 세금을 훨씬 넘어선다. 한 마디로 말해 앞으로 계속 세금을 낼 사람이 훨씬 더 많다는 의미다. '성장하는' 국가 그 자체가 이제껏 고안된 가장 큰 폰지 사기단이라 해도 과언이 아니다.[20]

새뮤얼슨이 언급한 폰지 사기는 이탈리아 이민자 출신 찰스 폰지 Charles Ponzi가 고안한 금융 투자 수법으로서 투자자에게 엄청난 수익률을 약속하고 나중에 투자한 사람의 돈으로 앞서 투자한 사람의 수익금을 챙겨 주는 식이었다. 이 사기 수법이 드러나자 모든 투자자가 한꺼번에 투자금 환수를 요청하면서 폰지 금융은 완전히 붕괴했다.

인구와 소득이 계속 증가하는 한 사회보장제도는 지속 가능한 합법적인 폰지 사기가 된다. 인구와 소득이 계속 증가하면 사회보장 수당으로 지급한 돈보다 항상 더 많은 돈이 사회보장기금으로 들어올 것이다. 그러나 인구와 소득의 증가세가 멈추면 이 게임도 끝이 난다.

사회보장 신탁 기금

인구통계학적 추세에 위협을 가하는 요소에 주목한 레이건 대통령은 1982년에 특별위원회를 소집해 이 문제를 논의하고 그 해결책을 제시하게 했다. 앨런 그린스펀이 이끄는 이 위원회는 베이비붐이 앞으로 '부과 방식'에 기초한 연금 정책에 심각한 문제를 유발하리라는 점을 인식했다. 베이비붐 세대가 은퇴하게 되면 이들에게 지급해해야 할 퇴직 연금 수당이 증가하는데 이에 필요한 자금을 조달하려면 젊은 근로자가 부담해야 할 세율을 급격히 인상할 수밖에 없는 상황이 된다. 근로소득세 인상은 세대 간 갈등을 부추기는 꼴이고 퇴직자 수를 채워 넣을 젊은 근로자가 필요한데 정작 이런 세금 부담은 생산 가능 인구의 근로 의지를 떨어뜨리는 결과를 낳는다.

특별위원회가 내놓은 해법은 부과 방식을 폐기하고 현행 사회보장세를 연금 수당 지급 수준 이상으로 인상해 그 잉여 자금으로 미재무부 채권을 사라는 것이었다. 현행 시장 금리 수준으로 이자가 발생하는 재무부 채권을 특별 신탁 기금에 포함시키면 베이비붐 세대가 은퇴할 때 이 채권을 팔아 연금 수당 지급에 필요한 자금을 마련할 수 있다. 이 방법을 쓰면 퇴직자에게 연금 수당을 지급하고자 생산 가능 인구에 과도한 세금 부담을 지울 필요가 없어진다.

의회는 특별위원회의 권고에 따라 1983년에 사회보장세를 인상했다. 사회보장신탁기금은 신탁 관리자가 사회보장기금의 지급 능력을 측정하는 기준이 되는 기간인 75년 준수 요건에 따라 금세기 중반 훨씬 이후까지 사회보장기금이 채무 불이행 상태에 빠지지 않도록 충분한 채권을 보유하도록 설계됐다.

그러나 위원회의 권고 이후에 출산율이 하락했고 생산성은 떨어졌으며 기대 수명은 위원회가 예측한 수준 이상으로 증가했다. 이런 추세대로면 사회보장 신탁기금이 퇴직자에게 약속했던 수당을 지급하는 데 필요한 자금을 충분히 마련할 수 없다. 신탁 관리단은 2004년 보고서에서 퇴직자들이 비축한 정부 채권을 2018년에 매각하기 시작할 것이고 2042년이면 이 기금이 고갈되리라 예측했다. 세율을 급격히 올리지 않는 한 2042년에는 사회보장 급여 수준을 30% 정도 삭감해야 할 것이다.

그러나 이 정도도 너무 낙관적인 예측이다. 실제로는 신탁 기금이 고갈되는 시점이 2042년보다 훨씬 빨라질지도 모른다. 증가하는 연금 수요에 맞추려면 2042년이 오기 훨씬 전에 정부 채권을 수천억 달러어치나 매각해야 하는 상황이기 때문이다. 개인투자자가 노후 자금을 마련하고자 그동안 보유했던 자산을 매각하려는 딱 그 시점에 이렇게 정부 채권 매물이 대량으로 풀려버리면 시장 가격에 엄청난 영향을 줄 것이다. 이렇게 대량으로 쏟아져 나온 주식과 채권은 당연히 자산 가격에 지대한 영향을 미친다. 주식이나 채권의 형태로 자산을 축적한 사람이라면 누구나 사회보장기금의 행보와 고령화 파동에 관심을 기울여야 하는 이유가 바로 여기에 있다.

고령화 시대의 투자 전략

고령화 파동이 시장을 강타하면 자산 가격에도 그 여파가 미친다고 봐야 한다. 은퇴자로 인한 제품 수요가, 근로자의 수가 줄어들면서 감소한 공급량을 훨씬 웃돌기 때문에 물가가 상승한다. 상황이 이렇기 때문에 달러 가치를 기준으로 확정 이자와 원금을 지급하는 기존의 채권이 최악의 투자 상품이 되는 것이다.[21] 그러나 주식도 그다지 마음 놓을 상황은 아니다. 가격 상승과 함께 기업 이익이 증가하므로 주식은 물가 상승의 영향을 채권보다는 덜 받는 것이 사실이다. 그러나 근로자 수가 부족하면 임금 상승 압박이 생겨서 기업 이익이 줄어들고 자기자본 수익률도 떨어질 수밖에 없다.

이런 이유 때문에 투자자가 물가 상승 헤지('인플레이션 헤지'라고도 함) 수단으로 금이나 은, 고가의 천연 자원 등으로 갈아타야 할까? 답은 간단하다. '아니다.' 이전 장에서 설명했다시피 장기적으로 귀금속은 투자자에게 실질적인 수익을 안기지 못한다. 천연 자원 기업도 상황은 마찬가지다. 토지 가격이나 에너지 비축량의 가치는 물가 상승률을 그럭저럭 따라갈 정도는 될지 모르지만, 임금 상승률이 자본 수익률을 앞질러버리면 기업 이익에 문제가 생기기는 마찬가지다. 인구 고령화로 수요가 감소하기 때문에 부동산 수익률도 그다지 기댈 만한 투자처가 못 된다.

고령화 파동이 몰려올 때는 '물가연동 재무부 채권Treasury Inflation-Protected Securities: TIPS' 만한 것이 없다. 1997년에 미국이 최초로 발생한 TIPS는 물가 변동 수준에 따라 이자와 원금이 자동으로 조정된다.

TIPS가 처음 나왔을 때는 물가 연동 수익률이 3%로서 장기 주식의 평균 실질 수익률 6.8%의 절반에도 못 미쳤다. 주식 시장 호황의 후반기 동안 TIPS 수익률은 4%로 상승했으나 이후 2% 밑으로 떨어졌다. 고령화 파동이 거세질 때면 TIPS 수익률은 훨씬 더 하락하리라 생각한다. 다들 원금 보전을 하려 하기 때문에 실질 수익률은 마이너스 수준으로 떨어질 수도 있다. 정상적 시장 환경에서는 TIPS 수익은 주식이나 부동산 수익에 비교할 수준이 안 된다. 그러나 고령화 파동이 발생하면 물가와 연동한 이런 채권이 그나마 나은 선택일 수 있다.

이 암울한 시나리오가 우리 경제 전체와 금융 시장을 약화하는 사태를 막으려면 어떻게 해야 하는가? 저축을 더 늘리면 될까? 근로소득세를 더 인상해야 하는가? 이민자를 더 늘려야 하는가? 그것도 아니면 고령화 파동에서 투자자를 구해낼 뭔가 다른 해법이 있을까? 그 해답은 다음 두 개 장에서 찾아본다.

NOTE

제 14 장

고령화 파동
극복하기:
효과가 있는 정책과 없는 정책

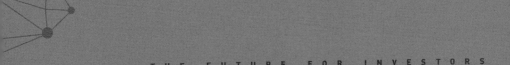

"결과요? 왜 결과가 없습니까? 수많은 결과를 얻었는데요?
효과가 없는 수천 개의 방법을 알게 됐다는 그것이 바로 결과지요."

| 토마스 앨바 에디슨Thomas Alva Edison |

현 추세가 조금도 꺾이지 않고 계속 유지된다면 선진 각국은 은퇴 연령 상승과 생활 수준 하락에 직면할 것이다. 혹은 자신들이 받을 만하다고 생각하는 수준의 퇴직 수당을 받으려고 젊은이들과 싸워야 하는 암울한 미래를 맞이하게 될 것이다. 앞으로 10년 내에 이런 문제가 정치적 논쟁을 부추길 것이다. 투자자와 정치인은 공적·사적 미적립 연금 사태가 초래할 냉혹한 현실에 직면해 어떻게든 해법을 찾아 나서야 하는 상황이기 때문이다.

전 미국 상무장관이자 《파산 위기》의 저자 피터 피터슨은 이에 대한 해법으로 연금 수당 줄이기, 세금 올리기, 정부 명령에 따른 의무 저축 계좌 만들기 등 세 가지를 제안한다. 피터슨은 이런 제안 사항을 꽤 설득력 있게 설명하고 있다.

> 몇몇 개혁 조치에는 약간의 희생이 따른다. 우리가 감당할 수 있는 수준보다 세율이 높을 수 있고 우리가 기대하는 수준보다 수당이 적을 수 있다. 그러나 우리가 과거에 감내했던 희생 그리고 앞으로 우리가 수익 범위 내에서 생활하지 못하는 상황이 될 때 우리와 우리 자녀들이 감내해야 할 희생에 비하면 이 정도는 아무 것도 아니다.[1]

그러나 이런 대안이 정말로 고령화 위기를 극복하는 유일한 해법일까? 연금 수당을 줄이면 확실히 문제를 '해결할' 수는 있을 것이다. 그러나 이는 식량이 모자라면 먹는 양을 줄이면 된다는 말처럼 공허한 하나마나한 소리일 뿐이다. 그리고 나는 피터슨이 주장한 다른 조치 또한 뭔가 미진하다는 생각이다. 근로소득세 인상, 이민 증대 정책, 심지어 저축률 증가에 이르기까지 고령화 위기에 대한 수많은 해법이 문제를 완화하는 데 별 효과가 없을 것이고 세율 인상 같은 조치는 오히려 상황을 더 악화시키리라 본다.

이런 제안들이 왜 효과가 없는지를 이해하는 것이 바로 이번 장에서 다룰 주제다. 그러나 지레 겁을 먹고 포기하지는 마라. 해법은 있다. 이번 장을 통해 피터슨이 주장하는 것만큼 우리 경제가 '파산 위기' 상태는 아니라는 사실을 알게 될 것이다.

은퇴 연령의 모형화

이런 해법의 효과를 연구하고자 유엔인구통계계획의 인구 자료를 활용해 세계 경제 모형을 수립했다. 이 모형은 시간이 지남에 따라 근로자가 생산한 산출량이 근로자 자신들의 소비뿐 아니라 은퇴자의 소비까지 충당할 만큼 충분해진다고 가정했다. 이 모형은 은퇴자 전원에게 제품을 충분히 제공하려면 은퇴 연령을 얼마나 연장해야 하는지를 보여준다. 생산성 증가, 소비 패턴, 인구의 고령화 등에 관한 추정과 함께 이 모형은 앞으로의 경제 동력에 관한 연구 기회를 제공한다.

현 추세가 계속된다면 근로자는 은퇴 후에도 이전의 생활 수준을 유지하려면 생산 현장에서 훨씬 더 오래 일을 해야만 한다. [그림 14-1]은 미국인이 은퇴 후에도 이전과 같은 생활을 영위하려면 얼마나 더 오래 일해야 하는지를 보여준다.

줄곧 이어졌던 조기 은퇴 추세는 2005년부터 2010년 사이에 역전되리라고 본다. 이후 수십 년 내에 은퇴 연령이 62세에서 73세로 늦춰지는 데서 그치지 않고 더 나아가 이 증가폭이 기대 수명의 증가폭을 넘어설 것으로 보인다. 그러므로 근로자가 은퇴 후 보내는 시간이 25% 정도 줄어들 것이다. 유럽과 일본은 더 극심한 고령화 추세 때문에 은퇴 연령을 훨씬 더 빨리 올려야 한다.

이런 예측치는 유엔 인구통계학자가 산출한 기대 수명 증가 수준에 대한 '보수적' 추정치에 기반을 둔다. 수많은 전문가의 예측대로 (311쪽 참고) 기대 수명이 더 빠른 속도로 증가한다면 미국은 퇴직 연령을 80세 이상으로 연장해야 할지도 모른다.

[그림 14-1] 미국인의 기대 수명과 은퇴 연령의 과거 자료 및 예상치

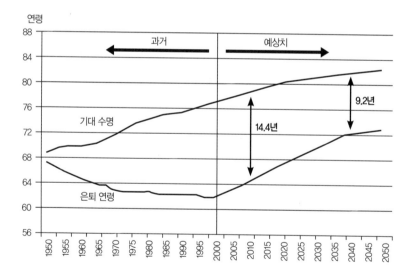

조기 은퇴의 영향

　기대 수명 증가에 따른 자연스러운 결과로서 근로 연수 연장을 현실로 받아들이는 사람은 있으나 이런 변화가 얼마나 극적인 결과를 초래할지를 깨닫는 사람은 거의 없다. 산업혁명 이후로 근로자의 주당 근무 시간이 줄었고 은퇴 기간은 길어졌다. 사람들은 이런 발전적 변화를 경제 성장에 따른 당연한 혜택으로 여긴다. 그런데 은퇴 연령이 70세 이상으로 연장되면 매우 극적인 결과를 초래할 것이다. 근로자가 정년 연장을 받아들인다 해도 나이 든 근로자가 과연 노동 시장에서 경쟁력이 있을지, 젊은 근로자와 같은 수준의 생산성을 낼 수 있을지의 문제는 남는다.

　미국에서 나타나는 인구통계학적 추세는 그래도 유럽이나 일본에 비하면 괜찮다며 위안 삼을 수준이 절대 아니다. 제품과 서비스의 가격은 세계 시장에서 결정되는데 유럽과 일본의 은퇴자가 적극적인 수요자로서 가격 결정에 중요한 영향을 미칠 것이다. 즉, 단일 국가의 수요가 아니라 전 세계 은퇴자의 총수요가 가격을 결정하게 된다.

　이런 상황에서 미국이 현행 은퇴 연령인 62세를 계속 고수한다면 어떤 일이 발생할까? 베이비붐 세대가 그동안 보유하던 주식과 채권, 부동산 등을 팔아 소비재와 바꾸려 하기 때문에 이런 자산의 실질 가격이 하락할 것이다. 그런데 은퇴자가 보유 자산을 팔아서 마련한 수입으로는 생산 활동에 참여하던 시절과 동일한 생활 수준을 유지하기 어렵다.

현행 은퇴 연령을 유지한다면 금세기 중반쯤에 은퇴하는 사람들의 생활 수준은 은퇴할 당시의 50% 수준으로 떨어지리라 추산한다. 이런 결과를 받아들일 사람이 몇이나 되겠는가? 결국 수입을 늘리기 위해 일터로 다시 돌아가야 하는 사람이 많으리라 본다.

은퇴자가 생활 수준을 유지하는 마지막 선택지는 미래 생산 활동 인구에 높은 세율을 부과해 세금을 늘리는 방법일 것이다. 그러나 이렇게 되면 자신의 미래를 제대로 준비하지 않은 은퇴자에게 왜 젊은 근로자들이 돈을 대줘야 하느냐고 항변할 것이다. 여기서 당연히 세대 갈등이 빚어질 테고 이에 관해 치열한 정치적 공방이 벌어지면서 수많은 은퇴자와 이보다 수가 적은 현업 근로자 간에 대결 구도가 형성될 것이다.

다른 대책을 취하지 않는다면 은퇴 연령 연장, 낮아진 생활 수준 수용, 젊은 근로자에 높은 세율 적용 등 지금까지 설명한 세 가지 고통스러운 선택지를 취할 수밖에 없을 것이다. 이 외에 이 문제를 해결할 다른 방법이 있을까?

더 높은 수준의 생산성 증대

근로자의 생산성을 높이는 정책이야말로 고령화 파동의 영향을 줄여줄 가능성이 가장 크다. 생산성, 더 구체적으로는 근로 시간당 산출량은 생활 수준을 가늠하는 기본 척도다.[2] 생산성이 증가하면 소득이 증가하고 근로자와 은퇴자 모두가 충분히 사용할 만큼 제품과 서비스의 양이 늘어난다.

생산성 증가는 고령화 파동으로 인한 문제를 완화시킬 수 있다. 근로자는 생산도 소비도 더 많이 하는 반면에 은퇴자는 상대적으로 일정한 소비 수준을 유지하기 때문이다. 따라서 생산성 증가를 통해 늘어난 산출량이 수많은 은퇴자의 소비를 감당할 수 있게 된다는 의미다.

정부의 연금 제도에는 은퇴자의 소비 패턴이 반영된다. 생산 활동 기간에는 연금 수당은 평균 임금과 연계되지만, 은퇴 후에는 오로지 물가와만 연동된다. 이것이 사회보장제도를 비롯한 전 세계 수많은 사적·공적 연금 제도의 작동 방식이다.[3] 생산성 증가는 근로자의 수가 늘어난 것과 같은 효과를 낸다. 따라서 고령화 파동이 야기한 인구 불균형을 상쇄시켜준다.

생산성 증가의 원천

생산성이 고령화 위기를 해결하는 열쇠라면 어떤 정책이 생산성 향상에 도움이 될까? 인류는 조면기(목화솜과 씨를 분리하는 기계-역주), 증기 기관, 철도, 자동차, 전화 등 새로운 기계의 발명을 통해 생산성을 향상시켜왔다. 이런 기계를 발명하려면 자본 축적이 필요하고 이 자본은 저축에서 나와야 하기 때문에 저축 증대가 자본 형성 과 이를 통한 생산성 증가를 촉진한다고 추정하는 사람이 꽤 많았다. 미국이 생산성을 향상시키려면 저축을 늘려야 한다고 경제학자들이 주장하는 이유가 바로 여기에 있다.

그러나 1950년대 중반에 매사추세츠 공과대학교의 로버트 솔로Robert Solow 교수가 수행한 선구적 연구 때문에 저축 잉여금이 생산성을 크게 향상시키리라는 가설이 시험대에 올랐다. 솔로 교수는 이 연구를 수행한 공로로 1987년에 노벨상을 수상했다.[4] 나는 MIT에서 경제학 박사 학위를 받을 때 솔로 교수 밑에서 공부했다. 당시 나는 역사적으로 볼 때 기업이 매수해 생산에 활용하는 기계와 공장, 장비 등 모든 자본에 대한 투자는 생산성 증가에 기여하는 부분이 아주 미미하다는 솔로 교수의 연구 결과에 매료됐다.

앞서 언급했듯이 이전에는 경제학자 대부분이 기계, 공장, 기타 고정 자산의 총합이라 할 자본의 증가가 생산성 증가의 주요 원천이라고 생각했다. 그러나 솔로의 연구 결과는 생산성 증가는 주로 발명, 발견, 혁신적 경영 철학 혹은 행동을 통한 학습이라는 오랜 통념에서 비롯됐다는 사실을 보여줬다. 이런 원천들은 대부분 과중한 자본 지출이나 높은 저축률을 요하지 않았다.

창업 기반 경제에서 자본이 필요할 때 벤처 투자자는 저축률이 높든 낮든 상관없이 항상 장래성 있는 새로운 아이디어 하나로 자본을 유치할 수 있었다. 미국의 개인 저축률이 극도로 낮았던 때 인터넷의 발달과 광섬유 혁명이 시작됐다. 세계에서 저축률이 가장 높은 국가 중 하나인 일본은 1990년대에 생산성 증가 수준이 매우 낮았던 반면에 저축률이 낮았던 당시 미국은 생산성이 크게 증가했다.

일본은 '국민이 저축을 너무 많이 하면 실질적으로 생활 수준이 하락할 수도 있다'는 점을 보여준다. 내가 MIT에서 공부할 때만 해도 이는 이론적 호기심을 자극하는 정도였다. 그러나 최근 드러난 증거를 통해 나는 일본의 높은 저축률이 경제 성장에 그다지 기여하지 못했다는 것에 확신이 생겼다. 1990년대 일본 정부의 경제 활성화 노력은 무위로 끝났다. 교량과 도로 건설 부문에 공적 투자를 늘렸으나 그 효과는 미미했다. 일본 민간 부문의 투자 또한 마이너스까지는 아니더라도 매우 저조한 수익 실적을 냈다는 증거도 있다.[5]

저축이 인구통계학적 문제의 유일한 해결책이라면 선진국 중 저축률이 가장 높은 국가인 일본은 인구 고령화를 걱정할 필요가 없어야 한다. 그러나 현실은 그렇지가 못하다. 세계 고령화 문제를 연구했던 경제학자 폴 휴잇 Paul Hewitt 은 "일본의 경제적 병폐 대부분은 인구통계학적 문제에서 비롯되거나 아니면 이 때문에 악화되거나 둘 중 하나"라고 주장한다.[6] 〈이코노미스트〉는 여기서 더 나아가 "그러나 일본에게 정말 나쁜 소식은, 일본 경제가 조금 나아진다 하더라도 이 같은 인구통계학적 추세를 통제하지 못하면 결국은 뒤처지고 말리라는 사실이다."라고 지적했다.[7]

저축률 증가가 답이 아니라면 대체 무엇을 해야 하는가? '신경제' 이론의 창시자인 스탠퍼드 대학교 경제학 교수 폴 로머 Paul Romer 는 생산성 증대의 가장 중요한 원천은 아이디어와 발명의 축적이라고 주장한다. 내 연구 결과도 이 주장을 뒷받침한다. 그 어떤 발명이든 이전의 지식이나 정보를 기반으로 하지 않은 채 완전히 무(無)의 상태에서 이루어지지는 않는다. 실제로 발명이라는 것 대다수가 과거 발명의 단순한 확대, 결합, 재배열이라고 봐야 한다.

로머는 발명과 생산성 증대를 촉진하려면 연구 부문에 세제 혜택을 주거나 아니면 직접적으로 자금을 투입해야 한다고 생각한다. 그러나 정부가 주도하는 연구에는 그 자체로 위험이 내재해 있다. 미우주 계획 연구에 들어간 막대한 자금을 생각해보라. 인간의 달 착륙은 경이로운 기술적 성과이고 국가에 대한 미국인의 자부심을 한껏 높여준 대사건이기는 하다. 그러나 나사의 우주 계획이 개개인에게 엄청난 혜택을 줬는지에 관해서는 논란의 여지가 있다. 민간 연구에 비슷한 규모의 자금을 투자했을 때의 성과와 비교하면 특히 더 그러하다. 학계 연구 결과로도 정부가 이익이 날 만한 유망 업종을 선택해 공적 자금을 투자했을 때 그 결과가 썩 좋지 않았음을 보여준다.[8]

역사적으로 볼 때 철도부터 자동차, 인터넷에 이르기까지 혁신의 봇물은 민간 부문에서 터졌고 투자자는 상업적 이익이 예상되는 곳에 기꺼이 자금을 투자했다. 민간 자본 시장이 도취에 젖은 호황과 침체 국면을 왔다 갔다 하기는 해도 가장 효율적인 자본 배분처는 역시 민간 시장이다. 생산성 증가에 자본이 필요하다는 점은 분명하지만, 자본 증가 그 자체로는 생산성 향상에 별 도움이 안 된다.

생산성 증가와 고령화 파동

내가 말하고자 하는 핵심은 저축이 늘어도 생산성 증가에는 기껏해야 미미한 영향밖에 미치지 않는다는 점이다. 게다가 생산성 증가가 고령화 파동에 유의미한 영향을 미치려면 웬만큼 향상되는 정도로는 안 된다.

미국에서 은퇴 연령을 63세로 유지하는 데 필요한 생산성 증가율은 연간 7% 정도로 어마어마한 수준이다.[9] 이는 역대 생산성 증가율의 3배 이상에 해당하며 이는 짧은 기간 유지될 뿐 오래 지속할 증가율 수준이 아니다. 국내 생산성 증가율을 3.5% 선으로 높일 수 있다해도 이 정도로는 2050년까지 은퇴 연령을 겨우 3년 줄이는 데 그친다. 이 생산성 증가율 3.5%는 제2차 세계대전 종전 이후 10년 기간단위로 미국이 성취했던 성장 증가율로는 역대 최고치였다. 어쨌거나 퇴직 연금 수당은 생산성과 임금이 연계돼 있으므로 미국(그리고대다수 선진국) 내 생산성 증가로는 이 문제를 해결하지 못한다.

앨런 그린스펀과 연준 역시 생산성 증가와 사회보장제도 개혁에관한 연구를 통해 생산성이 선진국 고령화 파동에 미치는 영향에 관한 이 같은 비관적 평가를 뒷받침한다.[10] 생산성 증가가 임금의 구매력을 결정하는 것은 분명하지만, 이미 기술 부문을 선도하는 입장인선진국에서 최대한 이끌어낼 수 있는 생산성 증가 수준으로는 고령화 위기를 해결하는 데는 역부족이다.

사회보장세 인상은 답이 아니다

근로소득세를 올리면 사회보장 신탁기금의 세수입이 늘어나므로고령화 파동으로 인한 위기를 어느 정도 완화할 수 있다고 생각하는사람이 많다. 사회보장 신탁기금이 정부채와 국채를 더 많이 보유하면 민간 투자자가 보유할 수 있는 국채의 양이 줄어들기 때문에, 민간 투자자가 국채를 샀을 그 저축금으로 민간 부문의 생산적인 사업에 더 많은 투자를 하게 되리라는 주장이다.

이 해법에는 두 가지 문제가 있다. 개인 저축률의 증가로는 고령화 파동을 상쇄할 만큼 생산성을 충분히 증가시킬 수 없다는 점은 이미 설명한 바 있다. 따라서 늘어난 신탁기금의 자산에 따른 정부 저축의 증가로는 문제를 해결할 가능성이 별로 없다.

그러나 근로소득세 인상은 은퇴자 수 증가에 대응하는 국가 경제적 능력에 더 치명적인 영향을 미친다. 세금 공제 후의 임금 수준이 낮아지면 근로자의 근로 의지를 꺾는다. 또 고용 비용을 높이는 세금은 기업의 고용 의지를 꺾는다. 더 많은 근로자가 필요한 시점에 이는 사태를 더 악화하는 조치일 뿐이다.

경제학에서는 그동안 소득과 근로소득세가 근로 의지 혹은 근로 동기에 미치는 영향에 관해 많이 다뤄왔다. 최근 드러난 증거는 근로소득세가 근로 의지에 상당히 부정적인 영향을 미친다는 주장을 강하게 뒷받침한다. 최근에 노벨 경제학상을 수상한 에드워드 프레스콧 **Edward Prescott**은 '미국인은 유럽인보다 일을 왜 훨씬 더 많이 할까?'라는 제목의 논문을 썼다.[11] 프레스콧은 여기서 미국인은 독일인, 이탈리아인, 프랑스인보다 근로 시간이 50%나 더 길 뿐 아니라 연간 휴가 일수는 10일 정도인데 반해 유럽인은 휴가 기간이 6~7주나 된다고 밝혔다. 미국과 유럽 간 이 같은 대조적인 직업윤리는 상이한 문화에서 비롯된다는 주장에 대부분 수긍하는 편이다. 이에 따르면 유럽인과 미국인이 생각하는 일의 우선순위에 차이가 있으며 특히 유럽인은 미국인보다 더 여가를 중시한다고들 생각한다. 《유러피언 드림 **The**

European Dream》의 저자 제러미 리프킨 Jeremy Rifkin 은 이렇게 썼다. "아메리칸 드림은 직업윤리에 경의를 표한다. 유러피언 드림은 여가와 놀이에 더 초점을 맞춘다."[12] 그러나 프레스콧은 이와는 다른 사실을 발견했다. 현재는 유럽이 임금과 급여에 부과하는 세율이 미국보다 훨씬 높다. 그러나 유럽과 미국의 세율이 엇비슷했던 1970년대 초에는 유럽과 미국의 주당 근로 시간이 얼추 비슷했다. 프레스콧은 줄어든 주당 근로 시간이 근로소득세 상승과 직접적인 연관이 있다는 점을 알아냈다.

이 같은 주장을 확인하는 차원에서 시카고 대학교의 스티븐 데이비스 Steven Davis 와 스톡홀름 경제대학교 Stockholm School of Economics 마그누스 헨렉슨 Magnus Henrekson 이 1990년대 중반의 경제 부국을 대상으로 계량경제학적 연구를 진행했다. 이들 역시 높은 세율은 근로자 수뿐 아니라 각 근로자의 근로 시간과 부적(否的) 상관관계가 있음을 알아냈다.[13]

근로소득세가 곧바로 근로자 자신의 연금 수당으로 적립된다고 생각한다면 사회보장세가 기업의 고용 활동에 미치는 부정적인 영향도 줄어들 것이다. 그러나 연구 결과, 근로자는 급료에서 공제한 부분을 연금 '분담금'이 아니라 세금으로 인식하는 것으로 나타났다.

그리고 근로자의 이런 시각은 법적인 관점에서 전혀 틀리지 않다. 두 개의 대법원 사건 판례도 사회보장(그리고 메디케어) 세금은 미래 연금 수당에 대한 묵시적 권한이 없다는 점을 확인해줬다. 1937년에 대법원은 "기업과 근로자 모두에게 부과하는 세금 수입은 다른 내국세처럼 재무부로 들어가고 그 어떤 방식으로든 연금 수당으로 충당되지 않는다."고 했다. 1960년에는 여기서 더 나아가 대법원이 "사회보 장제도를 미지급 재산권 개념과 접목하려는 시도는 끊임없이 변화하 는 환경에 잘 적응하는 데 필요한 대담성과 융통성을 저해하는 행위 다."라고 확언했다.[14]

사회보장급여가 개인 퇴직 계좌에 적립하는 '분담금'이 아니라 일 종의 '세금'이라는 인식은 근로자에게 엄청난 영향을 미친다. 현행 세 율에 따라 첫 임금 8만 7,900달러(2004년 수준)의 12.4%가 근로자의 저 축 계좌에 직접 적립된다면 '근로'를 부추기는 긍정적 동기 요소로 작 용할 공산이 크다. 알다시피 이 근로자 저축 계좌는 은퇴 후 노후 생 활 자금으로 활용하거나 주택 같은 주요 품목을 구매하는 데 사용할 수 있다.

개인적으로 저축률 증가가 고령화 파동이 초래한 문제를 해결할 수 있다는 입장에 동의하지는 않지만, 높은 세율을 통해 정부 저축금 (비축금)을 늘리려는 노력보다는 차라리 개인 퇴직 계좌가 훨씬 더 매 력적인 선택지라 하겠다.

이민

근로자 수 감소가 생산량 부족을 야기하기 때문에 이민이 이 문제 에 대한 해답이 될 수도 있다. 젊은 연령층 근로자가 국내 노동 시장 에 '수혈'된다면 은퇴자가 연금을 수령하는 때가 도래하기 훨씬 전부 터 노동력을 충분히 제공할 수 있다.

현행 은퇴 연령 63세를 유지하는 데 필요한 이민자 수가 어느 정도인가는 이민자의 평균 연령, 근로자 1인당 평균 부양자 수, 근로자의 숙련도 등에 따라 달라진다. 미국으로 온 이민자의 1인당 평균 소득이 기존 미국인 평균 소득의 절반 정도라고 가정하면 향후 45년 동안 현행 은퇴 연령을 유지하는 데 필요한 근로자 수는 4억 명 이상으로서 이는 현재 미국 인구를 훨씬 넘어서는 수준이다. 필요한 이민자 수가 이렇게 많은 이유는 이민자 역시 각자 부양가족이 딸렸고 정부가 제공하는 서비스를 사용하는 데다 은퇴 시 연금 수당도 받기 때문이다. 따라서 이민자의 급격한 증가는 사회보장제도의 운용을 더 압박하는 요소로 작용할 것이다.

올바른 이민 정책에 관해 논쟁이 분분하지만 개인적으로는 이민 규제법을 완화하는 쪽으로 가야 한다고 생각한다. 그러나 이민 그 자체가 선진국이 직면한 고령화 문제를 해결할 수 있으리라고 기대하는 것은 그다지 합리적이지 않다.

무엇을 어떻게 해야 할까?

고령화 위기에 대한 기존의 해법에는 심각한 결함이 있다. 저축률을 늘리는 것도 의미 있는 목표이기는 하나 은퇴 연령을 낮추는 부분에는 그다지 큰 영향을 미치지 않는다. 또 하나의 해법으로 언급했던 생산성 증가 역시 제한적 영향을 미친다. 연금 수당 자체가 생산성과 상당 부분 연계돼 있어서 이런 문제를 해결하는 능력을 상쇄시키기 때문이다. 세율 인상과 이민 증대 역시 해법이 아니다. 이 장을 시작할 때 인용했던 토머스 에디슨의 말처럼 나는 적어도 우리가 무엇이 효과가 없었는지에 관한 결과는 많이 보유하고 있다고 믿는다. 요컨대 적절한 해법이 무엇인지는 아직 분명치 않지만, 역으로 적절하지 않은 해법이 무엇인지는 많이 알아냈다고 생각한다.

상황이 이렇다고 해서 고령화 파동의 결과를 그냥 체념하고 받아들여야 한다는 의미는 아니다. 생산성 증가의 원천 중에는 희망을 품게 하는 것도 있다. 중국, 인도 그리고 기타 개발 도상국은 고속 경제 성장이 임박해 있을 뿐 아니라 선진국과는 사뭇 다른 인구 특성을 보인다. 더 많은 사람을 생산 현장에 투입하는 일이 고령화 파동의 위기를 극복하는 해법이 될 수 있다. 19세기와 20세기 초에는 첨단 기술 부문에 근로자를 투입하기 위해 이민이 필요했다. 그런데 지금은 첨단 자본이 전 세계 근로자에게 투입된다 해도 과언이 아니다.

오늘날 이들 개발 도상국은 세계 산출량의 극히 일부만 생산하고 있다. 현재로서는 그렇다. 개발 도상국의 성장이 정말로 고령화 파동의 치명적 효과를 상쇄할 수 있을까? 이 주제는 다음 장에서 다룬다.

NOTE

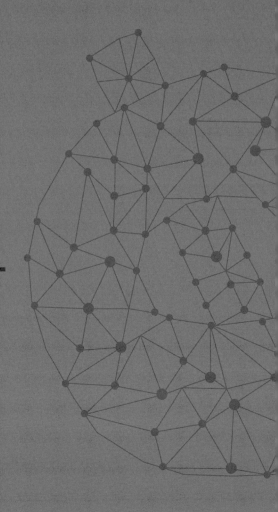

제 15 장

국제적 해법:
진정한 신경제

THE FUTURE FOR INVESTORS

어떤 사람은 이미 존재하는 무엇을 보고 '왜?'라고 말한다.
그러나 나는 존재하지 않았던 것을 꿈꾸며 '왜 안 돼?'라고 말한다.

| 조지 버나드 쇼 George Bernard Shaw, 1949년 |

더 늦은 나이까지 일하고도 더 곤궁한 노후 생활 그리고 투자 자산의 가치 하락, 이것이 정말로 선진국이 처할 불변의 인구통계학적 미래일까? 안타깝게도 고령화 경제를 분석해보면 이 암울한 시나리오를 뒷받침할 근거가 적지 않다. 그러나 이 암담한 결론은 세계를 너무 좁은 시각에서 바라본 데서 비롯된 측면이 있다.

역사적으로 살펴보면 적어도 최근까지 젊은 사람들은 자기 자신은 물론이고 나이 든 사람까지 부양하는 데 부족함이 없을 만큼 돈을 벌었다. 이 수입 가운데 일부는 사회보장제도와 같은 정부 연금 제도로 흘러들어간다. 그러나 부유한 국가에서 나이 든 사람은 그동안 보유했던 자산을 팔고 그 돈으로 필요한 것들을 사는 방식으로 노후 생활 자금을 마련한다. 젊은 층의 수입과 노년층의 자산이 상호 교환되는 이 공생적 교환이야말로 젊은 세대가 부를 축적하고 은퇴자가 자신들의 노후 생활을 유지하는 방식이다.

개발 도상국의 성장이 국제적 해법인 이유

금융 자산 시장 덕분에 더욱 광범위한 지역 간 교환이 가능해진다. 예를 들어 플로리다주에는 은퇴 인구를 부양하기에 충분할 만큼 근로자가 많지 않다. 그래서 경기 침체가 일어나면 어쩌나를 걱정하는 사람이 많을 법도 한데 실제로는 그 부분을 별로 신경 쓰지 않는다. 플로리다주 노년층이 소비하는 제품과 서비스는 나머지 49개 주에 있는 젊은 인구가 생산한 것으로 충분히 충당할 수 있기 때문이다.

또한 플로리다주에 거주하는 은퇴자는 보유 자산을 나머지 주에 사는 젊은 투자자에게 팔면 된다.

그러나 머지않아 50개 주 전체는 물론, 캐나다와 유럽, 일본도 플로리다주와 같은 노인 천국이 될 것이다. 이 나이든 사람들이 은퇴할 때 이들이 보유했던 자산을 누가 사줄까? 시야를 좀 더 넓혀 이 세계를 제각각 자국 국민에게 제품과 서비스를 제공하려는 개별 국가가

[그림 15-1] 개발 도상국 인구 분포(2005년, 2050년)

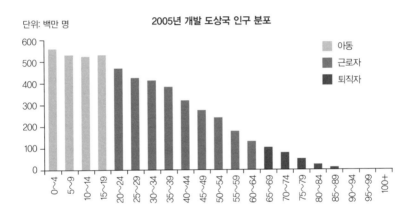

단위: 백만 명

2005년 개발 도상국 인구 분포

아동
근로자
퇴직자

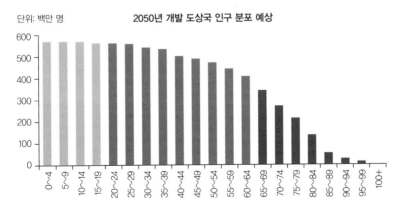

단위: 백만 명

2050년 개발 도상국 인구 분포 예상

아니라 하나의 경제국이라고 생각해보자. 선진국은 고령화가 급속히 진행되고 있으나 세계 나머지 국가는 아직 너무 젊다. [그림 15-1]을 살펴보라. 그림을 보면 인도, 중국 그리고 나머지 개발 도상국의 연령 분포 특성을 알 수 있다. 이 젊은 국가들이 선진국 은퇴자가 소비할 제품과 서비스를 생산하고 이들의 자산을 사줄 수 있다. 세계 인구의 80% 이상이 고령화 파동과 아직은 무관하다.

개발 도상국의 젊은 근로자가 과연 선진국의 고령 인구를 정말로 부양할 수 있을까? 지금으로서는 '아니다'라고 답해야 할 듯하다. 개발 도상국의 인구는 세계 인구의 80%가 넘지만 생산량은 달러화로 계산했을 때 세계 총 산출량의 4분의 1에도 미치지 못한다.

그런데 젊은 개발 도상국에서 뭔가 놀라운 일이 벌어지고 있다. 처음에는 중국이, 지금은 인도가 지속 가능한 고속 성장 가도에 들어섰다. 지난 10년 동안의 성장 속도를 유지할 수 있다면 이들 국가의 경제 성장은 자국뿐 아니라 전 세계 나머지 지역에도 엄청난 영향을 미칠 것이다.

[그림 15-2]는 이들 개발 도상국의 높은 생산성 증가율이 선진 부국의 은퇴 연령에 어떤 영향을 미칠 수 있는지를 보여준다. 이 영향은 실로 엄청나다.

개발 도상국이 앞으로 수십 년 동안 생산성을 연간 6% 정도 증가시킬 수 있다면(중국은 이미 오래 전에 이 수준을 넘어섰고 지금은 인도가 이 6%선을 달성했음) 베이비붐 세대의 은퇴 연령을 소폭만 연장해도 괜찮을 것이다. 한편, 개발 도상국의 성장이 멈추면 미국의 은퇴 연령은 62세에서 77세로 연장해야만 하는 상황이 된다. [그림 15-2]에서 보

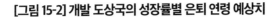

[그림 15-2] 개발 도상국의 성장률별 은퇴 연령 예상치

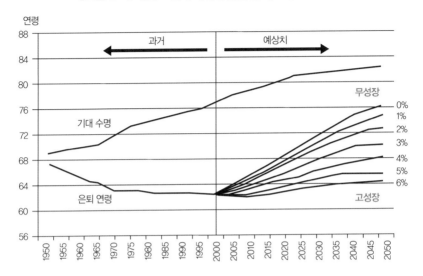

는 바와 같이 **개발 도상국의 성장률이 1% 오를 때마다 선진국의 은
퇴 연령에 2년 정도 여유가 생긴다.** 즉, 개발 도상국의 성장률 1%가
선진국 은퇴 연령 2년 치를 좌지우지한다.

　폭발적 수출 증가가 개발 도상국의 성장을 견인할 것이다. 이들
국가는 수출로 벌어들이는 달러, 엔, 유로를 쏟아낼 출구를 찾아야
한다. 개발 도상국 사람들은 선진국 기업의 유명 상표 그리고 경영
과 마케팅 및 기술적 노하우 때문에 여전히 미국, 유럽, 일본 자산을
더 매력적인 '출구'로 볼 가능성이 크다. 인도에 본사를 둔 타라티^{Tara}
^{Tea}가 국제적 기업 테틀리^{Tetley}를 인수하고 중국 레노버 ^{Lenovo}가 IBM
의 개인용 컴퓨터 부문을 인수한 일은 빙산의 일각에 불과하다. 금세
기 후반기에는 제품과 자산 간의 교환이 더 큰 규모로 이뤄지리라 예
상된다. 이로 인해 세계 경제의 중심이 동쪽으로 이동해갈 뿐 아니라

고령화 파동이 자산 가격과 은퇴 연령에 미치는 파괴적 영향도 어느 정도 상쇄될 것이다.

나는 이를 '국제적 해법'이라 칭한다.

이 국제적 해법이 그간의 통념과는 다르다는 점을 인정한다. 이 해법의 성패는 개발 도상국이 고속 성장을 지속할 수 있느냐에 달렸다. 회의론자들은 반짝 성장을 이룩했다가 사그라진 국가가 한둘이 아니라는 부분을 지적할지 모르겠다. 20세기에 접어들던 시점에만 해도 아르헨티나는 세계 10대 부국이었으나 이후 긴 침체기에 들어갔고 아직도 그 상태에서 헤어 나오지 못하고 있다. 더 최근 사례로는 '아시아의 용'으로 불리던 태국, 대만, 필리핀, 한국 등도 1990년대 말에 맞은 외환 위기로 경제가 심하게 휘청거렸다. 역사적으로 공산주의, 사회주의, 기타 반(反)시장 정책이 발전을 심하게 억눌러왔다.

그러나 요즘은 뭔가 아주 다른 일이 벌어지고 있다. 세계가 극적인 변화의 기회를 맞고 있다. 전기통신 업종 투자자에게 극심한 시련을 안겼던 통신 혁명이 궁극적으로는 국제적 해법의 씨앗을 심어놓은 셈이 됐다.

지난 역사를 돌이켜보면 통신 혁명이 왜 전 세계적 성장을 견인했다고들 하는지 그 이유를 알 수 있다.

창조와 전파

먼 과거로 돌아가 분석을 시작해보자. 하버드 대학교의 경제학자 마이클 크리머 Michael Kremer 는 명망 있는 경제학 계간지 〈쿼터리저널 오브이코노믹스 Quarterly Journal of Economics 〉에 '기원전 100만 년부터 1990

년까지의 인구 증가와 기술 변화'라는 아주 거창한 제목의 글을 발표했다. 물론 경제적 산출량에 관해서는 그렇게 오래 전 자료가 없으나 인구에 관한 자료는 있다.

크리머는 인류 역사를 거의 통틀어 인구는 경제적 발달 수준을 가늠하는 매우 유용한 지표라는 사실을 꽤 설득력 있게 주장한다. 높은 인구 밀도는 아이디어(생각)의 전달 증가, 문화, 더 좋은 도구, 식량 생산 증가로 이어졌다. 한 사람에서 다른 사람으로, 또 한 세대에서 다음 세대로 지식을 전달하는 능력이 매우 중요했다. 더 좋은 정보는 생산성 증가와 더 많은 인구를 부양하는 능력으로 이어졌다.

산업혁명이 시작될 때까지는 생산성과 인구가 아주 더딘 속도로 증가했을 뿐이다. 사실 생산성은 증가했다 싶으면 어느새 또 그만큼 줄어드는 일이 잦았다. 발명과 발견이 숱하게 이뤄졌으나 다음 세대로 전달되지 못하고 중간에 사라지는 경우가 많았다. 예를 들어 서기 100년의 로마는 1800년대 대다수 유럽 도시보다 훨씬 뛰어난 사회기반시설(도로, 하수도, 배수 시설)을 갖췄다고 한다.[1]

노스웨스턴 대학교 경제사학 교수 조엘 모키르 Joel Mokyr 는 이렇게 주장한다. "지식의 상실이 지리적 이동성이 떨어지는 문명사회에서 주로 발생하리라고들 생각한다. 그러나 사실 고전 문명은 상대적으로 이동성이 컸던 지역, 또 문명사회가 아닌 문명사회에서 발생했으며 그때도 온갖 유형의 사고와 지식이 책과 사람들의 이동을 통해 전달됐다. 그런데도 이 고전 문명 대다수가 지금은 남아 있지 않다."[2]

왜 이런 일이 발생했을까? 중요한 발견이 이뤄졌다가 왜 그 이후에 그냥 사라졌을까? 주목할 만한 이유가 하나 있다. 즉, 세대 내 그리고 세대 간에 지식 전달이 이뤄지지 않았기 때문이다.

소통과 전달, 통신의 중요성

역사적 자료를 들여다보면 소통 및 통신의 중요성을 입증하는 증거가 자주 등장한다. 크리머는 사람들의 교류가 끊기고 각기 고립되자 그 이후부터 생활 수준의 향상세가 멈췄고 여기서 더 나아가 생활 수준이 전반적으로 더 낮아졌다는 사실을 발견했다. 기원전 5500년경에 영국과 유럽 대륙을 잇는 다리가 끊어지자 영국의 기술 수준이 유럽에 뒤지기 시작했다. 이와 비슷하게 일본에 거주하던 구석기 시대 사람들은 아시아 대륙과 연결된 다리가 끊긴 이후 매우 원시적인 생활을 했다.

크리머는 지식의 전달과 분업을 용이하게 한 인구 밀도가 기술적 진보와 밀접한 상관이 있다고 믿는다. 기원전 1만 년경 빙하기 말기에 만년설이 녹고 그 여파로 홍수가 범람하며 육지와의 연결 고리가 사라진 현상이 구세계(아시아와 유럽), 아메리카, 오스트레일리아 본토, 태즈메이니아 섬, 플린더스 섬(태즈메이니아 섬 근처의 작은 섬) 등을 자연스럽게 고립시켰다. 이런 고립의 영향을 연구할 수 있는 일종의 자연 실험실이 제공된 셈이었다.

각 지역의 발달 과정이 크리머의 가설을 뒷받침한다.

실험 모형의 예측대로 1500년경의 구세계는 최고의 기술 수준을 보유하고 있었다. 농업과 도시의 발달 그리고 아즈텍과 마야 문명이 창조한 정교한 달력 등으로 대표되는 아메리카 문명이 그 뒤를 이었다.

수렵채집 인구를 중심으로 한 오스트레일리아가 세 번째로 기술력이 높았다. 태즈메이니아는 부메랑, 불 피우기, 창 던지기 등 오스트레일리아 본토와 같은 기술력을 갖추지 못했다. (중략) 플린더스 섬은 해수면 상승으로 고립이 심화한 이후 근 4000년에 걸쳐 서서히 주민 수가 줄어들었다. 기술적 퇴보 가능성을 예측할 수 있는 대목이다.[3]

예일 대학교 경제학 교수 윌리엄 노드하우스 William Nordhaus 는 인공 조명의 역사를 다룬 글에서 중요한 지식이 어떻게 사라졌는지를 보여주는 예를 제시한다. "유럽이 암흑기에 들어서면서 조명 기술은 퇴조의 빛이 역력했다. 투박했던 로마식 램프(납작한 연적 모양 용기에 작은 구멍을 뚫고 그 안에 기름을 넣어 사용-역주)에도 한참 못 미치는, 구석기 시대에나 쓸법한 납작한 접시 형태의 개방형 조명 수준으로 되돌아갔다." 노드하우스는 중세 때 농민이 솔가지로 불을 피우던 방법을 묘사하면서 양손을 쓰려고 솔가지를 입에 물고 애쓰는 모습은 마치 선사 시대를 떠올리게 한다고 설명했다.[4]

생활의 중심인 조명 기술에 대한 지식이 왜 세대를 이어 전달되지 못했는지가 참으로 놀라울 따름이다. 비교적 최근인 근현대 시절에도 손쉽게 기록하고 전달하는 방법이 없어서 중요한 정보가 많이 사라졌다. 예를 들어 1746년에 제임스 린드 James Lind 가 '괴혈병에 대한 논문 Treatise on the Scurvy'이라는 제목의 논문을 발표하기 전에 이미 사람들은 신선한 과일이 괴혈병을 예방하는 데 매우 중요하다는 사실을 알고 있었다. 17세기 중반에 네덜란드 동인도 회사 Dutch East India Company 는 병사들이 괴혈병을 예방할 수 있도록 희망봉(아프리카 대륙

최남단 곳-역주)에 감귤 나무를 계속 심었다. 그럼에도 로이 포터 ^{Roy}
^{Porter}가 언급했듯이 이 치료법은 "재발견하고 다시 잊어버리고 또 발
견하고 잊어버리기를 계속 반복했다."[5]

중국: 성쇠

천년에 걸친 중국의 성쇠 과정 자체가 새로운 지식을 창조해 다음
세대로 전달하는 능력의 중요성 및 이런 지식과 정보에 대한 지배 권
력의 억압이 어떻게 국가 쇠퇴로 이어졌는지를 여실히 보여준다.

13세기와 14세기 중국은 이 지구상에서 가장 발달한 문명을 보유
하고 있었다. 중국이 이룬 발달의 근원을 찾자면 종이를 발명했던 서
기 1세기로 거슬러 올라가야 한다. 마이클 하트 ^{Michael Hart}는 매우 흥미
로운 저서를 통해 역사상 가장 영향력 있는 인물 100명을 선정했는
데 마호메트, 뉴턴, 예수, 부처, 공자, 성 바울(12사도 중 한 명)에 이어
종이를 만든 중국의 발명가 채륜(蔡倫)을 7위에 올렸고 요하네스 구
텐베르크 ^{Johannes Gutenberg}가 그 뒤를 이었다. 그리고 8세기 중반이 돼서
야 종이 만드는 방법이 아라비아인에게 전달됐고 유럽이 이 기술을
배우기까지는 다시 400년이 더 걸렸다. 하트는 이렇게 썼다. "서기 2
세기 전에는 중국 문명이 서구 문명에 계속 뒤처진 상태였다. 그 이
후 천년 동안 중국이 이룬 성과가 서구 사회를 앞질렀고 7세기에서 8
세기의 중국은 세계에서 가장 발달한 문명국의 표준 같은 존재였다."
[6] 중국의 이 같은 지배적 위상은 정보를 기록하고 전달하는 능력에서
비롯된 측면이 컸다.

그러나 중국의 이 기술적 우위는 오래 지속되지 않았다. 모키르는

자신의 저서 《부의 지렛대 The Lever of Riches》에서 중국인은 중요한 발견을 했으나 그 이후 그 중요한 발견을 잃어버렸다고 기술했다. 세계 최초의 시계는 1086년에 중국인 소송(蘇頌)이 발명했는데 이 중요한 발명을 완전히 잊은 채 한참 후인 16세기에 예수회 선교사가 들여온 시계를 보면서 새로 기술을 배워야 했다. 또 중국인은 구텐베르크가 인쇄기를 발명하기 500년 전인 9세기에 가동 활자를 발명했으나 인쇄기 자체를 만들어내지는 않았다. 중국인은 일찍이 1090년에 명주실을 잣는 물레를 사용했는데도 한참 후인 19세기에는 중국 수출량의 약 25%를 차지했던 생사(生絲)를 물레가 아니라 전부 손으로 자았다. 또 로켓과 폭탄에 사용하는 화약을 10세기에 발명했지만 그 후 14세기 중반에 서구에서 들어온 대포의 사용법을 다시 배워야 했다.

왜 이런 일이 발생했을까? 18세기 영국의 위대한 경제학자 데이비드 흄 David Hume 은 1368년부터 1644년까지 중국을 통치한 명 왕조의 폭정이 중국의 발전을 가로막았다고 생각한다. "명조의 무자비하고 무제한적인 폭정이 모든 형태의 발전을 멈추게 하고 사람들의 지식 습득을 막아버렸다."[7] 명나라 군주들은 안정되고 통제된 환경을 선호했기에 발명과 발견을 억압했다. 이런 상태가 지속되더니 중국은 오랜 정체기로 들어가 버렸다.

명 왕조는 현상 유지를 방해하거나 기존 질서를 흩뜨리는 그 어떤 것도 허용하지 않았다. 중국의 해양 기술은 당시 서구의 기술 수준보다 훨씬 뛰어났고 아메리카 대륙으로도 쉽게 항해할 수 있었음에도 그렇게 하지 않았다. 중국 황제가 해양 탐험을 '돈만 많이 들어가는 모험'이라고 생각했기 때문에 1433년 이후로 지리적 탐험은 완전히

중단됐다.[8]

온갖 지식을 다룬 수많은 책이 명조 때 거의 소실됐다. 1637년에 송응성(宋應星)이 지은 기술 백과사전 《천공개물(天工開物)》은 방직 기술부터 수력 장치, 옥 세공 기술에 이르기까지 발전된 중국의 기술을 요약 정리한 책이다. 그러나 이 귀한 책은 얼마 못가 파괴됐다. 지은이 송응성의 정치적 성향이 명나라 군주들의 뜻과 달랐기 때문일 가능성이 크다.[9]

모키르는 과감하게 이렇게 주장한다. "말하자면 중국인은 세계를 지배할 뻔했는데 그 기회를 비껴갔다." 스탠퍼드 대학교 경제학 교수 찰스 존스 Charles Jones 역시 여기에 동조하는 듯 이렇게 썼다. "14세기에 중국은 산업화 직전까지 갔었다. 그러나 1600년에 중국을 찾은 거의 모든 사람 눈에 중국은 기술적 퇴보가 확연해보였다. 19세기에 이르자 중국인 스스로도 그 사실을 참을 수 없어 했다."[10]

산업혁명의 선도자: 인쇄기

마이클 하트는 인쇄기를 발명한 요하네스 구텐베르크보다 종이를 발명한 채륜을 한 단계 높은 순위에 올렸지만 대다수 역사가는 정보에 접근하고 전파하는 방식을 근본적으로 바꿔놓은 발명은 바로 인쇄술이라고 말할 것이다.

1455년에 구텐베르크가 인쇄기를 발명하기 전에는 필경사(철필로 원지에 글씨를 쓰는 사람-역주)가 책 한권을 베끼는 데 꼬박 6개월이 걸렸다. 인쇄기는 생산성이 이보다 50배였고, 덕분에 인쇄 비용이 98%나 줄었다.[11] 마이클 로스차일드 Michael Rotschild는 자신의 저서 《생태학 Bionomics 》에서 인쇄기 덕분에 정보의 보급이 한결 수월해지면서 지식 축적 수준이 엄청나게 높아졌다고 말한다. 구텐베르크가 최초로 성경을 인쇄하고 나서 겨우 45년 후인 1500년이 되자 1,000개가 넘는 인쇄기로 3만 5,000종이나 되는 서적을 약 1,000만 부나 인쇄할 수 있게 됐다. 글로 쓰인, 즉 문자화된 말과 문자로 전달한 지식이, 예전에는 소수 특권층만 전유하는 사치품에서 모두가 이용할 수 있는 값싼 상품으로 바뀐 셈이었다.

1500년 이전에는 중요한 '발견' 자체가 아주 드문 일이었다는 점에 주목하지 않을 수 없다. 구텐베르크의 가동 활자 인쇄술 발명을 제외하면 1700년 전 그리스의 쇠락 이후로 과학이나 기술 발달이 거의 이루어지지 않았다. 그러나 1500년 이후로 구텐베르크의 기술이 일반화하면서 과학적 성과가 봇물을 이뤘고 덕분에 근대 과학의 기초가 마련됐다.

1512년에 코페르니쿠스가 처음으로 지구가 태양 주위를 회전한다고 주장했다. 이로부터 25년 동안 앤서니 피츠허버트 Anthony Fitzherbert 가 최초의 영문 농업 기술서를 발행했고, 앨버트 듀러 Albert Durer 는 독일어로 된 최초의 기하학 조약을 편찬했으며, 파라셀서스 Paracelsus 는 최초의 수술 관련서를 발행했고, 조지 아그리콜라 George Agricola 는 최초의 광물학 논문을 냈으며, 안드레아스 베살리우스 Andreas Vesalius 는 최초의 인체 해부도를 발표했다.[12]

그러나 이처럼 인쇄기의 발명을 통해 보급된 지식들이 산업혁명의 토대를 형성하게 되기까지 최소한 두 세기는 더 기다려야만 했다. '개방 과학'의 시작을 알린 과학혁명과 이성의 시대를 거치고 나서야 비로소 산업혁명이 시작됐다.

서로 경쟁하는 다수의 민족 국가: 유럽 대 중국

과학혁명기, 자연계에 대한 대중의 지식이 엄청나게 증가했고 대학교를 중심으로 학계와 일반 대중이 과학적 진보와 발견의 결과물을 공유하게 됐다. 서구 사회에는 합리적 분석을 통해 자연 현상을 설명하는 작업에 대한 이념적(사상적) 통제나 억압이 거의 존재하지 않았다. 17세기 말 유럽은 계몽주의 사상이 퍼지면서 이처럼 사상적 자유를 허용하는 분위기가 조성됐다. 중국 명 왕조가 보인 사상적 편협성과 옹졸함에 비견될 만한 일은 유럽에서는 거의 찾아보기 힘들었다. 서구 사회에서는 여러 민족 국가가 군웅할거 형태로 존재했기 때문에 발견에 대해 수용적인 환경이 조성돼 있었다. 1777년에 데이비드 흄이 관찰한 바와 같이 유럽은 성공한 반면에 중국은 정체기를 맞았다. "작은 국가로 나뉘어 존재하는 형태는 독점적 권력과 권한이 무한히 팽창하는 것을 막아 새로운 것을 받아들이고 배우는 데 더 유리했기" 때문이다.[13]

중국은 조선술에 완전한 통제를 가했으나 유럽에서는 있을 수 없는 일이었다. 예를 들어 스페인이 탐험 행렬에서 이탈하자 네덜란드, 영국, 포르투갈이 재빨리 그 빈자리를 치고 들어갔다. 마틴 루터Martin Luther의 종교 개혁이 종교 분파 간의 경쟁을 부추겼다. 가톨릭교회가 코페르니쿠스의 태양 중심설을 거세게 공격한 것처럼 새로운 사상이나 생각을 억압할 때도 없지 않았으나 유럽에는 종교적 혹은 정치적 패권이 확립되지 않았기 때문에 새로운 사상을 완벽하게 억압하는 일이 불가능했다.

재레드 다이아몬드 Jared Diamond 가 《총, 균, 쇠 Guns, Germs, and Steel》에서 설명했듯이 크리스토퍼 콜럼버스 Christopher Columbus 가 항해 자금을 지원해 줄 후원자를 찾는 과정이야말로 유럽과 중국의 차이를 극명하게 드러내는 최적의 예라 하겠다.

> 이탈리아 태생인 크리스토퍼 콜럼버스는 충성의 대상을 프랑스 앙주 Anjou 공작으로 바꿨고 그다음에는 포르투갈 왕에게 충성을 맹세했다. 그러다 포르투갈 왕이 서쪽으로의 항해에 필요한 선박을 지원해달라는 콜럼버스의 요청을 거절하자 이번에는 메디나 세도니아 Medina Sedonia 공작에게 손을 내밀었으나 또 거절당했다. 그래서 이번에는 또 메디나 첼리 Medina Celi 백작에게 지원을 요청했는데 역시 거절당했고 마지막으로 스페인 왕에게 손을 내밀었다. 스페인 왕은 처음에는 거절했으나 재차 지원을 요청하자 이번에는 청을 들어줬다.[14]

민족 국가가 단 하나만 있었다면 콜럼버스는 항해 자금을 절대 마련하지 못했을 테고 신대륙을 향한 항해 역시 가능하지 않았을 것이다. 중국이 지닌 패권은 혁신가에게 단 한 번의 기회밖에 주지 않은 반면에 유럽의 경쟁 체계는 무수한 기회를 제공했다.

산업혁명

18세기 계몽주의와 과학혁명 이후 인구 증가와 경제 성장의 속도가 급격히 빨라졌다. 산업혁명의 시작과 함께 처음으로 고속 경제 성장이 일정 기간 지속되는 현상으로 이어졌다.

찰스 존스는 매우 적절한 비유를 사용해 인류 역사상 이 같은 지속적 경제 성장이 어떻게 이뤄졌는지를 설명한다.[15] 존스는 기원전 100만 년부터 현재까지의 기간을 축구장 길이(약 100야드: 91.44미터에 해당하지만 본 글에서는 편의상 '100미터'로 표기함-역주)에 비유해 생각해보자고 한다.

인간은 인류 역사 중 대부분 기간을 수렵·채집인으로 살았다. 전체 기간을 100미터라 치면 99미터를 수렵과 채집 생활을 하며 보냈다는 말이다. 그러니까 인류가 농경 생활을 시작한 때는 지금으로부터 1미터 전(1만 년 전)쯤이다. 100만 년으로 계산한 전체 인류 역사 중에서 최초로 그리고 유일하게 지속적인 경제 성장을 촉발한 산업혁명을 굳이 축구장에 비유하자면 '축구장 한쪽 끝에 놓인 골프공의 너비' 정도라고 보면 된다.

그러면 생산성 혁명을 촉발한 200~300년 전에 대체 무슨 일이 일어났을까? 결론적으로 말하자면 이는 중요한 두 가지 요소가 복합적으로 작용한 결과였다. 통신 역량의 비약적 '발전'과 권력을 쥔 쪽에서 보인 새로운 생각에 대한 '개방적 자세'가 바로 그것이다.

이 두 가지야말로 오늘날의 진정한 신(新)경제를 규정하는 바로 그 힘이다.

진정한 신경제

인류 역사를 통틀어 경제 성장과 국부를 형성하는 데 가장 중요한 요소는 통신이었다. 통신 혁명이 세계 경제의 전망을 밝게 해주는 이유가 바로 여기에 있다.

오늘날 인터넷은 1세기 때 채륜의 종이 발명과 15세기 때 구텐베르크의 인쇄기 발명에 버금가는 역할을 한다. 범세계 네트워크야말로 국제적 해법을 찾아내는 열쇠다.

머지않아 지금까지 테이프나 필름, 책 혹은 디지털 방식으로 기록했던 모든 정보를 온라인으로 즉시 접할 수 있을 것이다. 지금은 국가가 정보를 검열 혹은 삭제하거나 특정 정보를 일방적으로 제공할 수 있으나 시간이 지날수록 이런 작업이 점점 어려워질 것이다. 인류 역사상 처음으로 전 세계 정보에 대한 무제한적이며 자유로운 접근이 가능해질 것이다.

아이작 뉴턴 Isaac Newton 이 이런 말을 했다. "내가 다른 사람보다 더 멀리 내다봤다면 그것은 내가 거인의 어깨 위에 올라가서 봤기 때문이다."**16** 말하자면 지금은 적어도 수억 명은 되는 사람이 마우스 클릭 한 번으로 거인의 어깨 위로 올라설 수 있는 세상이다.

혁신과 인터넷의 미래

인터넷이 어떻게 발명을 촉발했는지를 보여주는 사례는 차고도 넘친다. 〈월스트리트저널〉은 인도공과대학 Indian institute of Technology: IIT

칸푸르 ^{Kanpur} 캠퍼스의 컴퓨터 과학자 마닌드라 아가왈 ^{Manindra Agarwal} 교수가 최근에, 2000년 동안이나 수학자들을 곤혹스럽게 했던 수학적 난제의 해법, 즉 어떤 수가 소수인지 아닌지를 확실하게 결정하는 관계성을 발견했다고 밝혔다.[17] 아가왈 교수가 복소수 이론의 이해를 돕기 위해 주로 사용한 도구 가운데 하나가 바로 검색 엔진 구글 ^{Google} 이었다. 아가왈 교수는 전 세계 유명 수학자들과 교류하는 대신 그냥 컴퓨터를 켜서 알고 싶은 사실에 관한 주제어를 검색창에 입력했다. 그렇게 해답을 찾는 데 필요한 최신 정보에 접근해 이론 증명을 완성해낼 수 있었다.

무선 네트워킹 플랫폼 전문 기업 에어러스페이스 ^{Airespace} 의 마케팅 및 제품 관리 담당 부사장 앨런 코헨 ^{Alan Cohen} 은 구글의 효과에 대해 비슷한 견해를 표했다.

구글을 활용할 수 있으면 무엇이든 찾아낼 수 있다. 게다가 무선으로 말이다. 요컨대 언제 어디서든, 그러니까 시간과 장소를 가리지 않고 무엇이든 찾아낼 수 있다는 뜻이다. 내가 와이파이를 동반한 구글은 신과 닮은 구석이 있다고 말하는 이유가 여기에 있다. 신도 무선 아니겠는가! 신은 어디에나 존재하고 모든 것을 보고 또 모든 것을 안다. 인류 역사를 통틀어 인간은 무선으로 신과 연결돼 있었다. 오늘날은 온갖 궁금한 사항이 있으면 구글에게 묻는다. 역시 무선으로 말이다.[18]

물론 구글에 대한 코헨의 평가는 선정주의적 요소가 다분하긴 하다. 그러나 기술이 우리를 어디로 이끄는지를 생각해보라. 머지않아 모든 검색 엔진은 음성 인식이 가능해지고 주제어와 연관된 사이트가 주르륵 뜨는 것에 더해 그 어떤 질문에도 답할 수 있게 설계될 것이다. 첨단 항법 장치와 음성 및 디지털 전송 기능을 갖춘 검색 엔진이 요즘 휴대폰 크기만 한 장치에 탑재될 것이다.

이런 장치에 소형 이어폰이 연결돼 모든 정보에 접근하고 모든 질문에 답할 수 있게 된다. 알아낸 모든 정보를 수족처럼 이렇게 저렇게 마음대로 활용할 수 있다. 모든 외국어는 곧바로 자연스럽게 번역이 돼서 더 이상 언어가 국제 통신의 장벽이 되지 않을 것이다. 누구나 전 세계 지식 창고에 접근할 수 있고 다른 사람의 지식을 바탕으로 더 진화된 지식과 정보를 계속 생성할 수 있다.

이런 전자 및 디지털 측면의 발달은 물리적 거리를 줄여줄 뿐 아니라 시간도 절약해 준다. 범세계적 네트워크를 통해 같은 문제를 공유하는 개인 간의 소통이 가능해진다. 이런 상호작용이 자기 강화적 피드백을 생성한다. 참여하는 사람이 많을수록 발전이 가속화되므로 훨씬 더 많은 발견과 발명을 촉발하고 이를 통해 생산성 향상 또한 가속화한다.

중국과 인도

세상이 얼마나 빠르게 변하고 있는지에 대해 아직도 감이 잘 오지 않는다면 중국 최대 도시인 상하이(上海)만 가 봐도 금방 실감이 나리라 생각한다. 나는 2004년 6월에 와튼세계동문포럼 Wharton Global Alumni Forum 의 연사로 상하이에 갔었다.

황푸강(黃浦江) 동쪽에 있는 푸동(浦東) 신도시는 미래 도시를 방불케 한다. 세계 어디에서도 이런 도시는 본 적이 없었다. 하늘을 찌를 듯이 솟아오른 상업용 및 주거용 고층 건물과 넓은 가로수길이 인상적인 이곳은 오래도록 경쟁 관계를 이어온 홍콩을 앞서겠다는 의지가 충만해 보였고 결국은 그 목적을 달성한 듯했다.

이곳 사람들은 푸동이 10년 전만 해도 논이었다는 이야기를 자주 한다. 저녁 만찬에 앞서 칵테일파티가 벌어지면 맨해튼 상류 사회 파티에서 했을 법한 대화가 오간다. 모두가 부동산에 관한 이야기를 하고, 예전 영국인 거류지 같은 특정한 구역의 부동산 가격이 치솟으리라는 예측을 했다. 상하이는 중국이라는 나라가 지닌 엄청난 잠재력을 확인하고 싶은 사람이라면 꼭 가봐야 할 도시였다.

방대한 국토 면적과 많은 인구를 보유한 중국은 인터넷의 위력을 경제 발전에 활용하고 싶어 한다. 인터넷을 통해 온갖 정보가 자유롭게 유입되면 권력 기반이 약화될 위험이 있음에도 중국 정부는 국가 전역에 인터넷 보급과 그 영향력 확대를 목적으로 기술 주도적 전략을 포용했다. 중국 정보산업부 Chinese Ministry of Information Industry는 다음과 같은 입장을 밝혔다.

정보는 산업 발달 및 산업화와 현대화 촉진의 핵심 열쇠다. 중국 공산당이 정보화 전략의 우선순위를 그렇게 높게 잡은 것은 처음 있는 일이었다. 2010년이면 중국은 본격적인 정보화 사회가 되면서 정보 자원의 사용 폭과 깊이가 증가하고 정보 서비스의 발달이 가속화해 대중의 수요를 충족시킬 수 있게 될 것이다. 기술적 차원의 국가 정보 인프라 구축이 대규모로 이뤄지면서 정보 산업이 국가 경제에서 가장 중요한 산업 부문으로 자리 잡을 것이다.[19]

이런 목적이 비단 중국 정부의 희망사항만은 아니다. 현재 중국은 그 어느 국가보다 휴대전화 사용자가 많아 지하철 안에서도 전화기를 사용한다. 미국 대다수 지역에서는 아직 불가능한 일이다. 여러 측면에서 중국의 기술 수준이 서구 선진국 기술을 훨씬 능가한다.

모건스탠리의 경제학자 스티브 로치 Steve Roach 와 앤디 시에 Andy Xie 는 이렇게 썼다. "인터넷이 중국의 경제 발전을 돕고 또 장기적인 국부 창출의 기회를 제공한다고 보기 때문에 인터넷이 여는 앞으로의 세상에 관심이 많다. (중략) 인터넷은 중국이 중부 내륙과 서부 지역을 포괄하는 초국가적 연결성 확보를 위한 방법 중 비용 효율성이 높은 유일한 도구다. (중략) 앞으로 10년 혹은 20년 안에 중국에서 우리를 사로잡을 일이 벌어질 것이다."[20]

세계 초일류 기술 기업인 인텔도 기술적 측면을 생각한다면 꼭 가봐야 할 곳이 중국이라는 점에 동의한다. 2003년에 인텔은 전체 매출의 12%에 해당하는 37억 달러를 중국에서 올렸고 앞으로 두 자릿수 수요 증가도 가능하리라 예측했다. 인텔의 사장 겸 최고운영책임자COO 폴 오텔리니 Paul Otellini 는 이렇게 말했다. "중국 방문을 마치고 돌아왔는데 마치 컴퓨팅계의 '젊음의 샘'에 다녀온 느낌이었다."[21]

인도에서는 민간 부문이 통신 혁명을 주도하고 있다. 방갈로르 Bangalore 는 미래 세계 경제의 원형이며 인포시스테크놀로지 Infosys Technologies 는 인도 소프트웨어 기업의 원형이다. 인포시스는 29에이커

(약 3만 5,000여 평) 부지에 마치 대학 캠퍼스처럼 소프트웨어 개발 센터와 기숙사 그리고 전 세계 인포시스 공급망(미국 관리자, 인도 소프트웨어 프로그래머, 아시아 생산 업체)의 '화상 회의' 용도로 벽면을 40개나 되는 화면으로 꽉 채운 강당 등을 다 갖춘 이른바 자족 경제 같은 모습이었다. 저술가이자 〈뉴욕타임스〉의 칼럼니스트 토머스 프리드먼 Thomas Friedman 은 경영자로서의 느낌을 이렇게 묘사했다.

이 세상의 모든 벽이 무너졌다. 그래서 이제 소프트웨어 기업인 우리는 인터넷과 광섬유 통신 그리고 이메일을 활용해 엄청난 힘을 얻을 수 있고 우리의 스마트 기술과 에너지가 미치는 곳이면 그 어디와도 경쟁할 수 있다.[22] 그리고 우리는 세계 공급망의 일부로서 인도와 미국 그리고 아시아인들에게 이윤을 창출해줄 수 있다.

인도는 자연의 혜택을 많이 받은 국가다. 영어를 거의 공용어처럼 사용하는 것도 천혜 가운데 하나다. 그리고 인도는 지리적으로 미국 반대편에 위치하기 때문에 이점을 톡톡히 누리는 부분도 있다. 미국인이 퇴근할 시간에 인도인은 사무실에 도착해 하루 일과를 시작한다. 인터넷으로 자료를 거의 실시간으로 전송할 수 있기 때문에 미국인이 퇴근 전에 인도에 있는 작업자에게 이메일로 해야 할 업무 사항을 보내면 근무 시간에 이 내용을 받은 인도 측에서 곧바로 작업을 완수해 보낸다. 그러면 미국 시간으로 아침에 이 결과물을 받아볼 수 있다. 이처럼 시간차를 이용해 업무를 교차 배치해 처리하는 방식으로 하루 24시간을 오롯이 활용하게 된다.

그러나 인도는 이 천혜의 기회만 믿고 마냥 느긋할 일이 아니라 북쪽에 있는 이웃 나라를 경계해야 한다. 이제는 중국도 영어를 많이 사용하고 있으며 컴퓨터 기반 번역기도 등장했으므로 중국은 아주 무서운 경쟁국이 될 것이다.

21세기 중반 세계 경제 전망

중국과 인도가 미래의 세계 경제에 광범위한 영향을 미치리라는 점은 이제 의문의 여지가 없다. 2050년이면 중국 인구는 약 15억 명으로 증가할 것이고 이는 미국의 인구 예상치 4억 명의 약 4배에 해당한다.

중국에 있을 때 그곳 경제학자와 기업인에게 금세기 중반쯤이면 중국이 미국 1인당 소득의 적어도 절반까지는 따라잡을 수 있으리라 생각하지 않느냐고 물었다. 현재 미국 1인당 소득의 절반 정도 되는 포르투갈이나 한국과 얼추 비슷한 급이 되는 것이다. 내 질문을 받은 사람 가운데 이 목표 달성이 불가능하다고 생각하는 사람은 한 명도 없었고 오히려 중국의 경제 발달 수준이 이 예상보다 훨씬 높으리라 기대하는 사람도 몇몇 있었다. 중국이 이 위업을 달성한다면 금세기 중반쯤의 중국 경제는 미국 경제 규모의 약 2배가 될 것이다.

이런 일이 가능할까? 확실히 그러리라고 본다. 지난 40년 동안 일본은 1인당 소득이 미국의 20% 수준에서 96% 수준으로 높아졌고, 홍콩은 미국의 16%에서 70% 수준으로, 싱가포르는 14% 수준에서 58%

수준으로 높아졌다. 그리고 지난 25년 동안 한국은 미국 1인당 소득의 17% 수준에서 거의 50% 수준으로 향상됐다.[23] 중국이 미국보다 연평균 3% 더 높은 성장률을 기록한다면 이 목표에 도달할 수 있을 것이다. 지난 25년 동안 중국은 1인당 소득 증가율 7.7%를 달성했으며 이는 미국보다 약 6% 포인트 높은 수준이다.

네덜란드 흐로닝언 대학교 University of Groningen 의 경제사학자 앵거스 매디슨 Angus Maddison 은 1800년대 거의 대부분 기간에 중국은 세계 총생산량의 거의 3분의 1을 차지했던 국가임을 지적한다. 그에 반해 20세기 중국 경제는 그야말로 완전한 침체 상태였다. 그러므로 지금 중국에서 벌어지는 일은 중국의 잠재력이 제대로 발현되면서 잘나가던 예전 수준으로 돌아가고 있다고 봐도 된다.[24]

인도 경제 역시 규모 면에서는 미국을 능가하리라 본다. 인도는 중국보다 못한 상태에서 출발했으므로 금세기 중반 즈음 미국 생활 수준의 절반 정도로 따라붙고 싶다면 미국보다 성장률이 4% 포인트는 높아야 할 것이다. 지난 25년 동안 인도는 여전히 중국의 성장률을 한참 밑도는 수준이었다. 인도와 중국이 이 목표 성장률을 달성할 수 있다면 금세기 중반쯤 두 국가 경제력의 총합이 미국 경제 규모의 약 4배에 이를 것이다.

중국과 인도만으로는 안 된다

중국과 인도의 성장 전망이 꽤 기대할 만한 수준이기는 하지만, 이 두 국가의 성장만으로는 고령화 파동이 지운 부담을 말끔히 상쇄하기는 어렵다. 내 인구통계학 모형에 따르면 다른 국가의 도움이 없이 중국과 인도의 성장만으로는 은퇴 연령 연장 문제를 절반밖에 해소하지 못한다. 따라서 2050년경이면 미국인의 은퇴 연령이 5년은 더 연장될 것이다.

그러나 다른 국가도 미래 전망이 밝다. 골드만삭스는 인도와 중국 외에 브라질과 러시아도 앞으로 반세기 동안 눈부신 경제 성장을 이루리라 예측한다.[25] 현재 브라질 인구는 남미 전체 인구 5억 5,500만 명의 3분의 1을 차지한다. 골드만삭스는 브라질의 성장 가능성이 높다고 봤는데 이처럼 브라질, 멕시코 그리고 나머지 남미 국가가 경제 성장에 박차를 가하며 선진국을 열심히 따라잡으려 한다면 2030년 쯤이면 남미 경제권이 미국의 생산량을 능가할 것이다.

세계에서 네 번째로 인구가 많은 인도네시아는 평균 연령이 매우 낮은 이른바 '아주 젊은' 그리고 성장 잠재력이 매우 높은 또 다른 아시아 국가다. 총인구가 2억 3000만 명인 인도네시아는 중위 연령 median age 이 26세인데 1인당 소득은 미국의 9% 수준밖에 안 된다. 코카콜라, 유니레버 Unilever, 하인즈, 캠벨수프 Campbell Soup 등 수많은 다국적 기업이 이미 인도네시아를 동남아시아 사업권역의 수출 기지로 삼아 이곳으로 진출했다.[26] 아시아 경제가 고속 성장을 계속하고 있으므로 이런 추세는 앞으로도 계속되리라 예상한다.

사하라 사막 이남의 아프리카 역시 세계 경제에 지대한 영향을 미칠 성장 잠재력이 큰 곳 가운데 하나다. 이 지역의 인구는 7억 3,500만 명 남짓으로 세계 총인구의 11%에 해당한다. 그런데 생산량은 세계 총생산량의 3%에 불과하다. 또 평균 연령이 가장 낮은 '매우 젊은' 지역이고 출생률도 가장 높다. 따라서 2050년이 되면 사하라 사막 이

남 아프리카 지역의 인구는 18억 명이 되리라 예상하며 이는 전 세계 인구의 약 20%에 해당하는 수준이다. 이 정도 인구 규모라면 이 지역이 기대했던 만큼의 경제 성장이 이뤄졌을 때 나머지 국가에 엄청난 영향을 미치게 된다.

무역 수지 적자와 서구 기업 인수

제13장에서 금세기 전반기 동안 선진 세계가 직면할 근원적 문제를 제시했다. 은퇴자에게 필요한 제품을 누가 생산하는가? 은퇴한 사람들이 노후 생활을 하기 위해 매도할 자산을 누가 매수하는가? 우리는 이번 장에서 그 답을 찾으려 했다. 바로 개발 도상국의 근로자와 투자자가 답이었다. 고령 인구는 노후 생활에 필요한 제품과 서비스를 개발 도상국에서 수입하고 또 그 제품과 서비스를 구입하는 데 필요한 자금은 자신들이 보유했던 자산을 개발 도상국 투자자에게 팔아 조달한다.

이런 유형의 세계 무역 패턴이 미국을 비롯한 선진국 모두에서 무역 적자가 늘어나는 상황을 유발할 것이다. 그러나 무역 적자 자체가 반드시 우려할 만한 일은 아니다. 요컨대 플로리다주처럼 나머지 49개 주와의 거래에서 적자가 발생하는 상황 그 이상도 이하도 아니라고 봐도 무방하다. 이는 국제적 해법에 따라 개발 도상국 제품과 선진국 자산의 교환 행위에서 비롯된 불가피한 인구통계학적 추세라고 하겠다.

전 세계 생산량의 대부분을 개발 도상국이 생산하고 미국, 유럽, 일본 등 선진국의 자산 대부분을 개발 도상국 투자자가 소유하게 될 것이다. 금세기 중반쯤이면 중국인, 인도인 그리고 이들 젊은 국가의 다른 투자자들이 전 세계 대기업 대부분을 과반수 소유(출자 지분 51% 이상)하리라 예측한다.

전례가 없던 소유권 이전 상황이 이미 전개되기 시작했다는 증거도 있다. 인도 태생의 억만장자 락시미 미탈 **Lakshimi Mittal** 이야기만 해도 그렇다. 미탈은 2004년에 미국 굴지의 철강 회사 엘티브이**LTV Corp.** 와 베슬리헴스틸의 자산을 인수함으로써 작은 가족 기업을 세계 최대 철강 회사로 바꿔놓았다. 최근에 지이메디컬시스템즈 **GE Medical Systems** IT 사업부뿐 아니라 미국 컨설팅 회사까지 인수한 인도 IT 서비스 회사 위프로 **Wipro** 도 있다. 또 2000년에는 인도의 차(茶) 회사 타라티가 세계에서 두 번째로 큰 차 회사이자 규모가 자사의 2배나 되는 테틀리**Tetley**를 인수했다.

중국도 세계 무대에서 펼쳐지는 인수합병 대열에 끼어들었다. 중국 상표는 외국에서 거의 인지도가 없기 때문에 중국 기업은 전통적으로 중국을 생산 기지로 사용하던 유명 상표 기업을 인수하기 시작했다. 이제껏 가장 큰 주목을 받았던 인수 사례는 중국 굴지의 컴퓨터 제조사 레노버**Lenovo**가 수행한 인수 건이었다. 레노버는 대대적 혁신을 꾀하며 2004년에 IBM 개인용 컴퓨터 사업부 인수를 통해 업계 3위로 뛰어올랐고 이로써 중국 제조업체가 IBM의 국제적 위상을 공유할 기회를 잡았다. 홍콩에 본사를 둔 리앤드펑 **Li & Fung**은 콜스**Kohl's**와 베드배스앤드비욘드**Bed Bath & Beyond** 등 거대 유통업체에 제품 조달 서비스를 제공하는 업체인데 최근에, 월마트와 타겟 **Target** 에서 판매되는 리바이스트라우스**Levi Strauss** 의 간판 상표 제품을 디자인 및 생산하는

권리를 사들였다.[27]

1905년부터 오하이오주 클리블랜드에서 더트데빌 Dirt Devil 이라는 진공청소기를 제조했던 미국 기업 로열어플라이언스매뉴팩처링 Royal Appliance Manufacturing 은 미국 내 공장을 폐쇄하고 중국 공장에서 제품을 생산하며 그 비용을 중국 기업에 지급해야 하는 상황이 됐다. 더 나아가 2003년에는 중국 기업 테크트로닉 Techtronic 이 아예 이 기업과 상표를 통째로 인수했다.[28] 이와 비슷한 사례로 중국 전자 회사 티시엘 TCL 은 프랑스 기업 톰슨 Thomson 사로부터 상표명 알시에이 RCA 에 대한 권리를 사들이면서 세계 최대 TV 제조사 반열에 올랐다.[29] 이런 추세가 앞으로도 계속된다고 가정해보라. 투자자의 포트폴리오에 지금은 미국이나 유럽 기업 주식만 있을지 몰라도 앞으로는 여기에 시노펙 Sinopec, 인포시스테크놀로지, 위프로, 아시아모바일 Asia Mobile, 인도텔 Indotel 등과 같은 주식이 포진해있을 것이다.

자본은 최대 수익 잠재력을 지닌 가장 효율적인 생산자에게 몰린다. 세계 시장에서 경쟁력을 상실한 기업은 다른 경쟁력 있는 기업의 먹이가 되고 말 것이다. 그리고 이렇게 경쟁력 있는 기업 중에 인도, 중국 혹은 인도네시아 기업이 점점 늘고 있다.

일자리 소멸과 일자리 창출

세계 시장의 통합을 저지하고자 무역 장벽을 쌓으려는 정치 세력이 있다는 점은 나도 인정한다. 변화는 쉽지 않은 법이다. 시장 통합의 과정에서 사라지는 일자리가 분명히 있다. 그러나 역사를 돌이켜보면 우리가 변화를 수용하면 궁극적으로 사라진 일자리보다 더 많은 일자리가 생긴다는 사실을 보여준다.

19세기 말과 20세기 초에는 미국 북부에 있던 제조업 일자리가 인건비가 더 싼 남부로 옮겨갔다. 20세기 말에는 일자리가 일본이나 국경 이남인 멕시코로 넘어갔다. 지금은 중국으로 가고 있고 이후로는 아프리카로 일자리가 옮겨가리라 본다. 그러나 제조업 일자리가 없어진다고 한탄하는 사람은 큰 그림을 보지 못하는 것이다. 1990년대 10년간 미국은 무역 수지가 균형을 이루다 큰 적자로 돌아선 반면에 유럽과 일본은 흑자를 유지했다. 그러나 같은 기간에 마치 '일자리 만들어내는 기계'처럼 미국은 유럽의 4배나 되는 일자리 증가율을 보이며 2,000만 개 이상의 일자리를 창출했다.[30] 이는 유럽과 일본의 일자리를 합한 수치와 같았다. 미국인은 값싼 수입품 덕분에 지갑이 더 두둑해졌다. 이렇게 여윳돈이 늘어나자 다른 제품과 서비스에 대한 수요가 증가했고 이는 새로운 일자리 창출로 이어졌다.

게다가 사라진 일자리 대부분은 한 국가가 다른 국가의 일자리를 빼앗아가서가 아니라 생산성이 높아진 데서 비롯된 현상이다. 미국 농부의 생산성 증가 사례가 좋은 예다. 20세기가 시작되는 시점에 미국 인구의 약 40%는 여전히 농업에 종사하고 있었다. 지금은 미국 전체 노동력의 0.5%에도 미치지 못하는 수준이 됐지만, 미국은 여전히 식량 수출국이다.[31]

민간 경제 조사 기관인 컨퍼런스보드Conference Board는 1995년부터 2002년 사이에 제조업 일자리 2,200만 개가 사라졌으나 생산량은 30% 증가했다고 밝혔다.[32] 이 기간에 미국은 제조업 일자리 200만 개가 사라졌는데 중국은 1,500만 개나 사라졌다! 이렇게 사라진 일자리 대부분은 효율성이 떨어지는 국영기업 폐쇄에서 비롯됐다. 그럼에도 어디서든 기술적 진보는 수요 패턴과 고용 구조에 변화를 일으킨다.

철강업계에서도 이와 비슷한 현상이 나타났다. 철강업계와 철강 노조는 값싼 외국산 철강의 수입 저지를 위해 관세를 부과해달라고 요청했다. 그러나 값싼 외국산 철강은 일자리 상실의 근본 원인이 아니다. 1980년에는 국내에서 철강 1톤을 생산하는 데 10인시(人時: 한 사람이 한 시간 동안 하는 작업량-역주)가 필요했으나 지금은 업계 평균이 4인시 미만이다. 수입 여부와 상관없이 이전보다 60% 줄어든 노동력으로도 같은 양을 생산할 수 있다는 의미다.

관세율을 대폭 인상하고 수입 할당제를 실시하는 식으로 미국의 일자리와 풍요로움을 지키려는 것은 완전히 잘못된 방식이다. 소비자에게 판매할 제품의 가격을 더 높게 책정하는 조치에는 상당한 비용이 따른다. 1984년에 나온 정부 보고서에 따르면 수입 할당제를 통해 일자리를 지켜내기 위해 소비자가 상당한 비용을 부담한 것으로 나타났다. 즉, 직물 공장 일자리 하나당 연간 4만 2,000달러, 자동차 공장 일자리에는 10만 5,000달러 그리고 철강업 일자리에는 75만 달러를 소비자가 부담해야 했다.[33] 이 금액은 각 업종 근로자의 임금 총액을 훨씬 능가하는 수준이다. 어느 모로 보나 소비자로서는 보호무역주의를 고수하는 데 드는 비용을 부담하느니 일자리를 잃은 근로자의 임금을 보전해 주는 쪽이 비용이 훨씬 더 적게 든다. 곤란한 문제가 있을 때 정치인들이 쉽게 꺼내드는 카드가 바로 '소비자에게 비용 전가하기'였다.

위협이 아니라 기회

세계 경제에서 벌어지는 이런 변화를 위협이 아니라 기회로 받아들여야 한다. 이 변화에 대처할 의지가 있는 사람들 앞에 거대한 시장이 기다리고 있다. 개발 도상국은 사회기반시설, 의료, 교육, 금융 서비스 그리고 경영 및 기술적 지식 등에 대한 수요가 어마어마할뿐 아니라 또 계속 증가하고 있다.

토머스 프리드먼이 인도 방갈로르에 다녀온 후에 확실히 깨달았다고 했듯이 모든 것은 돌고 도는 법이고 나가는 것이 있으면 들어오는 것도 있다. 프리드먼이 24/7 커스터머^{24/7 customer}라는 회사를 방문했을 때 한 젊은 인도인 직원이 전화 문의에 응답하는 모습을 지켜봤다. 이들은 전화 응대를 통해 컴퓨터와 관련한 기술 지원도 하고 신용카드도 팔았다. 프리드먼은 24/7 커스터머의 창업자 샨무감 나가라잔^{Shanmugam Nagarajan}에게 인도의 경제 성장이 미국인에게 무슨 도움이 되느냐고 물었다.

> 그러자 나가라잔은 이렇게 대답했다. "음, 우리 사무실을 한번 둘러보세요. 여기 있는 컴퓨터 전부가 컴팩^{Compaq}입니다. 기본 소프트웨어는 마이크로소프트고요. 전화기는 다 루슨트^{Lucent}고 에어컨은 캐리어^{Carrier} 겁니다. 하다못해 생수마저 코카콜라예요. 마실 물에 관한 한 인도 사람들은 믿을만한 상표를 꽤 따지거든요."[34]

우리의 미래

세계 경제의 미래는 밝다. 통신 혁명이 전 세계에 탄탄한 경제 성장을 이룩할 토대를 마련했다. 이런 성장을 통해 우리는 국제적 해법을 실현할 수 있다. 따라서 고령화 사회를 살아갈 사람들도 앞으로 더 오래 그리고 더 풍요롭고 여유로운 노후 생활을 누릴 수 있게 될 것이다.

개발 도상국의 등장과 성장은 모두에게 중요한 의미가 있다. 중국과 인도가 흔들리면 우리 미래도 암울해진다. 중국과 인도가 성공하고 나머지 개발 도상국이 그 성공 방식을 그대로 따라한다면, 생활 수준의 저하 없이 더 길어진 노후 생활을 영위하는 데 필요한 제품과 서비스를 충분히 공급할 수 있을 것이다.

국제적 경쟁 방지를 목적으로 무역 장벽을 세우는 국가도 물론 있다. 그러나 변화를 거부했던 사람은 결국 전부 실패했다. 분업과 생산성 증가 추세가 만들어낸 강력한 경제적 유인책과 함께 정보의 자유로운 유입을 채택한 쪽이 고립과 보호무역주의를 앞세운 세력을 항상 압도하며 끝내 승리를 거두곤 했다.

그러나 지금은 안주할 때가 아니다. 우리는 확실하게 자유 무역을 추구해야 하고, 관세 장벽을 허물고, 외국인 직접 투자를 촉진하고, 세계 경제 체계의 세계화 수준을 높여야 한다. 이렇게 하면 경제가 성장하는 과정에서 일자리를 잃은 사람들을 충분히 도울 수 있다. 즉, 자유무역을 표방하게 되면 성장 과정에서 새로 등장하는 일자리 때문에 기존 일자리가 없어져서 더는 일할 수 없게 된 사람들을 돕는 비용을 충당하고도 남는 이익을 얻게 될 것이다. 그러나 예전의 보호무역주의로 퇴보하고 세계 경제를 파편화하는 쪽으로 간다면 위험한 미래를 맞아야 할지 모른다.

다가올 경제적·재정적 위기를 걱정하는 사람이 많아질수록 국제적 해법을 항상 기억해야 한다. 개발 도상국의 젊은 인구가 은퇴자에게 필요한 제품을 만들어주고 은퇴자가 내놓는 자산을 사줄 것이다. 이들 국가의 경제적 성공은 자국민뿐만 아니라 우리 사회의 번영을 지속하는 데도 필수적이다.

우리 자신과 아이들의 안녕과 복지를 생각한다면 이런 미래를 받아들이는 일이 최우선이다.

THE FUTURE FOR INVESTORS

제5부

포트폴리오 전략

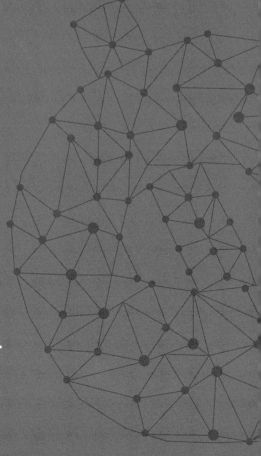

제 16 장

세계 시장과
국제 포트폴리오

"오늘은 성장 산업에 관한 이야기를 해보자.
전 세계를 대상으로 하는 투자가 성장 산업이기 때문이다.
가장 뛰어난 성장 산업은 바로 국제 포트폴리오 투자다."

| 존 템플턴 John Templeton |

개발 도상국의 성장에 관한 내 낙관적 견해는 다음과 같은 의문을 불러일으켰다. 국제적 해법이 투자 포트폴리오와 무슨 관계가 있는 가? 중국과 인도의 경제 성장에 관한 장밋빛 전망에 이끌린 대다수 투자자는 동물적 반사 신경을 앞세워 고속 성장을 지속하는 이들 국가의 주식을 사고 싶어 할 것이다.

그러나 이는 잘못된 선택이 될 수도 있다. 제1부와 제2부에서 설명했던 성장 함정을 떠올려보라. 강한 성장 추세를 보이는 국가의 주식이라고 해서 자국 주식보다 더 높은 수익을 올리리라는 보장은 없다. 앞에서 언급했던 투자 수익의 기본 원칙에 따르면 성장 자체가 중요한 것이 아니라 기대치 대비 성장 수준이 중요하다. 국제 투자 수익에 관한 연구 결과를 보면 성장 지상주의자의 바람과는 달리 이 원칙을 뒷받침하는 증거를 확인할 수 있었다.

그렇다고 해외 투자를 무시해도 된다는 의미는 아니다. 아니, 절대로 무시해서는 안 된다. 오늘날 세계 주식의 거의 절반이 미국 이외 국가에 본사를 둔 기업의 주식이다. 외국 시장을 외면한다는 것은 알파벳 'A'자부터 'L'자까지 시작하는 기업으로만 국내 주식 포트폴리오를 구성하는 것과 같다. 이처럼 불균형적인 포트폴리오는 수익 증가는커녕 위험만 가중시킨다.

그러나 국제 포트폴리오를 구성하는 방법을 배우기 전에 먼저 중국과 브라질 두 국가의 최근 역사를 살펴보면서 성장과 수익의 차이점을 다시 한 번 강조하고자 한다. 이 두 국가의 이야기는 이 책 첫 장에서 설명했던 두 기업, IBM과 뉴저지 스탠더드오일의 사례를 연상시키는 측면이 있다.

중국과 브라질

1992년 말 시점으로 돌아가 보자. 이 시기 세계 경제는 성장 궤도 진입을 앞두고 있는 듯 보였다. 3년 전에 베를린 장벽이 무너졌고 동유럽은 서유럽과의 통합을 간절히 원하고 있었다. 제1차 걸프전은 미국을 위시한 서구 연합군의 대승으로 끝이 났고 쿠웨이트에서 사담 후세인 Saddam Hussein을 몰아냈다. 이 전쟁을 승리로 이끈 미국은 세계 유일의 초강대국이 됐다. 러시아는 이전의 제국 영토 일부를 포기했으며 한때 세계 공산주의의 등대 역할을 했던 이 국가는 사회주의 경제 체제로 옷을 바꿔 입었다.

투자 자문가는 이런 세계의 상황을 고려하면 중국이나 브라질 주식을 사야 한다고 권한다. 중국은 세계에서 인구가 가장 많은 국가고 브라질은 미국을 제외하고 아메리카 대륙에서 경제 규모가 가장 큰 국가다. 둘 다 경제적 성장 잠재력을 지닌 국가인 셈이다. 두 국가 중 투자자의 자산을 불려줄 곳은 어디라고 생각하는가? 이제부터 양국의 경제 실적 자료를 살펴보자.

중국

중국의 경제 성장은 1990년대 초에 이미 시작됐다. 중국 정부는 그 10년 전에 국가 주석 덩샤오핑(鄧小平)의 지도 아래 경제 개혁을 시작하면서 비효율적인 소비에트식 중앙 계획 국가 체제를 버리고 시장 지향적 체제로의 변신을 꾀했다. 이렇게 성장의 발동을 걸었던 중국 경제는 1990년에 이르러 성장 동력에 가속이 붙었다.

이 해에 중국과 외국 투자자의 엄청난 기대와 환호 속에 선전(深圳)과 상하이 증권거래소가 문을 열었다. 1992년에는 상장 주식 수가 20개에서 70개로 증가했고 총 시장 가치는 1,000억 위안(200억 달러)이 넘었다. 거래량은 전년도 대비 거의 30배가 늘었고 1992년 12월에 모건스탠리는 중국총수익주가지수 China stock index of total return 를 산출하기 시작했다.[1]

중국 주식은 처음에는 상승세가 더디다 싶더니 1993년 하반기에 주가가 치솟았고 이에 미국인 투자자들은 열띤 반응을 나타냈다. 〈뉴스위크〉는 이렇게 보도했다.

> 중국에서 올해는 닭의 해다. 그러나 미국에서는 1993년이 '중국의 해'가 됐다. 일리노이주 피오리아 Peoria 에 사는 평범한 사람들이 한창 호황을 누리는 중국 시장에서 한몫을 잡겠다고 저축을 탈탈 털어 뮤추얼펀드에 쏟아 넣고 있다. 장쩌민(江澤民) 주석은 이곳 상황을 아직 잘 모르는 사람들에게 현재 중국이 보잉사의 최대 고객이라는 점을 크게 내세웠다.[2]

앞으로 중국 경제가 크게 성장한다고 생각했던 사람들의 예측이 전적으로 옳았다. 이후 11년 동안 실질 GDP 성장률이 연평균 9.3%를 기록했으니 말이다. 이는 다른 어느 국가보다 높은 수준이며 미국 성장률보다 거의 3배나 높았다. 2003년이 되자 중국은 구매력 기준으로 세계에서 두 번째 가는 경제 대국이 됐고 외국인 직접 투자 부문에서는 세계 정상을 차지했다.

브라질

브라질은 정치적·경제적 위기 속에 1990년대를 시작했다. 1992년에 하원의 탄핵으로 페르난두 콜로르 지 멜루 Fernando Collor de Mello 브라질 대통령이 자리에서 물러났다. 브라질은 경제적 혼란에 직면했고 연말이 되자 물가가 1,100% 이상 폭등했다.

상황이 더 악화하리라는 사람들의 예측이 옳았다. 1994년이 되자 물가 상승률이 5,000%를 넘어섰고 실질 생산량은 감소했다. 1994년 10월에 페르난두 카르도주 Fernando Cardoso 가 대통령에 선출되면서 일시적으로 물가가 안정되는 듯했다. 그러나 재정 적자 증가로 자본의 국외 유출이 본격화하자 1999년 1월에 통화에 대한 평가절하 조치를 단행해야 했다.

이후 거듭된 부정부패와 에너지 위기로 정부는 전기 소비를 대폭 감축할 것을 명했다. 이런 내핍 정책에 사람들의 불만이 극에 달한 상황에서 2002년 대선이 치러졌고, 여기서 좌파를 표방한 노동자당의 루이즈 이나시오 룰라 다 실바 Luiz Inacio Lula da Silva 가 대통령으로 선출됐다.

이 혼란기 동안 브라질의 GDP는 연간 1.8% 증가하는 데 그쳤다. 개발 도상국 가운데 최저 수준이며 중국 경제 성장률의 5분의 1에도 못 미쳤다. 11년 동안 중국 경제는 누적 성장률 166%를 달성한 반면에 브라질은 겨우 22%를 기록하는 데 그쳤다.

브라질은 큰 성장 잠재력을 낭비했다. 실망한 낙관론자들은 이렇게 탄식했다. "브라질은 미래를 바라보는 국가다. 항상 그렇게 미래를 꿈꾸기만 하는 그런…."

평가

중국 경제가 브라질보다 훨씬 빠르게 성장하리라고 본 사람들의 예측이 옳았다. 중국은 사실상 거의 모든 경제적 산출량 범주에서 브라질을 크게 앞섰다. 또 중국은 통화 안정, 낮은 물가 상승률, 상대적 정치 안정을 누렸으나 브라질은 이 중 어느 하나 해당 사항이 없었다.

그러나 주식 투자 수익에 관해서는 이야기가 달라진다. [그림 16-1]을 보자. 1992년 이후 중국은 전 세계에서 주식 실적이 가장 나빴다. 투자자는 포트폴리오 수익이 연평균 약 10%나 감소하는 상황을 지켜

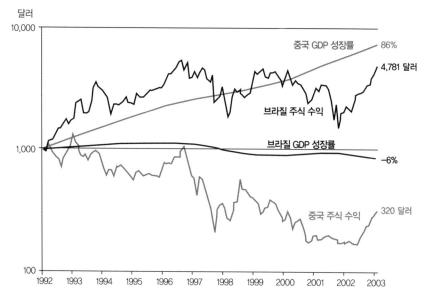

[그림 16-1] 중국과 브라질의 주식 수익률과 GDP 성장률

봐야 했다. 1992년 말에 중국에 1,000달러를 투자했다면 2003년 말에는 이 돈은 늘어나기는커녕 320달러로 줄어들었다. 반면에 브라질은 연평균 15%가 넘는 수익률을 기록했으며 1992년에 브라질에 투자한 1,000달러는 4,781달러로 불어나면서 미국 주식을 가볍게 압도했다.

어떻게 이런 일이 가능했을까? 제1장에서 살펴봤듯이 거의 모든 성장 지표로는 IBM이 스탠더드오일을 압도했음에도 뉴저지 스탠더드오일이 IBM을 능가하는 수익을 올렸다. 여기에는 낮은 가격과 높은 배당수익률이 결정적 역할을 했다고 설명했다. 브라질 투자자가 수익에서 중국 투자자를 압도한 것도 이런 이유에서다.

투자 수익에 관한 한 초고속 성장 기업의 주식을 사는 전략이 틀렸다고 하는 것과 똑같은 이유에서, 초고속 성장 국가의 주식을 사야 한다는 통념도 옳지 않다. 중국이 세계에서 가장 빠르게 성장하는 국가임에는 틀림이 없으나 중국에 투자한 사람들은 과도하게 고평가된 중국 주식 때문에 형편없는 투자 성적표를 받아야 했다.

반면에 1992년 당시 브라질 주식은 가격이 쌌고 온갖 경제적 문제로 이후 10년 동안 낮은 주가가 그대로 유지됐다. 그 결과 브라질 주식의 배당수익률은 계속 높은 수준이었다. 부풀려진 가격보다 내재가치에 주목하는 쪽을 택한 신중하고 끈기 있는 투자자가 결국은 승리했다.

통설이 또 틀렸다

경제 성장률과 주식 수익률이 비례하지 않았던 사례는 브라질과 중국에 국한한 현상이 아니다. [그림 16-2]는 25개 신흥시장의 경제 성장과 주식 수익 간의 관계성을 보여준다.[3] 브라질, 멕시코, 아르헨티나처럼 적정 수준에서 시장 가격이 형성된 국가는 경제 성장률 자체는 최저 수준에 속했으나 투자자에게는 최고 수익을 안겼다. 중국 (경제 성장률은 최고, 주식 수익률은 최저)과 브라질(경제 성장률은 뒤에서 세 번째, 주식 수익률은 앞에서 세 번째)을 제외하더라도 이들 국가의 실질 GDP 성장률과 수익률 간에는 여전히 부적(否的) 상관성이 나타난다.

[그림 16-2] 신흥시장의 GDP 성장률과 주식 수익

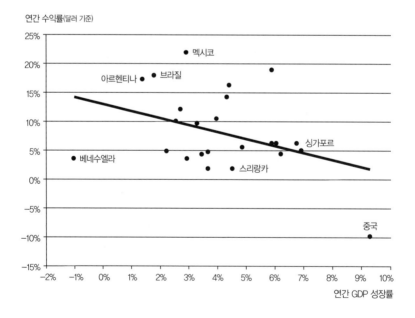

이런 관계성은 선진국에도 똑같이 적용된다. 딤슨과 마시, 스턴튼은 기념비적인 연구 성과를 담은 《낙관론자들의 승리》에서 16개국을 대상으로 1900년 이후 자료를 분석했는데 이들 역시 GDP 성장률과 실질 주식 수익률 간에 부적 상관이 있다는 사실을 알아냈다.[4] 일본은 실질 GDP 성장률은 최고치를 기록했으나 주식 수익률은 저조했다. 반면 남아프리카는 GDP 성장률은 최저였는데 주식 수익률은 세 번째로 높아서 GDP 성장률이 더 높았던 미국을 수익률로는 능가했다. 오스트레일리아와 영국도 실질 GDP 성장률은 저조했으나 주식 수익률은 상대적으로 높았다. 이렇듯 '성장'이라는 요인은 수익성 있는 투자의 필요충분조건이 아니다.

성장과 주식 수익

이 시점에서 다소 혼란스럽다는 생각이 들지도 모르겠다. 제15장에서 나는 성장이야말로 개발 도상국의 경제적·재정적 문제에 대한 국제적 해법이라고 열심히 설명했다. 그런데 이제 와서 개별 국가의 주식 수익을 고려할 때 성장이 오히려 악재일 수 있다고 주장하고 있으니 말이다. 두 주장이 서로 모순돼 보이겠지만 사실은 그렇지 않다. 경제 성장은 더 많은 생산량, 더 많은 소득, 더 높은 구매력을 만들어낸다. 그래서 성장이 주가를 떠받치는 경향이 있다. 그러나 성장에 대한 긍정적 전망은 과도한 기대감을 만들어낸다. 특히 신흥 경제국에서 이런 기대감은 종종 과도한 주가 고평가로 이어진다.

중국에서 극소수 주식에 너무 많은 돈이 몰렸을 때 이런 현상이 나타났다. 이때 극소수 주식의 가격이 고평가되면서 저조한 수익으로 이어졌다. 기회만 있었다면 중국인들은 미국과 유럽 하다못해 일본 기업 주식에 투자하는 쪽을 더 선호했을 것이다. 그러나 현실적으로 그렇게 할 수 없었기 때문에 주식 투자 수요가 자국 내 몇몇 주식에 집중됐다.

〈포천〉지는 1992년에 선전 시장이 개장했을 때의 흥분과 혼란이 뒤섞인 장면을 매우 통찰력 있게 분석했다.

서구에서 주식을 살 때는 전화 한 통이면 끝난다. 그런데 중국에서 주식을 사려면 먼저 홍콩 근처에 있는 특별경제구역 선전에 들어갈 수 있는 허가부터 받아야 한다. 그런 다음에 한 달 치 월급의 절반에 해당하는 100위안을 들고 가서 길게 줄을 늘어선 채 3일 밤낮을 기다려야 한다. 그러다 보면 슬슬 화가 치밀어 오른다.

100만 명이나 되는 사람이 선전 증권거래소에 신규 상장된 주식의 매수 신청서를 사겠다며 아우성을 친다. 중국 경찰이 경찰봉과 최루가스를 이용해 수많은 인파를 통제하느라 바쁘다. 중국 사람들이 이불 안에 넣어두거나 연리 2%짜리 저축 계좌에 묶어 둔 '저축 잉여금'의 규모는 1조 위안(1,850억 달러)으로 추산된다. 이전 주식 시장은 40년도 더 전에 폐쇄됐고 새로 개장한 거래소에서 넘치는 투자 수요를 제대로 충족시키기에는 주식 종목 자체가 너무 적다.[5]

정부 관리가 매수 신청서를 사재기했다는 고발이 들어오자 대중의 분노가 폭발했다. 주식을 사겠다며 중국인 100만 명이 3일 동안 줄을 서서 기다리는 장면을 상상해보라. 중국에 주식 시장이 개장했을 때의 광란은 1708년에 영국에서 있었던 '사우스시 거품'이나 1999년 인터넷 광풍 당시의 IPO를 닮았다. 내부자는 마치 노상강도처럼 돈을 쓸어 모았고 나머지 전부는 돈을 다 털렸다. 투자자가 외국 자산을 자유롭게 매수할 수 있는 홍콩 시장에서는 동일한 중국 주식 가격이 선전이나 상하이 시장보다 훨씬 낮았다.

주식 소유에 대한 규제를 철폐하면 중국 이외 지역에 대한 투자 수요가 증가하면서 중국 주식은 좀 더 합리적 수준으로 가격이 형성될 것이다. 고령화 파동이 선진국을 강타하면 미국, 유럽, 일본 등지의 은퇴자가 요하는 것을 중국 투자자가 가지고 있을 것이고 선진국 은퇴자가 보유한 자산도 이들 투자자가 사줄 것이다.

국제 포트폴리오

그렇다면 외국 시장에 대한 투자 비율을 어느 정도로 해서 주식 포트폴리오를 구성해야 할까? 이 질문에 답하기 전에 우선 [표 16-1]에 제시한 수치부터 살펴보자. 이는 세계 주요 지역에 본사를 둔 기업들의 시장 가치가 전 세계 시장에서 차지하는 비중을 나타낸다.

2004년 9월 17일 기준, 각 국가에서 유동성이 가장 좋은 대기업 대다수가 포함된 모건스탠리 세계주가지수Morgan Stanley All-World Index 의 시가총액이 19조 2,000억 달러였다. 미국에 본사를 둔 기업들의 시장

[표 16-1] 세계 주식의 시장 가치 비중(2004년 9월 17일 기준)

지역	비중
북미	54.9%
미국	52.3%
캐나다	2.6%
유럽	27.8%
영국	10.2%
프랑스	3.8%
독일	2.7%
기타 선진국	11.1%
일본	9.1%
일본을 제외한 선진 아시아	3.2%
오스트레일리아	2.0%
홍콩	0.7%
싱가포르, 뉴질랜드	0.5%
신흥시장	4.9%
한국	0.9%
대만	0.5%
중국	0.4%
브라질	0.4%
멕시코	0.3%
인도	0.3%
러시아	0.2%
기타 신흥시장	1.9%

가치 비중은 세계 시장 가치의 52.3%이고 선진 유럽의 시장 가치 비중은 27.8%, 일본은 9.1%다. 선진 아시아 국가(홍콩, 싱가포르, 오스트레일리아, 뉴질랜드)가 3.2%, 캐나다는 2.6%였다. 이상 언급한 모든 국가의 인구가 세계 인구의 13%에 불과한데, 시장 가치를 기준으로 하면 세계 기업의 95.1%가 이들 국가에 몰려 있다. 세계 인구의 87%에 해당하는 나머지 국가에 본사를 둔 기업의 시장 가치는 세계 시장 가치

의 4.9%에 불과하다.

다각화 효과를 최대치로 끌어올리려면 투자자는 각 국가별로 시장 가치에 따른 가중치를 부여해 가능한 한 모든 국가를 포함하는 국제 포트폴리오를 구성해야 한다. 미국 기업 위주였던 투자자도 이런 수칙을 따른다면 포트폴리오의 절반은 비미국 기업 주식으로 채워질 것이다.

자국 주식 편향성

그러나 대다수 투자자 포트폴리오의 현실은 이런 시장 가치 기반과는 거리가 한참 멀다. 최근 자료를 보면 전문가와 개인투자자를 불문하고 미국 투자자는 비미국 기업의 주식 보유 비율이 14%밖에 안 된다. 이는 국제 시장 지수에 연동하는 비율의 3분의 1에도 못 미치는 수준이다.[6] 외국 자산에 투자를 꺼리는 현상을 '자국 주식 편향home equity bias'이라고 한다. 왜 이런 편향이 존재하는가?

여기에는 (1) 주요 시장에 있는 대다수 외국 기업의 가격이 외화로 표시되기 때문에 통화 가치 변동에 따른 위험 추가, (2) 해외 투자에 따른 거래 비용 증가, (3) 국내 기업에 대해 더 잘 알기 때문에 매수하기 더 편하다는 등 세 가지 이유를 들 수 있다.

통화 가치 변동은 자국 통화로 표시되는 주식을 선호하는 중요한 이유가 된다. 국가 간 환율은 변동성이 매우 크다. 1997년부터 2001년 7월까지 미 달러화는 외환 바스켓 대비 35% 상승했으나 2003년

고점에서는 30% 하락했다. 미국인이 1997년에 외국 주식을 매수했다면 형세가 다시 유리해지기 전까지 4년 동안 외환 가치 하락의 역풍을 강하게 맞았을 터였다.

단기적인 환율 변동이 있어도 장기적으로는 외국 주식에서 발생하는 수익이 이런 통화 가치 변동을 상쇄한다는 사실을 강력하게 뒷받침하는 증거가 있다. 장기적으로 환율 변동은 국가 간의 상대적 물가 상승률에 따라 결정되고 주식 수익률이 이런 물가 상승률 격차를 보상해줄 것이다.

브라질과 중국이 그 좋은 예다. 1992년 이후로 브라질의 통화 가치는 달러 대비 80배 이상 하락했지만, 이 부분은 브라질 주식의 가격 상승분으로 보상이 되고도 남았다. 물가 상승률이 높아졌을 때 투자자는 부동산이나 귀금속, 주식 같은 유형 자산으로 눈을 돌리기 때문에 브라질 주식의 가격은 상승세를 유지했다. 일반적으로 임금이 물가 상승률을 따라가지 못하기 때문에 통화 가치 하락이 외국 투자자에게 미치는 영향은 생산품 가격 상승과 이윤 폭 증가로 충분히 상쇄된다.

한편, 중국은 지난 10년 동안 달러화에 대해 극단적으로 안정된 환율 수준을 유지했다(1995년 당시 1달러당 8.25위안으로 고정). 그러나 이런 환율 정책은 주식 투자자에게 매우 저조한 수익을 안겼다. 통화 가치의 안정성은 고수익을 보장하지 않는다.

통화 가치 변동 외에 거래 비용의 문제, 외국 주식에 친숙하지 않다는 점 등 자국 주식 편중 현상을 초래한 나머지 두 가지 이유는 시간이 지날수록 그 비중이 많이 줄어들었다. 무엇보다 국제 펀드의 거래 비용이 급격히 줄어들었다. 그래서 지금은 국제 시장 기반 상장지수 및 뮤추얼펀드의 연간 수수료가 미국 시장에 연동한 지수 상품보다 그렇게 높지 않다. 또한 분석가들이 외국 기업과 국내 기업 모두를 취하는 일이 일반적이라서 미국 기업과 외국 기업 간의 정보 격차도 급격히 줄어들었다.

세계 시장의 상관성 증가

최근에 국내 주식을 선호하는 투자자의 입장을 지지하는 또 다른 주장이 제기됐다. 전 세계 주식 시장 간 수익의 상관성이 높아졌다는 것이다. 일부 주식의 가격이 상승할 때 다른 주식의 가격은 하락해야 다각화하는 의미가 있다. 주식 간 수익의 상관성이 계속 높아진다면 다각화의 실익이 감소한다.

실제로 세계 주식 수익 간의 상관성이 높아지고 있다. [그림 16-3]은 1970년 이후 9년 이동평균기간의 미국 주식 시장과 나머지 시장 간 연간 주식 수익의 상관 계수를 나타낸다. 상관성이 0에 가까울 때 (심지어 마이너스일 때)는 다각화 기제가 잘 작동한다. 그러나 상관 계수가 1이면 모든 시장이 같이 움직인다는 의미이므로 다각화를 해야 할 이유가 사라진다. 그림에서 보듯 1996년 이후로 상관도가 계속 높아지더니 2003년에는 상관 계수가 0.75에 이르렀다.

세계 시장 간의 상관성 증가가 그리 놀라운 현상은 아니다. 통신 혁명의 결과, 한 시장의 거래인이 다른 시장의 소식과 변화 상황에

즉각 반응할 수 있기 때문에 금융 시장 간의 상관성이 점점 높아졌다. 도쿄 시장의 금일 거래에 전날 미국 시장 상황이 반영되는 경우가 종종 있고 유럽 시장은 또 미국과 일본 시장 상황을 지켜본다. 또 미국의 '정규 시장 개장 전 거래before-market trading'에서는 유럽 시장 상황을 따라갈 때가 있다. 과거에는 특정 시장에서 일어난 사건이나 단기적 투자 심리 변화가 해당 시장의 일로만 끝났으나 지금은 마치 경기장에서 관중들이 펼치는 파도타기처럼 전 세계 시장으로 여파가 이어진다.

그러나 각 시장 간 상관성이 높아졌다고 해서 투자자가 세계 자산을 대상으로 한 투자 다각화 전략을 쓰지 않아도 된다는 의미는 아니다. 미국에서는 제4장에서 강조했던 10개 산업 부문 대다수가 높은

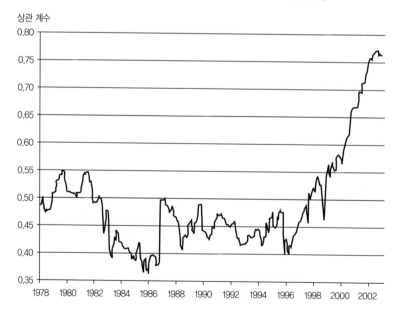

[그림 16-3] 미국 주식과 국제 주식 수익률 간의 상관성

상관도를 나타낸다. 그러나 소재 부문과 상관성이 높다는 이유로 산업재 부문에 투자를 삼가야 한다고 주장하는 사람은 한 명도 보지 못했다. 투자자는 이제 기업의 본사가 어디에 있느냐는 부분은 점점 신경을 덜 쓰게 될 것이다.

업종 다각화 대 국가 다각화

앞서 설명했던 세계 경제 변화에 대비하는 기업이 가장 큰 성공을 거두리라고 본다. 그리고 이런 기업은 본사를 전 세계 어디에 두든 크게 관계가 없을 것이다. 사실 본사가 어디에 있느냐를 기준으로 하는 '해외 투자'라는 용어 자체도 과거의 유물일 뿐이다. 제품을 어디에서 생산해서 어디에 내다 파느냐가 아니라 본사가 어디에 있느냐를 기준으로 기업의 정체성을 규정해야 하는가?

코카콜라, 엑손모빌, 알트리아(구 필립 모리스), 텍사스인스트루먼츠, 인텔 등은 자사 제품의 3분의 2를 해외에 판매하는데도 미국에 기반을 둔 기업으로 분류된다. 이와 비슷하게 유니레버는 네덜란드 기업이고 네슬레는 스위스 기업이며 도요타 Toyota와 소니 Sony는 일본 그리고 에이치에스비시 HSBC(홍콩상하이뱅크코퍼레이션)는 영국 기업이다. 이들 기업 모두가 세계 시장에서 자사 제품과 서비스를 판매하는 국제적 기업인데도 말이다.

S&P500 지수의 경우 총매출의 20% 이상이 해외 시장에서 나온다. 그리고 국제적 해법이 현실이 되면 이 비율은 더 높아질 것이다.

'여러분의 업종의 국제화 수준은 어느 정도인가How Global Is Your Industry?'라는 제목으로 발표한 모건스탠리 보고서도 논조가 비슷하다. "지역을 기준으로 한 배분은 한물 간 방식이라고 생각한다. 조사 결과 지금은 개별 국가보다 국제적 업종이 생산량에 더 큰 영향을 미치는 것으로 나타났다."[7] 산업 부문별 수익에 관해 다룬 장에서 언급했듯이 이 모건스탠리 보고서는 투자자가 자산 배분 전략을 구상할 때는 국제적 업종에 특별히 더 집중해야 한다고 결론 내렸다. 그러나 제대로 갖춰진 국제 업종 투자 상품이 아직은 없기 때문에 국제 업종을 기준으로 한 투자는 여전히 쉽지 않다.[8]

추천할 만한 자산 배분 방식

모든 요소를 전부 고려한 결과 주식 포트폴리오에서 외국 주식의 비중은 40% 정도가 좋다는 결론에 이르렀다. 이 권고 비율은 통화 가치 변동을 고려한 위험수익 분석을 토대로 산출했다. 그러나 금융 시장에서 이뤄지는 표준 위험 분석보다는 기간을 좀 더 길게 가져간다는 차이점이 있다.

투자자는 대다수가 하는 대로 해외 주식의 비중을 낮게 가져가는 쪽이 낫다는 말에 귀가 솔깃할지도 모른다. 저명한 경제학자 존 메이너드 케인스John Maynard Keynes는 이렇게 말했다. "관례에서 벗어나서 성공하느니 관례를 따르다 실패하는 편이 훨씬 낫다는 것이 이 세상의 통설이다."[9] 남들 하는 대로 따라 투자했다가 손실을 보면 같이 실패한 다른 사람들을 보면서 마음의 위안이라도 삼을 수 있다. 그런데 아무도 사지 않는 종목에 투자했다가 손실이 나면 그 실패에 대한 책임을 온전히 혼자 떠안아야 하고 아무도 자신을 동정하지 않는다.[10]

이처럼 다른 사람이 하는 대로 따라가면 심적으로는 위안이 되는 부분이 있기는 하겠지만, 그래도 다른 사람들과 다르게 행동했을 때 이득을 취할 공산이 크다. 이런 관점에서 보면 금융 시장에 떠도는 통설은 대체로 사실이 아니다. 우리의 미래는 세계 시장 경제에 있다는 점을 알았다. 이 부분에서의 성장을 십분 활용하는 기업이 이익을 챙기게 될 것이다. 본사를 어디에 두고 있든 간에 세계 시장에서 활동하는 기업에 투자해야 한다.

해외 자산에 투자하는 방법

그렇다면 포트폴리오를 구성할 때 외국 주식을 포함해 해외 기업 주식을 어떻게 사야 하는가? 전 세계 시장을 대상으로 광범위하게 투자 다각화를 실현하는 가장 좋은 방법은 국제 인덱스 펀드(지수 연동 펀드)를 활용하는 것이다. 인덱스 펀드를 이용하면 매우 낮은 비용으로 대표 지수의 수익률과 연계하는 전략을 구사할 수 있다.

인덱스 펀드는 최저 비용으로 여전히 월등한 수익을 올려주기 때문에 앞으로도 이 펀드에 대한 인기는 계속되리라 본다. 공격적으로 운용되는 뮤추얼펀드가 평균 이하의 수익을 올렸다는 내용의 관련 자료가 꽤 많다. 내가 《주식에 장기 투자하라》에서 다뤘듯이 인덱스 투자 상품 부문을 선도하는 뱅가드그룹 Vangard Group 의 창업자 존 보글 Jack Bogle 도 이 주제를 폭넓게 다뤘다.**11** 아래 설명한 인덱스 펀드들은 2004년 중반 기준 이용 가능한 상품이다.

미국 이외 지역에서는 모건스탠리 캐피털인덱스그룹 Capital Index Group 이 개발한 지수가 유명하다. 이 모건스탠리 지수를 토대로 한 뱅가드국제종합주가지수펀드 Total International Stock Index Fund: VGTSX 는 현재 이용 가능한 비미국 인덱스 펀드 가운데 가장 포괄적인 펀드 상품이다. 이 펀드는 선진 유럽(펀드의 약 60%)**12**과 태평양(약 30%)**13** 등을 본거지로 한 기업 주식과 신흥시장 인덱스(10%)를 포함한다. 유럽, 태평양, 신흥시장 뮤추얼펀드를 개별적으로 매수할 수도 있다.

신흥시장 부문을 제외하면 뱅가드 국제 펀드는 '유럽, 오스트레일리아, 극동'을 중심으로 하는 모건스탠리 EAFE Europe Australasia Far East 지수를 기반으로 한다. EAFE 지수는 미국 이외 선진국 주가지수 가운데 가장 광범위하게 활용된다.**14**

미국 시장 내 인덱스 펀드보다는 비용이 조금 더 들지만 해외 주식 시장을 대상으로 한 인덱스 펀드의 비용도 비싸지 않다. 뱅가드종합국제주가지수펀드 VGTSX 는 연간 0.36%의 수수료를 부과하는데 이는 뱅가드 S&P500이나 종합주가지수펀드 Total Stock Market Index Fund 수수료의 2배 수준이다.**15**

뱅가드가 저비용 지수 연동 뮤추얼펀드의 최대 공급자였다는 사실에는 이론의 여지가 없다. 그러나 2004년 여름에 세계 최대 뮤추얼펀드 그룹인 피델리티 뮤추얼펀드 Fidelity Mutual Fund 가 뱅가드의 아성에 도전장을 내밀면서 자사의 주요 인덱스 펀드의 수수료를 뱅가드의 약정 수수료보다 낮은 0.10%로 인하하겠다고 선언했다.

금융 회사들의 이런 경쟁은 투자자에게는 더할 나위 없이 좋은 일이다. 그러나 투자자는 약정 수수료가 실제 수수료와 다를 수 있고 또 뱅가드가 자사의 독점적 거래 기법을 통해 약정 수수료 대부분을 상쇄시켰다는 점을 알고 있어야 한다. 아주 작은 수수료 차이라도 장기 투자자에게는 큰 액수가 된다.

상장지수펀드

최근 들어 저렴한 비용과 지수 연동 상품과의 높은 연계성을 이유로 상장지수펀드exchange-traded fund: ETF의 인기가 치솟았다. 뮤추얼펀드와 달리 ETF는 거래일 내내 매매가 가능하다. 사고팔 때 중개수수료를 내야 하지만, ETF의 연간 비용은 인덱스 펀드의 약정 수수료보다 훨씬 적다.

ETF를 찾는 투자자라면 모건스탠리 EAFE 지수에 기반을 둔 펀드가 적합하다. 가장 활발히 거래되고 유동성도 크며 연간 0.35%의 수수료를 부과하는 ETF(기호 EFA)가 여기에 해당한다. '신흥시장 ETF'는 개별 펀드(기호 EEM)로서 연간 비용은 0.78%다.

안타깝게도 북쪽에 있는 이웃나라 캐나다는 미국 주식과 상관성이 높다는 이유로 EAFE 지수에 포함되지 않는다. 그러나 S&P가 미국에 본사를 두지 않은 기업을 500지수에서 빼기로 하면서 2001년에 S&P500 지수에서 빠졌던 인코Inco, 알캔Alcan, 뉴몬트마이닝Newmont

Mining 등의 본사가 있는 캐나다를 무시해서는 안 된다. 국제 시장에서 비미국 기업 부분은, 캐나다 증권거래소에서 거래되는 펀드(기호 EWC)를 사서 메울 수 있다. 이 펀드는 세계 시장 주식 비중의 2.6%를 차지한다.

미국 내 인덱스 펀드

미국 주식 중심의 지수 상품 중 단연 최고는 역시 다우존스윌셔종합주가지수 Dow Jones Wilshire Total Stock Market Index 상품이다. 이는 시가총액 가중 지수로서 주요 미국 지수 상에서 거래되는 모든 주식 종목이 포함돼 있다. 윌셔 지수 Wilshire Index 를 기반으로 하는 뱅가드 종합주가지수펀드는 1992년 4월에 출시됐으며 모든 수수료를 포함하면 겨우 연 0.19%다. [16]

뱅가드는 자사 인덱스 뮤추얼펀드 내부 및 외부 거래에 대해 매우 엄격한 정책을 시행했다. 뱅가드 측은 이런 수요를 충족시키고자 뱅가드지수참여지분증서 Vangard Index participation Equity Receipts: VIPER라는 상장지수펀드를 구성했다. 이 VIPER 각각이 뱅가드가 내놓은 유명 인덱스펀드들의 새로운 지분이 되는 방식이다. 여기에는 다른 펀드와 더불어 뱅가드종합주가지수펀드 Vangard Total Stock Market Index Fund: VTI가 포함된다.

내가 S&P500 지수처럼 시장의 일부만 대표하는 지수 연동 펀드보다 종합주가지수펀드를 선호하는 데는 두 가지 이유가 있다. 첫째, 나는 가장 광범위한 다각화를 선호하는데 그러자면 미국 주식 시장의 약 20%를 차지하고 있으나 S&P500 지수에 포함되지 않은 중소형주를 추가하는 일이 매우 중요하다. 둘째, 투자자는 가장 잘 알려져 있고 폭넓게 연계되고는 있으나 시장 일부만 대변하는 지수에 연동해 투자하는 방식은 경계해야 한다. 제2장에서 다뤘듯이 이런 유명지수는 추가하거나 탈락하는 주식 종목이 너무 일찍 공개된다. 따라서 일부 투자자는 특정 주식이 지수에 포함되기도 전에 해당 주식을 매수할 수 있다. 이런 행동이 주가를 끌어올리며 이렇게 되면 지수연동 펀드 투자자가 불리해진다. 그러나 모든 주식에 연계된 펀드는 이런 일이 불가능하다.

스스로 종목을 선택해 포트폴리오를 구성하는 쪽을 선호하는 투자자라면 전체 시장을 반영하거나 아니면 S&P500 지수에 중소형주를 추가해 포트폴리오를 구성할 수 있다. 예컨대 S&P400 중형주 지수(미국 증시 시가총액의 약 7%)와 S&P600 소형주 지수(약 3%)를 S&P500 지수에 추가해 S&P1500 지수를 만들 수 있다. 이렇게 하면 거래 가능한 미국 시장의 약 90%를 대변할 수 있다. 스탠더드앤드푸어스는 미국 시장 전체를 추적 관찰하면서 여러 요소 중 특히 시가총액, 업종 대표성, 유동성을 기준으로 S&P 지수에 넣을 종목을 선택한다.

S&P 지수 외에 러셀 지수를 기준으로 투자할 수도 있다. 러셀 지수는 거의 시가총액만을 기준으로 삼는다.[17] 러셀3000은 모든 거래소에서 매매되는 대형주 3,000개를 포함하며 이는 미국에서 거래되는 모든 주식 시장 가치의 약 97%를 차지한다. 러셀1000은 시장 가치 기준 1000대 기업을 포함하며 러셀2000은 러셀 지수에 속한 3,000개 종목 가운데 시가총액 순으로 소형주 2,000개를 선정해 만든 인기

소형주 지수다.[18]

ETF를 선호하는 사람들에게 가장 인기 있는 상장지수펀드가 두 개 있다. 하나는 S&P500 지수를 기반으로 하는 '스파이더 spider'인데 이 용어는 S&P위탁증권 S&P Depository Receipt 의 머리글자 'SPDR'에서 따온 말이다. 또 하나는 나스닥100 지수를 기반으로 한 '큐브 cube'이며 이 용어는 종목 기호 'QQQ'에서 따온 말이다. 나스닥에서 거래되는 100대 비금융 주식 중심의 기술주 지수라 하겠다. 스파이더와 큐브 둘 다 워낙 인기가 좋아서 이 지수에 속한 종목의 일일 평균 거래량이 뉴욕이나 나스닥 거래소에 상장된 그 어떤 종목의 거래량보다 많을 때가 종종 있다. 또 하나 인기 있는 상장지수펀드는 종목 기호 'DIA'에서 따온 '다이아몬드 diamond'인데 신뢰도 높은 다우존스산업평균 Dow Jones Industrial Average 을 기반으로 한다.

포트폴리오 구성의 핵심은 국제 펀드

이번 장에서는 국제적 접근법을 통한 주식 보유 전략을 논했다. 이 접근법은 주식 자산의 상당 부분, 그러니까 약 40% 정도는 미국에 본사를 둔 기업이 아닌 해외 기업 주식으로 채우는 일이 중요하다는 점을 강조한다. 주식 포트폴리오를 구성할 때는 이처럼 해외 주식의 비중을 어느 정도 유지해야 한다.

그리고 성장 함정은 개별 국가의 주식뿐 아니라 개별 기업에도 적용된다는 사실도 알았다. 중국처럼 고속 성장 중인 국가라고 해서 고

수익이 보장되지는 않는다. 광범위한 다각화 전략이야말로 세계 경제 성장에서 이득을 취하는 핵심 도구다. 다음 장에서는 투자자가 이런 국제 지수 연동 전략 외에 더 높은 수익률을 올리는 데 도움이 되는 보충 전략을 논할 것이다.

제 17 장

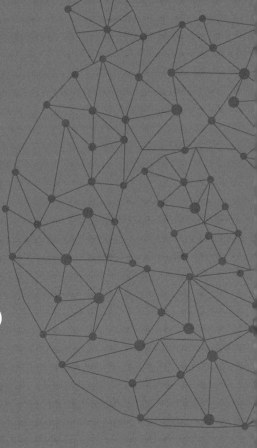

미래 투자 전략:

배당금·국제화·가치 (D-I-V)

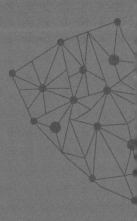

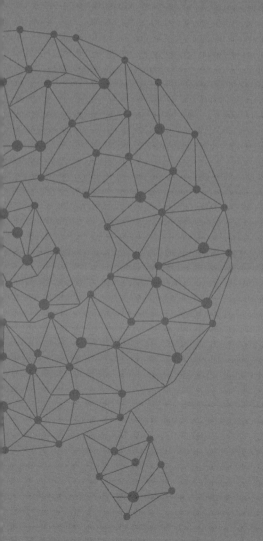

실현되지 않으면
좋은 '생각'도 좋은 '꿈'의 범주를
벗어나지 못한다.

| 랄프 왈도 에머슨Ralph Waldo Emerson, 1836년 |

투자자에게 강연을 할 때면 어김없이 다음 두 가지 질문이 나온다. "베이비붐 세대가 은퇴하면 우리 경제와 투자에 어떤 영향이 있을까요?", "장기 투자를 하려면 어떤 종목을 사야 하나요?"

이 책 때문에 역대 주식 수익에 관한 기초 조사를 하고 나서는 주식 투자의 미래가 밝다는 확신이 들었다. 개발 도상국 경제가 성장하면 선진국 은퇴자들의 노후 생활에 필요한 제품을 충분히 공급해주고 은퇴자가 내놓는 주식을 사줄 수요도 충분히 창출할 수 있으므로 선진국이 직면한 고령화 파동의 영향을 상쇄해줄 것이다. 앞으로 주식 투자의 실적이 채권이나 귀금속 그리고 기타 물가 연동 헤지 상품 등의 수익을 능가하리라 본다.

두 번째 질문, 즉 "장기 투자 종목으로는 어떤 것이 좋은가?"라는 질문에 대해서는 이 책을 위한 조사 이후 답변이 바뀌었다. 그 전에는 주식에 배분했던 투자금 전부를 보통주를 대상으로 한 광범위한 지수 연동 펀드, 이른바 인덱스 펀드에 넣으라고 권했다. 공격적인 자산 운용가와 뮤추얼펀드는 수수료를 제하면 저비용의 인덱스 펀드보다 실적이 저조하다는 증거가 확실하기 때문에 지수에 연동하는 투자 전략이 부를 축적하는 가장 좋은 방법이라고 믿었다. 그런데 지금은 이보다 훨씬 더 좋은 전략이 있을 수 있다는 생각이 든다.

오해는 하지 마라. 나는 지금도 지수 연동형 상품이 주식 포트폴리오의 핵심 요소여야 한다는 생각에는 변함이 없다. 이전 장에서는 세계 시장을 대상으로 한 포괄적 지수 연동의 중요성을 강조했었다. 그러나 역사적 관점에서 S&P500 기업, 업종의 실적, IPO, 배당금 등에 관한 조사 결과 투자자가 지수 연동 포트폴리오에 더불어 이 책에서 분석한 여러 전략을 보충해 활용하면 더 좋은 수익을 낼 수도 있겠다는 생각이 들었다.

이런 맥락에서 새로운 조사 결과를 바탕으로 이번에 고안해낸 투자 전략을, 기억하기 좋게 'DIV' 지침이라 칭하고자 한다. 이 'DIV' 지침은 배당금, 국제화, 가치 평가 등 세 요소의 앞 글자를 따서 만든 용어로서 주식 포트폴리오를 구성하는 데 사용할 전략에 초점을 맞추도록 설계한 것이다.

◆ 배당금 [D]: 지속적으로 현금 흐름이 발생하고 이 현금 흐름을 배당금 형식으로 주주에게 되돌려주는 기업의 주식을 사라.

◆ 국제화 [I]: 세계 경제력의 균형추가 미국, 유럽, 일본에서 중국, 인도, 기타 개발 도상국으로 이동하고 있다는 사실을 인식하라.

◆ 가치 평가 [V]: 성장 기대치 대비 합리적 수준의 가치 평가가 이뤄진 기업의 주식을 보유하고 IPO, 활황주, 다들 '꼭 투자해야' 한다고 생각하는 기업이나 업종은 피하라.

배당금

고배당 전략

이 책은 고수익을 창출하는 데 배당금이 중요한 역할을 한다는 점을 계속 강조했다. 경영의 1차적 기능은 주주에게 돌아가는 현재 및 미래 현금 흐름을 극대화하는 것이다. 주식 시장 역사를 돌이켜보면 배당금 지급이 얼마나 중요한지 보여주는 증거로 가득하다. 이런 맥락에서 나는 배당금을 많이 지급하는 종목이 최고의 미래 수익을 보장한다고 믿는다.

[표 17-1]은 제9장과 제10장에서 설명한 배당금 전략의 위험 수준과 수익을 정리해 놓은 것이다. 이 목록상의 전략은 모두 S&P500 지수와 다우존스산업평균을 능가하는 수익을 낸다. 단위 위험당 초과 수익으로 측정한 위험보상비율도 전부 지수 연동 전략을 능가했다.[1]

이 배당금 전략 목록에서 가장 자주 등장하는 기업은 어디인가? 고배당 수익주로는 종합 석유 기업이 단연 돋보인다. S&P500 기업 중에서 배당수익률이 가장 높은(상위 20%) 기업을 선택하는 이른바

[표 17-1] 고배당 전략(1957~2003년)

전략	설명	증가금 (달러)	연수익률	위험도	위험보상 비율
S&P10	100대 S&P500 주식 중 고배당주 10	816,620	15.69%	17.70%	0.645
S&P 핵심10	S&P500 주식 중 15년 동안 배당금을 줄이지 않은 고배당주 10	811,593	15.68%	18.20%	0.628
다우 핵심10	15년 동안 배당금을 줄이지 않은 다우 고배당주 10	596,084	14.90%	15.82%	0.654
다우10	다우산업평균 중 10대 고배당주	493,216	14.43%	15.38%	0.654
고배당주	S&P500 중 배당수익률 상위 20%	462,750	14.27%	19.29%	0.530
S&P500 지수	S&P 선정 500대 미국 기업 지수연동 상품	130,768	11.18%	17.02%	0.405
다우20 평균	다우존스산업평균 30개 주식 지수연동 상품	183,460	12.00%	16.64%	0.458

'고배당주 전략'에서는 로열더치페트롤리엄이 장장 29년 동안 계속 이 목록에 있었고, 그 기간에 17.11%의 수익률을 올렸다. 이는 1957년부터 현재까지 장기보유전략의 연간 수익률보다 3% 포인트 높은 수준이다. 엑손모빌은 이 목록에 23년 동안 이름을 올렸고 같은 기간 연간 수익률이 약 20%였다. 모빌오일(현재는 엑손과 합병된 상태임)은 이 전략 목록에 이름을 올린 16년 동안 연간 18%의 수익을 올렸다.

뉴저지 스탠더드오일(현 엑손모빌)이 1957년부터 2003년까지 '다우 10' 전략에 무려 38년이나 머물렀듯이 석유주도 다우 및 S&P 배당금 전략에서 매우 중요했다.

이런 고배당주 전략에 자주 등장하는 또 다른 기업군이 필립 모리스나 포천브랜드(전 아메리칸토바코) 같은 담배 제조사다. 배당금 지급 수준을 한 번도 낮추지 않았던 필립 모리스는 '핵심10' 전략에 오른 13년 동안 연간 약 32%의 수익을 냈다.

이와 같은 고배당주 전략이 좋은 성과를 내는 중요한 이유는 투자 수익에 대한 기본 원칙 때문이다. 제3장에서 설명했던 이 기본 원칙의 골자는 **주식 수익은 이익성장률 자체가 아니라 기대치 대비 성장률에 기반을 둬야 한다는 점**이었다. 이처럼 배당금을 지급하는 주식 대다수에 대해 투자자는 이익성장률이 낮다는 부분을 너무 비관적으로 바라보기 때문에 이들 배당주에 대해 합리적 수준보다 낮게 가치 평가가 이뤄진다. 그리고 이런 상대적 저평가가 평균 이상의 수익을 올리는 결과로 이어진다. 배당금을 지급하는 주식은 이처럼 가치 평가 수준이 낮아서 배당수익률이 높아지기 때문에 투자자는 할인된 가격으로 해당 주식을 더 많이 보유할 수 있었다. 제10장에서 설명했던 '수익 가속기'가 배당주에서 마법을 발휘한 셈이었다.

배당금을 중요시하는 투자 원칙은 비단 미국 주식에만 해당되는 사안이 아니다. 내가 미국 기업 사례에서 발견한 사실 그대로《낙관론자들의 승리》의 저자 딤슨과 마시, 스턴튼은 영국 기업의 경우에도 배당수익률이 가장 높은 기업군이 배당수익률 최저 기업군보다 높은 실적을 올렸다는 사실을 발견했다. 양 기업군의 수익률 격차가 지난 103년 동안 연간 3%에 이를 정도로 엄청났다.[2] 앞으로 연구가 더 진행되면 다른 국가에서도 배당률 전략이 훨씬 효과적이라는 사실이 증명되리라 확신한다.

배당금 전략의 실행

개인투자자가 쉽게 실행할 수 있도록 다우10, S&P10 그리고 다우 및 S&P 관련 핵심주 전략 모두 단 10개 종목으로만 구성된다. 개별 종목 매수를 원하지 않는 투자자라면 다우10 전략(다른 국가에서는 해당국 환경에 맞는 이와 유사한 전략)을 구사하는 단위투자신탁 unit investment trust을 고려해볼 만하다.

[표 17-2]에 제시된 2004년 당시 다우10, 다우 핵심10, S&P10, S&P 핵심10 등의 포트폴리오에 들어간 기업 목록 중에서 다우 포트폴리오에 들어간 에스비시 커뮤니케이션즈 SBC Communications, 알트리아, 제너럴모터스, JP모건체이스 등 4개 기업은 S&P 포트폴리오 목록에도 등장한다.

매년 이 목록이 어떻게 달라지는지가 중요하다. 여러분이 이 책을 읽고 있을 때면 아마 지금 이 목록에 있던 종목 가운데 몇몇은 없을

[표 17-2] 다우10, 다우 핵심10, S&P10, S&P 핵심10 배당주 전략 목록 (2004년 기준)

다우 전략 - 2004년 당시 기업

기업명	종목 기호	배당수익률	다우10 기업 여부	다우 핵심10 기업 여부
SBC 커뮤니케이션즈	SBC	5.41%	○	○
알트리아그룹	MO	4.85%	○	○
AT&T	T	4.68%	○	○
제너럴모터스	GM	3.75%	○	
JP모건체이스	JPM	3.70%	○	○
머크	MRK	3.20%	○	○
듀폰	DD	3.05%	○	○
시티그룹	C	2.88%	○	○
제너럴일렉트릭	GE	2.58%	○	○
엑손모빌	XOM	2.44%	○	○
인터내셔널페이퍼	IP	2.32%		○

S&P 전략 - 2004년 당시 기업

기업명	종목 기호	배당수익률	S&P10 기업 여부	S&P 핵심10 기업 여부
SBC 커뮤니케이션즈	SBC	5.41%	○	○
알트리아그룹	MO	4.85%	○	○
버라이즌커뮤니케이션즈	VZ	4.39%	○	○
브리스톨마이어스스큅	BMY	3.92%	○	○
제너럴모터스	GM	3.75%	○	
JP모건체이스	JPM	3.70%	○	○
워싱턴뮤추얼	WM	3.49%	○	○
쉐브론텍사코	CVX	3.31%	○	○
벨사우스	BLS	3.25%	○	○
셰링플라우	SGP	3.25%	○	○
다우케미컬	DOW	3.22%		○

지도 모르겠다. '다우의 개'라고도 하는 '다우10' 전략에 현재 어떤 종목이 포함됐는지는 인터넷을 통해 알아볼 수 있다.

지금은 배당금 관련 인덱스 펀드가 몇 종류 안 되지만, 배당금의 위력을 깨닫는 투자자가 많아질수록 앞으로 배당금 인덱스 펀드 상품이 많아지리라 확신한다.

부동산투자신탁 REIT

부동산투자신탁은 부동산이나 부동산 담보 대출권을 매수해 관리하는 기업군이다. 이런 유형의 신탁은 순영업이익 net operating income 의 90%를 배당금 명목으로 주주에게 분배하지 않는 한 세금이 부과되지 않는다. 이런 이유에서 REIT(혹은 '리츠')는 고배당 종목에 해당한다. 이 글을 쓸 당시 REIT의 배당수익률은 S&P500 지수의 배당수익률 1.7%를 3배 이상 앞질렀다.

특히 소유주가 거주하는 주택과 같은 부동산은 기업 자산과는 별개 자산 군으로 분류된다. 그러나 상업용, 산업용, 공동 주거 건물은 상장 증권 publicly traded securities 을 보유한 매우 가치 있는 자산이다. 2004년 중반 현재, 공개 시장에서 거래되는 REIT가 약 4조 달러 규모의 상업용 부동산 가운데 4,000억 달러어치 이상을 보유했다. 이런 REIT의 시장 가치는 약 2,250억 달러에 이른다.

나는 균형이 잘 잡힌 주식 포트폴리오에는 REIT, 특히 고배당 비율이 높은 REIT를 반드시 포함해야 한다고 생각한다. 뱅가드 REIT Vangard's REIT: VGSIX, 아이쉐어 다우존스 부동산 인덱스 펀드 iShare Dow Jones U.S. Real Estate Index Fund: IYR, 스트리트트랙스윌셔 REIT streetTRACKS Wilshire RET: RWR 같은 별개

상장지수펀드 등 다양한 인덱스펀드 상품이 존재한다.

국제화

앞으로 50년 후쯤 선진국과 개발 도상국의 상대적 부에 극적인 변화가 있으리라 예측한 바 있다. 이전 장에서 나는 투자자에게 세계 시장 지수에 연동한 포트폴리오에 대한 투자 비율을 높이라고 권했다. **달러 기반 투자자라면 미국 기업 60%, 비미국 기업 40%로 포트폴리오를 구성**하라고 했다.

그러나 고속 성장 국가에 본사를 둔 기업에 집중 투자하는 것은 위험하다는 증거가 꽤 있다. 이런 종목은 성장 함정에 취약하기 때문이다. 그렇더라도 개인적으로 투자자는 전 세계를 대상으로 하는 기업에 주목해야 한다고 생각한다.

[표 17-3]은 각기 다른 여러 국가에서 자사 영업 이익의 상당 부분을 창출하는 20대 비미국 기업 목록이다. 이와 같은 국제적 기업에 투자하는 방법중 하나는 다국적 기업 100개의 실적을 따라가는 스탠더드앤드푸어스의 '세계 100 상장지수펀드 Global 100 exchanged-traded fund: I00'를 사는 것이다. 이 인덱스 펀드는 사업 속성 자체가 국제적이며 수많은 국가에서 영업 이익을 창출하는 대형주로 구성한다. 현재 이 펀드의 연간 수수료는 0.40%다. 또 다른 국제 지수로는 50대 다국적 기업의 시가 총액 가중 지수인 '다우존스 글로벌 타이탄스 Dow Jones Global Titans: DGT 50 지수'가 있다.

2004년 당시 목록에는 중국이나 인도에 본사를 둔 기업은 아직 오르지 않았다. 그러나 차이나모바일 China Mobile, 허치슨왐포아 Hutchison Whampoa, 항셍은행 Hang Seng Bank, 차이나페트롤리엄 China Petrolium 등 중국 기업과 인포시스, 릴라이언스인더스트리 Reliance Industries, 위프로 등 인도 기업이 이런 범세계 기업 군단에 합류하는 것은 시간문제다.

이런 국제적 기업에도 배당금과 가치 평가 기준이 중요하다. 제3부에서 기업 지배 절차에서의 배당금의 중요성을 설명했다. 기업 회

[표 17-3] 시장 가치 기준 20대 비미국 기업 순위(2004년 9월 기준)

순위	기업명	업종	본사 소재 국가
1	브리티시페트롤리엄	에너지	영국
2	HSBC 홀딩스	금융	영국
3	보다폰그룹	통신	영국
4	토털	에너지	프랑스
5	글락소스미스클라인	보건의료	영국
6	노바티스	보건의료	스위스
7	로열더치페트롤리엄	에너지	네덜란드
8	도요타	재량 소비재	일본
9	네슬레	필수 소비재	스위스
10	UBS	금융	스위스
11	아스트라제네카	보건의료	영국
12	텔레포니카	통신	스페인
13	바클레이즈	금융	영국
14	지멘스	산업재	독일
15	노키아	정보통신	핀란드
16	BNP 파리바	금융	프랑스
17	방코산탄데르센트랄히스파노파이낸셜	금융	스페인
18	삼성전자	정보통신	한국
19	방코빌바오	금융	스페인
20	캐논	정보통신	일본

계에 관한 국제 기준이 매우 다양하기 때문에 기업의 수익성에 대한 유형적 증거를 보유하는 일이 매우 중요하다. 배당금이 바로 그러한 증거에 해당하며 미국에 본사를 둔 기업 못지않게 외국 기업에도 중요한 요소다.

국제 주식, 특히 신흥 국가의 주식을 살 때는 성장 함정을 피하는 일이 매우 중요하다. 고평가된 매수 가격을 고려하지 않은 채 가장 빠르게 성장하는 기업을 선택하는 우를 범해서는 안 된다. 성장 속도와 관계없이 가치 평가에는 한계가 있다는 점을 기억하라. 늘 그렇듯이 투자자는 자신이 선택하려는 기업의 경영의 질이나 핵심 역량을 토대로 한 사세 확장인지 등을 고려해야만 투자에 성공할 수 있다.

가치평가

주식을 살 때 가치 평가 요소가 매우 중요하다는 점이 아직도 미심쩍다면 1999~2000년 인터넷 및 기술주 거품 이후의 경험을 생각하면 그 미심쩍은 생각이 싹 사라질 것이다. 주식을 살 때는 이 가치 평가가 항상 중요하다.

[표 17-4]는 이 책에서 논한 가치 평가 전략을 정리한 것이다. 이 가운데 세 가지 전략은 제4장에서 설명했던 에너지, 보건의료, 필수소비재 등 세 산업 부문과 연계된 국제 업종 펀드 투자를 토대로 한다. 제3장에서 소개한 전략 가운데 하나는 S&P500 지수에서 주가수익률 하위 20%에 해당하는 기업을 택한 다음에 매년 그 포트폴리오

[표 17-4] 가치 평가 전략(1957~2003년)

전략	설명	원금 1,000 달러의 증가액	연수익률	위험도	위험보상 비율
버핏 버크셔	워런 버핏의 투자 조합과 버크셔해서웨이에 투자	51,356,784	26.59%	33.53%	0.753
고실적주	살아남은 S&P500 원조 기업 중 20대 고실적주에 투자	840,291	15.76%	18.92%	0.619
주가수익률이 낮은 종목	S&P500 중 주가수익률이 낮은 종목에 투자	425,703	14.07%	15.92%	0.600
보건의료	S&P500 중 보건의료 부문에 투자	375,969	13.76%	21.64%	0.467
필수 소비재	S&P500 중 필수 소비재 부문에 투자	319,776	13.36%	18.52%	0.500
에너지	S&P500 중 에너지 부문에 투자	221,230	12.45%	18.01%	0.459
S&P500 지수	S&P가 선정한 500대 미국 기업 지수 연동 상품	130,768	11.18%	17.02%	0.405

목록을 조정하는 방법이다. 또 다른 전략은 S&P500 원조 기업 가운데 살아남은 고실적주(나는 이를 '엘도라도 기업'이라 칭했음)를 선택하는 방법이다. 또 투자 조합과 버크셔해서웨이 중심으로 버핏의 투자 실적에 관해서도 재정리했다.

업종별 전략

석유

앞으로 50년 동안 대체 에너지 부문에서 상당한 진전과 변화가 있으리라는 데에는 의문의 여지가 없다. 그러나 석유와 그 증류물에 대한 수요가 갑자기 줄어들지는 않으리라 본다. 무엇보다 개발 도상국의 에너지 수요가 엄청나며 중국과 인도의 GDP당 에너지 소비량이 선진국보다 더 많다. 이들 개발 도상국의 경제 발전이 계속되는 한 에너지 수요는 증가할 것이다.

S&P500 지수에서 석유 업종은 이 지수를 처음 만든 이후로 수익률 12.45%를 기록했으며 이는 전체 지수를 1% 포인트 이상 앞서는 수준이다. 석유업 종목은 다른 업종과의 상관도도 낮은 편이다. 따라서 석유 종목을 헤지(손실 대비책) 목적으로 활용할 수 있다. 석유 가격이 오르면 경제 성장에 걸림돌이 된다. 미국처럼 석유를 수입하는 국가는 특히 더 문제다. 그러나 유가가 상승하면 원유 매장량이 많은 산유국에 도움이 된다. 이처럼 경기 대응적인 에너지 부문은 투자자에게는 매우 효과적인 다각화 도구다.

엑손모빌이나 쉐브론텍사코 같은 미국 기업 외에 국제적 업종에는 영국 기업 BP, 프랑스 토털, 네덜란드 기업 로열더치와 쉘트레이딩앤드트랜스포트 Shell and Trading Transport, 이탈리아 이엔아이 ENI 등이 포함된다.

보건의료와 필수 소비재

지난 반세기 동안 최고 수익을 올렸던 두 업종이 바로 보건의료와 필수 소비재 부문이다. 두 업종의 연수익은 각각 13.76%와 13.36% 였으며 이는 S&P500 지수를 연간 2% 포인트 이상 앞서는 수준이다. 제3장에서 고수익 종목('엘도라도 기업'이라 칭했음)의 90%가 이 두 부문 소속이라고 했다.

통신 혁명을 고려하면 언론 매체가 소비자의 기호라든가 취향을 만들어내는 데 결정적인 영향을 미칠 가능성이 농후하다. 요즘 여행 하는 사람들은 어느 국가의 소비자든 차이점보다는 비슷한 점이 많 아서 당황할 때가 있다고 한다. 특히 베이징, 뉴델리, 상트페테르부르크 등지의 고급 백화점에서 물건을 사는 고소득층 사람들은 선진국이나 구별이 안 갈 정도로 비슷하다.

전 세계 문화의 동질화 현상을 안타까운 눈으로 바라보는 사람이 많다. 그래도 출장이든 관광이든 외국 여행을 갈 때 사람들은 아이러니하게도 독특함과 익숙함을 동시에 찾는 경향이 있다. 구치 핸드백과 메르세데스 벤츠 자동차를 사는 바로 그 사람들이 외국인 여행객에게는 자국 고유의 문화와 역사를 보여주고 있다.

유명 상표를 보유한 기업은 명성과 신뢰로 먹고 산다고 해도 과언이 아니고 개발 도상국은 이 부분을 추앙하는 경향이 있다. 그러므로 이런 추세를 이어가지 말아야 할 이유가 없다. 유명 상표 보유 기업은 미국에 본사를 둔 기업이 많기는 하지만, 스위스에 본사를 둔 네슬레와 조니 워커 Johnnie Walker, 씨그램 Seagrams, 기네스 Guinness 같은 주류를 생산하는 영국의 디아지오도 미국 기업에 못지않다.

한편, 보건의료업계가 도전 상황을 맞은 것은 분명하다. 신약 개발 비용이 천정부지로 치솟은 데다 소송에 휘말릴 위험이 도처에 널렸고 제네릭(복제약)으로 인한 가격 경쟁 압박도 극심하다. 그렇기는 해도 인구 고령화에 따라 의약품, 병원, 양로원, 의료 장비 등 보건의료 부문에 대한 수요는 앞으로도 여전하리라 본다. 또한 노화 과정을 상쇄시키려는 치료법과 그 수요가 점점 증가할 것이다.

미국 GDP에서 보건의료 부문이 차지하는 비중이 너무 높다는 점은 다소 부담스럽지만, 앞으로도 이 업종의 GDP 비중이 낮아지기는 어렵다. 이 업종 내 주식에 대한 가치 평가 수준이 역대 평균에서 크게 벗어나지 않는 한 보건의료 부문 기업은 앞으로 50년 동안 시장 평균을 웃도는 실적을 낼 것이다. 제약 부문에는 영국의 글락소스미스클라인 GlaxoSmithKline 과 아스트라제네카 AstraZeneca 그리고 스위스의 노바티스 Novartis 와 로슈 Roche 같은 외국 기업이 많다.

낮은 주가수익률 전략

낮은 주가수익률 전략은 매년 12월 31일에 S&P500 지수를 주가수익률 기준으로 정렬하고 하위 100개 종목(20%)에 투자하는 방식이다. 현재로서는 이 전략에 따른 직접 투자 상품은 아직 없으나 앞으로 이런 상품이 나타나리라 기대한다.

이 전략의 수익률은 배당수익률을 이용하는 전략보다는 약간 낮지만 S&P500 지수보다는 연간 약 3% 포인트 정도 높고 위험보상비율도 더 높다. 로열더치페트롤리엄은 44년 동안 이 전략 목록에 이름을 올렸다. 공익사업과 재량 소비재 종목도 시장 가격이 엄청나게 낮아졌을 때는 이 목록에 오르기도 한다.

주가수익률이 낮은 종목은 배당수익률이 높은 종목과 비슷한 효과를 낸다. 단기적으로 보면 투자자는 악재에 과민 반응할 때가 종종 있고 이 때문에 주가를 실제 가치 밑으로 끌어내리기도 한다. 이런 과민 반응은 낮은 주가수익률로 나타나고 투자자로서는 가격이 많이 할인된 주식을 주워 담을 기회가 된다.

장기 생존 기업

고실적 생존 기업에는 S&P500 지수의 원조 기업 가운데 살아남은 20대 고실적주가 포함된다. 제3장에서 언급했던 '시간의 시험대'를 거친 검증된 기업이 바로 이들이다. 여기 속한 기업군은 지수 평균에 근접하고, 평균 주가수익률보다는 약간 높은 수준으로 배당수익률을 유지했으며 전 세계로 시장을 확대하는 경영 방침을 구사했다. 이들은 지난 반세기 동안 승리를 쟁취하며 살아남은 그야말로 검증된 기업군이다.

이 목록에 든 기업의 경우 투자자가 지난 46년 동안 특정한 전략을 취한 덕분에 그러한 결과가 나온 것이 아니라는 점에 주목해야 한다. 1957년 당시의 투자자가 이 20대 생존 고수익 기업의 미래를 정확히 알고 있었을 리 만무하기 때문이다. 그러나 이 책에서 설명한 것과 같은 검증된 기업을 찾아내는 데 성공한다면 앞으로 투자자가 어떠면 성적표를 받아들지는 어느 정도 가늠할 수 있다.

버크셔해서웨이

내 투자 전략을 완성하려면 워런 버핏의 투자 회사 버크셔해서웨이를 꼭 넣어야 한다. 버핏은 S&P500 지수를 처음 만들었던 바로 그해인 1957년에 투자 조합 investment partnership을 운용하기 시작했다는 사실에 주목해야 한다. 비용이 전혀 발생하지 않는다는 가정 하에 연간 수익률이 11.8%니까 1957년에 S&P500 지수에 투자한 1,000달러는 2003년 말에는 13만 700달러로 불어난다는 계산이 나온다. 반면에 버핏 쪽에 1,000달러를 투자했다면 연수익률 26.59%로 계산해 5,135만 6,000달러로 불어난다.

신기하게도 버핏은 이 책에서 열심히 설명했던 건전한 투자 관행에 따른 원칙을 전부 따랐다. 버핏은 대단한 충성심으로 주주를 대했고 가치 평가 부분에도 상당한 주의를 기울이면서 일명 '화제주'와 IPO 그리고 자신이 잘 모르는 분야의 기업은 피했다. 그런 버핏도 배당금은 지급하지 않는다. 제9장에서 버핏 회사 투자자에게는 배당금이 그리 중요하지 않은 이유를 충분히 설명했다.

만약 모든 투자자가 버핏의 투자 지식과 전문성을 신봉하는 상황이 된다면, 버핏이 보여줄 미래 투자 기량을 감안해 버크셔의 주가가 내재 가치 이상으로 치솟을 것이다. 실제로 가끔 이런 현상이 일어났지만, 월등한 수익 실적이 보여주듯이 버핏은 시장 평균을 앞서는 마법을 계속해서 보여줬다. 그러나 버크셔 주식을 사야 할지 말아야 할지는 워런 버핏에게 물어보는 것이 가장 정확하다. 버핏은 자사 주가가 고평가 상태인지 아닌지를 솔직하게 말해 줄 것이다.

지수 연동 전략과 수익 증대 전략

투자자가 가장 먼저 해야 할 결정은 전체 주식 포트폴리오에서 국제 시장에 연동하는 비율을 어느 정도로 해야 하는지 그리고 수익 증대 전략의 비중을 어느 정도로 해야 하는지에 관한 부분이다. 모든 투자자에게 적합한 만병통치약 같은 비율 수치는 기대하지 마라. 그런 최적의 비율 같은 것은 존재하지 않는다. 다만, 개인적으로 전체의 50%는 국제 시장 지수에 연동한 포트폴리오로 짜고 나머지 50%는 수익 증대 전략으로 구성하라고 권하고 싶다. 그러나 정확한 비율은 투자자 개개인의 특성이나 성향 등 수많은 변수에 따라 달라진다.

이런 변수 가운데 하나가 세금이다. 수익 증대 전략은 대부분 배당수익률이 높고 자본 이득 실현의 비중이 크기 때문에 투자 계좌가 과세인지 비과세인지가 매우 중요한 변수가 된다. 일반적으로 수익 증대 전략은 비과세 계좌에 더 적합하다. 지금은 이 권고안의 중요성이 덜해지기는 했으나 최근 의회에서 배당 수익에 대한 세율을 낮추는 쪽으로 세제 개혁을 추진한 이후로도 여전히 비과세 계좌에서 자본 이득을 실현하고 싶어 하는 투자자가 많다.

또 다른 주요 변수는 투자자의 안전성 추구 정도, 뒤집어 말하자면 위험을 감내하는 수준이다. 그 어떤 전략도 고수익을 보장하지 못하며 현실적으로는 어떤 전략이든 시장 평균을 밑도는 실적을 낼 때도 있다고 봐야 한다. 투자자로서 이렇게 시장 평균보다 못한 수익을 내는 동안이 너무 불안하다면 수익 증대 전략의 비중은 낮추고 지수 연동 전략의 비중을 높이는 편이 바람직하다. 투자자는 각자 자신의 자산 관리자와 이 부분을 결정해야 한다. 위험을 감수하지 않으면 평균 이상의 수익을 올리기는 불가능하다는 점을 기억하라. 완전한 지수 연동 포트폴리오조차도 고정 수입 자산보다 못한 실적을 낼 때가 있다. 역사적으로 볼 때 주식이 채권보다 훨씬 나은 실적을 낸 이유 가운데 하나는 투자자가 위험을 기꺼이 감수했기 때문이다.

종합 주식 포트폴리오

이제 제15장과 제16장에서 했던 투자 조언을 정리할 차례다. 지금 여기서 말하는 권고 사항은 포트폴리오에 주식을 배분하는 경우에 한해 적용된다.

각 수익 증대 전략의 비율은 시장 상황과 투자자 개인의 위험 감내도에 따라 달라지기 때문에 각 전략에 대한 정확한 비율을 권고하지는 않는다. 그러나 각 수익 증대 전략의 배분 비율은 10%에서 15% 정도가 합당하리라 생각한다(종합 주식 포트폴리오의 주식 배분 비율에 관한 내용은 이 책의 주제 범주를 벗어난다. 이에 관해서는 나의 다른 책《주식에 장기 투자하라》를 참고하라).

주식 펀드의 배분 비율

주식 비율: 100%
국제 인덱스 펀드: 50%
미국 기업 주식 30% 비미국 기업 주식 20%
수익 증대 전략: 50%(각 10~15%)

■ **고배당주 전략**
- 최고 배당수익률을 제공하는 주식
- 다우10, S&P10, 다우 및 S&P 핵심10 전략
- 부동산 투자 신탁

■ **국제적 기업**
- S&P 글로벌100
- 다우존스 글로벌 타이탄스
- 다각화된 다국적 기업 주식

■ **업종 전략**
- 석유 및 천연자원
- 제약
- 유명 상표 필수 소비재

■ **성장 대비 저평가 주식**
- 주가수익률이 가장 낮은 주식
- 생존 고실적주(기대치 대비 성장률이 높은 기업)
- 버크셔해서웨이

결론

금융 시장의 수익 상황은 예측이 쉽지 않다. 그러나 미래를 전망하는 사람들은 향후 반세기 동안 특별한 도전 과제에 직면하리라 본다. 앞으로 선진 부국의 고령화와 개발 도상국의 고속 경제 성장이라는 두 가지 강력한 힘이 동시에 등장할 것이다.

다행히도 이 두 가지 힘이 함께 작용하는 덕분에 고령화 파동 속에 미래 은퇴자들이 그동안 보유했던 주식과 채권이 팔리지 않는 이른바 '자산 무(無)수요의 바다'에 빠져 익사하는 상황을 막아주고 있다. 통신 혁명을 통한 급속한 지식 전파와 공유 덕분에 전 세계 생산량이 증가하면서 금세기에도 금융 시장을 단단히 지탱해줄 자산 매수자를 만들어낼 것이다.

기술 변화의 속도가 가속화하면서 투자자는 최첨단 기술을 활용해 혁신적인 신제품과 서비스를 만들어내는 기업에 눈을 돌리게 될 것이다. 그러나 이런 신성장 산업에서 나온 '화제주' 대부분이 투자자에게 큰 실망을 안기리라 본다. 과거 역사를 돌이켜보면 호들갑스러운 인기는 덜하더라도 경영진이 수익을 내는 공식을 잘 따라서 세계 시장으로 활동 무대를 넓히는 전략을 구사한 '검증된' 기업이 훨씬 좋은 투자처가 되리라 확신한다.

앞으로 경제 성장이 활발히 이뤄지리라 보기 때문에 세계 주식 시장 수익에 연동하는 전략이 투자자에게 좋은 실적을 안겨 주리라는 점에는 의문의 여지가 없다. 그러나 이 책에서 소개한 전략(수익 증대 전략)이 투자자에게 훨씬 더 나은 수익을 내줄 가능성이 크다. 이는 '구'는 무시하고 '신'을 고평가하는 투자자의 고질적 성향을 토대로 수립한 전략이다. 이런 가치 기반 전략이 일단 대중에게 알려지고 나면 정보의 평준화로 인해 주가 조정이 일어나면서 투자의 실익이 사라진다고 보는 시각도 있다. 그러나 나는 여기에 동의하지 않는다. 왜 그런지는 워런 버핏이 1985년에 했던 말로 대신하고 싶다. "내가 이 업계에서 활동한 35년 동안 가치 기반 투자가 대세를 이룬 적은 단 한 번도 없었다. 인간에게는 쉬운 일을 어렵게 하려고 하는 묘한 고집이 있는 모양이다."[3] 요컨대 다들 알고는 있어도 실천하기는 어렵다는 말이다.

사실 성공적 장기 투자와 관련해서는 어려운 부분이 하나도 없다. 과거에도 성장 함정을 피하고 검증된 우량 기업만 따라가면 좋은 실적을 올릴 수 있었다. 그러니 과거에 잘 통했던 이런 투자 전략을 미래를 위한 투자 전략으로 계속 밀고 나가지 말아야 할 이유가 전혀 없다.

부록

___

S&P500 원조기업의
역사와 수익률

이 부록 끝부분에 1957년 2월 28일부터 2003년 12월 31일까지의 누적 수익을 기준으로 S&P500 원조 기업의 순위표를 제시하고 각 기업의 역사와 수익 자료를 정리해놓았다.

먼저 피합병 기업과 분할 및 계열사를 전부 포함해 최고 수익을 올린 20대 고수익 기업(특히 필립 모리스와 RJR 나비스코에 주목)을 기술한 다음 1957년 당시 시장 가치를 기준으로 20대 기업의 수익 추이를 살펴본다.

종합 포트폴리오 중 20대 고수익 기업

[부록 표-1]은 종합 포트폴리오에서 선정한 20대 고수익 기업 목록이다. 이 종합 포트폴리오는 처음 모습 그대로 유지하며 끝까지 살아남은 기업 및 다른 기업과 합병한 원조 기업까지 포함한다. 놀랍게도 목록 상위권에 포진한 기업의 3분의 2는 스스로 이뤄낸 성과 때문이 아니라 성공한 다른 기업을 등에 업고 그 위치에 올랐다. 이런 경우 투자자는 손가락 하나 까딱하지 않고 투자 수익을 챙긴 셈이다. 인수를 하는 쪽의 기업 주식이 피인수 기업의 주주 몫으로 자동 귀속됐기 때문이다.

손실주가 어떻게 이익주로 변신하는지를 보여주는 아주 좋은 예가 바로 대처 글래스 Thatcher Glass 다. 대처 글래스는 미국 베이비붐 시절이었던 1950년대 초에 꽤나 괜찮은 수익을 냈던 우유병 제조사였다. 이 기업은 최초의 우유병 제조사로서 독점적 시장점유율을 계속 유지했기 때문에 독자 중에는 어렸을 때 이 병을 사용했던 기억이 떠오르는 사람도 있을 것이다.

얼핏 보면 이 기업 주식을 사서 오래 보유한 것은 '최악'의 선택이었다고 생각할 것이다. 출생률이 1957년에 고점을 찍은 이후로 빠르게 감소하기 시작했기 때문이다. 베이비붐이 베이비버스트(출생률 급감)로 바뀌었다. 유리로 만든 우유병은 머지않아 사라질 운명이었다. 즉, 더 싸고 더 가볍고 더 편리한 종이 우유갑이 이 비싸고 무겁고 불편한 유리병을 대체하면서 우유병은 마치 공룡처럼 '멸종'의 길로 들어섰다. 오늘날 대처 글래스 제품은 이베이^{eBay} 추억의 소품 코너 같은 곳에서나 볼 수 있고 단돈 몇 달러면 살 수 있다.

그렇다고 해서 그 당시 대처 글래스 주식을 사서 47년 동안 보유한 사람이 투자에 완전히 실패했다는 의미는 아니다. 대처 글래스는 그로부터 9년 후에 렉솔드럭 Rexall Drug 이 인수했고 다트인더스트리 Dart Industries 로 사명이 변경됐다가 1980년에는 크래프트와 합병했으며 1988년에 최종적으로 필립 모리스가 인수했다.[1] 따라서 1957년에 이 회사 주식 100주를 산 투자자는 지금 필립 모리스 주식 14만 주를 보유하게 되는데 그 가치가 무려 1,600만 달러를 넘어간다!

대박이 터졌다는 말이 절로 나올 것이다. 그러나 이런 행운이 흔치는 않다. S&P500 원조 기업의 20대 고실적 기업 가운데 13개는 이렇게 다른 기업을 등에 업고 20대 기업에 올랐다. 대처 글래스가 S&P500 기업 가운데 고수익 순위 2위에 오른 이유는 이 기업이 올린 성과 때문만이 아니라 이후 여러 기업과의 인수와 합병을 거치며 이룬 성과 때문이기도 했다.

향후 50년 동안 국제적 기업이 이 같은 인수 기업의 위치에 서게 될 것이다. 이 종합 포트폴리오의 약 15%는 미국이 아닌 국가에 본사를 둔 기업으로 구성된다. 세계 최대 가전제품 제조사인 스웨덴 기업 일렉트로룩스 Electrolux가 에머슨라디오 Emerson Radio를 인수했고, 브리티시페트롤리엄 British Petroleum: BP은 전 다우인더스트리얼아나콘다코퍼 Dow Industrial Anaconda Copper와 애틀랜틱리치필드 Atlantic Richfield, 아모코 Amoco 등을 사들였고, 오스트레일리언뉴스 Australian News는 20세기폭스 Twentieth Century-Fox 사를 인수했고, 세계 최대 주류 회사인 영국의 디아지오 Diageo는 리게트그룹의 담배 지분을 사들였다. 다 열거하자면 한도 끝도 없다.

[부록 표-1] 종합 포트폴리오 중 20대 고수익 기업

수익률 순위	시가총액 순위 (1957년)	원 기업명-현 기업명(2003년) (- 합병, 〉 사명 변경)	총 증가액	연 수익률
1	215	필립 모리스 Philip Morris 〉 알트리아 Altria (2003)	4,626.40	19.75%
2	473	대처 글래스 Thatcher Glass — 렉솔드럭 Rexall Drug (1969) — 다트인더스트리 Dart Industries 〉 다트앤드크래프트 Dart & Kraft (1980) 〉 크래프트 Kraft (1986) — 필립 모리스 Philip Morris (1988) 〉 알트리아 Altria (2003)	2,742.27	18.42%
3	447	내셔널캔 National Can — 트라이앵글인더스트리 Triangle Industries (1985) — 페시네 Pechiney SA (1989)	2,628.72	18.31%

수익률 순위	시가총액 순위 (1957년)	원 기업명-현 기업명(2003년) (- 합병, 〉 사명 변경)	총 증가액	연 수익률
4	485	닥터페퍼 Dr Pepper — 비상장(1984) — 닥터페퍼세븐업Dr Pepper7-UP(1993) — 캐드베리슈웹스 CadberrySchweppes (1995)	2,392.22	18.07%
5	458	레인브라이언트 Lane Bryant — 리미티드스토어즈 Limited Stores (1982) 〉 리미티드인코퍼레이티드 Limited Inc. (1982)	1,997.87	17.62%
6	259	셀라니즈코퍼레이션 Celanese Corp. — 비상장(1987) — 셀라니즈 Celanese AG (1999)	1,520.68	16.93%
7	65	제너럴푸즈 General Foods — 필립 모리스 Philip Morris (1985) 〉 알트리아 Altria (2003)	1,467.10	16.85%
8	197	애보트래버러토리 Abbott Laboratories	1,281.33	16.51%
9	234	워너램버트 Warner-Lambertt — 화이자 Pfizer (2000)	1,225.25	16.40%
10	299	브리스톨마이어스 Bristol-Myers 〉 브리스톨마이어스스큅 Bristol-Myers Squibb (1989)	1,209.44	16.36%
11	433	컬럼비아픽처스 Columbia Pictures — 코카콜라 Coca-Cola (1982)	1,154.27	16.25%
12	487	스위츠컴퍼니 Sweets Co. 〉 투시롤인더스트리스 Tootsie Roll Industries (1966)	1,090.96	16.11%
13	274	아메리칸치클 American Chicle — 워너램버트 Warner-Lambertt (1962) — 화이자 Pfizer (2000)	1,069.50	16.06%
14	143	화이자 Pfizer	1,054.82	16.03%
15	83	코카콜라 Coca-Cola	1,051.65	16.02%

수익률 순위	시가총액 순위 (1957년)	원 기업명-현 기업명(2003년) (- 합병, 〉 사명 변경)	총 증가액	연 수익률
16	267	캘리포니아패킹코퍼레이션 California Packing Corp — 델몬트 Del Monte (1978) — R.J.레이놀즈인더스트리 R.J. Reynolds Industries(1979) — 비상장(1989) — RJR나비스코홀딩스 RJR Nabisco Holdings (1991) — 필립 모리스 Philip Morris (2000) 〉 알트리아 Altria (2003)	1,050.10	16.01%
17	348	로릴라드 Lorillard — 로브스시어터즈 Loew's Theatres (1968) 〉 로브스 Loew's (1971)	1,026.20	15.96%
18	66	내셔널데어리프로덕츠 National Dairy Products — 다트앤드크래프트 Dart & Kraft(1980) 〉 크래프트 Kraft (1986) — 필립 모리스 Philip Morris (1988) 〉 알트리아 Altria (2003)	1,011.39	15.90%
19	117	머크 **Merck**	1,003.41	15.90%
20	218	스탠더드브랜드 Standard Brands — 나비스코브랜드 Nabisco Brands (1981) — R.J.레이놀즈인더스트리 R.J. Reynolds Industries(1985) 〉 RJR나비스코 RJR Nabisco (1986) — 비상장(1989) — RJR나비스코홀딩스 RJR Nabisco Holdings (1991) — 필립 모리스 Philip Morris (2000) 〉 알트리아 Altria (2003)	1,002.98	15.90%

R.J.레이놀즈와 필립 모리스

대처 글래스는 필립 모리스가 인수해준 덕분에 S&P500 기업 중 두 번째로 높은 수익을 올리는 기업이 됐다. 이렇게 세계 굴지의 담배 회사에 인수된 덕을 톡톡히 본 기업이 대처 글래스만은 아니다. S&P500 원조 기업 가운데 4곳은 필립 모리스와 그에 앞선 인수 및 합병 주도 기업 덕분에 20대 기업이 됐다.

필립 모리스의 기업 역사는 너무 복잡하지만, 뛰어난 실적을 생각하면 간략하게나마 다시 살펴볼 가치는 충분히 있다. 필립 모리스는 거듭된 인수 작업을 통해 S&P500 원조 기업에 이름을 올린 각 10개 기업을 거느린 회사가 됐다. 그리고 이 S&P500 원조 기업 10개 모두가 시장 평균을 웃도는 실적을 냈다.

제2차 세계대전 후 미국에는 담배업계를 주도하는 기업이 두 곳 있었다. 필립 모리스와 R.J.레이놀즈토바코였다. 필립 모리스는 세계에서 가장 성공한 담배 상표인 말보로 외에 팔러먼트 Parliament, 메리트 Merit, 버지니아슬림 Virginia Slims, L&M(필립 모리스가 1999년에 인수한 리게트앤마이어스의 주력 상표) 등을 생산했다. 레이놀즈토바코는 10대 담배 상표 가운데 캐멀, 윈스턴, 도랄 Doral, 살렘 등 4개를 생산했다.

시간이 지나면서 흡연 인구가 줄고 담배 회사에 대한 소송 위협이 증가하자 담배업계 두 거물은 풍족한 현금으로 다른 기업을 인수하기 시작했는데 특히 식품 회사에 초점을 맞췄다. 필립 모리스는 1985년에 제너럴푸즈를 인수했고 R.J.레이놀즈토바코는 나비스코브랜드 **Nabisco Brands**를 인수해 사명을 아예 RJR 나비스코 **RJR Nabisco**로 변경했다.**²** 나비스코브랜드는 그 이전인 1971년에 크림오브위트 **Cream of Wheat**와 1981년에 스탠더드브랜드 **Standard Brands** 등의 인수와 합병 절차를 통해 이미 다른 S&P500 원조 기업 두 곳을 흡수·통합한 바 있다. 레이놀즈도 1965년에 페닉앤드포드 **Penick & Ford**를 인수했을 뿐 아니라 1979년에는 델몬트푸즈 **Del Monte Foods**를 사들였다. 델몬트푸즈 또한 1978년에 캘리포니아패킹 **California Packing**을 인수한 바 있다. RJR을 포함해 6개 RJR 계열사 전부가 시장 평균을 연 2% 이상 앞섰으며 최상위 2개 기업에 해당하는 캘리포니아패킹과 스탠더드브랜드는 S&P 지수를 연 5% 이상 앞섰다.

필립 모리스는 1988년에 135억 달러에 크래프트를 인수했다. 이 듬해에 RJR 나비스코는 사상 최대 '기업 담보 차입 매수 **leveraged buyout**'라는 기록을 남기며 콜버그크래비스로버츠 **KKR**에 인수돼 비상장 기업으로 전환됐다. KKR은 290억 달러를 주고 RJR 나비스코를 인수했는데 3년 뒤인 1991년에 RJR 나비스코홀딩스 **RJR Nabisco Holdings**라는 형태로 기업을 일부 공개했다. **³,⁴**

RJR 나비스코홀딩스는 1999년에 레이놀즈토바코의 소유권을 분할해 주주에게 분배했다. 그러나 RJR은 나비스코보다 나비스코홀딩스의 지분이 훨씬 작았기 때문에 당시 주주는 투자금 대부분을 계속 나비스코홀딩스에 묻어뒀다. 그리고 나서 2001년에 필립 모리스가 나비스코홀딩스를 인수했다.

이 인수 이후에 필립 모리스는 제너럴푸즈, 크래프트, 나비스코홀딩스를 합쳐 크래프트로 통합했다. 그리고 필립 모리스는 2001년에 기업 공개를 통해 크래프트 지분 16%를 매각했다(수익금은 80억 달러를 넘었다).

필립 모리스의 직계 계열사가 된 제너럴푸즈는 S&P500 원조 기업 가운데 고수익 순위 7위에 오르며 주주에게 연간 16.85%라는 높은 수익률을 안겼다. S&P500을 6%나 앞서는 실적이었다. 원래 모기업이 내셔널데어리프로덕츠인 크래프트푸즈는 내가 제1장에서 1950년

[부록 그림-1] 1957년 이후 필립 모리스의 기업 역사

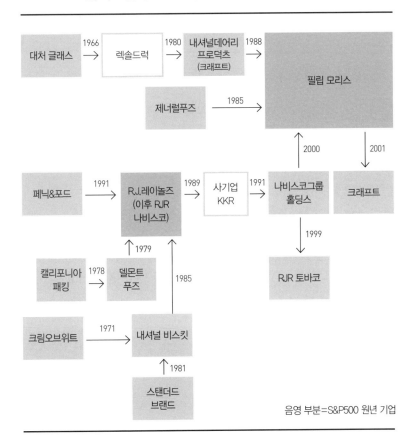

음영 부분=S&P500 원년 기업

당시 50대 기업 가운데 최고 수익을 올린 곳이라고 했던 바로 그 기업이다. 내셔널데어리는 20대 S&P500 원조 기업 가운데 18위였다.

그 결과 필립 모리스는 RJR 계열사 6개와 제너럴푸즈, 크래프트, 대처 글래스, 필립 모리스까지 4개 기업을 합해 S&P500 원조 기업 10개를 거느린 곳이 됐다. 이 10개 기업 모두 S&P500 지수를 능가했고 4개 기업은 20대 고수익 원조 기업에 속한다.

1957년 당시 20대 기업의 수익 실적

20대 기업(제3장 [표 3-1]과 [부록 표-2] 참고)에 오른 곳 대다수가 처음에는 아주 작은 규모로 출발했다. 종합 포트폴리오에 있는 20대 고수익 기업 중에서 1957년 당시 시가총액 기준으로 65위 이상의 순위에 오른 곳은 단 한 개도 없었다. 평균이 대체로 그렇듯이 S&P500 지수는 시가총액 가중 지수이기 때문에 대형주가 어느 정도의 실적을 내는지 아는 일이 매우 중요하다.

이에 대해서는 [부록 표-2]에서 보는 바와 같이 대형주의 실적이 '꽤 좋다'라고 답할 수 있겠다. 1957년에 S&P500 전체 시장 가치의 47%를 차지한 20대 기업의 수익은 동일한 가중치를 부여한 상태에서 11.40%를 기록했으며 이는 종합 포트폴리오의 실적과 동일하고 S&P500 지수 수익보다는 월등히 높았다.

석유 기업의 지배력

1957년 당시 20대 기업 가운데 9개가 기초 제조업(소재) 부문과 두 번째로 큰 업종인 에너지 부문에 속해 있었다. 석유 부문이 급속도로 축소되고 있는데도 이 20대 고수익 기업 가운데 상위 5위 안에 든 기업 전부가 석유 산업체였다.

1위는 네덜란드 기업 로열더치페트롤리엄이며 S&P가 외국 기업을 전부 뺀다는 정책에 따라 2002년에 S&P500 지수에서 탈락한 기업 중 하나다. 고수익 순위 2위 기업은 미국에 본사를 둔 쉘오일 Shell Oil 이며 1985년에 로열더치가 인수했다. 로열더치는 이후 47년 동안 주주에게 13.6%라는 높은 연수익을 안겼고 쉘은 13.1%의 수익을 냈다. 두 수치 모두 S&P500 지수를 훨씬 능가하는 수준이다.

쉘과 로열더치 모두 1892년으로 거슬러 올라가는 오랜 역사를 지니고 있다. 런던을 본거지로 한 쉘트랜스포트앤드트레이딩 Shell Transport & Trading 은 세계 최초로 유조선을 건조했고 이 유조선으로 싱가포르와 방콕으로 러시아 등유 4,000톤을 운송했다.

같은 시기에 로열더치는 아시아에서 유전을 개발 중이었고 자체 유조선단 건조 주문을 냈다. 미국 기업 스탠더드오일과 존 록펠러 John D. Rockefeller 와의 경쟁 상황에 직면하자 1903년 유럽에 기반을 둔 두 기업은 차라리 합병을 하는 쪽이 낫다는 판단에 이르렀다. 로열더치와 쉘트랜스포트 둘 다 독립적 기업 형태는 유지하는 조건으로 1907년 합병을 통해 로열더치쉘그룹 Royal Dutch Shell Group 이 탄생했다. 이때 로열더치의 지분은 60%고 쉘은 40%였다.

3위, 4위, 5위를 차지한 석유 기업은 각각 소코니모빌 Socony Mobil, 인디애나 스탠더드오일 Standard Oil of Indiana, 뉴저지 스탠더드오일이었다. 먼저 소코니모빌은 나중에 앞에 붙은 '소코니 Socony: Standard Oil Co. of NY'라는 명칭을 떼고 엑손과 합병하여 '엑손모빌'이 된다. 인디애나 스탠더드오일은 BP 아모코와 합병했고 뉴저지 스탠더드오일은 1972년에 사명을 엑손으로 변경했다. 이들 기업 모두가 이후 46년 동안 S&P500 지수를 연 2~3% 앞질렀다.

걸프오일, 캘리포니아 스탠더드오일, 텍사코 Texaco 라고도 하는 텍사스컴퍼니 Texas Co. 가 합병해 쉐브론텍사코 ChevronTexaco 가 됐다. 역시 이들 모두 S&P500 지수를 능가했는데 코노코필립스 ConocoPhillips 소속이 된 필립스페트롤리엄 Phillips Petroleum 만 이 지수를 약간 밑돌았다.

상위 20개 기업에서 나머지 11개 중 유니언카바이드(현재 다우케미컬 소속), 듀폰, 제너럴모터스, 알코아 같은 기초 소재 및 제조업 부문에 속한 종목은 시장 평균을 크게 밑돌았다. 만약에 유에스스틸이 인수를 통해 스스로 마라톤오일 Marathon Oil 로 변신을 꾀하지 않았다면 아마 투자자에게 훨씬 저조한 수익을 안겼으리라 생각한다. 유에스스틸에 이어 세계에서 두 번째로 큰 철강 제조사였던 베슬리헴스틸은 2001년에 파산했다. 베슬리헴은 S&P500 원조 기업 중에서 20대 고수익 기업이었으면서 투자자에게 손실을 안긴 유일한 곳이다.

이런 맥락에서 S&P500 원조 기업 포트폴리오가 고수익을 낸 이유는 전체 지수 거의 4분의 1을 차지하는 석유업이 월등한 실적을 낸 사실과 관련이 있다고 생각할지 모른다. 그러나 사실은 그렇지 않다. 석유 부문에 속한 기업을 빼더라도 지수의 원조 기업으로 구성된 S&P500 포트폴리오는 여전히 S&P500 지수를 능가했을 것이다.

[부록 표-2] S&P500 원조 기업 중 20대 고수익 기업

수익률 순위	시가 총액 순위 (1957년)	원 기업명–현 기업명(2003년) (– 합병, 〉 사명 변경)	총 증가액 (분할 기업 포함)	연 수익률
1	12	로열더치페트롤리엄 Royal Dutch Petroleum	398.84	13.64%
2	14	쉘오일 Shell Oil – 로열더치페트롤리엄 Royal Dutch Petroleum (1985)	323.96	13.14%
3	13	소코니모빌오일 Socony Mobil Oil 〉 모빌 Mobil (1966) 엑손모빌 ExxonMobil (1999) –	322.41	13.13%
4	16	인디애나 스탠더드오일 Standard Oil of Indiana 〉 아모코 Amoco (1985) – BP 아모코 BP Amoco (1998)	285.31	12.83%
5	2	뉴저지 스탠더드오일 Standard Oil of New Jersey 〉 엑손 Exxon (1972) 〉 엑손모빌 ExxonMobil (1999)	254.00	12.55%
6	5	제너럴일렉트릭 General Electric	220.04	12.21%
7	6	걸프오일 Gulf Oil 〉 걸프 Gulf – 쉐브론 Chevron (1984) 〉 쉐브론텍사코 ChevronTexaco (2001)	214.12	12.14%
8	11	인터내셔널비즈니스머신즈 International Business Machines	196.50	11.94%
9	10	캘리포니아 스탠더드오일 Standard Oil of California 〉 쉐브론 Chevron (1984) 〉 쉐브론텍사코 ChevronTexaco (2001)	172.29	11.62%
10	15	시어스로벅 Sears, Roebuck	151.51	11.32%

수익률 순위	시가 총액 순위 (1957년)	원 기업명-현 기업명(2003년) (- 합병, 〉 사명 변경)	총 증가액 (분할 기업 포함)	연 수익률
11	8	텍사스컴퍼니 Texas Co. 〉 텍사코 Texaco (1959) — 쉐브론텍사코 ChevronTexaco (2001)	128.63	10.93%
12	20	필립스페트롤리엄 Phillips Petroleum 〉 코노코필립스 ConocoPhillips (2002)	119.61	10.76%
13	1	아메리칸텔레폰앤텔레그래프 American Telephone & Telegraph 〉 AT&T(1994)	107.16	10.50%
14	7	유니언카바이드앤드카본 Union CArbide & Carbon 〉 유니언카바이드 Union CArbide (1957) — 다우케미컬 Dow Chemical (2001)	86.20	9.98%
15	4	듀폰 DuPont	41.82	8.30%
16	3	제너럴모터스 General Motors	41.47	8.28%
17	17	알루미늄컴퍼니오브아메리카 Aluminum co. of America 〉 알코아 ALCOA (1999)	37.74	8.06%
18	19	이스트먼코닥 Eastman Kodak	35.33	7.91%
19	9	유에스스틸 US Steel 〉 USX 코퍼레이션 USX Corp (1986) 〉 USX 마라톤 USX Marathon (1991) 〉 마라톤오일 Marathon Oil (2000)	8.25	4.61%
20	18	베슬리헴스틸 Bethlehem Steel	0.001	−13.54%

S&P500 원조 기업의 수익

　다음 페이지부터 이어지는 표는 S&P500 원조 기업의 수익을 정리한 것이다. 이 목록에는 사명 변경이나 합병이 일어난 연도 등의 정보가 포함됐다. 여기서는 1957년 각 기업에 1달러를 투자하고 배당금은 전액 재투자하며 기업 분할이 있을 시에도 역시 모두 보유한다고 가정했다. 비상장 기업이 된 경우 배당금 재투자와 함께 여기서 발생한 자금은 S&P500 인덱스 펀드에 재투자된다고 가정했다. 비상장 사기업이 다시 기업 공개를 하면 인덱스 펀드에 있던 자금은 모두 새로 발행되는 주식을 매수하는 데 사용한 것으로 봤다. 제2장에서 설명했듯이 이런 기업이 종합 포트폴리오를 구성한다.

　이 목록은 모기업과 분할 기업 간의 투자 원금(1달러) 증가액과 각각에 대한 배분 비율에 대한 세부 명세표다. 여기에는 1957년 2월 28일 당시 기업들의 시가총액 순위도 포함된다.

S&P500 원조 기업의 수익

수익 순위	시가총액 순위 (1957년)	원 기업명-현 기업명(2003년) (- 합병, 〉 사명 변경)	총 증가액 (달러)	비율	연수익률
1	215	필립 모리스 Philip Morris 〉 알트리아 Altria (2003)	4,626.40	100.0%	19.75%
2	473	대처 글래스 Thatcher Glass — 렉솔드럭 Rexall Drug (1966) — 다트인더스트리 Dart Industries (1969) 〉 다 트앤드크래프트 Dart & Kraft(1980) 〉 크래프트 Kraft (1986) — 필립 모리스 Philip Morris (1988) 〉 알트리아 Altria (2003)	2,742.27	100.0%	18.42%
		알트리아 Altria	2,701.27	98.5%	
		프리마크 Premark (1986) — 일리노이툴웍스 Illinois Tool Works (1999)	30.43	1.1%	
		타파웨어 Tupperware (1996)	10.57	0.4%	
3	447	내셔널캔 National Can — 트라이앵글인더스트리 Triangle Industries (1985) — 페시네 Pechiney SA (1989)	2,628.72	100.0%	18.31%
4	485	닥터페퍼 Dr Pepper — 비상장(1984) — 닥터페퍼세븐업 Dr Pepper7-UP(1993) — 캐드베리슈웹스 CadberrySchweppes (1995)	2,392.22	100.0%	18.07%
5	458	레인브라이언트 Lane Bryant — 리미티드스토어즈 Limited Stores (1982) 〉 리미티드인코퍼레이티드 Limited Inc. (1982)	1,997.87	100.0%	17.62%
		리미티드 Limited	1,399.23	70.0%	
		투 Too (1999)	158.52	7.9%	
		아베크롬비 Abercrombie (1998)	20.33	1.0%	
6	234	워너램버트 Warner-Lambertt — 화이자 Pfizer (2000)	1,225.25	100.0%	16.40%

수익 순위	시가총액 순위 (1957년)	원 기업명-현 기업명(2003년) (- 합병, 〉 사명 변경)	총 증가액 (달러)	비율	연수익률
		아벤티스 Aventis	1,131.83	92.8%	
		셀라니즈 AG Celaneses AG (1999)	88.33	7.2%	
7	65	제너럴푸즈 General Foods — 필립 모리스 Philip Morris (1985) 〉 알트리아 Altria (2003)	1,467.10	100.0%	16.85%
8	197	애보트래버러토리 Abbott Laboratories	1,281.33	100.0%	16.51%
9	259	셀라니즈 Celanese — 회흐스트 Hoechst AG (1987) — 아벤티스 Aventis (1999)	1,220.16	100.0%	16.39%
		아벤티스 Aventis	1,131.83	92.8%	
		셀라니즈 Celanese AG (1999)	88.33	7.2%	
10	299	브리스톨마이어스 Bristol-Myers 〉 브리스톨마이어스스큅 Bristol-Myers Squibb (1989)	1,209.44	100.0%	16.36%
		브리스톨마이어스스큅 Bristol-Myers Squibb	999.26	82.6%	
		짐머홀딩스 Zimmer Holdings (2001)	210.18	17.4%	
11	433	컬럼비아픽처스 Columbia Pictures — 코카콜라 Coca-Cola (1982)	1,154.27	100.0%	16.25%
		코카콜라 Coca-Cola	1,146.51	99.3%	
		컬럼비아픽처스 Columbia Pictures (1988) — 소니 Sony (1989)	7.76	0.7%	
12	487	스위츠컴퍼니 Sweets Co. 〉 투시롤인더스트리스 Tootsie Roll Industries (1966)	1,090.96	100.0%	16.11%
13	274	아메리칸치클 American Chicle — 워너램버트 Warner-Lambertt (1962) — 화이자 Pfizer (2000)	1,069.50	100.0%	16.06%
14	143	화이자 Pfizer	1,504.82	100.0%	16.03%

수익 순위	시가총액 순위 (1957년)	원 기업명-현 기업명(2003년) (− 합병, 〉 사명 변경)	총 증가액 (달러)	비율	연수익률
15	83	코카콜라 Coca-Cola	1,051.65	100.0%	16.02%
		코카콜라 Coca-Cola	1,044.57	99.3%	
		컬럼비아픽처스 Columbia Pictures (1988) − 소니 Sony (1989)	7.07	0.7%	
16	267	캘리포니아패킹코퍼레이션 California Packing Corp − 델몬트 Del Monte (1978) − R.J.레이놀즈인더스트리 R.J. Reynolds Industries (1979) − 비상장(1989) − RJR나비스코홀딩스 RJR Nabisco Holdings (1991) − 필립 모리스 Philip Morris (2000) 〉 알트리아 Altria (2003)	1,050.10	100.0%	16.01%
		알트리아 Altria	659.90	63.2%	
		R.J.레이놀즈토바코 R.J. Reynolds Tobacco (1999)	373.10	35.5%	
		시랜드 Sealand (1984) − CSX 코퍼레이션 CSX Corp (1986)	17.10	1.6%	
17	117	머크 Merck	1,032.64	100.0%	15.97%
		머크 Merck	949.69	254.5%	
		메드코헬스솔루션즈 Medco Health Solutions (2003)	82.95	485.1%	
18	348	로릴라드 Lorillard − 로브스시어터즈 Loew's Theatres (1968) 〉 로브스 Loew's (1971)	1,026.20	100.0%	15.96%
19	66	내셔널데어리프로덕츠 National Dairy Products − 다트앤드크래프트(Dart & Kraft)(1980) 〉 크래프트 Kraft (1986) − 필립 모리스 Philip Morris (1988) 〉 알트리아 Altria (2003)	1,011.39	100.0%	15.92%

수익 순위	시가총액 순위 (1957년)	원 기업명-현 기업명(2003년) (- 합병, 〉 사명 변경)	총 증가액 (달러)	비율	연수익률
		알트리아 Altria	970.38	95.9%	
		프리마크 Premark (1986) — 일리노이툴웍스 Illinois Tool Works (1999)	30.43	3.0%	
		타파웨어 Tupperware (1996)	10.57	1.0%	
20	218	스탠더드브랜드 Standard Brands — 나비스코브랜드 Nabisco Brands (1981) — R.J.레이놀즈인더스트리 R.J. Reynolds Industries)(1985) 〉 RJR 나비스코 RJR Nabisco (1986) — 비상장(1989) — RJR 나비스코홀딩스 RJR Nabisco Holdings (1991) — 필립 모리스 Philip Morris (2000) 〉 알트리아 Altria (2003)	1,002.98	100.0%	15.90%
21	298	리처드슨머렐 Richardson Merrell — 리처드슨빅스 Richardson Vicks (1981) — 프록터앤드갬블 Procter & Gamble (1985)	992.50	100.0%	15.87%
		프록터앤드갬블 Procter & Gamble	893.13	90.0%	
		스머커즈 Smuckers (2002)	8.14	0.8%	
		다우케미컬 Dow Chemical (1981)	91.23	9.2%	
22	421	휴데일인더스트리 Houdaille Industries — 비상장(1979)	950.02	100.0%	15.77%
23	474	리브즈브러더스 Reeves Brothers — 비상장(1982)	941.87	100.0%	15.74%
24	342	R.H. 메이시 R.H. Macy — 비상장(1986)	992.48	100.0%	15.69%
25	409	스토클리밴캠프 Stokely-Van Camp — 퀘이커오츠 Quaker Oats (1983) — 펩시 Pepsi (2001)	873.83	100.0%	15.56%
		펩시코 PepsiCo	813.10	93.1%	

수익 순위	시가총액 순위 (1957년)	원 기업명-현 기업명(2003년) (- 합병, 〉 사명 변경)	총 증가액 (달러)	비율	연수익률
		피셔프라이스 Fisher-Price (1991) — 마텔 Mattel (1993)	60.73	6.9%	
26	216	펩시코 PepsiCo	866.07	100.0%	15.54%
		펩시코 PepsiCo	761.09	87.9%	
		트리콘글로벌레스토랑 Tricon Global Restaurants (1997) 〉 얌브랜드 Yum Brands (2002)	104.97	12.1%	
27	481	맥콜 McCall — 노턴사이먼 Norton Simon (1968) — 에스마크 Esmark (1983) — 비트라이스푸즈 Beatrice Foods (1984) — 비상장(1986)	798.48	100.0%	15.34%
28	239	콜게이트팜올리브 Colgate-Palmolive	761.16	100.0%	15.22%
29	60	R.J.레이놀즈인더스트리 R.J. Reynolds Industries)(1985) 〉 RJR나비스코 RJR Nabisco (1986) — 비상장(1989) — RJR나비스코홀딩스 RJR Nabisco Holdings (1991) — 필립 모리스 Philip Morris (2000) 〉 알트리아 Altria (2003)	743.88	100.0%	15.16%
		알트리아 Altria	467.44	58.5%	
		R.J.레이놀즈토바코 R.J. Reynolds Tobacco(1999)	264.28	35.5%	
		시랜드 Sealand (1984) — CSX 코퍼레이션 CSX Corp (1986)	12.11	1.6%	
30	275	크레인컴퍼니 Crane Co.	736.80	100.0%	15.14%
		크레인 Crane	491.55	66.7%	
		메두사코퍼레이션 Medusa Corp (1988) — 사우스다운 Southdown (1998) — 시멕스 Cemex SA (2000)	235.26	31.9%	

수익 순위	시가총액 순위 (1957년)	원 기업명-현 기업명(2003년) (- 합병, 〉 사명 변경)	총 증가액 (달러)	비율	연수익률
		허티그빌딩프로덕츠 Huttig Building Products (1999)	9.98	1.4%	
31	441	콘솔리데이티드시거 Consolidated Cigar — 걸프앤드웨스턴인더스트리 Gulf & Western Industries(1968) 〉 파라마운트커뮤니케이션즈 Paramount Communications (1989) 〉 비아콤 Viacom (1994)	697.82	100.0%	15.01%
		비아콤 Viacom	694.26	99.5%	
		GW 랜드 GW Land /비상장(1969)	3.56	0.5%	
32	376	페닉앤드포드(Penick & Ford) — R.J.레이놀즈토바코 R.J. Reynolds Tobacco)(1965) 〉 RJR나비스코 RJR Nabisco (1986) — 비상장(1989) — RJR나비스코홀딩스 RJR Nabisco Holdings (1991) — 필립 모리스 Philip Morris (2000) 〉 알트리아 Altria (2003)	694.81	100.0%	15.00%
		알트리아 Altria	436.63	62.9%	
		R.J.레이놀즈토바코 R.J. Reynolds Tobacco(1999)	246.87	35.5%	
		시랜드 Sealand (1984) — CSX 코퍼레이션 CSX Corp (1986)	11.31	1.6%	
33	303	베스트푸즈 Best Foods — 콘프로덕츠 Corn Products (1958) 〉 CPC 인터내셔널 CPC Int'l (1969) 〉 베스트푸즈 Best Foods (1998) — 유니레버 Unilever (2000)	688.20	100.0%	14.97%
		유니레버 Unilever	659.64	95.9%	
		콘프로덕츠인터내셔널 Corn Products International (1998)	28.56	4.1%	

수익 순위	시가총액 순위 (1957년)	원 기업명-현 기업명(2003년) (- 합병, 〉 사명 변경)	총 증가액 (달러)	비율	연수익률
34	296	파라마운트픽처스 Paramount Pictures — 걸프앤드웨스턴인더스트리 Gulf & Western Industries(1966) 〉 파라마운트커뮤니케이션즈 Paramount Communications (1989) 비아콤 Viacom (1994)	673.56	100.0%	14.92%
		비아콤 Viacom	670.12	99.5%	
		GW 랜드 GW Land (1969)	3.44	0.5%	
35	443	제너럴시거즈 General Cigars 〉 컬브로 Culbro (1976) — 제너럴시거홀딩스 General Cigar Holdings (1997) — 스웨디시매치 Swedish Match (2000)	668.28	100.0%	14.90%
		스웨디시매치	256.88	59.3%	
		퍼스트파이낸셜캐리비언 First Financial Caribbean (1988) — 도럴파이낸셜 Doral Financial (1997)	396.07	38.4%	
		그리핀랜드앤드너서리즈 Griffin Land and Nurseries (1999)	15.34	2.3%	
36	471	버지니아캐롤리나케미컬 Virginia Carolina Chemical — 소코니베큠오일 Socony Vacuum Oil (1963) 〉 모빌 Mobil (1966) — 엑손모빌 ExxonMobil (1999)	655.05	100.0%	14.85%
37	439	콩골리움네언 Congoleum Nairn — 배스인더스트리 Bath Industries (1968) 〉콘 골리움 Congoleum (1975) — 비상장(1980)	647.19	100.0%	14.82%
38	378	트루악스트래어콜 Truax Traer Coal — 콘솔리데이티드콜 Consolidation Coal (1962) — 콘티넨탈오일 Continental Oil (1966) 〉 코노코 Conoco (1969) — 듀폰 DuPont (1981)	642.82	100.0%	14.80%

수익순위	시가총액 순위 (1957년)	원 기업명-현 기업명(2003년) (- 합병, 〉사명 변경)	총 증가액 (달러)	비율	연수익률
		듀폰 DuPont	496.29	77.2%	
		코노코(1999) - 코노코필립스 Conoco Phillips (2002)	146.54	22.8%	
39	374	아메리칸어그리컬처럴케미컬 American Agricultural Chemical - 콘솔리데이티드콜 Consolidation Coal (1963) - 콘티넨탈오일 Continental Oil (1966) 〉 코노코 Conoco (1969) - 듀폰 DuPont (1981)	640.72	100.0%	14.80%
		듀폰 DuPont	494.66	77.2%	
		코노코(1999) - 코노코필립스 Conoco Phillips (2002)	146.06	22.8%	
40	432	어맬거메이티드슈거 Amalgamated Sugar - 내셔널시티라인즈 National City Lines (1982) - 비상장(1985)	636.88	100.0%	14.78%
41	277	하인즈 Heinz	635.99	100.0%	14.78%
		하인즈 Heinz	566.10	89.0%	
		델몬트 Del Mont (2002)	69.88	11.0%	
42	148	콘프로덕츠 Corn Products (1958) 〉 CPC 인터내셔널 CPC Int'l (1969) 〉 베스트푸즈 Best Foods (1998) - 유니레버 Unilever (2000)	619.00	100.0%	14.71%
		유니레버 Unilever	604.31	97.6%	
		콘프로덕츠인터내셔널 Corn Products International (1998)	26.63	4.3%	
43	188	리글리 Wrigley	603.88	100.0%	14.65%
44	72	아메리칸토바코 American Tobacco 〉 아메리칸브랜드 American Brands (1969) 〉 포천브랜드 Fortune Brands (1997)	580.03	100.0%	14.55%

수익 순위	시가총액 순위 (1957년)	원 기업명-현 기업명(2003년) (- 합병, 〉 사명 변경)	총 증가액 (달러)	비율	연수익률
		포천브랜드 Fortune Brands	348.98	60.2%	
		갤러허그룹 Gallaher Group (1997)	231.05	39.8%	
45	329	일렉트릭오토라이트 Electric Auto-Lite — 엘트라 Eltra (1963) — 얼라이드코퍼레이션 Allied Corp. (1979) — 허니웰인터내셔널 Honeywell International (1999)	572.28	100.0%	14.52%
		허니웰인터내셔널 Honeywell International	541.26	94.6%	
		헨리그룹 Henry Group (1986) — 휠래브러터그룹 Wheelaborator Group (1989) — 웨이스트매니지먼트 Waste Management (1998)	16.75	2.9%	
		피셔사이언티픽 Fisher Scientific (1987) — 휠래브러터그룹(1989) — 웨이스트매니지먼트(1998)			
		헨리매뉴팩처링 Henry Manufacturing (1987) — 비상장(1989)	14.28	2.5%	
46	467	본알루미늄앤드브래스 Bohn Aluminum & Brass(1963) — 걸프앤드웨스턴인더스트리 Gulf & Western Industries(1966) 〉 파라마운트커뮤니케이션즈 Paramount Communications (1989) 비아콤 Viacom (1994)	571.01	100.0%	14.51%
		비아콤 Viacom	568.09	99.5%	
		GW 랜드(1969)*	2.92	0.5%	
47	328	플린트코트 Flintkote — 젠스타 Genstar (1980) — 이마스코 Imasco (1986) — 브리티시아메리칸토바코 British American Tobacco (2000)	562.93	100.0%	14.48%

수익 순위	시가총액 순위 (1957년)	원 기업명-현 기업명(2003년) (– 합병, 〉 사명 변경)	총 증가액 (달러)	비율	연수익률
48	226	퀘이커오츠 Quaker Oats — 펩시 Pepsi (2001)	556.73	100.0%	14.45%
		펩시코 PepsiCo	518.04	93.1%	
		피셔프라이스 Fisher-Price (1991) — 마텔 Mattel (1993)	38.69	6.9%	
49	403	걸프모바일앤드오하이오 Gulf Mobile & Ohio RR) — 일리노이센트럴 RR Illinois Central RR (1972) 〉 일리노이센트럴인더스트리 Illinois Central Industries 〉 휘트먼 Whitman (1988) 〉 펩시아메리카스 PepsiAmericas (2001)	552.70	100.0%	14.43%
		펩시아메리카스 PepsiAmericas	59.86	10.8%	
		페딩크 PetInc (1991) — 그랜드메트로폴리탄 Grand Metropolitan (1995) 〉 디아지오 Diageo (1997)	236.32	42.8%	
		일리노이센트럴(1990)— 캐나디언내셔널레일웨이 Canadian National Railway (1998)	151.33	27.4%	
		허스먼인터내셔널 Hussman international (1998) — 잉거솔랜드 Ingersol Land (2000)	86.12	15.6%	
		마이더스 Midas (1998)	8.21	1.5%	
		프로스펙트그룹 Prospect Group (1989) — 비상장(1997)	3.16	0.6%	
		방크테크 Banctec (1990) — 비상장(1999)	3.28	0.6%	
		실번푸드홀딩스 Sylvan Food Holdings (1990) 〉 실번 Sylvan (1994)	1.46	0.3%	

수익 순위	시가총액 순위 (1957년)	원 기업명-현 기업명(2003년) (- 합병, 〉 사명 변경)	총 증가액 (달러)	비율	연수익률
		너리지유니버스 Knowledge Universe (1992)*	2.38	0.4%	
		포르슈너그룹 Forschner Group (1990) 〉 스위스아미브랜드 Swiss Army Brands (1990) — 빅터리녹스 Victorinox (2002)	0.58	0.1%	
50	180	크로거 Kroger	546.79	100.0%	14.41%
51	255	셰링 Schering — 셰링플라우 Schering-Plough (1971)	537.5	100.0%	14.36%
52	178	컨테이너코퍼레이션오브아메리카 (container Corp. of America) — 마르코 Marcor (1968) — 모빌 Mobil (1976) — 엑손모빌 ExxonMobil (1999)	519.54	100.0%	14.28%
53	31	프록터앤드갬블Procter & Gamble	513.75	100.0%	14.26%
		프록터앤드갬블Procter & Gamble	509.11	99.1%	
		스머커즈 Smuckers (2002)	4.64	0.9%	
54	164	스위프트 Swift 〉 에스마크 Esmark (1983) — 비트라이스푸즈 Beatrice Foods (1984) — 비상장(1986)	513.12	100.0%	14.25%
55	227	허위푸즈 Herdhey Foods	507.00	100.0%	14.22%
56	345	노리치파머컬 Norwich Pharmacal 〉 노튼노리치프로즈 Morton Norwich Prods (1969) 〉 모튼티오콜 Morton Thiokol (1982) 〉 티오콜 Thiokol (1989) 〉 코던트테크 Cordant Tech (1998) — 알코아 Alcoa (2000)	498.99	100.0%	14.09%
		알코아 Alcoa	238.54	47.8%	
		모튼인터내셔널 Morton International (1989) — 롬앤드하스Rohm & Hass(1999)	195.94	39.3%	

수익 순위	시가총액 순위 (1957년)	원 기업명-현 기업명(2003년) (- 합병, 〉 사명 변경)	총 증가액 (달러)	비율	연수익률
		오토리브 Autoliv (1997)	64.51	12.9%	
57	262	아메리칸브로드캐스팅컴퍼니 American Broadcasting Co. — 캐피털시티즈 ABC Capital Cities ABC (1986) — 월트디즈니컴퍼니 Walt Disney Co. (1996)	493.89	100.0%	14.16%
58	304	스토어러브로드캐스팅 Storer Broadcasting — 비상장(1985)	493.21	100.0%	14.16%
59	453	로열크라운콜라 Royal Crown Cola — 비상장(1984)	489.91	100.0%	14.14%
60	435	슈피겔 Spiegel — 베네피셜파이낸셜코퍼레이션 Beneficial Financial Corp (1965) 〉 베네피셜 Beneficial (1998) — 하우스홀드인터내셔널 Household International (1998) — HSBC홀딩스 HSBC Holdings (2003)	478.56	100.0%	14.08%
61	372	웨슨오일 Weson Oil — 헌트푸즈 Hunt Foods (1967) — 노튼사이먼 Norton Simon (1968) — 에스마크 Esmark (1983) — 비트라이스푸즈 Beatrice Foods (1984) — 비상장(1986)	476.58	100.0%	14.07%
62	428	하우멧 Howmet — 페시네 Pechiney SA (1975)	472.27	100.0%	14.05%
		페시네 Pechiney SA	201.62	42.7%	
		화이자 Pfizer (1970)	270.65	57.3%	
63	76	아메리칸홈프로덕츠 Amrican Home Products 〉 와이어스 Wyeth (2002)	461.19	100.0%	13.99%
64	241	시카고뉴매틱툴 Chicago Pneumatic Tool — 다나허코퍼레이션 Danaher Corp (1986)	455.23	100.0%	13.96%

수익 순위	시가총액 순위 (1957년)	원 기업명-현 기업명(2003년) (- 합병, 〉 사명 변경)	총 증가액 (달러)	비율	연수익률
65	133	세이프웨이스토어즈 Safeway Stores — 비상장(1986) — 세이프웨이스토어즈(1990)	453.03	100.0%	13.95%
66	93	C.I.T. 파이낸셜(C.I.T. Financial) — RCA(1980) — 제너럴일렉트릭 General Electric (1986)	449.43	100.0%	13.93%
67	412	메르겐탈러라이노타이프 Mergenthaler Linotype — 엘트라 Eltra (1979) — 얼라이드 Allied (1979) — 허니웰인터내셔널 Honeywell International (1999)	444.54	100.0%	13.90%
		허니웰인터내셔널 Honeywell International	420.43	94.6%	
		헨리그룹 Henry Group (1986) — 휠래브러터그룹 Wheelaborator Group(1989) — 웨이스트매니지먼트 Waste Management (1998)	13.01	2.9%	
		피셔사이언티픽 Fisher Scientific (1987) — 휠래브러터그룹(1989) — 웨이스트매니지먼트(1998)			
		헨리매뉴팩처링 Henry Manufacturing (1987) — 비상장(1989)	11.09	2.5%	
68	437	엘리엇컴퍼니 Elliot Co. — 캐리어코퍼레이션 Carrier Corp (1978) — 유나이티드테크놀로지스 United Technologies (1979)	434.87	100.0%	13.85%
69	285	선샤인비스키츠 Sunshine Biscuits — 아메리칸토바코 American Tobacco (1966) 〉 아메리칸브랜드 American Brands (1969) 〉 포천브랜드 Fortune Brands (1997)	426.33	100.0%	13.80%
		포천브랜드 Fortune Brands	256.50	60.2%	
		갤러허그룹 Gallaher Group (1997)	169.82	39.8%	

수익 순위	시가총액 순위 (1957년)	원 기업명-현 기업명(2003년) (- 합병, 〉 사명 변경)	총 증가액 (달러)	비율	연수익률
70	236	컬럼비아브로드캐스팅시스템 Columbia Broadcasting system 〉 CBS CBS Inc (1974) - 웨스팅하우스 Westinghouse (1995) - 비아콤 Viacom (2000)	425.17	100.0%	13.80%
71	12	로열더치페트롤리엄 Royal Dutch Petroleum			
72	400	모하스코인더스트리 Mohasco Industries 〉 모하스코코퍼레이션 Mohasco Corp. (1974) - 비상장(1989) - 모호크인더스트리 Mohawk Industries (1992)	398.78	100.0%	13.64%
73	118	텍사스걸프설퍼 Texas Gulf Shlphur - 소시에테나쇼날엘프아키텐 Societe Nationale Elf Aquitaine (1981) - 토털피나엘프 Total Fina Elf (1991)	395.86	100.0%	13.62%
74	322	암스타 Amstar - 비상장(1984)	390.51	100.0%	13.59%
75	198	제너럴밀스 General Mills	388.43	100.0%	13.58%
		제너럴밀스 General Mills	297.78	76.7%	
		케너파커초이즈 Kenner Parker Toys (1985) - 통카 Tonka (1987) - 하스브로 Hasbro (1991)	6.12	1.6%	
		크리스털브랜드 Crystal Brands (1985)	0.00	0.0%	
		다든레스토랑 Darden Restaurant (1995)	84.52	21.8%	
76	327	비치넛라이프세이버 Beechnut Life Saver - 스큅비치넛 Squibb Beechnut (1968) 〉 스큅 Squibb (1971) - 브리스톨마이어스스큅 Bristol-Myers Squibb (1989)	388.30	100.0%	13.58%

수익 순위	시가총액 순위 (1957년)	원 기업명-현 기업명(2003년) (- 합병, 〉사명 변경)	총 증가액 (달러)	비율	연수익률
		브리스톨마이어스스큅 Bristol-Myers Squibb	308.99	79.6%	
		짐머홀딩스 Zimmer Holdings (2001)	68.43	17.6%	
		웨스트마크인터내셔널 Westmark International (1987) 〉 어드밴스드테크랩스 Advanced Tech Labs (1992) 〉 ATL 울트라사운드 ATL Ultrasound (1997) — 필립스 NV Philips NV (1998) — 코닌클리예크필립스일렉트릭 Koninklijke Philips Elec (1999)	8.04	2.1%	
		스페이스랩스메디컬 Spacelabs Medical (1992) — 인스트루멘터리엄 Instrumentarium (2002)	2.33	0.6%	
		소노사이트 Sonosite (1998)	0.51	0.1%	
77	252	맥그로힐 McGraw-Hill	386.60	100.0%	13.56%
78	132	콘솔리데이티드콜 Consolidation Coal — 콘티넨탈오일 Continental Oil (1966) 〉 코노코 Conoco (1969) — 듀폰 DuPont (1981)	379.75	100.0%	13.52%
		듀폰 DuPont	293.18	77.2%	
		코노코 (1999) — 코노코필립스 Conoco Phillips (2002)	86.57	22.8%	
79	354	딕시컵 Dixie Cup — 아메리칸캔 American Can (1957) 〉 프리메리카 Primerica (1987) — 프리메리카코퍼레이션뉴 Primerica Corp New (1988) 〉 트레블러즈 Travelers (1994) 〉 트레블러즈그룹 Travelers Group (1995) 〉 시티그룹 Citigroup (1998)	374.98	100.0%	13.49%
		시티그룹 Citigroup	369.25	98.5%	
		트레블러즈프로퍼티캐쥬얼티 Travelers Property Casualty (2002)	5.73	1.5%	

수익 순위	시가총액 순위 (1957년)	원 기업명–현 기업명(2003년) (– 합병, 〉 사명 변경)	총 증가액 (달러)	비율	연수익률
		트랜스포트홀딩스 Transport Holdings (1995) — 콘세코 Conseco (1996)	0.00	0.0%	
80	278	멜빌슈 Melville Shoe 〉 멜빌 Melville (1976) 〉 CVS(1996)	670.66	100.0%	13.46%
		CVS	365.33	98.6%	
		풋스타 Footstar (1996)	5.33	1.4%	
81	388	마그나복스 Magnavox — 노스아메리카필립스 North America Philips (1975) — 필립스 NV Philips NV (1987)	367.19	100.0%	13.44%
82	478	카이저로스 Kayser Roth — 걸프앤드웨스턴인더스트리 Gulf & Western Industries(1975) 〉 파라마운트커뮤니케이션즈 Paramount Communications (1989) 비아콤 Viacom (1994)	359.42	100.0%	13.39%
83	282	워딩턴 Worthington — 스튜데베이커워딩턴 Studebaker Worthington (1967) — 맥그로에디슨 McGraw Edison (1979) — 쿠퍼인더스티리즈 Cooper Industries (1985)	353.25	100.0%	13.35%
		쿠퍼인더스티리즈 Cooper Industries	340.99	96.5%	
		가드너덴버 Gardner Denver (1994)	12.26	3.5%	
84	142	내셔널비스킷컴퍼니 National Biscuit Company 〉 나비스코브랜드 Nabisco Brands (1971) — R.J.레이놀즈인더스트리 R.J. Reynolds Industries)(1985) 〉 RJR 나비스코 RJR Nabisco (1986) — 비상장(1989) — RJR 나비스코홀딩스 RJR Nabisco Holdings (1991) — 필립 모리스 Philip Morris (2000) 〉 알트리아 Altria (2003)	352.43	100.0%	13.34%

수익 순위	시가총액 순위 (1957년)	원 기업명-현 기업명(2003년) (- 합병, 〉 사명 변경)	총 증가액 (달러)	비율	연수익률
		알트리아 Altria	221.48	62.8%	
		R.J.레이놀즈토바코 R.J. Reynolds Tobacco)(1999)	125.22	35.5%	
		시랜드 Sealand (1984) — CSX 코퍼레이션 CSX Corp (1986)	5.74	1.6%	
85	240	마라톤 Marathon — 아메리칸칸캔 American Can (1957) 〉 프리메리카 Primerica (1987) — 프리메리카코퍼레이션뉴 Primerica Corp New (1988) 〉 트레블러즈 Travelers (1994) 〉 트레블러즈그룹 Travelers Group (1995) 〉 시티그룹 Citigroup (1998)	346.66	100.0%	13.30%
		시티그룹 Citigroup	341.36	98.5%	
		트레블러즈프로퍼티캐쥬얼티 Travelers Property Casualty (2002)	5.30	1.5%	
		트랜스포트홀딩스 Transport Holdings (1995) — 콘세코 Conseco (1996)	0.00	0.0%	
86	344	암스테드인더스트리 Amsted Industries — 비상장(1986)	344.31	100.0%	13.28%
87	14	쉘오일 Shell Oil — 로열더치페트롤리엄 Royal Dutch Petroleum (1985)	323.96	100.0%	13.14%
88	367	매소나이트 Masonite — US 집섬 US Gypsum (1984) 〉 USG(1984)	322.67	100.0%	13.13%
		USG	0.57	0.2%	
		AP 그린 AP Green (1988) — 글로벌인더스트리얼테크 Global Industrial Techs (1998) — RHI(2000)	105.85	32.8%	

수익 순위	시가총액 순위 (1957년)	원 기업명-현 기업명(2003년) (- 합병, 〉 사명 변경)	총 증가액 (달러)	비율	연수익률
		팀버리얼리제이션 Timber Realization (1982) — 비상장(1983)	216.25	67.0%	
89	402	캐나다드라이 Canada Dry — 노튼사이먼 Norton Simon (1968) — 에스마크 Esmark (1983) — 비트라이스푸즈 Beatrice Foods (1984) — 비상장(1986)	329.28	100.0%	13.18%
90	13	소코니베큠오일 Socony Vacuum Oil — 모빌 Mobil (1966) — 엑슨모빌 ExxonMobil (1999)	322.41	100.0%	13.13%
91	307	비어트리스푸즈 Beatrice Foods — 비상장(1986)	312.98	100.0%	13.05%
92	286	모토롤라 Motorola	310.30	100.0%	13.03%
93	79	아메리칸캔 American Can 〉 프리메리카 Primerica (1987) — 프리메리카코퍼레이션뉴 Primerica Corp New (1988) 〉 트레블러즈 Travelers (1994) 〉 트레블러즈그룹 Travelers Group (1995) 〉 시티그룹 Citigroup (1998)	309.07	100.0%	13.02%
		시티그룹 Citigroup	304.35	98.5%	
		트레블러즈프로퍼티캐쥬얼티 Travelers Property Casualty (2002)	4.75	1.5%	
		트랜스포트홀딩스 Transport Holdings (1995) — 콘세코 Conseco (1996)	0.00	0.0%	
94	405	데이스톰 Daystorm Inc. 〉 슐럼버거 Schlumberger (1962)	308.05	100.0%	13.02%
		슐럼버거 Schlumberger	216.87	70.4%	
		트랜스오션세드코포렉스 Transocean Sedco Forex (1999) 〉 트랜스오션 Transocean (2002)	91.18	29.6%	

수익 순위	시가총액 순위 (1957년)	원 기업명–현 기업명(2003년) (– 합병, 〉 사명 변경)	총 증가액 (달러)	비율	연수익률
95	426	홀프링팅 Hall Printing — 모빌 Mobil (1979) — 엑손모빌 ExxonMobil (1999)	305.35	100.0%	12.99%
96	141	노스아메리칸에이비에이션 North American Aviattion 〉 노스아메리칸록웰 North American Rockwell (1967) 〉 록웰인터내셔널 Rockwell Int'l (1973) 록웰인터내셔널뉴 Rockwell Int'l New (1996) 〉 록웰오토메이션 Rockwell Automation (2002)	300.60	100.0%	12.96%
		록웰오토메이션 Rockwell Automation	129.97	43.2%	
		메리터오토모티브 Meritor Automotive (1997) 〉 아빈메리터 Arvinmeritor (2000)	24.11	8.0%	
		코넥선트시스템즈 Conexant Systems (1999)	41.14	13.7%	
		록웰콜린스 Rockwell Collins (2001)	105.38	35.1%	
97	336	캐논밀스 Cannon Mills — 비상장(1982)	300.28	100.0%	12.95%
98	77	RCA–제너럴일렉트릭 General Electric (1986)	300.01	100.0%	12.95%
99	156	파크데이비스 Parke Davis — 워너램버트 Warner-Lambertt (1970) — 화이자 Pfizer (2000)	299.80	100.0%	12.95%
100	389	마이애미코퍼 Miami Copper — 테네시 Tennese (1960) — 시티즈서비시즈 Cities Services (1963) — 옥시덴털페트롤리엄 Occidental Petroleum (1982)	298.52	100.0%	12.94%
		옥시덴털페트롤리엄 Occidental Petroleum	296.63	99.4%	
		IBP(1991) — 타이슨푸즈 Tyson Foods (2001)	1.89	0.6%	

수익 순위	시가총액 순위 (1957년)	원 기업명-현 기업명(2003년) (– 합병, 〉 사명 변경)	총 증가액 (달러)	비율	연수익률
101	310	에퀴터블가스 Equitable Gas 〉 에퀴터블리소시즈 Equitable Resources (1984)	291.07	100.0%	12.88%
102	442	크림오브위트 Cream of Wheat — 내셔널비스킷컴퍼니 National Biscuit Company (1971) 〉 나비스코브랜드 Nabisco Brands (1971) — R.J.레이놀즈인더스트리 R.J. Reynolds Industries) (1985) 〉 RJR 나비스코 RJR Nabisco (1986) — 비상장 (1989) — RJR 나비스코홀딩스 RJR Nabisco Holdings (1991) — 필립 모리스 Philip Morris (2000) 〉 알트리아 Altria (2003)	288.85	100.0%	12.86%
		알트리아 Altria	181.52	60.5%	
		R.J.레이놀즈토바코 R.J. Reynolds Tobacco) (1999)	102.63	35.5%	
		시랜드 Sealand (1984) — CSX 코퍼레이션 CSX Corp (1986)	4.70	1.6%	
103	16	인디애나 스탠더드오일 Standard Oil of Indiana 〉 아모코 Amoco (1985) — BP 아모코 BP Amoco (1998)	285.31	100.0%	12.83%
		BP 아모코 BP Amoco	262.02	91.8%	
		뉴저지 스탠더드오일 Standard Oil of New Jersey (1957~1963) 〉 엑손 Exxon (1972) 〉 엑손모빌 ExxonMobil (1999)	20.02	7.0%	
		사이프러스미네랄즈 Cyprus Minerals (1985) 〉 사이프러스아맥스 Cyprus Amax (1999) 〉 펠프스다지 Phelps Dodge (1999)	3.27	1.1%	
104	460	베이억시거즈 Bayuk Cigars — 비상장 (1982)	282.73	100.0%	12.81%

수익 순위	시가총액 순위 (1957년)	원 기업명-현 기업명(2003년) (- 합병, 〉 사명 변경)	총 증가액 (달러)	비율	연수익률
105	362	어소시에이티드드라이굿즈 Associated Dry Goods — 메이디파트먼트스토어즈 May Department Stores (1986)	279.05	100.0%	12.78%
		메이디파트먼트스토어즈 May Department Stores	249.50	82.0%	
		페이리스슈소스 Payless Shoe Source (1996)	29.55	9.7%	
106	107	보그워너 Borg Warner — 비상장(1987) — 보그워너오토모티브 Borg Warner Automotive (1993) 〉 보그워너(2000)	278.99	100.0%	12.78%
		보그워너 Borg Warner	265.64	95.2%	
		요크인터내셔널 York International (1986) — 비상장(1988) — 요크인터내셔널뉴 York International New (1991)	13.35	4.8%	
107	266	ACF 인더스트리 ACF Industries — 비상장(1984)	278.81	100.0%	12.78%
108	173	디어 Deere	276.78	100.0%	12.76%
109	422	유나이티드일렉트릭콜 United Electric Coal — 제너럴다이나믹스 General Dynamics (1966)	274.78	100.0%	12.74%
		제너럴다이나믹스 General Dynamics	274.76	100.0%	
		휴스턴내추럴가스 Huston Natural Gas (1968) — 인터노스 Internorth (1985) 〉 엔론 Enron (1986)	0.02	0.0%	
110	174	하우스홀드파이낸스 〉 하우스홀드인터내셔널 Household International Inc. (1981) — HSBC 홀딩스 HSBC Holdings (2003)	271.70	100.0%	12.71%

수익 순위	시가총액 순위 (1957년)	원 기업명–현 기업명(2003년) (– 합병, 〉 사명 변경)	총 증가액 (달러)	비율	연수익률
		HSBC 홀딩스 HSBC Holdings	255.77	94.1%	
		슈위처 Schwitzer (1989) – 쿨만 Kuhlman (1995) – 보그워너오토모티브 Borg Warner Automotive (1998) 〉 보그워너 (2000)	10.56	3.9%	
		스콧맨인더스트리 Scottman Industries (1989) – 비상장 (1999)	3.89	1.4%	
		엔저인더스트리 Enljer Industries (1989) – 전인더스트리 Zurn Industries (1997) – US 인더스트리 US Industries (1998)	1.49	0.5%	
111	209	록웰스탠더드 Rockwell Standard – 노스아메리칸록웰 North American Rockwell (1967) – 보잉 Boeing (1986)	270.13	100.0%	12.70%
112	281	피트니보우즈 Pitney Bowes	268.50	100.0%	12.68%
		피트니보우즈 Pitney Bowes	253.08	94.3%	
		이매지스틱스인터내셔널 Imagistics International (2001)	15.42	5.7%	
113	101	킴벌리클라크 Kimberly-Clark	267.58	100.0%	12.68%
114	184	오티스엘리베이터 Otis Elevator – 유나이티드테크놀로지스 United Technologies (1976)	266.20	100.0%	12.66%
115	311	20세기폭스 Twentieth-Century Fox – 유나이티드텔레비전 United Television (1981) – 뉴스코퍼레이션 News Corporation (2001)	264.41	100.0%	12.65%
116	91	타이드워터오일 Tidewater Oil – 게티오일 Getty Oil (1967) – 텍사코 Texaco (1984) – 쉐브론텍사코 Chevron Texaco (2001)	261.66	100.0%	12.62%

수익 순위	시가총액 순위 (1957년)	원 기업명-현 기업명(2003년) (- 합병, 〉사명 변경)	총 증가액 (달러)	비율	연수익률
117	315	아처대니얼스 미드랜드 ArcherDaniels-Midland	258.35	100.0%	12.59%
		아처대니얼스 미드랜드 ArcherDaniels-Midland	245.53	95.0%	
		내셔널시티뱅코퍼레이션 National City Bancorporation (1980) — 마셜앤드아이슬리(Marshall & Isley)(2001)	12.82	5.0%	
118	423	스펜서켈로그 Spencer Kellogg — 텍스트론 Textron (1961)	258.28	100.0%	12.59%
119	176	아메리칸스탠더드 American Standard — 비상장(1987)	255.54	100.0%	12.57%
120	2	뉴저지 스탠더드오일 Standard Oil of New Jersey 〉 엑손 Exxon (1972) 〉 엑손모빌 ExxonMobil (1999)	254.00	100.0%	
121	181	베네피셜 Beneficial (1998) — 하우스홀드인터내셔널 Household International (1998)	250.03	100.0%	
122	283	컬럼비안카본 Columbian Carbon — 시티즈서비시즈 Cities Services (1962) — 옥시덴털페트롤리엄 Occidental Petroleum (1982)	247.76	100.0%	
		옥시덴털 Occidental	246.19	99.4%	
		IBP(1991) — 타이슨푸즈 Tyson Foods (2001)	1.57	0.6%	
123	245	이튼 Eaton	246.36	100.0%	12.48%
		이튼 Eaton	223.07	90.5%	
		액셀리스테크놀로지스 Axcelis Technologies Inc (2001)	23.30	9.5%	

수익 순위	시가총액 순위 (1957년)	원 기업명–현 기업명(2003년) (– 합병, 〉 사명 변경)	총 증가액 (달러)	비율	연수익률
124	106	콘솔리데이티드내추럴가스 Consolidated Natural Gas – 도미니언리소시즈 Dominion Resources (2000)	242.17	100.0%	12.44%
125	414	아메리칸브레이크슈 American Brake Shoe 〉 아벡스 ABEX – 일리노이센트럴RR Illinois Central RR (1968) 〉 일리노이센트럴인더스트리 llinois Central Industries 〉 휘트먼 Whitman (1988) 〉 펩시아메리카스 PepsiAmericas (2001)	241.77	100.0%	12.43%
		펩시아메리카스 PepsiAmericas	25.43	10.5%	
		페딩크 PetInc (1991) – 그랜드메트로폴리탄 Grand Metropolitan (1995) 〉 디아지오 Diageo (1997)	100.38	41.5%	
		일리노이센트럴(1990) – 캐네디언내셔널레일웨이 Canadian National Railway (1998)	64.28	26.6%	
		허스먼인터내셔널 Hussman international (1998) – 잉거솔랜드 Ingersoll Land (2000)	36.58	15.1%	
		마이더스 Midas (1998)	9.12	3.8%	
		프로스펙트그룹 Prospect Group (1989) – 비상장(1997)	1.34	0.6%	
		방크테크 Banctec (1990) – 비상장(1999)	1.39	0.6%	
		실번푸드홀딩스 Sylvan Food Holdings (1990) 〉 실번 Sylvan (1994)	0.62	0.3%	
		너리지유니버스 Knowledge Universe (1992)	2.38	1.0%	
		포르슈너그룹 Forschner Group (1990) 〉 스위스아미브랜드 Swiss Army Brands (1990) – 빅터리녹스 Victorinox (2002)	0.25	0.1%	

수익 순위	시가총액 순위 (1957년)	원 기업명-현 기업명(2003년) (- 합병, 〉 사명 변경)	총 증가액 (달러)	비율	연수익률
126	411	블리스 EW - 걸프앤드웨스턴인더스트리 Gulf & Western Industries)(1968) - 파라마운트커뮤니케이션즈 Paramount Communications (1989) - 비아콤 Viacom (1994)	241.52	100.0%	12.43%
		비아콤 Viacom	240.29	99.5%	
		GW 랜드(1969)	1.23	0.5%	
127	292	커틀러해머 Cutler-Hammer - 이튼 Eaton (1979)	238.77	100.0%	12.40%
		이튼 Eaton	216.19	90.5%	
		액셀리스테크놀로지스 Axcelis Technologies Inc (2001)	22.58	9.5%	
128	73	몽고메리워드 Montgomery Ward - 마르코 Marcor (1968) - 모빌 Mobil (1976) - 엑손모빌 ExxonMobil (1999)	238.57	100.0%	12.40%
129	94	서던퍼시픽 Southern Pacific - 샌타페이서던퍼시픽 Santa Fe Southern Pacific (1984) - 벌링턴노던샌타페이 Burlington Northern Santa Fe (1995)	233.80	100.0%	12.35%
		벌링턴노던샌타페이 Burlington Northern Santa Fe	143.71	61.5%	
		샌타페이에너지 Santa Fe Energy - 데번에너지 DEvon Energy (1997)	11.56	4.9%	
		캐텔러스디벨로프먼트 Catellus Development (1990)	11.30	4.8%	
		몬테레이 Monterey (1995) - 텍사코 Texaco (1984) - 쉐브론텍사코 Chevron Texaco (2001)	25.53	10.9%	

수익 순위	시가총액 순위 (1957년)	원 기업명–현 기업명(2003년) (– 합병, 〉 사명 변경)	총 증가액 (달러)	비율	연수익률
		샌타페이골드 Santa Fe Gold (1994) – 뉴몬트마이닝 Newmont Mining (1997)	41.70	17.8%	
130	29	미네소타마이닝앤드매뉴팩처링 Minnesota Mining and Manufacturing 〉 쓰리엠(3M)(2002)	233.78	100.0%	
		쓰리엠(3M)	229.61	98.2%	
		아이메이션 Imation (1996)	4.16	1.8%	
131	305	마셜필드 Marshall Field – 비상장(1982)	233.62	100.0%	12.35%
132	200	내셔널집섬 National Gypsum – 비상장(1986)	233.00	100.0%	12.34%
133	28	콘티넨털오일 Continental Oil 〉 코노코 Conoco (1979) – 듀폰 DuPont (1981)	232.96	100.0%	12.34%
		듀폰 DuPont	179.85	77.2%	
		코노코(1999) – 코노코필립스 Conoco Phillips (2002)	53.11	22.8%	
134	116	보잉 Boeing	229.29	100.0%	12.31%
135	401	애드머럴 Admiral – 록웰인터내셔널 Rockwell Int'l (1974) 〉 록웰오토메이션 Rockwell Automation (2002)	225.04	100.0%	12.26%
		록웰오토메이션 Rockwell Automation	94.83	42.1%	
		메리터오토모티브 Meritor Automotive (1997) 〉 아빈메리터 Arvinmeritor (2000)	17.59	7.8%	
		코넥선트시스템스 Conexant Systems (1999)	24.50	10.9%	
		마인드스피드테크놀로지스 Mindspeed Technologies (2003)	11.24	5.0%	

수익 순위	시가총액 순위 (1957년)	원 기업명-현 기업명(2003년) (- 합병, 〉 사명 변경)	총 증가액 (달러)	비율	연수익률
		록웰콜린스 Rockwell Collins (2001)	76.88	34.2%	
136	225	마틴마리에타 Martin-Marietta — 록히드마틴 Lockheed Martin (1995)	223.83	100.0%	12.25%
137	314	예일앤드타운(Yale & Towne) — 이튼매뉴팩처링 Eaton Manufacturing (1963)	222.01	100.0%	12.23%
		이튼 Eaton	201.02	90.5%	
		액셀리스테크놀로지즈 Axcelis Technologies Inc (2001)	20.99	9.5%	
138	5	제너럴일렉트릭 General Electric	220.04	100.0%	12.21%
139	162	어소시에이츠인베스트먼츠 Associates Investments — 걸프앤드웨스턴인더스트리 Gulf & Western Industries(1969) 〉 파라마운트커뮤니케이션즈 Paramount Communications (1989) — 비아콤 Viacom (1994)	217.92	100.0%	12.18%
		비아콤 Viacom	216.80	99.5%	
		GW 랜드 GW Land	1.11	0.5%	
140	232	크루서블스틸 Crucible Steel — 콜트인더스트리 Colt Industries (1968) —비 상장(1988)	217.31	100.0%	12.18%
141	6	걸프오일 Gulf Oil 〉 걸프 Gulf —쉐브론 Chevron (1984) 〉 쉐브론텍사코 Chevron-Texaco (2001)	214.12	100.0%	12.14%
142	261	덴버리오그란데 Denver Rio Grande — 웨스턴리오그란데인더스트리 Western Rio Grande Industries (1970) — 비상장(1984)	211.30	100.0%	12.11%
143	464	아메리칸크리스털슈거 American Crystal Sugar — 비상장(1973)	208.44	100.0%	12.08%

수익 순위	시가총액 순위 (1957년)	원 기업명—현 기업명(2003년) (— 합병, 〉사명 변경)	총 증가액 (달러)	비율	연수익률
144	92	애틀랜틱리치필드 Atlantic Richfield — BP 아모코 BP Amoco (2000) 〉 BP(2001)	205.97	100.0%	12.05%
145	64	콘티넨탈캔 Continental Can — 콘티넨탈그룹 Continental Group (1976) — 비상장(1984)	203.54	100.0%	12.02%
146	375	세인트루이스샌프란시스코 St. Louis-San Francisco) — 벌링턴노던 Burlington Northern (1980) 〉 벌링턴노던샌타페이 Burlington Northern Santa Fe (1995)	201.93	100.0%	12.00%
		벌링턴노던샌타페이 Burlington Northern Santa Fe	121.79	60.3%	
		벌링턴리소시즈 Burlington Resources (1989)	73.71	36.5%	
		엘패소내추럴가스 El Paso Natural Gas (1992) 〉 엘패소에너지 El Paso Energy (1998) 〉 엘패소 El Paso (2001)	6.43	3.2%	
147	189	일리노이센트럴 RR Illinois Central RR — 일리노이센트럴인더스트리 Illinois Central Industries (1964) 〉 IC 인더스트리 IC Industries (1975) 〉 휘트먼 Whitman (1988) 〉 펩시아메리카스 PepsiAmericas (2001)	199.64	100.0%	11.97%
		펩시아메리카스 PepsiAmericas	21.46	10.7%	
		페딩크 PetInc (1991) — 그랜드메트로폴리탄 Grand Metropolitan (1995) 〉 디아지오 PLC Diageo (1997)	84.71	42.4%	
		일리노이센트럴(1990) — 캐네디언내셔널레일웨이 Canadian National Railway (1998)	54.24	27.2%	

수익 순위	시가총액 순위 (1957년)	원 기업명-현 기업명(2003년) (- 합병, 〉사명 변경)	총 증가액 (달러)	비율	연수익률
		허스먼인터내셔널 Hussman international (1998) — 잉거솔랜드 Ingersol Land (2000)	30.87	15.5%	
		마이더스 Midas (1998)	2.94	1.5%	
		프로스펙트그룹 Prospect Group (1989) — 비상장(1997)	1.13	0.6%	
		방크테크 Banctec (1990) — 비상장(1999)	1.17	0.6%	
		실번푸드홀딩스 Sylvan Food Holdings (1990) 〉 실번 Sylvan (1994)	0.52	0.3%	
		너리지유니버스 Knowledge Universe (1992)	2.38	1.2%	
		포르슈너그룹 Forschner Group (1990) 〉 스위스아미브랜드 Swiss Army Brands (1990) — 빅터리녹스 Victorinox (2002) 포르슈너그룹 Forschner Group (1990) 〉 스위스아미브랜드 Swiss Army Brands (1990) — 빅터리녹스 Victorinox (2002)	0.21	0.1%	
148	339	짐벨브러더즈 Gimbel Brothers — 비상장(1973)	198.90	100.0%	11.96%
149	233	웨스팅하우스에어브레이크 Westinghouse Air Brake — 아메리칸스탠더드 American Standard (1968) — 비상장(1988)	198.58	100.0%	11.96%
150	272	아메리칸스토어즈 American Stores — 앨버트슨즈 Albertsons (1999)	197.99	100.0%	11.95%
151	205	풀먼 Pullman — 휠래브러터프라이 Wheelaborator Frye (1980) — 얼라이드 Allied (1983) — 허니웰인터내셔널 Honeywell International (1999)	197.65	100.0%	11.95%

수익 순위	시가총액 순위 (1957년)	원 기업명−현 기업명(2003년) (− 합병, 〉 사명 변경)	총 증가액 (달러)	비율	연수익률
		허니웰인터내셔널 Honeywell International	178.81	90.5%	
		헨리그룹 Henry Group (1986) − 휠래브러터그룹 Wheelaborator Group (1989) − 웨이스트매니지먼트 Waste Management (1998)	5.53	4.3%	
		피셔사이언티픽 Fisher Scientific (1987) − 휠래브러터그룹 (1989) − 웨이스트매니지먼트 (1998)			
		헨리매뉴팩처링 Henry Manufacturing (1987) − 비상장 (1989)	4.72	2.4%	
		풀먼트랜스포테이션 Pullman Transportation (1982) 〉 풀먼피바디 Pullman Peabody (1985) 〉 풀먼 (1987) − 비상장 (1988)	8.59	2.8%	
152	196	스퀘어 D Square D − 비상장 (1991)	197.51	100.0%	11.95%
153	340	베크먼인스트루먼츠 Beckman Instruments − 스미스클라인베크먼 SmithKline Beckman (1982) − 스미스클라인베크먼 (1989) − 글락소스미스클라인 Glaxo SmithKline (2000)	197.13	100.0%	11.94%
		글락소스미스클라인 Glaxo SmithKline	172.02	86.6%	
		엘러간 Allergan (1989)	11.46	5.8%	
		엘러간스페셜티테라피 Allergan Specialty Therapy (1998) − 엘러간 (2001)	0.65	0.3%	
		어드밴스드메디컬옵텍스 Advanced Medical Optics (2002)	13.01	6.6%	
154	11	인터내셔널비즈니스머신즈 International Business Machines	196.50	100.0%	11.94%

수익 순위	시가총액 순위 (1957년)	원 기업명-현 기업명(2003년) (- 합병, 〉사명 변경)	총 증가액 (달러)	비율	연수익률
155	382	사우스푸에르토리코슈거 - 걸프앤드웨스턴인더스트리Gulf & Western Industries(1967) 〉 파라마운트커뮤니케이션즈 Paramount Communications (1989) - 비아콤 Viacom (1994)	196.31	100.0%	11.93%
		비아콤 Viacom	195.30	99.5%	
		GW 랜드 GW Land (1969)	1.00	0.5%	
156	90	유나이티드에어크래프트 United Aircraft 〉 유나이티드테크놀로지스 United Technologies (1975)	195.65	100.0%	11.93%
157	488	퍼스카펫 Firth Carpet - 모하스코인더스트리 Mohasco Industries (1962) - 비상장(1989) - 모호크인더스트리 Mohawk Industries (1992)	193.17	100.0%	11.89%
158	46	몬산토케미컬 Monsanto Chemical 〉 파마시아 Pharmacia (2000) - 화이자 Pfizer (2003)	192.72	100.0%	11.89%
		파마시아 Pharmacia	174.95	83.9%	
		몬산토뉴 Monsanto New (2002)	17.49	8.4%	
		솔루티아 Solutia (1997)	0.28	0.1%	
159	335	스코빌매뉴팩처링 Scovill Manufacturing - 퍼스트시티인더스트리 First City Industries (1985) - 비상장(1989)	191.91	100.0%	11.88%
160	349	레이시온 Raytheon	189.77	100.0%	11.85%
161	295	아머컴퍼니 Armour Co. - 그레이하운드 Greyhound (1970) 〉 다이얼 Dial (1991) 〉 바이드 Viad (1996)	188.27	100.0%	11.83%

수익 순위	시가총액 순위 (1957년)	원 기업명-현 기업명(2003년) (- 합병, 〉 사명 변경)	총 증가액 (달러)	비율	연수익률
		바이드 Viad	86.61	4.8%	
		다이얼뉴 Dial New (1996)	98.4	50.1%	
		GFC 파이낸셜 GFC Financial (1992) 〉 피노바그룹 Finova Group (1995)	2.73	1.4%	
162	493	콘데나스트 Conde Nast — 비상장(1965)	187.16	100.0%	11.82%
163	288	맥트럭 Mack Truck — 시그널오일앤드가스 Signal oil and Gas (1967) — 시그널 Signal (1968) — 얼라이드시그널 Allied Signal (1985) — 허니웰인터내셔널 Honeywell Int'l (1999)	186.47	100.0%	11.81%
		허니웰인터내셔널 Honeywell Int'l	176.36	94.6%	
		헨리그룹 Henry Group (1986) — 휠래브러터그룹 Wheelaborator Group (1989) — 웨이스트매니지먼트 Waste Management (1998)	5.46	2.9%	
		피셔사이언티픽 Fisher Scientific (1987) — 휠래브러터그룹(1989) — 웨이스트매니지먼트(1998)			
		헨리매뉴팩처링 Henry Manufacturing (1987) — 비상장(1989)	4.65	2.5%	
164	54	콘솔리데이티드에디슨 Consolidated Edison	185.54	100.0%	11.80%
165	271	셴리인더스트리 Schenley Industries — 글렌얼든 Glen Alden (1971) — 래피드아메리칸 Rapid American (1972) — 비상장(1981)	184.29	100.0%	11.78%
166	351	래클리드가스 Laclede Gas	182.54	100.0%	11.76%
167	150	인터내셔널텔레폰앤드텔레그래프 (Industries Telephone & Telegraph) 〉 ITT 코퍼레이션 ITT Corp (1983)	181.81	100.0%	11.75%
		ITT 인더스트리 ITT Industries	48.96	26.0%	

수익 순위	시가총액 순위 (1957년)	원 기업명—현 기업명(2003년) (— 합병, 〉 사명 변경)	총 증가액 (달러)	비율	연수익률
		ITT 하트포드그룹 ITT Hartford Group (1995) 〉 하트포드파이낸셜서비시즈 Hartford Financial Services (1997)	80.12	42.6%	
		ITT ITT Nev (1995) — 스타우드호텔즈 Starwood Hotels (1998)	38.74	20.6%	
		레이오니어 Rayonier (1994)	13.99	7.4%	
168	212	텍사스걸프프로듀싱 Texas Gulf Producing — 싱크레어오일 Sinclair Oil (1964) — 애틀랜틱리치필드 Atlantic Richfield (1969) — BP 아모코 BP Amoco (2000)	178.78	100.0%	11.71%
169	223	퍼모스트데어리즈 Foremost Dairies — 맥케슨 McKesson (1994)	174.67	100.0%	11.65%
170	36	포드모터 Ford Motor	173.49	100.0%	11.64%
		포드 Ford	102.53	59.1%	
		어소시에이츠퍼스트캐피털 Associates First Capital (1998) — 시티그룹 Citigroup (2000)	63.43	36.6%	
		트레블러즈프로퍼티캐쥬얼티 Travelers Properity Casualty (2002)	2.80	1.6%	
		비스티온 Visteon (2000)	4.73	2.7%	
171	353	스튜데베이커팩커드 Studebaker Packard — 스튜데베이커워딩턴 Studebaker Worthing- ton (1967) — 맥그로에디슨 McGraw Edison (1979) — 쿠퍼인더스티리즈 Cooper Industries (1985)	173.44	100.0%	11.64%
		쿠퍼인더스티리즈 Cooper Industries	167.42	96.5%	
		가드너덴버 Gardner Denver (1994)	6.02	3.5%	
172	356	무어맥코맥리소시즈 Moore McCormack Resources — 사우스다운 Southdown (1988) — 시멕스 Cemex (2000)	173.42	100.0%	11.64%

수익 순위	시가총액 순위 (1957년)	원 기업명-현 기업명(2003년) (- 합병, 〉사명 변경)	총 증가액 (달러)	비율	연수익률
173	10	캘리포니아 스탠더드오일 〉 쉐브론 Chevron (1984) 〉 쉐브론텍사코 Chevron-Texaco (2001)	172.20	100.0%	11.62%
174	41	아메리칸시안아미드 American Cyanamid 〉 아메리칸홈프로덕츠 Amrican Home Products (1994) 〉 와이어스 Wyeth (2002)	171.49	100.0%	11.61%
		와이어스 Wyeth	143.51	95.3%	
		사이텍인더스트리 Cytec Industries (1994)	7.98	4.7%	
175	301	브루클린유니언가스 Brooklyn Union Gas — 키스팬에너지 Keyspan Energy (1998)	170.23	100.0%	11.59%
176	98	캠벨수프 Campbell Soup	169.47	100.0%	11.58%
		캠벨수프 Campbell Soup	169.47	100.0%	
		블래식푸즈인터내셔널 Blasic Foods International (1998)	0.00	0.0%	
177	364	루버로이드 Ruberoid — 제너럴애니라인앤드필름코퍼레이션 General Aniline & Flim Corp(1967) 〉 GAF 코퍼레이션 GAF Corp (1968) — 비상장(1989)	169.44	100.0%	11.58%
178	385	아메리칸엔카 American Enka 〉 애크조나 Akzona (1970) — 애크조 Akzo (1989) 〉 애크조나노벨 Akzona Nobel (1994)	167.75	100.0%	11.56%
179	416	배스아이언웍스 Bath Iron Works — 배스인더스트리 Bath Industries (1968) —콩 골리엄 Congoleum (1975) — 비상장(1980)	166.06	100.0%	11.53%
180	387	클레비테코퍼레이션 Clevite Corp. — 굴드 Gould (1969) — 니폰마이닝 Nippon Mining (1988)	164.62	100.0%	11.51%

수익 순위	시가총액 순위 (1957년)	원 기업명-현 기업명(2003년) (- 합병, 〉 사명 변경)	총 증가액 (달러)	비율	연수익률
181	153	피플스가스라이트코크 People Gas Light Coke 〉 피플스가스 People Gas (1968) 〉 피플스에너지 People Energy (1980)	163.89	100.0%	11.50%
		피플스에너지 People Energy	105.63	64.4%	
		미드콘 Midcon (1981) - 옥시덴털페트롤리엄 Occidental Petroleum (1986)	57.60	35.1%	
		IBP(1991) - 타이슨푸즈 Tyson Foods (2001)	0.67	0.4%	
182	477	다이아몬드티모터카 Diamond T Motor Car 〉 DTM(1958)	163.23	100.0%	11.49%
		올리버 Oliver (1960) 〉 클레트랙 Cletrac (1960) - 헤스오일앤드케미컬 Hess Oil and Chemical (1960) 〉 아메라다헤스 Amerada Hess (1969)	29.58	18.1%	
		머레이 Murray (1960) 〉 월리스머레이 Wallace Murray (1965) - 하우스홀드인터내셔널 Household International (1981) HSBC 홀딩스 HSBC Holdings (2003)	125.81	77.1%	
		슈위처 Schwitzer (1989) - 쿨만 Kuhlman (1995) - 보그워너오토모티브 Borg Warner Automotive (1998) 〉 보그워너(2000)	5.19	3.2%	
		스콧맨인더스트리 Scottman Industries (1989) - 비상장(1999)	1.91	1.2%	
		엔저인더스트리 Enljer Industries (1989) - 전인더스트리 Zurn Industries (1997) - US 인더스트리 US Industries (1998)	0.73	0.4%	

수익 순위	시가총액 순위 (1957년)	원 기업명-현 기업명(2003년) (- 합병, 〉 사명 변경)	총 증가액 (달러)	비율	연수익률
183	363	쿠퍼인더스티리즈 Cooper Industries	163.09	100.0%	11.49%
		쿠퍼인더스티리즈 Cooper Industries	156.75	96.1%	
		가드너덴버 Gardner Denver (1994)	6.34	3.9%	
184	452	크라운코르크앤드실Crown Cork & Seal	159.18	100.0%	11.43%
185	125	플로리다파워 Florida Power 〉 플로리다프로그레스그룹 Florida Progress Group (1982) — CPL 에너지 CPL Energy (2000) 〉 프로그레스에너지 Progress Energy (2000)	158.05	100.0%	11.42%
186	123	벤딕스 Bendix — 얼라이드 Allied (1983) 〉 얼라이드시그널 Allied Signal (1985) 〉 허니웰인터내셔널 Honeywell Int'l (1999)	156.45	100.0%	11.39%
		허니웰인터내셔널 Honeywell Int'l	147.47	94.3%	
		헨리그룹 Henry Group (1986) — 휠래브러터그룹 Wheelaborator Group (1989) — 웨이스트매니지먼트 Waste Management (1998)	4.56	2.9%	
		피셔사이언티픽 Fisher Scientific (1987) — 휠래브러터그룹(1989) — 웨이스트매니지먼트(1998)			
		헨리매뉴팩처링 Henry Manufacturing (1987) — 비상장(1989)	3.89	2.5%	
		파셋엔터프라이즈 Facet Enterprises (1976) — 펜즈오일컴퍼니 Pennzoil Company (1988) 〉 펜즈에너지 Pemmzenergy (1998) — 데번에너지 Devon Energy (1998)	0.24	0.2%	
		펜즈오일퀘이커스테이트 Pennzoil Quaker State (1998) — 로열더치페트롤리엄 Royal Dutch Petroleum (2002)	0.28	0.2%	

수익 순위	시가총액 순위 (1957년)	원 기업명–현 기업명(2003년) (– 합병, 〉 사명 변경)	총 증가액 (달러)	비율	연수익률
187	58	애치슨토페카샌타페이 Atchison, Topeka, Santa Fe) — 샌타페이인도스트리즈 Santa Fe Industries (1970) — 샌타페이서던퍼시픽 Santa Fe Southern Pacific (1984) — 벌링턴노던샌타페이 Burlington Northern Santa Fe (1995)	154.55	100.0%	11.36%
		벌링턴노던샌타페이 Burlington Northern Santa Fe	95.00	61.5%	
		샌타페이에너지 Santa Fe Energy (1991) — 데번에너지 DEvon Energy (1997)	7.64	4.9%	
		캐텔러스디벨로프먼트 Catellus Development (1990)	16.87	10.9%	
		몬테레이 Monterey (1995) — 텍사코 Texaco (1997) — 쉐브론텍사코 Chevron Texaco (2001)	7.47	4.8%	
		샌타페이골드 Santa Fe Gold (1994) — 뉴몬트마이닝 Newmont Mining (1997)	27.56	17.8%	
188	15	시어스로벅 Sears Roebuck	151.51	100.0%	11.32%
		시어스 Sears	33.59	22.2%	
		딘위터디스커버 Dean Witter Discover (1993) — 모건스탠리 Morgan Stanley (1997)	60.44	39.9%	
		올스테이트 Allstate (1995)	57.48	37.9%	
189	53	시티즈서비시즈 Cities Services (1963) — 옥시덴털페트롤리엄 Occidental Petroleum (1982)	150.72	100.0%	11.30%
		옥시덴털페트롤리엄 Occidental Petroleum	149.77	99.4%	
		IBP(1991) — 타이슨푸즈 Tyson Foods (2001)	0.95	0.6%	

수익 순위	시가총액 순위 (1957년)	원 기업명-현 기업명(2003년) (- 합병, 〉 사명 변경)	총 증가액 (달러)	비율	연수익률
190	294	오클라호마내추럴가스 Oklahoma Natural Gas 〉 원오크 Oneok (1980)	150.53	100.0%	11.30%
191	390	머캔타일스토어즈 Mercantile Stores - 딜라즈 Dillards (1998)	149.82	100.0%	11.29%
192	126	서던레일웨이 Southern Railway - 노퍽서던 Norfolk Southern (1982)	146.25	100.0%	11.23%
193	291	가드너덴버 Gardner Denver - 쿠퍼인더스티리즈 Cooper Industries (1985)	146.07	100.0%	11.23%
		쿠퍼인더스티리즈 Cooper Industries	141.00	96.5%	
		가드너덴버 Gardner Denver (1994)	5.07	3.5%	
194	469	에머슨라디오앤드포노그래프 Emerson Radio & Phonograph) - 내셔널유니언일렉트릭 Nat'l Union Electric (1966) - 일렉트로룩스 AB Electrolux AB (1975)	145.66	100.0%	11.22%
		일렉트로룩스 AB Electrolux AB	131.72	90.4%	
		사파 AB SAPA AB (1997)	13.94	9.6%	
195	404	페더럴페이퍼보드 Federal Paper Board - 인터내셔널페이퍼 International Paper (1996)	144.80	100.0%	11.21%
196	290	미주리퍼시픽 Missouri Pacific - 미시시피리버퓨얼 Mississippi River Fuel 〉 미주리퍼시픽(1976) - 유니언퍼시픽 Union Pacific (1982)	143.16	100.0%	11.18%
		유니언퍼시픽 Union Pacific	117.22	81.9%	
		애너다코페트롤리엄 Anadarko Petroleum (1995)	25.93	18.1%	
197	155	메이디파트먼트스토어즈 May Department Stores	143.09	100.0%	11.18%

수익 순위	시가총액 순위 (1957년)	원 기업명–현 기업명(2003년) (– 합병, 〉사명 변경)	총 증가액 (달러)	비율	연수익률
		메이디파트먼트스토어즈 May Department Stores	127.94	89.4%	
		페이리스슈소스 Payless Shoe Source (1996)	15.15	10.6%	
198	461	인터타이프 Intertype — 해리스세이볼드 Harris Seybold (1957) 〉 해리스인터타이프 Harris Intertype (1957) 〉 해리스 Harris (1974)	143.01	100.0%	11.18%
		해리스 Harris	128.89	90.1%	
		해리스컴퓨터시스템즈 Harris Computer Systems (1994) 〉 사이버가드 Cyberguard (1996)	12.45	8.7%	
		러니어월드와이드 Lanier Worldwide (1999) — 리코 Ricoh (2001)	1.68	1.2%	
199	352	페닌슐라텔레폰 Peninsular Telephone — GTE (1957) — 버라이즌커뮤니케이션즈 Verizon Communications (2000)	141.73	100.0%	11.16%
200	498	제이콥루퍼트 Jacob Ruppert — 비상장 (1963)	137.84	100.0%	11.09%
201	211	텍사스퍼시픽콜앤드오일 Texas Pacific Coal & Oil) — 비상장 (1963)	137.72	100.0%	11.09%
202	358	콘티넨탈베이킹 Continental Baking — 인터내셔널텔레폰앤드텔레그래프 Industries Telephone & Telegraph) (1968) 〉 ITT (1983)	136.42	100.0%	11.07%
		ITT인더스크리즈 ITT Industries	36.73	26.9%	
		ITT 하트포드그룹 ITT Hartford Group (1995) 〉 하트포드파이낸셜서비시즈 Hartford Financial Services (1997)	60.12	44.1%	
		ITT ITT Nev (1995) — 스타우드호텔즈 Starwood Hotels (1998)	29.07	21.3%	

수익 순위	시가총액 순위 (1957년)	원 기업명-현 기업명(2003년) (− 합병, 〉 사명 변경)	총 증가액 (달러)	비율	연수익률
		레이오니어 Rayonier (1994)	10.49	7.7%	
203	337	워싱턴가스라이트 Washington Gas Light 〉 WGL 홀딩스 WGL Holdings (2000)	135.16	100.0%	11.04%
204	369	해리스세이볼드 Harris Seybold 〉 해리스인터타이프 Harris Intertype (1957) 〉 해리스 Harris (1974)	134.79	100.0%	11.04%
		해리스 Harris	121.48	90.1%	
		해리스컴퓨터시스템즈 Harris Computer Systems (1994) 〉 사이버가드 Cyberguard (1996)	1.58	1.2%	
		러니어월드와이드 Lanier Worldwide (1999) − 리코 Ricoh (2001)	11.74	8.7%	
205	85	서던 Southern	134.18	100.0%	11.03%
		서던 Southern	133.57	99.5%	
		미란트 Mirant (2001)	0.61	0.5%	
206	182	뉴잉글랜드일렉트릭시스템 New England Electric system − 내셔널그리드트랜스코 National Grid Transco (2001)	132.61	100.0%	11.00%
207	38	피츠버그플레이트글라스 Pittsburgh Plate Glass 〉 PPG 인더스트리 PPG Industries (1968)	129.00	100.0%	10.93%
208	134	리케트그룹 Liggett Group − 비상장(1979) − 그랜드메트로폴리탄 Grand Metropolitan (1991) 〉 디아지오 Diageo (1997)	128.81	100.0%	10.93%
209	256	컴버스천엔지니어링 Combustion Engineering − 비상장(1989)	128.78	100.0%	10.93%

수익 순위	시가총액 순위 (1957년)	원 기업명–현 기업명(2003년) (– 합병, 〉 사명 변경)	총 증가액 (달러)	비율	연수익률
210	8	텍사스컴퍼니 Texas Co. 〉 텍사코 Texaco (1959) – 쉐브론텍사코 Chevron Texaco (2001)	128.63	100.0%	10.93%
211	149	볼티모어가스앤드일렉트릭 Baltimore Gas & Electric) – 컨스텔레이션에너지그룹 Constellation Energy Group (1999)	126.93	100.0%	10.90%
212	398	알코프로덕츠 Alco Products 〉 시타델인더스트리 Citadel Industries (1965) – 비상장(1965)	126.84	100.0%	10.89%
213	102	퍼블릭서비스일렉트릭앤드가스 Public Service Electric and Gas – 퍼블릭서비스엔터프라이즈 Public Service Enterprise (1986)	126.18	100.0%	10.88%
214	202	데이튼파워앤드라이트 Dayton Power & Light) 〉 DPL (1986)	126.15	100.0%	10.88%
215	56	올린 Olin	126.06	100.0%	10.88%
		올린 Olin	26.47	21.0%	
		스큅비치넛 Squibb Beechnut (1968)〉 스큅 Squibb (1971) – 브리스톨마이어스스큅 Bristol-Myers Squibb (1989)	74.90	59.4%	
		웨스트마크인터내셔널 Westmark International (1987) 〉 어드밴스드테크랩스 Advanced Tech Labs (1992) 〉 ATL 울트라사운드 ATL Ultrasound (1997) – 필립스 Philips NV (1998) – 코닌클리예크필립스일렉트릭 Koninklijke Philips Elec (1999)	1.95	1.5%	
		스페이스랩스메디컬 Spacelabs Medi-cal (1992) – 인스트루멘터리엄 Instrumentarium (2002)	0.56	0.4%	

수익 순위	시가총액 순위 (1957년)	원 기업명-현 기업명(2003년) (- 합병, 〉사명 변경)	총 증가액 (달러)	비율	연수익률
		소노사이트 Sonosite (1998)	0.12	0.1%	
		짐머홀딩스 Zimmer Holdings (2001)	16.59	13.2%	
		프리멕스테크놀로지즈 Primex Technologies (1997) — 제너럴다이나믹스General Dynamics (2001)	5.47	4.3%	
216	323	필코 Philco — 포드 Ford (1961)	122.49	100.0%	10.81%
		포드 Ford	71.02	58.0%	
		어소시에이츠퍼스트캐피털 Associates First Capital (1998) — 시티그룹 Citigroup (2000)	46.01	37.6%	
		트레블러즈프로퍼티캐쥬얼티 Travelers Property Casualty (2002)	2.03	1.7%	
		비스티온 Visteon (2000)	3.43	2.8%	
217	158	시보드오일 Seaboard Oil — 텍사코 Texaco (1958) — 쉐브론텍사코 Chevron Texaco (2001)	121.32	100.0%	10.79%
218	171	신시내티가스앤드일렉트릭 Cincinnati Gas & Electric 〉 시너지 Cinergy (1994)	120.60	100.0%	10.77%
219	20	필립스페트롤리엄 Phillips Petroleum 〉 코노코필립스 Conoco Phillips (2002)	119.61	100.0%	10.76%
220	399	셀로텍스 Celotex — 짐월터코퍼레이션 Jim Walter Corp (1964) — 비상장(1988) — 월터인더스트리 Walter Industries	119.04	100.0%	10.74%
221	50	유니언퍼시픽레일로드 Union Pacific Railroad 〉 유니언퍼시픽 Union Pacific (1971)	118.20	100.0%	10.73%
		유니언퍼시픽 Union Pacific	96.79	81.9%	

수익 순위	시가총액 순위 (1957년)	원 기업명-현 기업명(2003년) (- 합병, 〉 사명 변경)	총 증가액 (달러)	비율	연수익률
		유니언퍼시픽리소시즈 Union Pacific Resources (1995) - 애너다코페트롤리엄 Anadarko Petroleum (2000)	21.41	18.1%	
222	74	필라델피아일렉트릭 Philadelphia Electric 〉 페코에너지 Peco Energy (1993) 〉 엑셀론 Exelon (2000)	117.70	100.0%	10.72%
223	480	쿠네오프레스 Cuneo Press - 비상장(1974)	117.69	100.0%	10.72%
224	484	서벨 Servel - 클레비테 Clevite (1967) - 굴드 Gould (1969) - 니폰마이닝 Nippon Mining (1988)	115.98	100.0%	10.68%
225	445	스미스더글러스 Smith-Douglas - 보든 Borden (1965) - 비상장(1995)	115.04	100.0%	10.66%
226	22	버지니아일렉트릭 Virgina Electric - 도미니언리소시즈 Dominion Resources (1983)	114.75	100.0%	10.66%
227	61	제너럴텔레폰앤드일렉트릭 Gerneral Telephone & Electric 〉 GTE(1982) - 버라이즌커뮤니케이션즈 Verizon Communicationa (2000)	112.19	100.0%	10.60%
228	199	실바니아일렉트릭프로덕츠 Sylvania Electric Products - 제너럴텔레폰앤드일렉트릭 Gerneral Telephone & Electric(1959) 〉 GTE(1982) - 버라이즌커뮤니케이션즈 Verizon Communicationa (2000)	112.13	100.0%	10.60%
229	89	유니언오일오브캘리포니아 Union Oil of California 〉 유노캘 Unocal (1985)	111.62	100.0%	10.59%

수익 순위	시가총액 순위 (1957년)	원 기업명-현 기업명(2003년) (- 합병, 〉사명 변경)	총 증가액 (달러)	비율	연수익률
230	21	다우케미컬 Dow Chemical	111.51	100.0%	10.59%
231	144	프리포트설퍼 Freeport Sulphur 〉 프리포트미네랄즈 Freeport Minerals (1971) — 프리포트맥모란 Freeport McMoran (1981) — IMC 글로벌 IMC Global (1997)	110.88	100.0%	10.58%
		IMC 글로벌 IMC Global	5.46	4.9%	
		프리포트맥모란에너지파트너 Freeport McMoran Energy Partner (1985) 프리포트맥모란 Freeport McMoran (1990) — IMC 글로벌 IMC Global (1997)			
		프리포트맥모란골드 Freeport McMoran Gold (1985) — 미노코 Minorco (1990) — 앵글로아메리칸 Anglo-American (1999)	6.86	6.2%	
		FM 프로퍼티즈 FM Properties (1992) — 스트라터스프로퍼티즈 Stratus Properties (1998)	1.24	1.1%	
		맥모란오일앤드가스 McMoran Oil & Gas)(1994) 〉 맥모란익스플로레이션 McMoran Exploration (1998)	1.04	0.9%	
		프리포트맥모란코퍼앤드골드 Freeport McMoran Copper & Gold)(1994, 1995)	96.29	86.8%	
232	78	제너럴다이나믹스 General Dynamics	110.71	100.0%	10.57%
		제너럴다이나믹스 General Dynamics	110.70	100.0%	
		휴스턴내추럴가스 Huston Natural Gas (1968) — 인터노스 Internorth (1985) 〉 엔론 Enron (1986)	0.01	0.0%	
233	138	그레이트노던 Great Northern — 벌링턴노던 Burlington Northern (1970) 〉 벌링턴노던샌타페이 Burlington Northern Santa Fe (1995)	110.39	100.0%	10.57%

수익 순위	시가총액 순위 (1957년)	원 기업명–현 기업명(2003년) (– 합병, 〉 사명 변경)	총 증가액 (달러)	비율	연수익률
		벌링턴노던샌타페이 Burlington Northern Santa Fe	66.58	60.3%	
		벌링턴리소시즈 Burlington Resources (1989)	40.30	36.5%	
		엘패소내추럴가스 El Paso Natural Gas (1992) 〉 엘패소 El Paso (2001)	3.51	3.2%	
234	237	뉴욕, 시카고 앤드 세인트루이스 New York, Chicago & St. Louis) — 노펄로앤드웨스턴레일웨이 Norfolow & Western Railway) (1964) — 노퍽서던 Norfolk Southern (1982)	109.72	100.0%	10.55%
235	35	캐터필러트랙터 Caterpillar Tractor Inc. 〉 캐터필러 Caterpillar (1986)	109.65	100.0%	10.55%
236	326	그랜드유니언 Grand Union — 비상장 (1977)	108.86	100.0%	10.53%
237	414	유나이티드비스킷오브아메리카 United Biscuit of America 〉 키블러 Keebler (1966) — 비상장 (1974) — 유나이티드비스키츠 United Biscuits (1998)	107.62	100.0%	10.51%
238	1	아메리칸텔레폰앤텔레그래프 American Telephone & Telegraph 〉 AT&T (1994)	107.16	100.0%	10.50%
		AT&T	2.04	1.9%	
		U.S. 웨스트 U.S. West (1984) 〉 미디어원그룹 Mediaone Group (1998) — AT&T (2000)	1.89	1.8%	
		U.S. 웨스트(뉴) U.S. West New (1998) — 퀘스트 Qwest (2000)	1.24	1.2%	
		사우스웨스턴벨 Southwestern Bell (1984) 〉 SBC 커뮤니케이션즈 SBC Communications (1994)	12.72	11.9%	

수익 순위	시가총액 순위 (1957년)	원 기업명-현 기업명(2003년) (- 합병, 〉사명 변경)	총 증가액 (달러)	비율	연수익률
		아메리칸인포텍크 American Info. Tech.(1984) 〉 아메리테크 Ameritech (1991) — SBC 커뮤니케이션즈(1999)	17.33	16.2%	
		퍼시픽텔레시스 Pacific Telesis (1984) — SBC 커뮤니케이션즈(1997)	6.66	6.2%	
		에어터치커뮤니케이션즈 AirTouch Communications (1994) — 보다폰 Vodafone (1999)	8.53	8.0%	
		벨애틀랜틱 Bell Atlantic (1984) — 버라이즌커뮤니케이션즈 Verison Communications (2000)	12.13	11.3%	
		나이넥스 NYNEX (1984) — 벨애틀랜틱(1997) — 버라이즌 Verison (2000)	9.97	9.3%	
		벨사우스 Bell south (1984)	19.99	18.6%	
		루슨트 Lucent (1996)	1.03	1.0%	
		아기어시스템즈 Agere Systems (2002)	0.30	0.3%	
		어바이어 Avaya (2000)	0.53	0.5%	
		NCR(1997)	0.66	0.6%	
		AT&T 와이어리스 AT&T Wireless (2001)	2.42	2.3%	
		AT&T 브로드밴드서비시즈 AT&T Broadband Services (2002) — 컴캐스트 Comcast (2002)	9.75	9.1%	
239	459	웨인펌프 Wayne Pump — 웨인시밍턴 Wayne Symington (1966) — 드레서인더스트리 Dresser Industries (1968) — 핼리버튼 Halliburton (1998)	102.55	100.0%	10.39%
		핼리버튼 Halliburton	97.27	94.8%	

수익 순위	시가총액 순위 (1957년)	원 기업명−현 기업명(2003년) (− 합병, 〉사명 변경)	총 증가액 (달러)	비율	연수익률
		인드레스코 Indresco (1992) − 글로벌인더스트리얼테크스 Global Industrial Techs (1995) − RHI(2000)	5.28	5.2%	
240	190	맥그로에디슨 McGraw Edison (1979) − 쿠퍼인더스티리즈 Cooper Industries (1985)	102.43	100.0%	10.39%
		쿠퍼인더스티리즈 Cooper Industries	98.87	96.5%	
		가드너덴버컴퍼니 Gardner Denver Co (1994)	3.56	3.5%	
241	33	싱클레어오일 Sinclair Oil − 애틀랜틱리치필드 Atlantic Richfield (1969) − BP 아모코 BP Amoco (2000)	101.57	100.0%	10.37%
242	219	미시시피리버 Mississippi River 〉 미주리퍼시픽(1976) − 유니언퍼시픽 Union Pacific (1982)	101.38	100.0%	10.37%
		유니언퍼시픽 Union Pacific	83.02	81.9%	
		애너다코페트롤리엄 Anadarko Petroleum (1995)	18.37	18.1%	
243	287	브라운그룹 Brown Group	100.68	100.0%	10.35%
244	165	노던퍼시픽 Northern Pacific − 벌링턴노던 Burlington Northern (1970) 〉 벌링턴노던샌타페이 Burlington Northern Santa Fe (1995)	100.16	100.0%	10.34%
		벌링턴노던샌타페이 Burlington Northern Santa Fe	62.05	94.5%	
		벌링턴리소시즈 Burlington Resources (1989)	34.83	53.1%	
		엘패소내추럴가스 El Paso Natural Gas (1992) 〉 엘패소 El Paso (2001)	3.27	5.0%	
245	230	세인트조지프리드 St. Joseph Lead − 세인트조미네랄즈 St. Joe Minerals(1970) − 플라워 Flour (1982) 〉 메시 Massey (2001)	99.95	100.0%	10.33%

수익 순위	시가총액 순위 (1957년)	원 기업명-현 기업명(2003년) (- 합병, 〉 사명 변경)	총 증가액 (달러)	비율	연수익률
		메시뉴 Massey New	34.32	34.3%	
		플라워 Flour (2001)	65.63	65.7%	
246	121	아메리칸내추럴가스 American Natural Gas 〉 아메리칸내추럴리소시즈 American Natural Resources (1976) — 코스털 Coastal — 엘패소 El Paso (2001)	98.48	100.0%	10.30%
		엘패소 El Paso	42.30	42.4%	
		위스콘신가스 Wisconsin Gas (1975) — 위코 Wiscor (1980) — 위스콘신에너지 Wisconsin Energy (2000)	30.32	30.4%	
		미시간콘솔리데이티드가스 Michigan Consolidated Gas (1988) 〉 MCN 에너지 MCN Energy (1997)— DTE 에너지 DTE Energy (2001)	18.99	19.1%	
		프리마크 Primark (1982) — 톰슨 Thomson (2000)	6.87	6.9%	
247	137	미들사우스유틸리티즈 Middle South Utilities 〉 엔터지 Entergy (1989)	97.81	100.0%	10.28%
248	220	뉴욕스테이트일렉트릭앤드가스 New York State Electric & Gas 〉 엔터지이스트코퍼레이션 Entergy East Corp (1998)	96.28	100.0%	10.24%
249	413	돔마인즈 Dome Mines — 플레이서돔 Placer Dome (1987)	93.58	100.0%	10.18%
250	257	마그마코퍼 Magma Copper — 뉴몬트마이닝 Newmont Mining (1969)	93.34	100.0%	10.17%
		뉴몬트마이닝 Newmont Mining	73.84	79.1%	

수익 순위	시가총액 순위 (1957년)	원 기업명-현 기업명(2003년) (- 합병, 〉 사명 변경)	총 증가액 (달러)	비율	연수익률
		마그마코퍼뉴 Magma Copper New (1987) — 브로커힐프로퍼티즈 Broker Hill Properties (1996) 〉 BHP(2000)	19.50	20.9%	
251	96	서던캘리포니아에디슨 Southern California Edison 〉 SCE(1988) 〉 에디슨인터내셔널 Edison Int'l (1996)	92.49	100.0%	10.15%
252	136	유니언백캠프페이퍼 Union Bag Camp paper 〉 유니언백캠프 Union Bag Camp (1966) — 인터내셔널페이퍼 International Paper (1999)	92.36	100.0%	10.15%
253	297	쥬얼티 Jewel Tea 〉 쥬얼 Jewel (1966) — 아메리칸스토어즈 American Stores (1984) — 앨버트슨즈 Albertsons (1999)	91.05	100.0%	10.11%
254	444	워키쇼모터즈 Waukesha Motors — 뱅고르푼타 Bangor Punta (1968) — 리어시글러 Lear Siegler (1984) — 비상장(1987)	90.16	100.0%	10.09%
255	27	퍼시픽텔레폰앤드텔레그래프 Pacific Telephone & Telegraph(1983)	89.18	100.0%	10.06%
		AT&T	1.70	1.9%	
		U.S. 웨스트U.S. West(1984) 〉 미디어원그룹 Mediaone Group (1998) — AT&T(2000)	1.57	1.8%	
		U.S. 웨스트(뉴)U.S. West New (1998) — 퀘스트 Qwest (2000)	1.03	1.2%	
		사우스웨스턴벨 Southwestern Bell (1984) 〉 SBC 커뮤니케이션즈 SBC Communications (1994)	10.58	11.9%	

수익순위	시가총액순위 (1957년)	원 기업명–현 기업명(2003년) (– 합병, 〉 사명 변경)	총 증가액 (달러)	비율	연수익률
		아메리칸인포텍크 American Info. Tech.(1984) 〉 아메리테크 Ameritech (1991) – SBC 커뮤니케이션즈 (1999)	14.42	16.2%	
		퍼시픽텔레시스 Pacific Telesis (1984) – SBC 커뮤니케이션즈 (1997)	5.55	6.2%	
		에어터치커뮤니케이션즈 AirTouch Communications (1994) – 보다폰 Vodafone (1999)	7.10	8.0%	
		벨애틀랜틱 Bell Atlantic (1984) – 버라이즌커뮤니케이션즈 Verison Communications (2000)	10.09	11.3%	
		NYNEX(1984) – 벨애틀랜틱(1997) – 버라이즌 Verison (2000)	8.29	9.3%	
		벨사우스 Bell south (1984)	16.63	18.6%	
		루슨트 Lucent (1996)	0.85	1.0%	
		아기어시스템즈 Agere Systems (2002)	0.25	0.3%	
		어바이어 Avaya (2000)	0.44	0.5%	
		NCR(1997)	0.55	0.6%	
		AT&T 와이어리스 AT&T Wireless (2001)	2.01	2.3%	
		AT&T 브로드밴드서비시즈 AT&T Broadband Services (2002) – 컴캐스트 Comcast (2002)	8.12	9.1%	
256	7	유니언카바이드앤드카본 Union Carbide & Carbon 〉 유니언카바이드 Union Carbide (1957) – 다우케미컬 Dow Chemical (2001)	86.20	100.0%	9.98%
		다우케미컬 Dow Chemical	44.46	51.6%	

수익 순위	시가총액 순위 (1957년)	원 기업명-현 기업명(2003년) (- 합병, 〉 사명 변경)	총 증가액 (달러)	비율	연수익률
		프렉스에어 Praxair (1992)	41.74	48.4%	
257	381	비유닛 Beaunit — 엘패소내추럴가스 El Paso Natural Gas (1967) 〉 엘패소 El Paso (1974) — 벌링턴노던 Burlington Northern (1983) 〉 벌링턴노던샌타페이 Burlington Northern Santa Fe (1995)	85.11	100.0%	9.95%
		벌링턴노던샌타페이 Burlington Northern Santa Fe	39.38	46.3%	
		노스웨스트파이프라인 Northern Pipeline (1974) 〉 노스웨스트에너지 Northwest Energy (1975) — 윌리엄즈 Williams (1983)	19.82	23.3%	
		윌리엄즈커뮤니케이션즈그룹 Williams Communications Group (2001)			
		벌링턴리소시즈 Burlington Resources (1989)	23.84	28.0%	
		엘패소내추럴가스 El Paso Natural Gas (1992) 〉 엘패소 El Paso (2001)	2.08	2.4%	
258	427	러너스토어즈 Lerner Stores — 맥크로리스토어즈 McCrory Stores (1962) — 래피드아메리칸 Rapid American (1976) — 비상장(1981)	84.74	100.0%	9.94%
		러너스토어즈 Lerner Stores (1965) — 맥크로리스토어즈 McCrory Stores (1973)			
259	263	델러웨어파워앤드라이트 Deleware Power & Light 〉 델마바파워앤드라이트 Delmarva Power & Light(1966) 〉 커넥티브 Conectiv (1998) — 펩코홀딩스 Pepco Holdings (2002)	83.31	100.0%	9.90%
260	494	파하르도슈거 Fajardo Sugar — 비상장(1958)	82.29	100.0%	9.87%

수익 순위	시가총액 순위 (1957년)	원 기업명–현 기업명(2003년) (– 합병, 〉 사명 변경)	총 증가액 (달러)	비율	연수익률
261	140	노던스테이츠파워 Northern States Power Minn. 〉 XCEL 에너지 XCEL Energy (2000)	82.23	100.0%	9.87%
262	394	제너럴시그널 General Signal — SPX(1998)	82.11	100.0%	9.87%
263	168	스털링드럭 Sterling Drug — 이스트먼케미컬 Eastman Chemical (1988)	81.92	100.0%	9.86%
264	203	록히드에어크래프트 Lockheed Aircraft 〉 록히드 Lockheed (1977) 〉 록히드마틴 Lockheed Martin (1995)	80.67	100.0%	9.83%
265	40	커먼웰스에디슨 Commonwealth Edison 〉 유니언 Union (1994) 〉 엑셀론 Exelon (2000)	80.60	100.0%	9.83%
		엑셀론 Exelon	77.62	96.3%	
		노던일리노이가스 Northern Illinois Gas (1970) 〉 니코 Nicor (1976)	2.99	3.7%	
266	110	팬핸들이스턴 Panhandle Eastern 〉 팬에너지 Panenergy (1996) — 듀크에너지 Duke Energy (1997)	80.44	100.0%	9.82%
		듀크에너지 Duke Energy	36.97	46.0%	
		애너다코페트롤리엄 Anadarko Petroleum (1986)	43.47	54.0%	
267	466	릴라이언스매뉴팩처링 Reliance Manufacturing — 퓨리턴패션즈 Puritan Fashions (1965) — 비상장(1983)	79.78	100.0%	9.80%
		비상장	75.27	94.3%	
		테크니컬테이프 Technical Tape (1965) — 비어스도르프 Bieresdorf (1988)	4.52	6.0%	
268	81	잉거솔랜드 Ingersol Land	79.49	100.0%	9.79%

수익 순위	시가총액 순위 (1957년)	원 기업명-현 기업명(2003년) (- 합병, 〉 사명 변경)	총 증가액 (달러)	비율	연수익률
269	26	케네콧코퍼 Kennecott Copper 〉 케네콧 Kennecott (1980) — 오하이오 스탠더드오일 Standard Oil of Ohio (1981) — BP(1987) — BP 아모코 BP Amoco (1999)	79.40	100.0%	9.79%
270	312	인터내셔널미네랄즈앤드케미컬즈 International Minerals & Chemicals 〉 IMCERA(1990) 〉 말린크로트그룹 Mallinckrodt (1994) — 타이코인터내셔널 Tyco International (2000)	76.95	100.0%	9.72%
271	214	윈딕시스토어즈 Winn-Dixie Stores	76.04	100.0%	9.69%
272	175	에어리덕션 Air Reduction (1970) — 에어코 Airco (1977) — BOC(1978)	75.65	100.0%	9.68%
273	407	엔디콧존슨 Endicott Johnson — 맥도너 McDonough (1970) — 한센 Hansen (1981)	75.11	100.0%	9.66%
		한센 Hansen	14.94	19.9%	
		US 인더스트리뉴 US Industries New (1995)	1.29	1.7%	
		임페리얼토바코 Imperial Tobacco (1996)	41.08	54.7%	
		밀레니엄케미컬즈 Millennium Chemicals (1996)	2.95	3.9%	
		에너지컴퍼니 Energy Co (1997) — 텍사스유틸리티즈 Texas Utilities (1998) 〉 TXU(2000)	14.85	19.8%	
274	135	보든 Borden — 비상장(1995)	75.10	100.0%	9.66%
275	75	스콧페이퍼 Scott Paper — 킴벌리클라크 Kimberly-Clark (1995)	74.76	100.0%	9.65%

수익 순위	시가총액 순위 (1957년)	원 기업명-현 기업명(2003년) (− 합병, 〉 사명 변경)	총 증가액 (달러)	비율	연수익률
276	177	루이스빌앤드내슈빌 Louisville & Nashville — 시보드코스트라인인더스트리 Seaboard Coast Line Industries (1971) — CSX 코퍼레이션 CSX Corp (1981)	74.55	100.0%	9.64%
277	104	센트럴앤드사우스웨스트 Central & South West) — 아메리칸일렉트릭파워 American Electric Power (2000)	73.39	100.0%	9.61%
278	206	다나 Dana	72.81	100.0%	9.59%
279	330	유나이티드스테이츠라인즈 United States Lines — 키드월터 Kidde Walter (1969) — 한센PLC Hansen PLC (1987)	67.76	100.0%	9.42%
		한센PLC Hansen PLC	13.48	19.9%	
		US 인더스트리뉴 US Industries New (1995)	1.16	1.7%	
		임페리얼토바코 Imperial Tobacco (1996)	37.07	54.7%	
		밀레니엄케미컬즈 Millennium Chemicals (1996)	2.66	3.9%	
		에너지컴퍼니 Energy Co (1997) — 텍사스유틸리티즈 Texas Utilities (1998) 〉 TXU (2000)	13.40	19.8%	
		인터림시스템즈 Interim Systems (1987) — H&R 블록 H&R Block (1991)	2.52	3.7%	
280	300	인더스트리얼레이온 Industrial Rayon — 미드랜드로스 Midland Ross (1961) — 비상장(1985)	70.00	100.0%	9.50%
281	415	본드스토어즈 Bond Stores 〉 본드인더스트리 Bond Industries (1969) —비 상장(1981)	68.74	100.0%	9.45%

수익 순위	시가총액 순위 (1957년)	원 기업명-현 기업명(2003년) (− 합병, 〉 사명 변경)	총 증가액 (달러)	비율	연수익률
282	69	디트로이트에디슨 Detroit Edison 〉 DTE 에너지컴퍼니홀딩스 DTE Energy Co. Holdings(1997)	68.28	100.0%	9.44%
283	430	CNW(시카고앤드노스웨스턴) 〉 노스웨스트인더스트리 Northwest Industries (1968) − 론스타스틸 Lone Star Steel (1985)	67.54	100.0%	9.41%
284	213	클라크이큅먼트 Clark Equipment − 잉거솔랜드 Ingersol Land (1995)	67.10	100.0%	9.40%
285	451	센트럴아기레슈거 Central Aguirre Sugar 〉 아기레 Aguirre (1968) − 비상장(1978)	66.59	100.0%	9.38%
286	221	미드 Mead − 미드웨스트바코 Meadwestvaco (2002)	66.20	100.0%	9.37%
287	34	퍼시픽가스앤드일렉트릭 Pacific Gas & Electric 〉 PG&EPG & E Corp(1997)	66.08	100.0%	9.36%
288	86	유나이티드가스 United Gas − 펜즈오일 Pennzoil (1968) 〉 펜즈에너지 Pemmzenergy (1998) − 데번에너지 Devon Energy (1998)	65.31	100.0%	9.33%
		데번에너지 Devon Energy	13.02	19.9%	
		유나이티드가스코퍼레이션 United Gas Corp (1974) − 미드콘코퍼레이션 Midcon Corp (1985) − 옥시덴털페트롤리엄 Occidental Petroleum (1986)	34.02	52.1%	
		IBP(1991) − 타이슨푸즈 Tyson Foods (2001)	0.22	0.3%	
		배틀마운틴골드 Battlemountain Gold (1985) − 뉴몬트마이닝 Newmont Mining (2001)	2.94	4.5%	

수익 순위	시가총액 순위 (1957년)	원 기업명-현 기업명(2003년) (- 합병, 〉 사명 변경)	총 증가액 (달러)	비율	연수익률
		펜즈오일퀘이커스테이트 Pennzoil Quaker State (1998) — 로열더치페트롤리엄 Royal Dutch Petroleum (2002)	15.11	23.1%	
289	270	세로데파스코 Cerro De Pasco 〉 세로 Cerro (1960) — 비상장(1976)	64.98	100.0%	9.32%
290	100	컬럼비아가스시스템 Columbia Gas system 〉 컬럼비아에너지그룹 Columbia Energy Group (1998) — 니소스 Nisource (2000)	64.42	100.0%	9.30%
291	397	맥크로리스토어즈 McCrory Stores — 래피드아메리칸 Rapid American (1976) — 비상장(1981) 러너스토어즈(1965) — 맥크로리스토어즈(1973)	64.41	100.0%	9.30%
292	246	애틀랜틱코스트라인 Atlantic Coast Line — 시보드코스트라인 Seaboard Coast Line (1967) — CSX 코퍼레이션 CSX Corp (1980)	63.87	100.0%	9.28%
293	264	베코웨스턴 Becor — 뷰사이러스이리 Bucyrus Erie (1988) 〉 뷰사이러스인터내셔널 Bucyrus International (1997) — 비상장(1997)	63.81	100.0%	9.28%
294	84	유나이티드스테이츠집섬 United States Gypsum 〉 USG(1984)	63.48	100.0%	9.27%
		USG	0.34	0.5%	
		AP 그린 AP Green (1988) — 글로벌인더스트리얼테크스 Global Industrial Techs (1998) — RHI(2000)	63.14	99.5%	

수익 순위	시가총액 순위 (1957년)	원 기업명-현 기업명(2003년) (- 합병, 〉 사명 변경)	총 증가액 (달러)	비율	연수익률
295	67	체서피크앤드오하이오레일웨이 Chesapeake & Ohio Railway 〉 체시시스템 Chessie System (1973) — CSX(1980)	63.45	100.0%	9.27%
296	128	세인트리지스St. Regis — 챔피언인터내셔널 Champion International (1984) — 인터내셔널페이퍼 International Paper (2000)	62.93	100.0%	9.25%
297	30	웨스팅하우스일렉트릭 Westinghouse Electric 〉 CBS(1997) — 비아콤 Viacom (2000)	62.68	100.0%	9.24%
298	284	시보드파이낸스 Seaboard Finance — AVCO(1969) — 텍스트론 Textron (1985)	62.65	100.0%	9.24%
299	418	내셔널슈거리파이닝 National Sugar Refining — 비상장(1969)	62.21	100.0%	9.24%
300	119	핼리버튼 Halliburton	59.73	100.0%	9.22%
301	152	유나이티드스테이츠러버 United States Rubber 〉 유니로열 Uniroyal (1967) — 비상장(1985)	59.52	100.0%	9.13%
302	49	애너콘다코퍼마이닝 Anaconda Copper Mining — 애틀랜틱리치필드 Atlantic Richfield (1977) — BP 아모코 BP Amoco (2000)	58.55	100.0%	9.12%
303	380	애크미클리블랜드 Acme Cleveland — 다나허그룹 Danaher Group (1996)	57.59	100.0%	9.08%
304	392	커티스퍼블리싱 Curtis Publishing — 비상장(1986)	57.54	100.0%	9.04%

수익 순위	시가총액 순위 (1957년)	원 기업명–현 기업명(2003년) (– 합병, 〉 사명 변경)	총 증가액 (달러)	비율	연수익률
305	166	톰슨프로덕츠 Thomson Products 〉 톰슨라모우드리지 Thomson Ramo Woodrige (1958) 〉 TRW(1965) – 노스럽그루먼 Northrup Grumman (2002)	57.32	100.0%	9.04%
306	97	리비오언스포드 Libbey-Owens-Ford 〉 트리노바 Trinova (1986) 〉 에어로큅비커즈 Aeroquip Vickers (1997) – 이튼 Eaton (1999)	56.28	100.0%	9.03%
		이튼 Eaton	50.96	90.5%	
		액셀리스테크놀로지스 Axcelis Technologies Inc (2001)	5.32	9.5%	
307	242	제너럴케이블 General Cable 〉 G.K. 테크놀로지즈 G.K. Technologies(1979) – 펜센트럴 Penn Central (1981) 〉 아메리칸파이낸셜언더라이터즈 American Financial Underwriters (1994)	55.81	100.0%	8.97%
		아메리칸파이낸셜언더라이터즈 American Financial Underwriters	48.16	86.3%	
		스프레그테크놀로지스 Sprague Technologies (1987) 〉 아메리칸어뉴어티그룹 American Annuity Group (1992) 〉 그레이트아메리칸파이낸셜리소시즈 Great American Financial Resources (2000)	6.12	11.0%	
		제너럴케이블 General Cable (1992) – 비상장(1994)	1.53	2.7%	
308	159	웨스트바코코퍼레이션 Westvaco Corp . 〉 미드웨스트바코 Meadwestvaco (2002)	55.44	100.0%	8.95%
309	131	클리블랜드일렉트릭일루미네이팅 (Cleveland Elec. Illuminating) – 센테리어에너지 Centerior Energy (1986) – 퍼스트에너지 Firstenergy (1997)	54.87	100.0%	8.93%

수익 순위	시가총액 순위 (1957년)	원 기업명-현 기업명(2003년) (- 합병, 〉 사명 변경)	총 증가액 (달러)	비율	연수익률
310	105	제너럴퍼블릭유틸리티즈 General Public Utilities 〉 GPU(1996) — 퍼스트에너지 Firstenergy (2001)	54.70	100.0%	8.92%
311	45	아메리칸가스앤드일렉트릭 American Gas & Electric) 〉 아메리칸일렉트릭파워 American Electric Power (1958)	53.43	100.0%	8.87%
312	496	디브코웨인 Divco Wayne — 보이즈캐스케이드 Boise Cascade (1968)	52.66	100.0%	8.83%
313	160	퍼시픽엔터프라이즈 Pacific Enterprises — 셈프라에너지 Sempra Energy (1998)	50.09	100.0%	8.72%
314	113	커티스라이트 Curtis-Wright	50.06	100.0%	8.71%
315	331	로웬스타인앤드선즈Lowenstein & Sons — 스프링즈인더스트리 Springs Industries (1985) — 비상장(2001)	49.78	100.0%	8.70%
316	318	맥킨타이어퍼큐파인 McIntyre Porcupine — 마인즈맥킨타이어마인즈 Mines McIntyre Mines (1974) — 비상장(1989) — 팔콘브리지 Falconbridge (1998)	48.11	100.0%	8.62%
317	377	시카고밀워키세인트폴퍼시픽 Chicago Milwaukee St. Paul Pacific — 시카고밀워키 Chicago Milwaukee (1972) — 비상장(1990)	46.60	100.0%	8.55%
		비상장	45.30	97.2%	
		하트랜드파트너즈 Heartland Partners (1990)	1.30	2.8%	
318	103	내셔널캐시레지스터 National Cash Register 〉 NCR(1974) — AT&T(1991)	46.48	100.0%	8.54%

수익 순위	시가총액 순위 (1957년)	원 기업명-현 기업명(2003년) (- 합병, 〉사명 변경)	총 증가액 (달러)	비율	연수익률
		AT&T	8.71	18.7%	
		루슨트 Lucent (1996)	4.39	9.4%	
		아기어시스템즈 Agere Systems (2002)	1.26	2.7%	
		어바이어 Avaya (2000)	2.28	4.9%	
		NCR(1997)	2.83	6.1%	
		AT&T 와이어리스 AT&T Wireless (2001)	5.36	11.5%	
		AT&T 브로드밴드서비스 AT&T Broadband Services (2002) — 컴캐스트 Comcast (2002)	21.65	46.6%	
319	146	듀케인라이트 Duquesne Light 〉 DQE(1990)	45.91	100.0%	8.51%
320	145	웨스트펜일렉트릭 West Penn Electric 〉 앨러게니파워시스템즈 Allegheny Power Systems (1960) 〉 앨러게니에너지 Allegheny Energy (1997)	45.51	100.0%	8.49%
321	231	링크벨트 Link Belt — FMC(1967)	45.15	100.0%	8.48%
		FMC	20.77	46.0%	
		FMC 테크놀로지즈 FMC Technolo- gies (2001)	24.38	54.0%	
322	490	DWG 시거즈 DWG Cigars 〉 DWG(1967) 〉 트라이아크컴퍼니즈 Triarc Companies (1993)	44.41	100.0%	8.44%
		트라이아크 Triarc	15.72		
		트라이아크 비 쉐어즈 Triarc B Shares (2003)	28.69		
323	425	쿠반아메리칸슈거 Cuban American Sugar 〉 노스아메리칸슈거인더스트리 North American Sugar Industries (1963) — 보든 Borden (1971) — 비상장(1995)	43.49	100.0%	8.39%

수익 순위	시가총액 순위 (1957년)	원 기업명-현 기업명(2003년) (- 합병, 〉 사명 변경)	총 증가액 (달러)	비율	연수익률
324	161	W.R.그레이스W.R. Grace — W.R.그레이스뉴W.R. Grace New(1996) — 실드에어뉴 Sealed Air New (1998)	43.26	100.0%	8.38%
		실드에어뉴 Sealed Air New	26.29	60.8%	
		프레제니우스메디컬케어 Fresenius Medical Care (1996)	14.64	33.8%	
		W.R.그레이스뉴W.R. Grace New(1998)	2.33	5.4%	
325	429	아메리칸징크리드앤드스멜팅 American Zinc Led & Smelting 〉 아메리칸징크 American Zinc (1966) — 비상장(1978)	42.73	100.0%	8.35%
326	172	드레서인더스트리 Dresser Industries —핼 리버튼 Halliburton (1998)	42.66	100.0%	8.34%
		핼리버튼 Halliburton	40.46		
		인드레스코 Indresco (1992) — 글로벌인더스트리얼테크스 Global Industrial Techs (1995) — RHI(2000)	2.20		
327	258	아메리칸머신앤드파운드리 American Machine & Foundry 〉 AMF(1970) — 민스타 Minstar (1985) — 비상장(1988)	42.15	100.0%	8.32%
328	47	J.C.페니J.C. Penney	42.06	100.0%	8.31%
329	4	E.I 듀폰드느무르E.I. DuPont de Nemours	41.82	100.0%	8.30%
		듀폰 DuPont	23.42	56.0%	
		코노코 Conoco (1999) 〉 코노코필립스 Conoco Phillips (2002)	6.92	16.5%	
		제너럴모터스 General Motors (1962, 1963, 1964)	9.06	21.7%	

수익 순위	시가총액 순위 (1957년)	원 기업명–현 기업명(2003년) (– 합병, 〉 사명 변경)	총 증가액 (달러)	비율	연수익률
		델피아오토모티브시스템즈 Delphia Automotive Systems (1999) 〉 델피 Delphi (1999)	1.03	2.5%	
		레이시온 Raytheon (1997)	0.48	1.2%	
		일렉트로닉데이터시스템즈 Electronic Data Systems (1996) 〉 EDS	0.48	1.2%	
		GM H GM H Class (1985)	0.43	1.0%	
330	3	제너럴모터스 General Motors	41.47	100.0%	8.28%
		제너럴모터스 General Motors	33.41	80.6%	
		델피아오토모티브시스템즈 Delphia Automotive Systems (1999) 〉 델피 Delphi (1999)	3.79	9.1%	
		레이시온 Raytheon (1997)	1.54	3.7%	
		일렉트로닉데이터시스템즈 Electronic Data Systems (1996) 〉 EDS	1.78	4.3%	
		GM H GM H Class (1985)	0.96	2.3%	
331	147	내셔널디스트앤드케미스트리 Nat'l Dist. & Chem — 퀀텀케미스트리 Quantum Chem (1988) — 한센 PLC Hansen PLC (1993)	41.26	100.0%	8.27%
		한센 PLC Hansen PLC	8.21	19.9%	
		US 인더스트리뉴 US Industries New (1995)	0.71	1.7%	
		임페리얼토바코 Imperial Tobacco (1996)	22.57	54.7%	
		밀레니엄케미컬즈 Millennium Chemicals (1996)	1.62	3.9%	

수익 순위	시가총액 순위 (1957년)	원 기업명-현 기업명(2003년) (- 합병, 〉사명 변경)	총 증가액 (달러)	비율	연수익률
		에너지 Energy (1997) — 텍사스유틸리티즈 Texas Utilities (1998) 〉 TXU(2000)	8.16	19.8%	
332	82	오웬스일리노이클래스 Owens Illinois Class — 비상장(1987) — 오웬스일리노이클래스(1991)	40.59	100.0%	8.23%
333	472	워드베이킹 Ward Baking 〉 워드푸즈 Ward Foods (1964) — 비상장(1981)	40.48	100.0%	8.22%
334	386	H.I. 그린 H.I. Green — 맥크로리스토어즈 McCrory Stores (1961) — 래피드아메리칸 Rapid American (1976) — 비상장(1981)	40.44	100.0%	8.22%
335	316	브리지포트브래스 Bridgeport Brass — 내셔널디스트앤드케미스트리 Nat'l Dist. & Chem(1961) — 퀀텀케미스트리 Quantum Chem (1988) — 한센 PLC Hansen PLC (1993)	40.29	100.0%	8.21%
		한센 PLC Hansen PLC	8.01	19.9%	
		US 인더스트리뉴 US Industries New (1995)	0.69	1.7%	
		임페리얼토바코 Imperial Tobacco (1996)	22.04	54.7%	
		밀레니엄케미컬즈 Millennium Chemicals (1996)	1.58	3.9%	
		에너지컴퍼니 Energy Co (1997) — 텍사스유틸리티즈 Texas Utilities (1998) 〉 TXU(2000)	7.96	19.8%	
336	88	F.W.울워스 F.W. Woolworth 〉 베나토르그룹 Venator Group (1998) 〉 풋로커 Foot Locker (2001)	39.86	100.0%	8.19%
337	87	코닝글래스웍스 Corning Glass Works 〉 코닝 Corning (1989)	39.19	100.0%	8.15%

수익 순위	시가총액 순위 (1957년)	원 기업명–현 기업명(2003년) (– 합병, 〉 사명 변경)	총 증가액 (달러)	비율	연수익률
		코닝 Corning	20.27	51.7%	
		코밴스 Covance (1997)	5.07	12.9%	
		퀘스트다이아그노스틱스 Quest Diagnostics (1997)	13.84	35.3%	
338	112	엘패소내추럴가스 El Paso Natural Gas 〉 엘패소 El Paso (1974) – 벌링턴노던 Burlington Northern (1983) 〉 벌링턴노던샌타페이 Burlington Northern Santa Fe (1995)	39.11	100.0%	8.14%
		벌링턴노던샌타페이 Burlington Northern Santa Fe	18.09	46.3%	
		노스웨스트파이프라인 Northern Pipeline (1974) 〉 노스웨스트에너지 Northwest Energy (1975) – 윌리엄즈 Williams (1983)	9.10	23.3%	
		윌리엄즈커뮤니케이션즈그룹 Williams Communications Group (2001)			
		벌링턴리소시즈 Burlington Resources (1989)	10.95	28.0%	
		엘패소 El Paso (1992)	0.95	2.4%	
339	260	마켓시멘트매뉴팩처링 Marquette Cement Manufacturing 〉 마켓 Marquette (1975) – 걸프앤드웨스턴인더스트리 Gulf & Western Industries (1976) 〉 파라마운트커뮤니케이션즈 Paramount Communications (1989) 비아콤 Viacom (1994)	38.34	100.0%	8.10%
340	371	서덜랜드페이퍼 Sutherland Paper 〉 Kvp 서덜랜드 Kvp Sutherland (1960) – 브라운 Brown (1966) – 제임스리버 James River (1980) 〉 Ft. 제임스 Ft. James (1997) – 조지아퍼시픽 Georgia Pacific (2000)	37.85	100.0%	8.07%

수익 순위	시가총액 순위 (1957년)	원 기업명–현 기업명(2003년) (– 합병, 〉사명 변경)	총 증가액 (달러)	비율	연수익률
		조지아퍼시픽 Georgia Pacific	37.85	100.0%	
		크라운밴티지 Crown Vantage (1995) – 조지퍼시픽(1999)			
341	17	알루미늄컴퍼니오브아메리카 Aluminum Company of America 〉 알코아 Alcoa (1999)	37.74	100.0%	8.06%
342	62	펠프스다지 Phelps Dodge	37.43	100.0%	8.04%
343	446	블라드컴퍼니 Bullard Co. – 화이트콘솔리데이티드 White Consolidated Inds (1968) – AB 일렉트로룩스 AB Electrolux(1986) 〉 액티볼라젯일렉트로룩스 Aktiebolaget Electrolux (1989)	36.63	100.0%	7.99%
		액티볼라젯일렉트로룩스 Aktiebolaget Electrolux	33.13	90.4%	
		사파 AB SAPA AB (1997)	3.51	9.6%	
344	313	블러녹스 Blaw Knox – 화이트콘솔리데이티드 White Consolidated Inds (1968) – AB 일렉트로룩스 AB Electrolux(1986) 〉 액티볼라젯일렉트로룩스 Aktiebolaget Electrolux (1989)	36.46	100.0%	7.98%
		액티볼라젯일렉트로룩스 Aktiebolaget Electrolux	32.97	90.4%	
		사파 AB SAPA AB (1997)	3.49	9.6%	
345	419	유니버설픽처스 Universal Pictures – MCA(1966) – 마쓰시타일렉트릭인더스트리얼 Matsushita Electric Industrial (1994)	35.95	100.0%	7.95%
		마쓰시타일렉트릭인더스트리얼 Matsushita Electric Industrial	35.95	100.0%	
		퍼스트컬럼비아파이낸셜 First Columbia Financial (1982~1987)	0.11	0.0%	

수익 순위	시가총액 순위 (1957년)	원 기업명-현 기업명(2003년) (− 합병, 〉 사명 변경)	총 증가액 (달러)	비율	연수익률
346	19	이스트먼코닥 Eastman Kodak	35.33	100.0%	7.91%
		이스트먼코닥 Eastman Kodak	25.23	71.4%	
		이스트먼케미컬 Eastman Chemical (1994)	10.10	28.6%	
347	71	텍사스유틸리티즈 Texas Utilities 〉 TXU(2000)	35.09	100.0%	7.89%
348	324	아메리칸베이커리즈 American Bakeries − 비상장(1986)	34.40	100.0%	7.85%
349	52	크라이슬러 Chryler − 다임러크라이슬러 Daimler Chrysler (1998)	34.13	100.0%	7.83%
350	338	리비, 맥닐 앤드 리비 Libby, McNeill & Libby − 네슬레 Nestle (1976)	34.01	100.0%	7.82%
351	357	커머셜솔벤츠 Commercial Solvents − 인터내셔널미네앤드케미컬 International Mineral & Chemical)(1975) 〉 Imcera(1990) 〉 말린크로트그룹 Mallinckrodt (1994) − 타이코 Tyco (2000)	32.63	100.0%	7.73%
352	208	제너럴포틀랜드시멘트 General Portland Cement 〉 제너럴포틀랜드 General Portland (1972) − 비상장(1982) − 라파지 Lafarge (1983)	32.24	100.0%	7.70%
353	32	내셔널리드 National Lead 〉 NL 인더스트리 NL Industries (1971)	32.08	100.0%	7.69%
		NL 인더스트리 NL Industries	7.72	24.1%	
		바로이드 Baroid (1988) 〉 트레몬트 Tremont (1990) − 발히 Valhi (2003)	6.61	20.6%	

수익 순위	시가총액 순위 (1957년)	원 기업명-현 기업명(2003년) (- 합병, 〉 사명 변경)	총 증가액 (달러)	비율	연수익률
		바로이드뉴 Baroid New (1990) — 드레서인더스트리 Dresser Industries (1994) — 핼리버튼 Halliburton (1998)	17.75	55.3%	
354	24	인터내셔널페이퍼 International Paper	31.97	100.0%	7.68%
355	424	제퍼슨레이크설퍼 Jefferson Lake Sulphur — 옥시덴털페트롤리엄 Occidental Petroleum (1964)	31.00	100.0%	7.61%
		옥시덴털페트롤리엄 Occidental Petroleum	30.81	99.4%	
		IBP(1991) — 타이슨푸즈 Tyson Foods (2001)	0.20	0.6%	
356	120	더글러스에어크래프트 Douglas Aircraft — 맥도넬더글러스 McDonnell Douglas (1967) — 보잉 Boeing (1997)	30.93	100.0%	7.60%
357	32	얼라이드케미컬앤다이 Allied Chemical & Dye 〉 얼라이드케미컬 Allied Chemical (1958) 〉 얼라이드 Allied (1981) 얼라이드시그널 Allied Signal (1985) — 허니웰인터내셔널 Honeywell Int'l (1999)	29.88	100.0%	7.52%
		허니웰인터내셔널 Honeywell Int'l	28.26	94.6%	
		헨리그룹 Henry Group (1986) — 휠래브러터그룹 Wheelaborator Group (1989) — 웨이스트매니지먼트 Waste Management (1998)	0.87	2.9%	
		피셔사이언티픽 Fisher Scientific (1987) — 휠래브러터그룹 (1989) — 웨이스트매니지먼트 (1998)			
		헨리매뉴팩처링 Henry Manufacturing (1987) — 비상장	0.75	2.5%	

수익 순위	시가총액 순위 (1957년)	원 기업명–현 기업명(2003년) (– 합병, 〉사명 변경)	총 증가액 (달러)	비율	연수익률
358	269	릴리튤립 Lilly Tulip — 오웬스일리노이클래스 Owens Illinois Class (1968) — 비상장(1987) — 오웬스일리노이클래스(1991)	29.81	100.0%	7.52%
359	253	인디애나폴리스파워앤드라이트 Indianapolis Power & Light 〉 IPALCO 엔터프라이즈 IPALCO Enterprise (1983) — AES(2001)	29.30	100.0%	7.48%
360	187	클라이맥스몰리브데넘 Climax Molybdenum — 아메리칸메탈클라이맥스 American Metal Climax (1957) 〉 에이맥스 Amax (1974) — 사이프러스에이맥스미네랄즈 Cyprus Amax Minerals (1985) 〉 펠프스다지 Phelps Dodge (1999)	29.14	100.0%	7.47%
		펠프스다지 Phelps Dodge	6.90	23.6%	
		알루맥스 Alumax (1993) — 알코아 ALCOA (1998)	22.04	8.9%	
		에이맥스골드 AMAX Gold (1993) — 킨로스골드 Kinross Gold (1998)	0.20	0.7%	
361	317	애너콘다와이어 Anaconda Wire — 애너콘다 Anaconda (1964) — 애틀랜틱리치필드 Atlantic Richfield (1977) — BP 아모코 BP Amoco (2000) 〉 BP PLC(2001)	29.08	100.0%	7.46%
362	42	파이어스톤타이어앤드러버 Firestone Tire & Rubber 〉 파이어스톤 Firestone (1988) — 브리지스톤파이어스톤 Bridgestone-Firestone (1988)	28.31	100.0%	7.40%

수익 순위	시가총액 순위 (1957년)	원 기업명–현 기업명(2003년) (– 합병, 〉사명 변경)	총 증가액 (달러)	비율	연수익률
363	235	볼티모어앤드오하이오Baltimore & Ohio – 체서피크앤드오하이오 RR Chesapeake & Ohio RR) 〉 체시시스템 Chessie System (1973) – CSX(1980)	26.93	100.0%	7.28%
364	248	아일랜드크릭콜 Island Creek Coal – 옥시덴털페트롤리엄 Occidental Petro- leum (1968)	26.87	100.0%	7.28%
		옥시덴털페트롤리엄 Occidental Petroleum	26.70	99.4%	
		IBP(1991) – 타이슨푸즈 Tyson Foods (2001)	0.17	0.6%	
365	308	뉴포트뉴스십빌딩 Newport News Shipbuilding – 테네코 Tenneco (1968) – 테네코뉴 Tenneco New (1997) 〉 테네코오토모티브 Tenneco Automotive (1999)	26.37	100.0%	7.24%
		테네코오토모티브 Tenneco Automotive	0.96	3.6%	
		뉴포트뉴스십빌딩뉴 Newport News Shipbuilding New (1996) – 노스럽그루먼 Northrup Grumman (2002)	8.80	33.4%	
		팩티브 Pactiv (1999)	16.61	63.0%	
366	185	아메리칸메탈클라이맥스 American Metal Climax 〉 에이맥스 Amax (1974) – 사이프러스에이맥스미네랄즈 Cyprus Amax Minerals (1993) 〉 펠프스다지 Phelps Dodge (1999)	25.95	100.0%	7.20%
		펠프스다지 Phelps Dodge	6.15	75.6%	
		알루맥스 Alumax (1993) – 알코아 ALCOA (1998)	19.62	23.7%	
		에이맥스골드 AMAX Gold (1993) – 킨로스골드 Kinross Gold (1998)	0.17	0.7%	

수익 순위	시가총액 순위 (1957년)	원 기업명-현 기업명(2003년) (- 합병, 〉 사명 변경)	총 증가액 (달러)	비율	연수익률
367	247	시카고 R.I. & 퍼시픽 Chicago R.I. Pacific — 시카고퍼시픽 Chicago Pacific (1984) — 메이택 Maytag (1989)	25.71	100.0%	7.18%
368	99	나이아가라모호크파워 Niaga Mohawk Power 〉 나이아가라모호크홀딩스 Niaga Mohawk Holdings (1999) — 내셔널그리드그룹 National Grid Group (2002)	25.39	100.0%	7.15%
369	406	올리버 Oliver 〉 클레트랙 Cletrac (1960) — 헤스오일앤드케미컬 Hess Oil & Chemical (1962) 〉 에머라다헤스 Amerada Hess (1969)	25.22	100.0%	7.13%
		에머라다헤스 Amerada Hess	25.22	100.0%	
		화이트모터스 Write Moters (1960) — 노스이스트오하이오액슬 Northeast Ohio Axle (1980) 〉 NEOAX (1986) 〉 인바이러소스 Envirosource (1989)	0.00	0.0%	
370	448	데이튼러버 Dayton Rubber 〉 데이코 Dayco (1960) 〉 데이인터내셔널 Day International (1987) — M.A.해너 (M.A. Hanna) (1987) — 폴리원 Polyone (2000)	24.49	100.0%	7.07%
371	436	제너럴파이낸스 General Finance — CNA 파이낸셜 CNA Financial (1968)	24.42	100.0%	7.06%
372	280	내셔널티 National Tea — 비상장 (1982)	23.97	100.0%	7.02%
373	25	알루미늄 Aluminum 〉 알캔알루미늄 Alcan Aluminum (1966) 〉 알캔 Alcan (2001)	23.89	100.0%	7.01%
374	293	홈스테이크마이닝 Homestake Mining — 배릭골드 Barrick Gold (2001)	23.52	100.0%	6.98%

수익 순위	시가총액 순위 (1957년)	원 기업명-현 기업명(2003년) (- 합병, 〉사명 변경)	총 증가액 (달러)	비율	연수익률
375	194	챔피언페이퍼 Champion Paper — US플라이우드챔피언 US Plywood Champion (1967) 〉 챔피언인터내셔널 Champion International (1967) — 인터내셔널페이퍼 International Paper (2000)	22.99	100.0%	6.92%
376	491	허큘리스모터스 Hercules Motors — HUPP(1961) — 화이트콘솔리데이티드 White Consolidated Inds (1967) — AB 일렉트로룩스 AB Electrolux(1986) 〉 액티볼라젯일렉트로룩스 Aktiebolaget Electrolux (1989)	22.65	100.0%	6.89%
		액티볼라젯일렉트로룩스 Aktiebolaget Electrolux	20.48	90.4%	
		사파 AB SAPA AB (1997)	2.17	9.6%	
377	440	리드롤러비트 Reed Roller Bit 〉 G.W.머피인더스트리 G.W. Murphy Industries(1967) 〉 리드툴 Reed Tool (1972) — 베이커오일툴즈 Baker Oil Tools (1975) 〉 베이커인터내셔널 Baker International (1976) — 베이커휴즈 Baker Hughes (1987)	21.98	100.0%	6.82%
378	163	워커하이럼구더햄앤드워츠 Walker Hiram Gooderham & Worts) — 워커하이럼컨슈머즈홈 Walker Hiram Consumers Home (1980) 〉 워커리소시즈 Walker Resources (1981) — 걸프캐나다 Gulf Canada (1986) — 걸프캐나다리소시즈 Gulf Canada Resources (1987)	21.67	100.0%	6.79%
379	191	서던내추럴가스 Southern Natural Gas 〉 소내트 Sonat (1982) — 엘패소에너지 El Paso Energy (1999)	21.10	100.0%	6.73%

수익 순위	시가총액 순위 (1957년)	원 기업명-현 기업명(2003년) (– 합병, 〉 사명 변경)	총 증가액 (달러)	비율	연수익률
380	319	아메리칸체인앤드케이블 American Chain & Cable – 비상장(1976) – 뱁콕 Babcock (1990)	20.71	100.0%	6.68%
381	273	퍼스트내셔널스토어즈 First National Stores – 비상장(1974) – 퍼스트내셔널슈퍼마켓 First National Supermarket (1978) – 비상장(1985)	20.59	100.0%	6.67%
382	192	리하이포틀랜드시멘트 Lehigh Portland Cement – 비상장(1977)	19.38	100.0%	6.53%
383	265	리비어코퍼앤드브래스 Revere Copper & Brass – 비상장(1986)	19.12	100.0%	6.50%
384	343	J.J. 뉴베리(J.J. Newberry) – 맥크로리스토어즈 McCrory Stores (1972) – 래피드아메리칸 Rapid American (1976) – 비상장(1981)	18.62	100.0%	6.44%
385	346	이리레일로드 Erie Railroad 〉 이리래커워너 Erie Lackawanna RR (1960) – 노퍽앤드웨스턴레일웨이 Norfolk & Western Railway(1968) – 노퍽서던코퍼레이션 Norfolk Southern Corp. (1982)	18.49	100.0%	6.43%
386	456	제너럴호스트 General Host – 비상장(1998)	18.21	100.0%	6.39%
387	59	레이놀즈메탈 Reynolds Metal – 알코아 Alcoa (2000)	17.31	100.0%	6.28%
388	115	허큘리스파우더 Hercules Powder 〉 허큘리스 Hercules (1966)	17.04	100.0%	6.24%

수익 순위	시가총액 순위 (1957년)	원 기업명-현 기업명(2003년) (- 합병, 〉 사명 변경)	총 증가액 (달러)	비율	연수익률
389	449	커더히패킹 Cudahy Packing — 제너럴호스트 General Host (1972) — 비상장(1998)	16.44	100.0%	6.16%
390	368	체인벨트컴퍼니 Chain Belt Co. 〉 렉스체인벨트 Rex Chainbelt (1964) 〉 렉스노드 Rexnord (1973) — 배너인더스트리 Banner Industries (1987) — 페어차일드 Fairchild (1990)	15.88	100.0%	6.08%
		페어차일드 Fairchild	14.80	93.2%	
		글로벌소시즈 Global Sources Ltd. (2000)	1.09	6.8%	
391	341	로열맥비 Royal McBee — 리튼인더스트리 Litton Industries (1965) —노 스럽그루먼 Northrup Grumman (2002)	15.20	100.0%	5.98%
		노스럽그루먼 Northrup Grumman	9.78	64.4%	
		웨스턴애틀러스 Western Atlas (1994) — 베이커휴즈 Baker Hughes (1998)	4.35	28.6%	
		우노바 Unova (1997)	1.06	7.0%	
392	217	프레아우프트레일러 Fruehauf Trailer Corp. 〉 프레아우프코퍼레이션 Fruehauf Corp. (1963) — 배러티 Varity (1989) — 루카스배러티 Lucasvarity (1996) — TRW(1999) — 노스럽그루먼 Northrup Grumman (2002)	13.89	100.0%	5.78%
393	396	폴스태프브루잉 Falstaff Brewing — 비상장(1989)	13.66	100.0%	5.74%
394	44	아메라다페트롤리엄 Amerada Petroleum — 아메라다헤스 Amerada Hess (1969)	13.54	100.0%	5.72%
395	167	버로스 Burroughs 〉 유니시즈 Unisys (1986)	13.23	100.0%	5.67%

수익 순위	시가총액 순위 (1957년)	원 기업명-현 기업명(2003년) (- 합병, 〉사명 변경)	총 증가액 (달러)	비율	연수익률
396	43	크라운젤러바흐 Crown Zellerbach — 제임스리버 James River (1986) 〉 Ft. 제임스 (Ft. James) (1999) — 조지아퍼시픽 Georgia Pacific (2000)	11.88	100.0%	5.43%
397	391	아메리칸모터스 American Motors — 크라이슬러 Chryler (1987) — 다임러크라이슬러 Daimler Chrysler (1998)	11.53	100.0%	5.36%
398	51	굿리치 Goodrich	11.11	100.0%	5.28%
		굿리치 Goodrich	10.21	91.9%	
		ENPRO 인더스트리 ENPRO Industries (2002)	0.90	8.1%	
399	457	브릭스매뉴팩처링 Briggs Manufacturing — 짐월터코퍼레이션 Jim Walter Corp (1972) — 비상장 (1988) — 월터인더스트리 Walter Industries	11.12	100.0%	5.28%
400	195	아메리칸항공 American Airlines 〉 AMR 코퍼레이션 Amr Corp (1982)	11.04	100.0%	5.26%
		AMR 코퍼레이션 Amr Corp	4.98	45.1%	
		세이버그룹홀딩스 Sabre Group Holdings (2000)	6.06	54.9%	
401	309	알파포틀랜드인더스트리 Alpha Portland Industries 〉 슬래터리그룹 Slattery Group (1985) — 비상장 (1990)	10.34	100.0%	5.12%
402	1183	일리노이파워 Illinois Power 〉 일리노이코퍼레이션홀딩 Illinois Corp Holding (1994) 〉 다이너지 Dynegy (2000)	9.93	100.0%	5.02%
403	124	아메리칸스멜팅앤드리파이닝 American Smelting & Refining 〉 아사코 Asarco (1975) — 그루포멕시코 Grupo Mexico (1999)	9.85	100.0%	5.00%

수익 순위	시가총액 순위 (1957년)	원 기업명-현 기업명(2003년) (- 합병, 〉사명 변경)	총 증가액 (달러)	비율	연수익률
404	157	뱁콕앤드윌콕Babcock & Wilcox - J.레이맥더못앤드컴퍼니 J. Ray McDermott & Co.(1978) 〉 맥더못 McDermott (1980) - 맥더못인터내셔널 McDermott International (1983)	9.67	100.0%	4.96%
405	384	케이스(지)Case (Ji) - 테네코뉴 Tenneco New - 테네코오토모티브 Tenneco Automotive (1996)	9.50	100.0%	4.93%
		테네코 Tenneco 〉 테네코오토모티브 Tenneco Automotive (1996)	0.35	3.6%	
		팩티브 Pactiv (1999)	5.98	61.9%	
		노스럽그루먼 Northrup Grumman	3.17	33.4%	
406	169	인서치 Enserch - 텍시스유틸리티즈 Texas Utilities (1997) 〉 TXU(2002)	9.32	100.0%	4.88%
		TXU	7.06	75.7%	
		풀에너지서비스즈 Pool Energy Services (1990) - 네이버스인더스트리 Nabors Industries (1999)	1.04	11.1%	
		인서치익스플로레이션파트너즈 Ensearch Exploration Partners (1986) - 뉴필드익스플로레이션 Newfield Exploration (2002)	1.23	13.2%	
407	22	인터내셔널니켈컴퍼니 CDA International Nickel Co. CDA 〉 인코 Inco (1976)	9.30	100.0%	4.88%
408	9	유에스스틸 US Steel 〉 USA 마라톤 USX Marathon (1991) 〉	8.25	100.0%	4.61%
		마라톤오일 Marathon Oil (2000)	6.87	83.3%	

수익 순위	시가총액 순위 (1957년)	원 기업명-현 기업명(2003년) (- 합병, 〉사명 변경)	총 증가액 (달러)	비율	연수익률
		유나이티드스테이츠스틸 United States Steel (1991)	1.38	16.7%	
409	302	코퍼레인지 Copper Range — 루이지애나랜드앤드익스플로레이션 Louisiana Land and Exploration (1977) — LL&E 로열티트러스트 LL&E Royalty Trust (1983)	7.96	100.0%	4.53%
		LL&E 로열티트러스트 LL&E Royalty Trust	6.25	78.6%	
		벌링턴리소시즈 Burlington Resources (1997)	1.71	21.4%	
410	39	굿이어타이어앤드러버 Goodyear Tire & Rubber)	7.93	100.0%	4.52%
411	365	리퍼블릭에이비에이션 Republic Aviation 〉 RAC (1966) — 페어차일드힐러 Fairchild Hiller (1966) 〉 페어차일드인더스트리 Fairchild Industries (1971) — 배너인더스트리 Banner Industries (1989) — 페어차일드 Fairchild (1990)	7.93	100.0%	4.52%
		페어차일드 Fairchild	7.38	93.2%	
		글로벌소시즈 Global Sources (2000)	0.54	6.8%	
412	455	비글로샌포드 Bigelow-Sanford — 스페리앤드허친슨 Sperry & Hutchinson (1986) — 볼드윈유나이티드 Baldwin United (1981) — PHLCORP (1986) — 루카디아내셔널 Leucadia National (1992)	7.66	100.0%	4.44%
413	57	스페리랜드 Sperry Rand 〉 스페리 Sperry (1979) — 유니시즈 Unisys (1989)	7.05	100.0%	4.26%
414	127	디스틸러스코퍼레이션시그램 Distillers Corp Seagram 〉 시그램 Seagram (1974) — 비벤디유니버셜 Vivendi Universal (2000)	5.95	100.0%	3.88%

수익 순위	시가총액 순위 (1957년)	원 기업명–현 기업명(2003년) (– 합병, 〉 사명 변경)	총 증가액 (달러)	비율	연수익률
415	438	모터휠 Motor Wheel – 굿이어타이어앤드러버 Goodyear Tire & Rubber(1964)		100.0%	3.86%
416	289	신시내티밀링머신 Cincinnati Milling Machine 〉 신시내티밀러크론 Cincinnati Milacron (1970) 〉 밀러크론 Milacron (1998)		100.0%	3.69%
417	95	컨슈머즈파워 Consumers Power – CMS 에너지 CMS Energy (1987)		100.0%	3.64%
418	373	그레이트웨스턴슈거 Great Western Sugar – 그레이트웨스턴유나이티드 Great Western United (1968) – 헌트인터내셔널리소시즈 Hunt International Resources (1978) – 맥스코 Maxco (1979)		100.0%	3.60%
419	154	커머셜크레디트 Commercial Credit – 컨트롤데이터 Control Data (1968) 〉 세리디언코퍼레이션 Ceridian Corp (1992)	3.84	100.0%	2.91%
		CDS 홀딩스 CDS Holdings	0.00	0.0%	
420	420	포스터휠러 Foster Wheeler	3.64	100.0%	2.80%
421	465	다이애나스토어즈 Daiana Stores – 데일린 Daylin (1969) – W.R. 그레이스 W.R. Grace(1979) – W.R. 그레이스뉴 W.R. Grace New(1996) – 실드에어뉴 Sealed Air New (1998)	3.55	100.0%	2.74%
		실드에어뉴 Sealed Air New	2.16	33.8%	
		프레제니우스메디컬케어 Fresenius Medical Care (1996)	1.20	60.8%	
		W.R.그레이스뉴 W.R. Grace New(1998)	0.19	5.4%	

수익 순위	시가총액 순위 (1957년)	원 기업명-현 기업명(2003년) (- 합병, 〉사명 변경)	총 증가액 (달러)	비율	연수익률
422	321	바나듐 Banadium — 푸트미네랄즈 Foote Minerals (967) — 사이프러스미네랄즈 Cyprus Minerals (1988) 〉 사이프러스아맥스 Cyprus Amax (1993) 〉 펠프스다지 Phelps Dodge (1999)	3.52	100.0%	2.73%
423	370	월워스컴퍼니 Walworth — 인터내셔널유틸리티즈 international Utilites (1972) — 에코베이마인즈 Echo Bay Mines (1983) — 킨로스골드 Kinross Gold (2003)	3.47	100.0%	2.69%
		킨로스골드마인즈 Kinross Gold Mines	3.43	98.9%	
		고타스라센 Gotaas Larsen — 비상장(1988)	0.04	1.1%	
424	332	댄리버 Dan River — 비상장(1983) — 댄리버 GA Dan River GA (1997)	3.44	100.0%	2.67%
425	495	파이퍼브루잉 Pfeiffer Brewing 〉 어소시에이티드 브루잉 Associated Brewing (1962) 〉 아마다 Amada (1973) — 비상장(1990)	3.01	100.0%	2.38%
426	80	인랜드스틸 Inland Steel — 라이어슨툴뉴 Ryerson Tull (1999)	2.51	100.0%	1.99%
427	492	먼싱웨어 Munsingwear 〉 프리미엄웨어 Premiumwear (1996) — 뉴잉글랜드비즈니스서비스 New England Business Service (2000)	2.05	100.0%	1.54%
428	306	제네스코 Genesco	2.01	100.0%	1.50%
429	250	펜딕시인더스트리 Penn-Dixie Industries — 콘티넨털스틸 Continental Steel	2.00	100.0%	1.49%

수익 순위	시가총액 순위 (1957년)	원 기업명-현 기업명(2003년) (- 합병, 〉 사명 변경)	총 증가액 (달러)	비율	연수익률
430	55	카이저알루미늄 Kaiser Aluminum 〉 카이저테크 Kaiser Tech Inc. (1987) — 맥삼 Maxxam (1988)	1.98	100.0%	1.47%
431	483	미주리캔자스텍사스 Missouri-Kansas-Texas — 케이티인더스트리 Katy Industries (1968)	1.67	100.0%	1.10%
432	244	유나이티드항공 United Airlines 〉 UAL코퍼레이션 UAL Corp. (1969)	1.65	100.0%	1.08%
433	333	얼라이드슈퍼마켓츠 Allied Supermarkets 〉 본즈컴퍼니즈 Vons Companies (1987) — RMI 티타늄 RMI Titanium (1997) 〉 RTI 인터내셔널메탈즈 RTI International Metals (1998)	1.63	100.0%	1.05%
434	207	암스트롱코크 Armstrong Cork 〉 암스트롱월드인더스트리 Armstrong World Industries (1980) 〉 암스트롱홀딩스 Armstrong Holdings (2000)	1.62	100.0%	1.03%
435	325	인스피레이션콘솔리데이티드코퍼 Inspiration Consolidated Copper — 허드슨베이마이닝앤드스멜팅 Hudson Bay Mining & Smelting(1978) — 인스피레이션리소시즈 Inspiration Resources (1983) — 테라인더스트리 Terra Industries (1993)	1.27	100.0%	0.52%
436	63	인터내셔널하베스터 International Harvester 〉 나비스타인터내셔널 Navistar International (1986)	0.96	100.0%	−0.09%
437	139	론스타인더스트리 Lone Star Industries	0.94	100.0%	−0.12%
438	70	S.H.크레스 S.H. Kress — 제네스코 Genesco (1964)	0.75	100.0%	−0.62%
439	201	크레스지 Kresge 〉 케이마트 Kmart (1977)	0.74	100.0%	−0.63%

수익 순위	시가총액 순위 (1957년)	원 기업명-현 기업명(2003년) (- 합병, 〉 사명 변경)	총 증가액 (달러)	비율	연수익률
440	210	내셔널서플라이 National Supply — 암코스틸 Armco Steel (1958) — AK 스틸 AK Steel (1999)	0.59	100.0%	-1.11%
441	48	암코스틸 Armco Steel 〉 암코 Armco Inc. (1978) — AK 스틸 AK Steel (1999)	0.56	100.0%	-1.21%
442	238	얼라이드스토어즈 Allied Stores — 캠포코퍼레이션 Campeau Corp (1985)	0.51	100.0%	-1.42%
443	109	오웬스코닝 Owens Corning	0.50	100.0%	-1.45%
444	151	페더레이티드디파트먼트스토어즈 Federated Department Stores — 캠포코퍼레이션 Campeau Corp (1985) — 캠디브 Camdev (1990)	0.47	100.0%	-1.62%
445	186	아메리칸비스코즈 American Viscose — 레이베스토즈맨해튼 Raybestos Manhattan (1981) 〉 레이마크 Raymark (1982) 〉 레이테크 Raytech (1986)	0.44	100.0%	-1.73%
446	130	펜센트럴 Penn Central 〉 아메리칸파이낸셜언더라이터즈 American Financial Underwriters (1994)	0.40	100.0%	-1.92%
		아메리칸파이낸셜언더라이터즈 American Financial Underwriters	0.32	80.4%	
		스프레그테크놀로지즈 Sprague Technologies (1987) 〉 아메리칸어뉴어티그룹 American Annuity Group (1992) 〉 그레이트아메리칸파이낸셜리소시즈 Great American Financial Resources (2000)	0.04	8.8%	
		제너럴케이블 General Cable (1992) — 비상장(1994)	0.04	10.8%	
447	111	맨빌 Manville — 버크셔해서웨이 Berkshire Hathaway (2001)	0.40	100.0%	-1.95%

수익 순위	시가총액 순위 (1957년)	원 기업명-현 기업명(2003년) (- 합병, 〉 사명 변경)	총 증가액 (달러)	비율	연수익률
448	359	콘밀즈 Cone Mills — 비상장(1984~1992) — 콘밀즈 NC Cone Mills NC (1992)	0.39	100.0%	-1.99%
449	179	뉴욕센트럴 New York Central — 펜센트럴 Penn Central (1968) 〉 아메리칸파이낸셜언더라이터즈 American Financial Underwriters (1994)	0.35	100.0%	-2.20%
		아메리칸파이낸셜언더라이터즈 American Financial Underwriters	0.28	80.2%	
		스프레그테크놀로지즈 Sprague Technologies (1987) 〉 아메리칸어뉴어티그룹 American Annuity Group (1992) 〉 그레이트아메리칸파이낸셜리소시즈 Great American Financial Resources (2000)	0.03	8.7%	
		제너럴케이블 General Cable (1992) — 비상장(1994)	0.04	11.1%	
450	482	홀랜드퍼니스 Holland Furnace — 애슬론인더스트리 Athlone Industries(1964) — 비상장(1993)	0.28	100.0%	-2.72%
		애슬론인더스트리 Athlone Industries (비상장)	0.16	57.8%	
		앨러게니러들럼 Allegheny Ludlum (1993) 〉 앨러게니텔레다인 Allegheny Teledyne (1997) — 앨러게니테크놀로지즈 Allegheny Technologies	0.08	29.7%	
		워터픽 Water Pik (1999)	0.01	2.3%	
		텔레다인테크놀로지즈 Teledyne Technologies (1999)	0.03	10.1%	
451	170	노던내추럴가스 Northern Natural Gas 〉 인터노스 Internorth (1980) 〉 엔론 Enron (1986)	0.25	100.0%	-2.89%

수익 순위	시가총액 순위 (1957년)	원 기업명-현 기업명(2003년) (– 합병, 〉사명 변경)	총 증가액 (달러)	비율	연수익률
452	222	푸드페어스토어즈 Food Fair Stores – 팬트리프라이드 Pantry Pride (1983) – 레브론그룹 Revlon Group (1986) – 비상장(1987)–레브론 Revlon (1996)	0.19	100.0%	−3.44%
453	462	반랄테 Van Raalte – 클루에트피바디 Cluett Peabody (1968) – 웨스트포인트페퍼렐 West Point Pepperell (1986) – 웨스트포인트스티븐즈 Westpoint Stevens (1993)	0.16	100.0%	−3.87%
454	279	스티븐즈Stevens JP – 웨스트포인트페퍼렐 West Point Pepperell (1988) – 웨스트포인트스티븐즈 Westpoint Stevens (1993)	0.16	100.0%	−3.89%
455	475	알덴즈 Aldens Inc. – 갬블스코그모 Gamble Skogmo (1964) – 윅스컴퍼니즈 Wickes Companies (1980) – 비상장(1989) – 콜린즈앤드애크먼뉴 Collins & Aikman New(1994)	0.15	100.0%	−4.01%
456	379	클루에트피바디 Cluett Peabody (1968) – 웨스트포인트페퍼렐 West Point Pepperell (1986) – 웨스트포인트스티븐즈 Westpoint Stevens (1993)	0.13	100.0%	−4.25%
457	320	트랜스월드항공 Trans World Airlines – 트랜스월드 Transworld (1979) – 리퀴데이티드 Liquidated (1987)	0.12	100.0%	−4.35%
		TW 서비시즈 TW Services (1987) – TW 홀딩스 TW Holdings (1989) 〉 플래그스타컴퍼니즈 Flagstar Companies (1993) – 뱅크럽트 Bankrupt (1997)			
		UAL 코퍼레이션 UAL Corp. (1987) – 뱅크럽트 Bankrupt (2002)	0.12	100.0%	

수익 순위	시가총액 순위 (1957년)	원 기업명-현 기업명(2003년) (- 합병, 〉 사명 변경)	총 증가액 (달러)	비율	연수익률
458	114	존스앤드라플린스틸 Jones & Laughlin Steel — LTV(1974) — 링템코보트뉴 Ling Temco Vought New (1993)	0.09	100.0%	−5.02%
		링템코보트뉴 Ling Temco Vought New			
		윌슨푸즈 Wilson Foods (1981) — 도코실컴퍼니즈 Dockosil Companies (1989) 〉 푸드브랜드아메리카 Foodbrands America (1995) — IBP(1997) — 타이슨푸즈 Tyson Foods (2001)	0.09	100.0%	
459	383	아메리칸엑스포트라인즈 American Export Lines 〉 아메리칸엑스포트이스브란센라인즈 American Export Isbrandtsen Lines (1964) 〉 아메리칸엑스포트인더스트리 American Export Industries (1967) 〉 AEICOR(1978) 〉 도코실 Dockosil (1983) 〉 푸드브랜아메리카스 Foodbran Americas (1995) — IBP(1997) — 타이슨푸즈 Tyson Foods (2001)	0.08	100.0%	−5.18%
460	410	리즈앤드선즈 Lees & Sons — 벌링턴인더스트리 Burlington Industries (1960) 〉 비상장(1987) — 벌링턴인더스트리에쿼티 Burlington Industries Equity Inc. (1992) — 벌링턴인더스트리인코퍼레이티즈뉴 Burlington Industries Inc. New(1994)	0.06	100.0%	−5.71%
461	108	영스타운시트앤드튜브 Youngstown Sheet & Tube — 라이크스영스타운코퍼레이션 Lykes Youngstown Corp. (1969) — LTV(1978) — 링템코보트뉴 Ling Temco Vought New (1993)	0.06	100.0%	−5.98%

수익 순위	시가총액 순위 (1957년)	원 기업명-현 기업명(2003년) (− 합병, 〉 사명 변경)	총 증가액 (달러)	비율	연수익률
		링템코보트뉴 Ling Temco Vought New			
		푸즈 Foods (2001)	0.06	100.0%	
462	347	워너브라더즈 Warner Brothers − 워나코인코퍼레이티드 Warnaco Inc. (1967) − 비상장(1986) − 워나코뉴 Warnaco New (1992)	0.05	100.0%	−6.04%
463	395	윌슨컴퍼니 Wilson Co. − 링템코보트 Ling Temco Vought Inc. (1967) − 링템코보트뉴 Ling Temco Vought New (1993)	0.05	100.0%	−6.34%
		링템코보트뉴 Ling Temco Vought New			
		윌슨푸즈 Wilson Foods (1981) − 도코실컴퍼니즈 Dockosil Companies (1989) 〉 푸드브랜드아메리카 Foodbrands America (1995) − IBP(1997) − 타이슨푸즈 Tyson Foods (2001)	0.05	100.0%	
464	251	벌링턴인더스트리 Burlington Industries 〉 비상장(1987) − 벌링턴인더스트리에쿼티 Burlington Industries Equity (1992) − 벌링턴인더스트리인코퍼레이티즈뉴 Burlington Industries Inc. New(1994)	0.04	100.0%	−6.46%
465	129	앨리스찰머스 Allis Chalmers	0.03	100.0%	−6.97%
466	361	리딩컴퍼니 Reading Co. 〉 리딩엔터테인먼트컴퍼니 Reading Entertainment Co. (1996)	0.02	100.0%	−7.95%
467	408	퍼블리커인더스트리 Publicker Industries − 퍼블리카드인코퍼레이티드 Publicard Inc. (1998)	0.02	100.0%	−8.07%

수익 순위	시가총액 순위 (1957년)	원 기업명-현 기업명(2003년) (- 합병, 〉 사명 변경)	총 증가액 (달러)	비율	연수익률
468	350	패밀리파이낸스 Family Finance 〉 어리스타 Aristar (1973) — 갬블스코그모 Gamble Skogmo (1964) — 윅스컴퍼니즈 Wickes Companies (1980) — 비상장(1989) — 콜린즈앤드애크먼뉴 Collins & Aikman New(1994)	0.02	100.0%	−8.55%
469	243	휠링스틸코퍼레이션 Wheeling Steel Corp — 휠링피츠버그스틸코퍼레이션 Wheeling-Pittsburgh Steel Corp (1968) 〉 WHX 코퍼레이션 WHX Corp. (1994)	0.01	100.0%	−8.72%
470	468	리퍼블릭픽처스 Republic Pictures — 트라이튼그룹 Triton Group (1985) — 인터마크 Intermark (1990) — 트라이튼그룹(1993) 〉 얼람가드홀딩스 Alarmguard Holdings (1997) — 타이코인터내셔널 Tyco international (1999)	0.00	100.0%	−11.50%
471	18	베슬리헴스틸 Bethlehem Steel	0.00	100.0%	−13.54%
472	224	어드레소그래프멀티그래프 Addressograph Multigraph 〉 AM 인터내셔널 AM International (1979)	0.00	100.0%	−100%
473	476	아메리칸십빌딩 American Shipbuilding	0.00	100.0%	−100%
474	254	콜로라도퓨얼앤드아이언 Colorado Fuel & Iron 〉 CF&I 스틸 CF&I Steel (1966)	0.00	100.0%	−100%
475	470	코넬듀빌리어 Cornell-Dubilier — 페더럴퍼시픽일렉트릭컴퍼니 Federal Pacific Electric Co. (1960) — UV 인더스트리 UV Industries (1972) — 섀런스틸컴퍼니 Sharon Steel Co. (1980)	0.00	100.0%	−100%
476	366	이글피처 Eagle Picher 〉 이글피처인더스트리 Eagle Picher Industries (1966)	0.00	100.0%	−100%

수익 순위	시가총액 순위 (1957년)	원 기업명-현 기업명(2003년) (- 합병, 〉 사명 변경)	총 증가액 (달러)	비율	연수익률
477	228	이스턴항공 Eastern Airlines — 텍사스에어 Texas Air (1986) 〉 콘티넨털항공홀딩스 Continental Airlines Holdings (1990)	0.00	100.0%	−100%
478	489	괴벨브루잉 Goebel Brewing	0.00	100.0%	−100%
479	268	W.T. 그랜트 W.T. Grant	0.00	100.0%	−100%
480	497	관타나모슈거 Guantanamo Sugar	0.00	100.0%	−100%
481	463	홀리슈거 Holly Sugar — 임페리얼슈거컴퍼니 Imperial Sugar Co. (1988) — 뱅크럽트 Bankrupt (2001)	0.00	100.0%	−100%
482	204	인터내셔널슈 International Shoe 〉 인터코 Interco (1966)	0.00	100.0%	−100%
483	431	재거머신 Jaeger Machine	0.00	100.0%	−100%
484	229	조이매뉴팩처링 Joy Manufacturing — 비상장(1987) — 조이테크놀로지즈 Joy Technologies (1991) — 하니슈페거인더스트리 Harnischfeger Industries (1993)	0.00	100.0%	−100%
485	499	마나티슈거 Manati Sugar	0.00	100.0%	−100%
486	486	맨해튼셔트 Manhattan Shirt 〉 맨해튼인더스트리 Manhattan Industries (1968) — 샐런트 Salant (1988)	0.00	100.0%	−100%
487	479	모나크머신툴 Monarch Machine Tool 〉 제네시스월드와이드 Genesis Worldwide (1999)	0.00	100.0%	−100%
488	450	미니애폴리스몰린 Minneapolis Moline 〉 모텍인더스트리 Motec Industries (1961)	0.00	100.0%	−100%
489	276	G.C. 머피(G.C. Murphy) — 에임즈디파트먼트스토어즈 Ames Department Stores (1985)	0.00	100.0%	−100%

수익 순위	시가총액 순위 (1957년)	원 기업명–현 기업명(2003년) (– 합병, 〉 사명 변경)	총 증가액 (달러)	비율	연수익률
490	68	내셔널스틸 National Steel 〉 내셔널인터그룹 National Intergroup (1983) 〉 폭스마이어헬스 Foxmeyer Health (1994) 〉 아바텍스 Avatex (1997)	0.00	100.0%	−100%
491	454	뉴욕뉴헤븐앤드하트포드 New York, New Haven & Hartford	0.00	100.0%	−100%
492	249	팬아메리칸월드에어우웨이즈 Pan Americam World Airways 〉 팬암 Pan Am (1984)	0.00	100.0%	−100%
493	37	리퍼블릭스틸 Republic — LTV(1984)	0.00	100.0%	−100%
494	193	선빔 Sunbeam — 앨러게니인터내셔널인코퍼레이티드 Allegheny International Inc. (1982)	0.00	100.0%	−100%
495	500	아트룸카펫 Artloom Carpet 〉 아트룸인더스트리 Artloom Industries (1958) 〉 트랜스유나이티드인더스트리 Trans United Industries (1959)	0.00	100.0%	−100%
496	417	유에스호프먼머시너리 U.S. Hoffman Machinery	0.00	100.0%	−100%
497	393	유나이티드스테이츠스멜팅앤드리파이닝 United States Smelting & Refining 〉 UV 인더스트리 UV Industries (1972) — 섀런스틸 Sharon Steel (1980)	0.00	100.0%	−100%
498	434	베르티엔데스카마구에이슈거 Vertientes-Camaguey Sugar	0.00	100.0%	−100%
499	355	화이트모터스 Write Moters — 노스이스트오하이오액슬 Northeast Ohio Axle (1980) 〉 NEOAX(1986) 〉 인바이러소스 Envirosource (1989)	0.00	100.0%	−100%
500	360	제니스라디오 Zenith Radio 〉 제니스일렉트로닉스 Zenith Ekectronics (1984)	0.00	100.0%	−100%

NOTE

주해

제2장

1. 리처드 포스터와 새라 캐플런(Richard Poster and Sarah Kaplan), 《창조적 파괴 (Creative Destruction: Why Companies That Are Build to Last Underperform the Market, and How to Successfully Transform Them)》(New York: Random House, 2001), 8
2. 이 방대한 조사 작업은 내 연구 조교 제러미 슈워츠의 뛰어난 능력이 없었다면 불가능했을 일이다.
3. 아이러니하게도 당시 세계 최대 종목이었던 AT&T는 S&P 종합주가지수에 편입되지 않았다. 한 기업이 지수 전체를 좌지우지하지 못하게 한다는 취지였다.
4. 당시 S&P500 지수를 구성하는 기업이 뉴욕증권거래소 상장 종목 전체 시가총액의 약 85%를 차지했다.
5. S&P 웹사이트, http://www2.standardandpoors.com/spf/pdf/index/500factsheet. pdf.
6. 1993년 이후에 지수에 추가된 신규 기업의 평균 시장 가치는 지수 전체 시장 가치의 5%를 약간 웃도는 수준이었다.
7. 비상장 기업이 되면 그 과정에서 발생한 자금은, 업데이트된 S&P500 지수에 수익률이 연동된 인덱스 펀드로 들어간다고 가정했다. 비상장 기업이 다시 상장 기업으로 전환되면 인덱스 펀드로 들어갔던 자금으로 그 기업을 재매수한 것으로 가정했다. 비상장 기업은 이 포트폴리오 전체 시장 가치의 3%에 불과했다.
8. 자동적으로 증가한 수요분을 상쇄할 만큼 매도(공매도 포함)가 충분치 않다고 추정한다.
9. 2004년 3월에 스탠더드앤드푸어스는 2005년부터 총 주식 수가 아니라 '유통' 주식 수를 기준으로 지수 종목에 가중치를 부여한다고 발표했다. 이렇게 하면 월마트처럼 기업 소유주가 주식을 대부분 보유하는 경우에는 지수 상의 주식 수가 감소하고 따라서 지수에 편입 혹은 탈락하는 종목의 가격 변동 폭을 줄일 수 있다.

10. '지수 효과 재현(Index Effect Redux)', 스탠더드앤드푸어스, 2004년 9월 8일. 최근에 S&P에 편입된 종목의 가격 상승효과가 줄기는 했지만, 이는 지수 편입 발표가 나기 전에 투기자가 호가를 올린 데서 기인한 측면이 있다. 로저 보스(Roger J. Bos), 'Event Study: Quantifying the Effect of Being Added to an S&P Index', 스탠더드앤드푸어스, 2000년 9월.

11. 베이비 벨은 사우스웨스턴벨(Southwestern Bell), 벨사우스(Bell South), 벨애틀랜틱(Bell Atlantic), 엔와이엔이엑스(NYNEX), 퍼시픽텔레시스(Pacific Telesis), 아메리테크(Ameritech), 유에스웨스트커뮤니케이션(US West Communications) 등이다. 2004년 현재 생존 기업은 에이비시 커뮤니케이션즈(SBC communications: 사우스웨스턴, 아메리테크, 퍼시픽텔레시스), 벨사우스, 버라이즌(Verizon: 벨애틀랜틱, NYNEX), 퀘스트(Qwest: 유에스웨스트) 등이다.

12. 종합 포트폴리오의 배당수익률이 다른 포트폴리오를 훨씬 능가하는 수준이라면 세금 측면에서는 불리하다. 그러나 우리가 분석한 포트폴리오에서는 그 효과가 크지 않았다.

13. 미 국세청(IRS)이 무상 주식을 과세 종목으로 간주한 몇몇 사례가 있다.

제3장

1. 리처드 포스터와 새라 캐플런, 《창조적 파괴》, 9.

2. 주식 거래자들이 필립 모리스라고 부르는 쪽을 좋아하기 때문에 종목 기호는 예전 그대로 'MO' 혹은 'Big Mo'를 사용한다.

3. S&P는 500 지수에 이 기업을 편입한지 5개월 만에 탈락 조치했다. 스위츠가 지수 편입 기업 중 최소 기업(시가총액 600만 달러)에 속하기는 했으나 왜 탈락되었는지는 S&P 측에 물어도 이유를 알 수 없었다.

4. 하인즈 웹사이트(http://heinz.com/jsp/about.jsp), 2000년 12월 20일 자 AP 통신 기사 '하인즈가 유럽 기업 인수 협상에 들어가다(Heinz Enters Talks to Acquire European Company)' 그리고 2000년 12월 20일자 〈월스트리트저널〉 기사 '하인즈, CSM의 식품 사업부 인수 계약 체결 임박(Heinz Is close to a Deal to Buy CSM's Grocery Products Unit)' 등을 참고하라.

5. 필수 소비재 기업 크로거까지 추가하면 전체 20대 기업의 90%에 해당하는 18개가 필수 소비재 기업이나 보건의료 부문 기업이었다. 이 두 업종의 발달사에 관해서는 제4장에서 설명한다.

6. 이익이 0 혹은 마이너스(-)인 기업은 주가수익률이 높은 분위로 분류했다. 투자자가 사사분기 동안 기대 이익 대신에 실제 이익을 산입할 수 있도록 당해 2월 1일부터 이듬해 2월 1일까지의 수익을 계산했다.

7. 기업이 현금 배당을 실시하는 대신에 주식을 재매수해도 투자 수익에는 동일한 효과가 나타난다. 주식 재매수 부분에 관해서는 제9장을 참고하라.

8. 피터 린치와 존 로스차일드(John Rothchild), 《One Up on Wall Street》(New York: Simon & Schuster, 1989), 198-99.

9. 찰스 멍거(Charles Munger). 1994년 USC 경영대학원에서 한 연설. "A Lesson on Elementary, Worldly wisdom as It Relates to Investment and Business."

10. 제러미 시겔, "The Nifty Fifty Revisited: Do Growth shocks Ultimately Justify Their Price."〈저널오브포트폴리오매니지먼트(Journal of Portfolio Management)〉 21, 4 (1994), 8-20.

11. 피터 린치와 존 로스차일드, 《이기는 투자(Beating the Street)》(New York: Simon & Schuster, 1994), 139.

12. 워런 버핏(Warren Buffet), "Mr. Buffet on the stock Market", 〈포천〉, 1999년 11월 22일.

제4장

1. 치 정(Qi Zeng), "How Global Is Your Industry", U.S. and the America Investment Perspectives, 모건스탠리, 뉴욕, 2004년 6월 30일.

2. 다음과 같은 골드만삭스의 주간 간행물을 참고하라. 'Sector Strategy: where to Invest Now', 골드만삭스 증권조사부(Goldman Sachs Equity Research), 뉴욕.

3. 이전에는 정부가 개발한 표준산업분류(Standard Industrial Classification: SIC) 체계에 따라 종목이 분류됐다. 그리고 1997년에 SIC가 캐나다와 멕시코 기업으로 확대 적용되면서 북미산업분류체계(North American Industrial Classification System:

NAICS)로 명칭이 변경됐다.

4. '석유-가스 시추 및 서비스 부문 현황 분석(Oil-Gas Drilling and Services Current Analysis)', 스탠더스앤드푸어스 산업 조사부, 1980년 8월 14일, O103.

5. 2004년 현재 델타와 사우스웨스트만 S&P500 지수에 남아 있고 TWA, 이스턴, 팬암, 유나이티드 등은 파산했다.

6. 1977년부터 1997년까지 인플레이션을 반영한 에너지의 실질 가격이 약 30% 하락했다.

제5장

1. 앨런 그린스펀, 캔자스시티 연준 후원으로 2002년 8월 29일부터 31일까지 와이오밍 주 잭슨 홀에서 열린 학술 토론회 'Rethinking Stabilization Policy' 개회사 중.

2. 로버트 실러(Robert James Bob Shiller), 《비이성적 과열(Irrational Exuberance)》 제2판(Princeton: Princeton University Press, 2005), 87.

3. 랄프 머클(Ralph C. Merkle), 'Nanotechnology: What Will It Mean?' IEEE(전기전자공학회) 편찬 잡지 〈스펙트럼(Spectrum)〉, 2001년 1월.

4. 그레고리 주커만(Gregory Zuckerman), '나노 기술 업체는 보잘 것 없는 펀더멘털로 막대한 주식 수익을 만들어낸다(Nanotech Firms Turn Tiny Fundamentals into Big Stock Gains)', 〈월스트리트저널〉, 2004년 1월 20일.

5. 이 기고문을 비롯해 내가 쓴 다른 기고문 전부를 http://www.jeremysiegel.com에서 확인할 수 있다.

6. 〈블룸버그뉴스〉는 모건스탠리의 인터넷 전문가 메리 미커(Mary Meeker)도 〈뉴요커〉를 통해 인터넷 종목에 대해 경고했다고 전했다.

7. 공매도는 자신이 보유하지 않은 주식을 남한테 빌려서 파는 전략이다. 공매도자는 빌린 주식을 비싼 가격에 팔고, 나중에 싼 가격에 주식을 사서 채워 넣고는 그 차액에서 이익을 내려는 생각이다. 그런데 기대와 달리 주가가 오르면 공매도자는 손실을 본다.

제6장

1. 이 가운데 약 3분의 1이 2003년 12월 31일까지 현재와 같은 기업 형태로 살아남았

다. 이때까지 생존하지 못한 기업은 '이보트슨 소형주 지수'의 수익으로 대체했다.

2. 소형주지수는 뉴욕증권거래소와 나스닥 거래소에서 거래되는 최소 5분위 수 주식으로 구성되며 이보트슨이 작성해 발표한다.

3. 제이 리터(Jay Ritter), 'The 'Hot Issue' market of 1980', 〈저널오브비즈니스(Journal of Business)〉57, 2 (1984), 215-40.

4. 제이 리터, 'Big IPO Runups of 1975-September 2002', http://bear.cba.ufl.edu/ritter/RUNUP750.pdf에서 찾아보라.

5. 이후 더글로브닷컴은 주당 2센트, VA 리눅스는 주당 54센트에 거래됐다.

6. 버튼 말키엘(Burton Malkiel), 《랜덤워크 투자 수업(A Random Walk Down Wall Street)》, 제8판 (New York: W. W. Norton, 2003), 77.

7. 크리스토퍼 팔메리와 스티븐 브럴(Christopher Palmeri and Steven V. Brull), '벌었으면 써라; 게리 위닉은 수백 만 달러를 펑펑 써재긴다.(If You've Got it, Spend it: Gary Winnick Is Spreading His Millions Around with Gusto)', 〈비즈니스위크(Business Week)〉, 2000년 10월 6일.

8. 데니스 버먼(Denis Berman), 'Dialing for Dollars', 〈월스트리트저널〉, 2002년 8월 12일, A1.

9. 위와 같은 책.

10. 랜달 스트로스(Randall E. Stross), 《eBoys: The First inside Account of Venture Capitalists at Work》(New York: Crown Business, 2000).

11. 아리아나 은정 차(Ariana Eunjung Cha), "'Johnny Appleseed' for a Risky Field", 〈워싱턴포스트〉, 2002년 11월 13일.

12. 제이 리터, 'Some Factoids about the 2003 IPO Market', 2004년 8월, 9. 리터의 웹사이트 http://bear.cba.ufl.edu/ritter/IPOs2003.pdf를 방문하라.

13. 벤저민 그레이엄(Benjamin Graham), 《현명한 투자자(The Intelligent Investor)》 (New York: HarperCollins, 1984).

14. 찰스 맥케이(Charles Mackay), 《대중의 미망과 광기(Memoirs of Extraordinary popular Delusions and the madness of Crowds)》, 마틴 프리드슨(Martin Fridson) 편집, (New York: John wiley & Sons, 1996).

15. 위와 같은 책.

16. 1만 달러 혹은 지금의 달러화로 환산하면 약 15만 달러에 상당한다.

17. 《금융 투기의 역사(Devil Take the Hindmost)》의 저자 에드워드 챈슬러(Edward Chancellor)는 맥케이가 말한, 무엇을 하는지 알리지도 않은 이 어이없는 회사 이야기는 출처가 불명한 확인되지 않은 일화라고 주장한다. 나는 그래도 "출처가 불분명한 일화일지는 몰라도 참으로 부끄러운 일이기는 한데 그래도 투자 받은 돈을 어디에 쓰는지도 모르는 이른바 '묻지 마' 투자 혹은 눈뜬 장님 투자의 위험성을 경고한다는 면에서 의미가 있다"는 내용의 이메일을 내게 보낸 제이슨 즈와이그(Jason Zweig)의 의견에 동의한다. 1920년대에는 이런 회사 주식이 거래됐지만 지금은 법으로 금지돼 있다.

18. 〈블룸버그뉴스〉를 통해 이 회사에 주목하게 해준 마이클 루이스(Michael Lewis)에서 감사한다.

19. 말키엘, 《랜덤워크 투자 수업》, 56.

제7장

1. 스콧 썸(Scott Thurm) 'Costly Memories, Behind TiVo, iPod, and Xbox: An Industry Struggles for Profits', 〈월스트리트저널〉, 2004년 10월 14일, A1.

2. 요치 드리젠(Yochi J. Dreazen), 'Telecom Carriers Were Driven by Wildly Optimist Data on Internet's Growth Rate', 〈월스트리트저널〉, 2002년 9월 26일, B1.

3. 〈월스트리트저널〉, 앞서 말한 글.

4. 'The Great Telecom Crash', 〈이코노미스트〉, 2002년 7월 18일.

5. 2002년 9월 26일자 〈월스트리트저널〉 B1에 소개된 데니스 버먼(Dennis K. Berman)의 'Behind the Fiber Glut-Innovation Outpaced Marketplace'라는 제목의 글에 다른 자료와 함께 이 내용의 자료가 보고됐다.

6. 데니스 버먼, 'Telecom Investors Envision Potential in Failed Networks', 〈월스트리트저널〉, 2003년 8월 14일, 1.

7. 'Too Many Debts: Too Few Calls', 〈이코노미스트〉, 2002년 7월 20일, 59.

8. 인터넷 사용량에 관한 정확한 수치는 입수하기 어려우나, 통신량 증가에 관한 가장 신뢰할 만한 추정치는 2001년에 107%, 2002년에 87% 그리고 2003년에 76%였다.

다음을 참고하라. 앤드루 오딜즈코(Andrew Odlyzko), 'Internet Traffic Growth: Sources and Implications', 날짜 미상, http://www.dtc.umn.edu/~odlyzko/doc/itcom.internet.growth.pdf.

9. '통신주의 대몰락(The Great Telecom Crash)', 〈이코노미스트〉, 2002년 7월 18일, 59.

10. 데니스 버먼, 'Technology Races Far Ahead of Demand and the Workplace', 〈월스트리트저널〉, 2002년 9월 26일.

11. http://www.bankruptcydara.comdmf 참고하라.

12. 버먼, 'Telecom Investors Envision Potential in Failed Networks'

13. 드리젠, 'Telecom Carriers Were Driven by Wildly Optimist Data', 'Too Many Debts: Too Few Calls', 오딜즈코 'Internet Traffic Growth' 등을 참고하라.

14. 회장이 주주에게 보내는 서한, 버크셔해서웨이 연차 보고서, 1985년.

15. 위와 같은 책.

16. 모건스탠리도 이보다 짧은 기간 범위로 비슷한 조사를 했다. 그 내용은 다음을 참고하라. 'Watch Their Feet, Not Their Mouths', U.S. and the America Investment Perspectives, 뉴욕, 2002년 10월 7일.

17. 마크 오델(Mark Odell), 'Carriers Relish Some Big Net Savings', 〈파이낸셜타임즈〉, 2000년 7월 24일.

18. 스콧 맥카트니(Scott McCartney), 'Web Effect Is Greater on Airline Revenue Than Costs', 〈월스트리트저널〉, 2002년 10월 17일, B2.

19. 짐 콜린스(Jim Collins), 《좋은 기업을 넘어 위대한 기업으로(Good to Great: Why Some Companies Make the Leap…and Others Don't)》(New York: HarperBusiness, 2003), 163.

제8장

1. PBS 홈 비디오, 'Warren Buffett Talks Business', 노스캐롤라이나 대학교 키넌 플래글러 경영대학원(Keenan Flagler Business School)에서 1994년에 촬영.

2. 버크셔해서웨이 1996년도 연차 보고서.

3. 짐 코리도(Jim Corridore), '업종조사: 항공업(Industry Surveys: Airlines)', 스탠더드 앤드푸어스 뉴욕, 2004년 5월 20일.

4. 버크셔해서웨이 1999년 연차 보고서 중 기술주를 피한 이유에 관해.

5. 샘 월튼(Sam Walton), 《샘 월튼, 불황 없는 소비를 창조하라(Sam Walton: Made in America)》New York: Bantam, 1993), 91.

6. 브랜포드 존슨(Branford Johnson), 'Retail: The Wal-Mart Effect', 〈맥킨지쿼터리(McKinsey Quarterly)〉, 2002년 no. 1

7. 월튼, 《샘 월튼, 불황 없는 소비를 창조하라》, 262.

8. 짐 콜린스, 《좋은 기업을 넘어 위대한 기업으로》, 155-56.

9. 위와 같은 책, 156.

10. 위와 같음.

11. 켄 아이버슨, 《솔직한 이야기(Plain Talk)》(New York: Wiley, 1997), 54-59.

12. Pankaj Ghemawat and Henricus Stander, 'Nucor at a Crossroads', 사례 연구 9-793-039, 하버드 경영대학원, 1992년(1998년에 개정), 7.

13. 〈포천(Funtune)〉, 1988년 12월 13일, Ghemawat and Stander, 'Nucor at a Cross-roads', 9 에서 인용.

14. 짐 콜린스, 《좋은 기업을 넘어 위대한 기업으로》, 138.

제9장

1. 1871년부터 2003년까지의 자료를 분석한 이유는 카울스 재단(Cowles Foundation)의 연구에서 나온 배당금에 관한 이 기간의 자료가 신뢰성이 높기 때문이다. 제러미 시겔, 《주식에 장기 투자하라》, 제3판(New York: McGraw-Hill, 2002).

2. 앤디 케슬러(Andy Kessler), '나는 배당금을 증오한다(I Hate Deividends).' 〈월스트리트저널〉, 2002년 12월 30일.

3. 새러 몰러와 프레드릭 쉴링게만, 르네 스툴츠(Sara B. Moller, Frederik Schlinge-mann, and Rene Stulz), '대규모 부의 파괴(Wealth Destruction on a Massive Scale? A Study of Acquiring-Firm Returns in the Recent Merger Wave)', NBER working paper no. 10200, 2003년 12월.

4. 재러드 하포드(Jarrad Harford), 'Corporate Cash Reserves and Acquisitions', 워싱턴 대학교 경영대학원, 1998년 11월, 논문 초록에서 인용.

5. 로저 로웬스타인(Roger Lowenstein)이 자신의 저서 《버핏(Buffett: The Making of An American Capitalist)》(New York: Random House, 1996), 133n.에서 언급한 내용.

6. 〈나이트라인(Night Line)〉, ABC News, 2003년 5월 21일.

7. 1999년도 버크셔해서웨이 연차 보고서, 17.

8. 제러미 시겔, 'The Dividend Deficit', 〈월스트리트저널〉, 2001년 2월 19일.

9. 라즈 체티와 에마뉴엘 시즈(Raj Chetty and Emmanuel Saez), 《배당세와 기업의 행동(Dividend Taxes and Corporate Behavior: Evidence from the 2003 Dividend Tax cut)》, NBER Working paper, 10841.

10. 블레인 하든(Blaine Harden), 'For Years, Many Microsoft Millionaires hit the Options key', 〈워싱턴포스트〉, 2003년 8월 5일.

11. 금융경제학자 원탁회의(The Financial Economists Roundtable). 금융 기관과 국가 경제가 직면한 주요 사안을 논의하고자 매년 모임을 갖고 있으며 나 또한 회원이다. 2003년 회의 주제는 '경영진의 보수'였으며 여기서 과도한 스톡옵션 발행이 경영진에 대한 성과급 체계를 왜곡하고 있다고 결론 내리고 내국세입법 제162항의 폐지를 요청했다.

제10장

1. 1954년의 이익 수준은 1871년부터 1929년까지 이어 그린 주당 실질 이익성장률 추세선을 기준으로 예측한 값과 정확히 일치하는 것으로 나타났다.

2. 허버트 헤링(Hubert H. Herring), 'Marlboro man Rides a Bit Lower in the Saddle', 〈뉴욕타임스〉, 1993년 4월 4일.

3. 패소로 궁지에 몰렸다가 구사일생한 유일한 사례가 1988년에 필립 모리스를 상대로 로즈 치폴린(Rose Cippoline)이 소를 제기했을 때였다. 이는 담배 회사가 패소한 최초 사례이기도 했다. 치폴린은 17세부터 담배를 피웠고 배심원단은 치폴린의 남편에게 40만 달러를 배상하라고 평결했다. 그러나 항소심에서 이 평결이 뒤집어

졌다.

4. 징벌적 배상금 총액은 1,450억 달러였고 필립 모리스는 미국에서 판매되는 담배의 약 절반을 판매한다는 이유로 이 총액의 절반가량을 부담하게 됐다.

5. 금융 전문 저술가 제임스 글래스먼(James Glassman)은 1980년대에 클리블랜드의 투자 자문가 겸 저술가 존 슬래터(John Slatter)가 다우10 전략을 고안했다고 주장한다. 이후 하비 놀스와 데이먼 페티(Harvey Knowles and Damon Petty)가 저서《배당금 투자자(The Devidend Investor: A Safe, Sure Way to Beat the Market)》(Chicago: Probus, 1992)에서 그리고 마이클 오히긴스(Michael O'Higgins)가 존 다운스(John Downes)와 함께 쓴《다우 이기기(Beating the Dow: A High-Return, Low-Risk Method for Investing in the Dow Jones Industrial Stocks with as Little as $5,000)》(New York: HaperCollins, 1991)에서 이 전략을 소개하면서 대중화됐다. 존 도프먼(John R. Dorfman)의 'Study of Industrial Averages finds Stocks with High Dividends Are Big Winners'[〈월스트리트저널〉, 1988년, 8월 11일, C2]을 참고하라.

6. 다음을 참고하라. 알론 브라즈와 존 그레이엄, 캠벨 하비, 로니 마이클리(Alon Braz, John R. Graham, Campbell R. Harvey and Roni Michaely), 'Payout policy in the 21st Century', NBER working paper no. 9657, 2003년 4월. 프랭클린 앨런과 로니 마이클리(Franklin Allen and Roni Michaely), 'Payout Policy', Wharton Financial Institutions Center, 2002년 4월.

7. 바이런 빈과 프랜시스 림(Byron Wien and Frances Lim), 'Lessons from Buyback and Dividend Announcements', 2004년 10월 4일.

8. 이 면세 특성 때문에 REIT가 지급하는 배당금은 새로 정한 배당세 15% 규정의 적용을 받지 않는다.

제11장

1. 〈포브스〉 주최로 열린 로버트 아노트와의 토론, 2004년 4월 29일. 아이라 카나한(Ira Carnahan), 'Should You Still Be a Bull?', 〈포브스〉, 2004년 4월 19일.

2. IRS에 제출하는 이익은 이와 다를 수 있다.

3. 경영진으로 하여금 대손상각 규모를 늘리도록 부추긴 데는 투자자의 반응도 한몫했다. 1990-1991년의 시장 침체기 때 투자자는 손실이 나는 사업부를 누락시키면 수익이 더 증가한다는 가정에 따라 대규모 대손상각 처리를 했던 기업의 주식을 샀다.

4. 버크셔해서웨이 연차 보고서, 1992년.

5. 베어스턴스의 조사(Bear Sterns Research), 'Stock Option Valuation: Evolving to Better Valuation Models', 2004년 6월.

6. 데이비드 스티어스(David Stires), 'The Breaking Point', 〈포천〉, 2003년 2월 18일

7. 팀 카벨(Tim Carvell), 'The Year in Ideas: Core Earnings', 〈뉴욕타임스매거진〉, 2002년 12월 15일, 76.

8. 2002년 5월 15일 날짜로 스탠더드앤드푸어스의 매니징 디렉터 데이비드 블리처(David Blitzer)에게 보낸 공개서한 중에서.

9. 리처드 슬론(Richard Sloan), 'Do Stock Prices Reflect Information in Accruals and Cash Flows About Future Earnings?', 〈어카운팅리뷰(The Accounting Review)〉, 1996년, 71.

10. 리처드 슬론과 마크 브래드쇼, 스콧 리처드슨(Richard Sloan, Mark T. Bradshaw, and Scott A. Richardson), 'Do Analysts and Auditors Use Information in Accruals', 〈저널오브어카운팅리서치(Journal of Accounting Research)〉, 2001년, 39.

11. 레너드 나카무라(Leonard Nakamura), 'What Is the U.S. Gross Investment in intangibles: (At least) One Trillion Dollars a Year', Working Paper no. 01-15, 필라델피아 연방준비은행, 2001년 10월.

제12장

1. 제러미 시겔, 《주식에 장기 투자하라》 제3판(New York: McGraw-Hill, 2002), 13.

2. 에스제이 브라운과 더블유엔 괴츠만, 에스에이 로스(S. J. Brown, W. N. Goetzmann, S. A. Ross), 'Survival', 〈저널오브파이낸스(Journal of Finance)〉, 50, 1995년, 853-73.

3. 엘로이 딤슨과 폴 마시, 마이클 스턴튼(Elroy Dimson, Paul Marsh, and Michael Staunton)의 《낙관론자들의 승리(Triumph of the Optimists: 101 Years of Global

Investment Return)》(Princeton: Princeton University, 2002) 참고.

4. 엘로이 딤슨과 폴 마시, 마이클 스턴튼, 'Global Investment Returns Yearbook 2004', ABN-AMRO, 2004년 2월.

5. 엘로이 딤슨과 폴 마시, 마이클 스턴튼, 《낙관론자들의 승리》, 175. 사실 이 책은 세계 주식 시장의 장기 수익률을 과소평가했을지도 모른다. 이 조사를 시작한 1900년 이전 30년 동안에도 미국 주식 시장과 우리가 자료를 보유한 기타 국가의 주식 시장도 꽤 좋은 실적을 냈다. 1871년부터 측정한 미국 주식의 수익률이 1900년부터 취한 주식 수익률을 32베이시스포인트(bp: 100분의 1%) 앞섰다. 영국 자료도 이와 매우 비슷한 결과를 보인다.

6. 위와 같은 책.

7. 아이라 카나한(Ira Carnahan), 'Should You Still be a Bull?', 〈포브스〉, 2004년 4월 19일.

제13장

1. 피터 피터슨(Peter Peterson), 《어스레한 여명(Gray Dawn: How the Coming Age Wave Will Transform America-and the World)》(New York: Three Rivers Press, 2000), cover of book.

2. 위와 같은 책, 18.

3. 이 자료의 출처는 2001년 11월 3일자 〈이코노미스트〉 survey p.5에 실린 피터 드러커(Peter Drucker)의 에세이 '다음 사회(The Next Society)'다.

4. 20세에 일하기 시작해서 65세에 은퇴한다고 가정하고 20세부터 65세에 해당하는 사람의 수를 65세 이상 인구로 나눈 비율이다.

5. 폴 윌리스(Paul Wallace), 《증가하는 고령 인구, 다시 그리는 경제 지도(Agequake: Riding the Demographic Rollercoaster Shaking Business, Finance, and Our World)》(한국어판 제목)(London: Nicholas Brealey Publishing, 1999), 31에서 인용했다.

6. 피터 피터슨, 《어스레한 여명》, 20.

7. 폴 윌리스의 《증가하는 고령 인구, 다시 그리는 경제 지도》, 135-144 중에서 게리

베커(Gary Becker).

8. 위와 같은 책, 21.

9. 제임스 보펠(James Vaupel), 'Setting the Stage: A Generation of Centenarians?' 〈워싱턴쿼터리(Washington Quarterly)〉 23, 3 (2000): 197-200.

10. 지나 콜라타(Gina Kolata), 'Could We Live Forever?' 〈뉴욕타임스〉, 2003년 11월 11일.

11. 2003년 6월 3일 '인간 수명의 미래(The Future of Human Longevity: How Important Are Markets and Innovation?)'에 관한 상원 고령화특별위원회 청문회에서 행한 증언.

12. 'Forever Young', 〈이코노미스트〉, 2004년 3월 7일, 6.

13. 국가인구동태통계보고서(National Vital Statistics Reports) 51, 3 (2002), 미국질병통제예방센터(Centers for Disease Control and Prevention), 국가보건통계센터(National Center for Health Statistics).

14. 피터 피터슨, 《어스레한 여명》, 34.

15. 2002년부터 2027년까지 사회보장제도의 혜택을 받은 수혜 연령을 65세에서 67세로 점차 높이더라도 최저 수혜 연령인 62세는 여기서 더 높아지지 않았다.

16. 앞서 언급한 자료 'Forever Young', 15.

17. 니콜라스 반스톤(Nicholas Vanston), 'Maintaining Prosperity', 〈워싱턴쿼터리〉 23, 3 (2000): 225-38.

18. 펄폴린 기보드(Pauline Givord), 'The Decline in Participation Rates Among the Older Age Groups in France', 유럽경제정책연구네트워크(European Network of Economic Policy Research Institutes) 후원으로 2001년 9월 7~8일 프랑스 낭트에서 열린 컨퍼런스 'Ageing, Skills and Labour'에 제출한 논문.

19. 사회보장 기금 조달에 사용한 세율은 전국 평균의 약 2배인 주어진 소득 수준까지 근로자와 고용주가 공평하게 분담한다. 2004년에 사회보장 총세율은 최대 근로 소득 8만 7,900달러 기준 12.4%다.

20. 폴 새뮤얼슨(Paul Samuelson), 'Social security', 〈뉴스위크〉, 1967년 2월 13일.

21. 만약에 연준이 통화 공급을 줄여 물가를 조절하려고 하면 이런 행위 자체가 임금 하락으로 이어져 또 다시 세대 간 갈등을 부추길 여지가 있다.

제14장

1. 피터 피터슨, 《파산 위기(Running on Empty)》(New York: Farrar, Straus and Giroux, 2004), 195.
2. 통상 생산성은 노동 생산성을 일컫는다. 노동력과 자본의 양과 질을 교정한 다른 생산성 측정치도 있다.
3. 중요한 예외 사례 중 하나가, 1995년에 일반 임금 수준이 아니라 오직 물가에만 연동해 수당을 지급하는 것으로 정책을 변경한 영국의 공적 연금 제도다. 그 결과 영국의 연금 제도 역시 선진국 중에서 장기적으로 지급 능력을 갖춘 몇 안 되는 연금 제도로 꼽힌다. 그러나 이런 지급 능력은 퇴직 기간에는 퇴직 이전에 받았던 임금보다 훨씬 적은 수당을 받아야 하는 등 근로자의 희생을 바탕으로 한 것이다.
4. 로버트 솔로(Robert M. Solow), 'A Contribution to the Theory of Economic Growth', 〈쿼터리저널오브이코노믹스〉 70 (1956): 65-94를 참고하라.
5. 알베르트 안도와 디미트리오스 크리스텔리스, 츠토무 미야가와(Albert Ando, Dimitrios Christelis, and Tsutomu Miyagawa), 'Inefficiency of Corporate Investment and Distortion of Savings Behavior in Japan', NBER working paper no. 9444
6. 폴 휴잇(Paul S. Hewitt), 'The Gary Roots of Japan's Crisis', Asia Program Special Report, Woodrow Wilson International Center for Scholars, 2003년 1월.
7. 'A shrinking Giant', 〈이코노미스트〉, 2004년 1월 8일.
8. 피에르 식식과 찰스 와이플로즈(Pierre Sicsic and Charles Wyplosz), 'French Post-War Growth form (Indicative) Planning to (Administrated) Market', Centre for Economic Policy Research, discussion paper no. 1023, 1994년.
9. 사회보장제도 상의 신탁 관리자는 생산성 증가율에 대한 수익과 비용 방정식의 민감도를 측정했다. 이후 75년 동안 사회보장기금의 균형을 맞추는 데 필요한 생산성 증가 수준은 훨씬 더 작지만, 이는 향후 20년에 걸쳐 사회보장제도에서 발생하는 모든 잉여금을 포함하기 때문에 금세기 중반쯤 이 제도의 균형을 맞추는 데 필요한 생산성 증가 수준을 과소평가하는 셈이 된다.
10. 2003년 11월 6일 플로리다주 보카래턴에서 열린 증권업협회(Securities Industry Association) 연례 모임에서 앨런 그린스펀 연준 의장이 한 발언.

11. 에드워드 프레스콧(Edward Prescott), 'Why Do Americans Work So Much More Than Europeans' ⟨미니애폴리스 연준 은행 계간 리뷰(Federal REserve Bank of Minneapolis Quarterly Review)⟩ 28, 1 (2004): 2-13.

12. 제러미 리프킨(Jeremy Rifkin), 《유러피언 드림(The European Dream: How Europe's Vision of the Future Is Quietly Eclipsing the American Dream)》(New York: Penguin Books, 2004), 14.

13. 스티븐 데이비스와 매그너스 헨렉슨(Steven Davis and Magnus Henrekson, 'Tax Effects on Work Activity, Industry Mix and Shadow Economy Size: Evidence from Rich-Country Comparisons', NBER WORKING PAPER SERIES NO. 10509; National Bureau of Economic Research, 2004.

14. 헬버링 대 데이비스 사건(Helvering vs. Davis: 1937), 플레밍 대 네스터 사건(Fleming vs. Nestor: 1960).

제15장

1. 조엘 모키르(Joel Mokyr), 《부의 수단(The Lever of Riches: Technological Creativity and Economic Progress)》(New York: Oxford University Press, 1990), 20.

2. 위와 같은 책, 29.

3. 마이클 크리머(Michael Kremer), 'Population Growth and Technological Change: 1,000,000 B.C. to 1990', ⟨쿼터리저널오브이코노믹스⟩, 108 (1993년 8월): 681-716.

4. 티모시 브레스나한과 로버트 고든(Timothy F. Bresnahan and Robert J. Gordon) 편집, 《The Economics of New Goods》(Chicago: University of Chicago Press, 1997), 29-66 중에서 William D. Nordhaus, 'Do Real Output and Real Wage Measures Capture Reality? The History of Lighting Suggests Not'.

5. 로런스 콘라드 등(Lawrence Konrad et al.) 편집, 《The Western Medical Tradition, 800 BC to AD 1800》(Cambridge University Press, 1995) 중에서 로이 포터(Roy Porter), 'the Eighteenth Century'.

6. 마이클 하트(Michael Hart), 《The 100: A Ranking of the Most Influential Persons

in History》(New York: Citadal Press, 1994), 38.

7. Julian Simon, 《근원 자원(The Ultimate Resource 2: People, Materials, and Environment)》(Princeton: Princeton University Press, 1996), 제26장에서 인용.

8. 캘거리 대학교 응용역사연구그룹, '명 왕조의 해양 역사(The Ming Dynasty's Maritime History)'를 참고하라. http://www.ucalgary.ca/applied_history/tutor/eurvoya/ming.html 에서 이용 가능.

9. 일본의 번각본 덕분에 겨우 남아 있는 상태다.

10. 찰스 존스(Charles Jones), 《Introduction to Economic Growth》 제2판(New York: W. W. Norton & Company, 2002), 16.

11. 아인슈타인(E. Einstein), 《변화의 동인인 인쇄기(The Printing Pess as Agent of Change: A Communications and Cultural Transformation in Early Modern Europe)》(Cambridge University Press, 1979), 11.

12. 마이클 로스차일드(Michael Rotschild), 《생태학(Bionomics)》(New York: Henry Holt, 1990), 8-9.

13. 사이먼(Julian Simon), 《Ultimate Resource 2》, 제26장.

14. 재러드 다이아몬드(Jared Diamond), 《총, 균, 쇠(Guns, Germs, and Steel: The Fates of human Societies)》(New York: W. W. Norton, 1997), 412 .

15. 찰스 존스(Charles Jones), 《Introduction to Economic Growth》, 88.

16. 1676년 2월 5일에 로버트 훅(Robert Hooke)에게 보낸 편지.

17. 리 고메즈(Lee Gomes), 'A Beautiful Mind from india Puts Internet on Alert', 〈월스트리트저널〉, 2002년 11월 4일.

18. 토머스 프리드먼(Thomas Friedman), 'Is Google God?', 〈뉴욕타임스〉, 2003년 6월 29일.

19. 정보산업부(Ministry of Information Industry), 제10차 5개년 계획(2001-2005). 영어판은 http://www.trp.hku.hk/infofile/china/2002/10-5yr-plan.pdf에서 이용 가능함.

20. 메리 미커와 리나 최, 요시코 모토야마(Mary Meeker, Lina Choi, Yoshiko Motoyama), 'The China Internet Report', 2004년 4월 14일, Morgan Stanley Research, 6.

21. Vogelstein, Fred, 'How Intel Got Inside', 〈포천〉, 2004년 10월 4일, 134.

22. 토머스 프리드먼(Thomas Friedman), 'Origin of Species', 〈뉴욕타임스〉, 2004년 3월 14일.

23. 이런 상대 소득은 구매력 평가(purchasing power parity: PPP)를 기준으로 측정한 것이다.

24. 야승 황(Yasheng Huang), 'China Is Just Catching Up', 〈파이낸셜타임스〉, 2004년 6월 7일.

25. 도미니크 윌슨과 루파 프루쇼타만(Dominic Wilson and Roopa Purushothaman), 'Dreaming with BRICs: The Path to 2050', Global Economics Research Paper no.99, 골드만삭스, 2003년 10월 1일.

26. 마이클 샤리(Michael Shari), 'Indonesia: Consumer Heaven?' 〈비즈니스위크〉, 2003년 3월 24일.

27. 토머스 하우트와 짐 헤멀링(Thomas Hout and Jim Hemerling), 'China's Next Great Thing', 〈패스트컴퍼니(Fast Company)〉, 2004년 3월; 데니스 응(Dennis Eng), 'Livi's Pillowtex Deals Worth Billions to Li & Fung', The Standard: Great China's Business Newspaper, 2004년 1월 9일.

28. 가브리엘 칸(Gabriel Kahn), 'Chinese Firms Buy Rights to Famous Trademarks', 〈월스트리트저널〉, 2003년 12월 26일.

29. 조지 웨어프리츠(George Wehrfritz), 'China: Going Global', 〈뉴스위크인터내셔널〉, 2004년 3월 1일. Clay Chandler, 'Inside the New China', 〈포천〉, 2004년 10월 10월 4일.

30. 콘스탄스 소렌티노와 조안나 모이(Constance Sorrentino and Joyanna Moy), 'U.S. Labor Market Performance: International Perspective', 〈먼스리레이버리뷰(Monthly Labor Review)〉, 2002년 6월; 노동통계국(Bureau of Labor Statistics), 'Comparative Civilian Labor Force Statistics: Ten Countries, 1959-2003', 2004년 6월.

31. 노동통계국(Bureau of Labor Statistics), 'Occupational Employment and Wages, 2002'를 참고하라.

32. 매튜 스피겔만과 로버트 맥거킨(Matthew Spiegelman and Robert H. McGuckin), 'China's Experience with Productivity and Jobs', report R-135-04-RR, 컨퍼런스보드, New York, 2004년 6월.

33. 앨런 블라인더(Allan Blinder), 'Free Trade', 《경제학백과소사전(The Concise Encyclopedia of Economics)》, http://www.econlib.org/library/Enc/FreeTrade.html.

34. 토머스 프리드먼(Thomas Friedman), 'What Goes Around…', 〈뉴욕타임스〉, 2004년 2월 26일.

제16장

1. 이 18개 기업은 해외 투자자가 거래할 수 있는 B 주식을 보유했다.

2. 마크 레빈슨(Marc Levinson), 'China's Now the Straw That Stirs the Asian Drink', 〈뉴스위크〉, 1993년 12월 13일.

3. 선진국과 신흥 경제국을 불문하고 경제 성장과 주식 수익 간의 부적 상관성을 《주식에 장기 투자하라》(New York: McGraw-Hill, 1998), 그림 9-2, 130에서 처음 제시했다.

4. 엘로이 딤슨과 폴 마시, 마이클 스턴튼, 《낙관론자들의 승리》. 저자들은 이 현상을 설명할 준비가 돼 있지 않았던 듯, 초기 GDP 자료 일부가 신빙성이 떨어졌고 고속 성장 국가는 주주의 권리를 보호하는 강력한 제도가 마련돼 있지 않은 데서 비롯된 현상이라고 봤다.

5. 앨리슨 로저스(Alison Rogers), 'China's Stock Market Crush', 〈포천〉, 1992년 9월 7일, 8.

6. 찰스 토머스와 프랜시스 와녹, 존 윙스완(Charles P. Thomas, Francis E. Warnock, and Jon Wongswan), 'The Performance of International Portfolios', Federal Reserve Working Paper 2004-817, 2004년 9월.

7. 치 정(Qi Zeng), "How Global Is Your Industry", U.S. and the America Investment Perspectives, 모건스탠리, 뉴욕, 2004년, 6월 30일.

8. 국제적 업종과 각각에 해당하는 업종 기호는 에너지(IXC), 금융(IXG), 보건의료(IXN), 기술(IXP), 통신(IXP) 등이다. 이런 업종은 세계 시장의 1200대 기업으로 구성된 'S&P 글로벌 1200' 지수를 기준으로 한다.

9. 존 메이너드 케인스(John Maynard Keynes), 《고용·이자 및 화폐의 일반 이론(The General Theory of Employment, Interest and Money)》(London: Macmillan,

1936), 158.

10. 게다가 투자자 전부가 손해를 보는 상황이면 정부가 나서서 구제해줄지도 모른다. 미국 주식 시장이 경기 침체로 이어질 가능성이 농후할 정도로 극심한 약세장이면 외국 주식 시장이 약세장일 때보다 정부가 감세 정책을 내놓을 가능성이 더 크다. 외국 시장이 약세장일 때는 그 영향을 받을 국내 투자자의 수가 상대적으로 적기 때문이다. 2000~2002년의 초약세장 이후에는 배당 소득세와 자본 이득세가 줄어들었다. 그러나 1989년에 일본 주식 시장의 거품이 꺼지며 초약세장을 경험했을 때는 미국 투자자에게 유리한 입법 조치가 나오지 않았다.

11. 존 보글(John Bogle), 《뮤추얼펀드 상식(Common Sense of Mutual Funds)》(New York: John Wiley and Sons, 1999); 존 보글, 《존 보글 투자의 정석(John Bogle on Investing)》(New York: McGraw-Hill, 2001); 제러미 시겔, 《주식에 장기 투자하라》 제3판(New York: McGraw-Hill, 2002) 등을 참고하라.

12. 선진 유럽국은 오스트리아, 벨기에, 덴마크, 핀란드, 프랑스, 독일, 아일랜드, 이탈리아, 네덜란드, 노르웨이, 포르투갈, 스페인, 스웨덴, 스위스, 영국 등이다. 이 비율은 2004년 4월 30일 기준으로 산정한 것이며 시간이 지나면 변화가 생길 것이다.

13. 일본, 오스트레일리아, 뉴질랜드, 홍콩, 싱가포르 등을 포함하는 선진 아시아국.

14. 모건스탠리 지수는 각국 시장 가치의 80%를 목표로 하기 때문에 자연히 각 국가의 대형주를 보유하게 된다. 이는 이 지수가 S&P500이나 러셀2000에 영향을 미치는 것과 똑같은 왜곡에 노출된다는 의미다. 2002년에 모건스탠리는 이런 왜곡을 최소화하고자 지수 내 주식의 거래 회전율을 낮추는 조치를 취했다.

15. 아래 펀드는 개별 매수가 가능하다. 유럽 펀드는 수수료가 연간 0.32%이고 태평양 펀드는 0.29%, 신흥시장 펀드는 0.53%다.

16. 뱅가드가 실제로 윌셔 지수에 포함된 모든 종목을 다 보유하고 있지는 않지만, 이 지수 수익에 근접하고자 정교한 통계 기법을 활용한다. 그 결과 이 펀드 수익률에는 약간의 추적 오류가 존재하지만, 최근에 이 오류 부분이 많이 개선됐다.

17. 어떤 측면에서는 버뮤다에 본사를 둔 타이코와 슐럼버거를 배제하는 등 S&P 지수보다 더 제한적이기는 하지만 말이다.

18. 최근에 투기자가 지수의 시가총액 변동 사항이 공표되기 전에 미리 주식을 매매하는 바람에 러셀2000 지수도 S&P500 지수가 겪었던 것과 똑같은 문제에 노출됐다.

제17장

1. 위험보상비율은 윌리엄 샤프(William Sharpe)가 개발한 샤프 지수(Sharpe Ratio)를 말하며 특정 전략의 기대 수익률(산술 평균)에서 무위험수익률을 뺀 다음에 이를 초과 수익의 표준편차로 나눠 구한다. 윌리엄 샤프, 'The Sharpe Ratio', 〈저널오브 포트폴리오매니지먼트〉, 1994년 가을호.
2. 엘로이 딤슨과 폴 마시, 마이클 스턴트, 'Global Investment Returns Yearbook 2004', ABN-AMRO, 2004년 2월, p.34.
3. 데이비드 아이즈너(David Eisner), 'It Works: Buying $1 for 40 cents', 〈시카고트 리뷴(Chicago Tribune)〉, 1985년 12월 8일 section 7, 1에서 인용.

부록

1. 대처 글래스는 유리병 시대가 끝나는 광경을 지켜봤고 그러다 의약품용 플라스틱 용기와 유리로 된 약병 생산으로 제품의 다각화를 꾀했다. 이는 렉솔이 1966년에 이 기업을 인수한 결정적 이유이기도 하다.
2. 나비스코는 원래 1898년에 내셔널비스킷컴퍼니(National Biscuit Company)라는 이름으로 설립됐다.
3. 종합 포트폴리오의 수익률을 산출하는 절차에 따라 투자자는 비상장 절차에서 현금을 수령해 S&P500 인덱스 펀드에 넣는다. 그리고 이 사기업이 다시 공개되면 이 인덱스 펀드에 축적된 자금으로 신규 발행 주식을 매수한다.
4. 2004년 7월에 KKR이 최종적으로 RJR 나비스코 투자의 마지막 지분이었던 보든케 미컬(Borden Chemical)을 매각했다고 발표했다. 들리는 소문에는 1987년 당시 인 덱스 펀드 투자자는 이 차입 매수로 7억 3,000만 달러 손실이 났다고 한다. 그러나 성공한 다른 투자 덕분에 이 펀드는 같은 기간 S&P 지수 수준인 약 10% 복리 수익 률을 기록했다. 2004년 7월 9일 자 〈인터내셔널헤럴드트리뷴(International Her-ald Tribune)〉 'A Long Chapter Ends for Kohlberg Kravis: Fund Books Loss on RJR after 15 Years'을 참고하라.

감사의 말

　이런 책을 내려면 저자는 정말 수많은 사람의 도움이 받아야 한다. 그러나 내게 도움을 준 수많은 사람 중에서도 딱 한 사람을 고르라면 나는 주저 없이 제러미 슈워츠Jeremy Schwartz를 말하고 싶다. 제러미는 2003학번 와튼 스쿨 대학원생으로서 조사와 계산 작업에서 뛰어난 능력을 발휘한 것은 물론이고 전문가나 일반인 독자 모두가 쉽게 이해할 수 있도록 머릿속 생각을 제대로 표현하거나 문장을 가다듬는 능력 또한 탁월했다.

　무엇보다 제러미는 열과 성을 다해 일하는 자세만큼은 나 못지 않았다. 제러미 덕분에 1957년부터 시작하는 S&P500 기업의 그 방대한 수익 자료를 검토하는 일이 결코 불가능하지 않다는 점을 새삼 확인할 수 있었다. 게다가 모든 자료를 직접 입수하고 계산 알고리즘까지 만들어 이 복잡한 작업을 마무리해줬다. 우리 두 사람은 노트북을 끼고 살면서 저녁이나 주말에도, 출장 중에도 계속 연락을 주고받았다. 생각이 정리되지 않거나 초고가 마음에 들지 않을 때마다 제러미의 탁월한 판단력에 기대어 문제를 해결했다. 지난 3년 동안 제러미가 곁에서 나를 도와주지 않았다면 이 책은 절대 빛을 보지 못했을 것이다.

그리고 편집을 맡아준 존 마하니John Mahaney도 내가 주장하는 바를 독자에게 제대로 전달할 수 있게 하는 데 중요한 역할을 해줬다. 편집자가 금융이나 경제학 분야에 대한 전문 지식이 없는 상태에서는, 특정 주제를 다룬 책을 이미 출간해 베스트셀러에까지 오른 경력이 있는 저자를 상대로 이런 저런 조언을 하기가 쉽지 않다. 그러나 존은 이 일을 아주 능숙하게 잘 해냈고 적절한 조언과 안내 덕분에 이 책의 질이 한층 높아졌다고 생각한다. 또 중간에서 애써준 대리인 웨스 네프Wes Neff에게도 감사의 말을 전하고 싶다. 덕분에 좋은 출판사를 만날 수 있었고 내가 조사와 원고 작업에서 벽에 부딪칠 때마다 항상 격려해주며 힘을 북돋워줬다.

초고를 읽고 중요한 피드백을 해준 학생들에게도 감사한다. 기업 공개 분야의 권위자인 플로리다 대학교 제이 리터Jay Ritter 교수는 소중한 조언과 함께 원고 내용과 관련해 세부적인 사항을 꼼꼼히 알려줬다. 투자은행 라자드프레레스Lazard Freres의 랜디 케슬러Randy Kessler 역시 초창기에 소중한 피드백을 해줘서 이 책의 주제와 내용을 정하는 데 큰 도움이 됐다. 댄 로텐버그Dan Rottenberg와 데이비드 콘티David Conti도 초고를 완성할 때 많은 조언을 해줬다.

내 친한 친구이자 동료이며 《비이성적 과열》의 저자이기도 한 예일 대학교의 로버트 실러는 이 책의 주제를 적극적으로 지지해줬다. 로버트와 나는 주식 시장에 관해 자주 논쟁을 벌이곤 했는데 나는 낙관적인 쪽이었고 로버트는 비관적인 쪽이었다. 그러나 이 책의 원고를 읽고 나서는 투자자의 시장 접근법, 특히 고평가된 종목은 피해야 한다는 점에서는 의견이 일치했다.

이 책을 완성하는 데는 방대한 규모의 조사 작업이 필요했는데 재능 있는 와튼 스쿨 학생들이 많은 도움을 줬다. 이렇게 훌륭한 인재를 조력자로 둘 수 있었던 나는 정말로 큰 행운아다. 2002학번 레너드 리Leonard Lee는 1950년을 기점으로 한 장기 수익 자료에 관한 초기 작업을 담당했다. 와튼 스쿨 2003학번 라이언 힌클Ryan Hinkle은 인구통계학적 세계 소비 모형에 관한 프로그래밍 작업에 참여했고 덕분에 나는 고령화 파동의 위기에 대한 해법을 평가할 수 있었다. S&P500 원조 기업에 대한 자료를 수집하고 평가하는 데 도움을 준 제이슨 스핀델Jason Spindel과 스테파니 와이스Stephanie Weiss 그리고 원고 각 부에 대해 귀한 조언을 해준 숀 스미스Shaun Smith, 애너 네캄킨Ana Nekhamkin, 앤드루 로스너Andrew Rosner, 보니 샤인Bonnie Schein 등에게도 감사한 마음을 전하고 싶다.

장기 수익을 계산하는 데 필요한 자료를 제공해준 스탠더드앤드푸어스의 앤디 할룰라Andy Halula 그리고 하워드 실버블랫Howard Silverblatt, 하워드 베른하임Howard Bernheim에게도 큰 빚을 졌다. '핵심 이익' 개념의 형성 배경과 세부적 정보를 새롭게 알려준 데이비드 블리처와 로버트 프리드먼에게도 감사한다.

책은 나 혼자가 아니라 가족과 함께 쓰는 것이라는 사실을 매번 실감한다. 이 작업이 힘들고 지칠 때면 격려로 힘을 북돋워주고 길고 지루한 글쓰기 작업이 끝날 때까지 참고 기다려 준다. 자동차로 장거리 가족 여행을 할 때 "아빠 아직 멀었어?"라는 질문을 자주 받듯이 글을 쓸 때도 "아직 안 끝났어?"라는 말을 자주 듣는다. 아내 엘렌과 두 아들 앤드루와 제프리는 내가 원고를 완벽하게 다듬는다며 항상 '조금만 더 조금만 더'를 외친다고 볼멘소리를 한다. 그러나 언젠가는 펜을 내려놓으며(아, 21세기니까 '노트북을 덮으며'라고 해야 하나?) '아 다 끝 났다!'라고 말할 때가 온다. 가족의 사랑과 인내, 무한한 관용을 먹고 완성한 이 결과물이 그만큼의 값어치가 있기를 간절히 바란다.

투자의 미래

초판 1쇄 발행 2022년 1월 20일
3쇄 발행 2024년 5월 20일

지은이 제러미 시겔
옮긴이 이은주

펴낸곳 (주)이레미디어
전화 031-908-8516(편집부), 031-919-8511(주문 및 관리) | **팩스** 0303-0515-8907
주소 경기도 파주시 문예로 21, 2층
홈페이지 www.iremedia.co.kr | **이메일** mango@mangou.co.kr
등록 제396-2004-35호

편집 김은혜 | **디자인** 유어텍스트 | **마케팅** 김하경
재무총괄 이종미 | **경영지원** 김지선

당신의 소중한 원고를 기다립니다. mango@mangou.co.kr